5TH EDITION

VISTAS

INTRODUCCIÓN A LA LENGUA ESPAÑOLA

VOLUME 2
Lessons 6-12

José A. Blanco

Philip Redwine Donley, late
Austin Community College

VISTA®
HIGHER LEARNING
Boston, Massachusetts

Publisher: José A. Blanco
Editorial Development: Armando Brito, Deborah Coffey, María Victoria Echeverri, Jo Hanna Kurth, Raquel Rodríguez, Verónica Tejeda
Project Management: Hillary Gospodarek, Sharon Inglis, Sofía Pellón
Rights Management: Maria Rosa Alcaraz Pinsach, Annie Pickert Fuller, Caitlin O'Brien
Technology Production: Sonja Porras, Paola Ríos Schaaf
Design: Mark James, Jhoany Jiménez, Andrés Vanegas
Production: Manuela Arango, Oscar Díez, Jennifer López

Student Text (Casebound) ISBN: 978-1-62680-637-5
Instructor's Annotated Edition ISBN: 978-1-62680-639-9

Library of Congress Control Number: 2014948570

4 5 6 7 8 9 WC 20 19 18 17

Introduction

To Vista Higher Learning's great pride, **VISTAS** became the best-selling new introductory college Spanish program in more than a decade in its first edition, and its success has only grown over time. It is now our pleasure to welcome you to **VISTAS**, **Fifth Edition**, your gateway to the Spanish language and to the vibrant cultures of the Spanish-speaking world.

A direct result of extensive reviews and ongoing input from students and instructors, **VISTAS 5/e** includes both the highly successful, ground-breaking features of the original program, plus exciting new elements designed to keep **VISTAS** the most student-friendly program available.

Original, hallmark features

- A unique, easy-to-navigate design built around color-coded sections that appear either completely on one page or on spreads of two facing pages
- Integration of an appealing video, up-front in each lesson of the student text
- Practical, high-frequency vocabulary in meaningful contexts
- Clear, comprehensive grammar explanations with high-impact graphics and other special features that make structures easier to learn and use
- Ample guided practice to make you comfortable with the vocabulary and grammar you are learning and to give you a solid foundation for communication
- An emphasis on communicative interactions with a classmate, small groups, the full class, and your instructor
- A process approach to the development of reading, writing, and listening skills
- Coverage of the entire Spanish-speaking world and integration of everyday culture
- Unprecedented learning support through on-the-spot student sidebars and on-page correlations to the print and technology ancillaries for each lesson section
- A complete set of print and technology ancillaries to help you learn Spanish

NEW! to the Fifth Edition

- New, animated grammar tutorials—now with interactive questions that check understanding
- 8 new **En pantalla** video clips
- Online chat activities for synchronous communication and oral practice
- Online practice tests with diagnostics
- Task-based activities—for more language practice
- Customizable study lists for vocabulary words
- eBook, the downloadable student edition (for iPad®)
- The Practice Partner mobile app for **VISTAS** practice on the go!

VISTAS 5/e has eighteen lessons, each of which is organized exactly the same way. To familiarize yourself with the organization of the text, as well as its original and new features, take the **at-a-glance** tour.

table of contents

	contextos	fotonovela

cultura	estructura	adelante

| **contextos** | **fotonovela** |

Lección 5
Las vacaciones

Volume 1

Lección 6
¡De compras!

Volumes 1 & 2

Lección 7
La rutina diaria

Volume 2

Lección 8
La comida

Volume 2

| contextos | fotonovela |

cultura	estructura	adelante

| contextos | fotonovela |

Lección 13
La naturaleza

Volume 3

Lección 14
En la ciudad

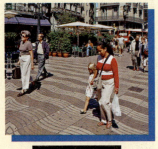

Volume 3

Lección 15
El bienestar

Volume 3

Lección 16
El mundo del trabajo

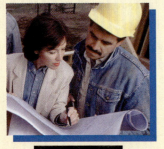

Volume 3

cultura	estructura	adelante

contextos	fotonovela

Lección 17
Un festival de arte

Volume 3

Lección 18
Las actualidades

Volume 3

Consulta (*Reference*)   Volumes 1–3

cultura

estructura

adelante

Icons

Familiarize yourself with these icons that appear throughout **VISTAS**.

(S) Content on the Supersite: audio, video, and presentations

Textbook activity available online

Listening activity/section

Pair activity

Group activity

Information gap activity

Hoja de actividades

Additional practice on the Supersite, not included in the textbook, is indicated with this icon feature:

Practice more at **vhlcentral.com.**

Supersite

Each section of your textbook comes with activities on the **VISTAS** Supersite, many of which are auto-graded for immediate feedback. Plus, the Supersite is iPad®-friendly*, so it can be accessed on the go! Visit **vhlcentral.com** to explore this wealth of exciting resources.

CONTEXTOS
- Vocabulary tutorials
- Image-based vocabulary activity with audio
- Audio activities
- Textbook activities
- Additional activities for extra practice
- Chat activities for conversational skill-building and oral practice

FOTONOVELA
- Streaming video of **Fotonovela**, with instructor-managed options for subtitles and transcripts in Spanish and English
- Textbook activities
- Additional activities for extra practice
- Audio files for **Pronunciación**
- Record-compare practice

CULTURA
- Reading available online
- Keywords and support for **Conexión Internet**
- Textbook activities
- Additional activities for extra practice
- Additional reading

ESTRUCTURA
- Interactive grammar tutorials
- Grammar presentations available online
- Textbook activities
- Additional activities for extra practice
- Chat activities for conversational skill-building and oral practice
- Diagnostics in **Recapitulación** section

ADELANTE
- Audio-sync reading in **Lectura**
- Additional reading
- Writing activity in **Escritura** with composition engine
- Audio files for listening activity in **Escuchar**
- Textbook activities and additional activities for extra practice
- Streaming **En pantalla** TV clips or short films, with instructor-managed options for subtitles and transcripts in Spanish and English
- Streaming video of **Flash cultura** series, with instructor-managed options for subtitles and transcripts in Spanish and English

PANORAMA
- Interactive map
- Textbook activities
- Additional activities for extra practice
- Streaming video of **Panorama cultural** series, with instructor-managed options for subtitles and transcripts in Spanish and English

VOCABULARIO
- Vocabulary list with audio
- Customizable study lists

Plus! Also found on the Supersite:
- All textbook and lab audio MP3 files
- Communication center for instructor notifications and feedback
- Live Chat tool for video chat, audio chat, and instant messaging without leaving your browser
- A single gradebook for all Supersite activities
- WebSAM online Workbook/Video Manual/Lab Manual

*Students must use a computer for audio recording and select presentations and tools that require Flash or Shockwave.

Lesson Openers
outline the content and features of each lesson.

Communicative Goals

You will learn how to:
- Describe your daily routine
- Talk about personal hygiene
- Reassure someone

La rutina diaria

7

contextos

pages 226–229
- Daily routine
- Personal hygiene
- Time expressions

fotonovela

pages 230–233
Marissa, Felipe, and Jimena all compete for space in front of the mirror as they get ready to go out on Friday night.

cultura

pages 234–235
- La siesta
- Ir de tapas

estructura

pages 236–251
- Reflexive verbs
- Indefinite and negative words
- Preterite of **ser** and **ir**
- Verbs like **gustar**
- Recapitulación

adelante

pages 252–259
Lectura: An e-mail from Guillermo
Escritura: A daily routine
Escuchar: An interview with a famous actor
En pantalla
Flash cultura
Panorama: Perú

A PRIMERA VISTA
- ¿Está él en casa o en una tienda?
- ¿Está contento o enojado?
- ¿Cómo es él?
- ¿Qué colores hay en la foto?

A primera vista activities jump-start the lessons, allowing you to use the Spanish you know to talk about the photos.

Communicative goals highlight the real-life tasks you will be able to carry out in Spanish by the end of each lesson.

Ⓢupersite

Supersite resources are available for every section of the lesson at **vhlcentral.com**. Icons show you which textbook activities are also available online, and where additional practice activities are available. The description next to the Ⓢ icon indicates what additional resources are available for each section: videos, recordings, tutorials, presentations, and more!

Contextos
presents vocabulary in meaningful contexts.

Más vocabulario boxes call out other important theme-related vocabulary in easy-to-reference Spanish-English lists.

Variación léxica presents alternate words and expressions used throughout the Spanish-speaking world.

Illustrations High-frequency vocabulary is introduced through expansive, full-color illustrations.

Recursos The icons in the **Recursos** boxes let you know exactly which print and technology ancillaries you can use to reinforce and expand on every section of every lesson.

Práctica This section always begins with two listening exercises and continues with activities that practice the new vocabulary in meaningful contexts.

Comunicación activities allow you to use the vocabulary creatively in interactions with a partner, a small group, or the entire class.

Supersite

- Vocabulary tutorials
- Audio support for vocabulary presentation
- Textbook activities
- Additional online-only practice activities
- Chat activities for conversational skill-building and oral practice
- Vocabulary activities in Activity Pack
- Practice Partner App for vocabulary on the go!

Fotonovela
follows the adventures of a group of students living and traveling in Mexico.

Personajes The photo-based conversations take place among a cast of recurring characters—a Mexican family with two college-age children, and their group of friends.

Icons signal activities by type (pair, group, audio, info gap) and let you know which activities can be completed online.

Fotonovela Video The video episodes that correspond to this section are available for viewing online.

Expresiones útiles These expressions organize new, active structures by language function so you can focus on using them for real-life, practical purposes.

Conversations Taken from the **Fotonovela** Video, the conversations reinforce vocabulary from **Contextos**. They also preview structures from the upcoming **Estructura** section in context and in a comprehensible way.

Supersite

- Streaming video of the **Fotonovela** episode
- Textbook activities
- Additional online-only practice activities

Pronunciación & Ortografía
present the rules of Spanish pronunciation and spelling.

La rutina diaria — doscientos treinta y tres — 233

Pronunciación 🎧 Ⓢ Audio
The consonant r

ropa	rutina	rico	Ramón

In Spanish, r has a strong trilled sound at the beginning of a word. No English words have a trill, but English speakers often produce a trill when they imitate the sound of a motor.

gustar	durante	primero	crema

In any other position, r has a weak sound similar to the English r in *better* or the English *dd* in *ladder*. In contrast to English, the tongue touches the roof of the mouth behind the teeth.

pizarra	corro	marrón	aburrido

The letter combination rr, which only appears between vowels, always has a strong trilled sound.

caro	carro	pero	perro

Between vowels, the difference between the strong trilled rr and the weak r is very important, as a mispronunciation could lead to confusion between two different words.

Práctica Lee las palabras en voz alta, prestando (*paying*) atención a la pronunciación de la r y la rr.

1. Perú
2. Rosa
3. borrador
4. madre
5. comprar
6. favor
7. rubio
8. reloj
9. Arequipa
10. tarde
11. cerrar
12. despertador

Oraciones Lee las oraciones en voz alta, prestando atención a la pronunciación de la r y la rr.

1. Ramón Robles Ruiz es programador. Su esposa Rosaura es artista.
2. A Rosaura Robles le encanta regatear en el mercado.
3. Ramón nunca regatea... le aburre regatear.
4. Rosaura siempre compra cosas baratas.
5. Ramón no es rico, pero prefiere comprar cosas muy caras.
6. ¡El martes Ramón compró un carro nuevo!

Refranes Lee en voz alta los refranes, prestando atención a la r y a la rr.

Perro que ladra no muerde.[1]

No se ganó Zamora en una hora.[2]

1 A dog's bark is worse than its bite.
2 Rome wasn't built in a day.

recursos — LM p. 38 — Ⓢ vhlcentral.com Lección 7

En la ciudad — cuatrocientos ochenta y tres — 483

Ortografía Ⓢ Audio
Las abreviaturas

In Spanish, as in English, abbreviations are often used in order to save space and time while writing. Here are some of the most commonly used abbreviations in Spanish.

usted ⟶ Ud.	ustedes ⟶ Uds.	

As you have already learned, the subject pronouns **usted** and **ustedes** are often abbreviated

don ⟶ D.	doña ⟶ Dña.	doctor(a) ⟶ Dr(a).
señor ⟶ Sr.	señora ⟶ Sra.	señorita ⟶ Srta.

These titles are frequently abbreviated.

centímetro ⟶ cm	metro ⟶ m	kilómetro ⟶ km
litro ⟶ l	gramo ⟶ g, gr	kilogramo ⟶ kg

The abbreviations for these units of measurement are often used, but without periods.

por ejemplo ⟶ p. ej.	página(s) ⟶ pág(s).	

These abbreviations are often seen in books.

derecha ⟶ dcha.	izquierda ⟶ izq., izqda.	
código postal ⟶ C.P.	número ⟶ n.°	

These abbreviations are often used in mailing addresses.

Banco ⟶ Bco.	Compañía ⟶ Cía.	
cuenta corriente ⟶ c/c.	Sociedad Anónima (*Inc.*) ⟶ S.A.	

These abbreviations are frequently used in the business world.

Práctica Escribe otra vez esta información usando las abreviaturas adecuadas.

1. doña María
2. señora Pérez
3. Compañía Mexicana de Inversiones
4. usted
5. Banco de Santander
6. doctor Medina
7. Código Postal 03697
8. cuenta corriente número 20-453

Emparejar En la tabla hay nueve abreviaturas. Empareja los cuadros necesarios para formarlas.

S.	c.	C.	c	co.	U
B	c/	Sr	A.	D	dc
ta.	P.	ña.	ha.	m	d.

recursos — LM p. 60 — Ⓢ vhlcentral.com Lección 14

Pronunciación explains the sounds and pronunciation of Spanish in Lessons 1–9.

Ortografía focuses on topics related to Spanish spelling in Lessons 10–18.

Ⓢupersite

- Audio for pronunciation explanation
- Record-compare textbook activities

Cultura
exposes you to different aspects
of Hispanic culture tied to the lesson theme.

En detalle & Perfil(es) Two articles on the lesson theme focus on a specific place, custom, person, group, or tradition in the Spanish-speaking world. In Spanish starting in Lesson 7, these features also provide reading practice.

Coverage While the **Panorama** section takes a regional approach to cultural coverage, **Cultura** is theme-driven, covering several Spanish-speaking regions in every lesson.

Así se dice & El mundo hispano Lexical and comparative features expand cultural coverage to people, traditions, customs, trends, and vocabulary throughout the Spanish-speaking world.

Supersite

- **Cultura** article
- Textbook activities
- Additional online-only practice activities
- **Conexión Internet** activity with questions and keywords related to lesson theme
- Additional cultural reading

Estructura
presents Spanish grammar in a graphic-intensive format.

Ante todo Ease into grammar with definitions of grammatical terms, reminders about what you already know of English grammar, and Spanish grammar you have learned in earlier lessons.

Charts To help you learn, colorful, easy-to-use charts call out key grammatical structures and forms, as well as important related vocabulary.

Compare & Contrast This feature focuses on aspects of grammar that native speakers of English may find difficult, clarifying similarities and differences between Spanish and English.

Student sidebars provide you with on-the-spot linguistic, cultural, or language-learning information directly related to the materials in front of you.

Diagrams Clear and easy-to-grasp grammar explanations are reinforced by colorful diagrams that present sample words, phrases, and sentences.

¡Inténtalo! offers an easy first step into each grammar point.

Supersite

- Interactive, animated grammar tutorials with quick checks
- Textbook activities

Estructura
provides directed and communicative practice.

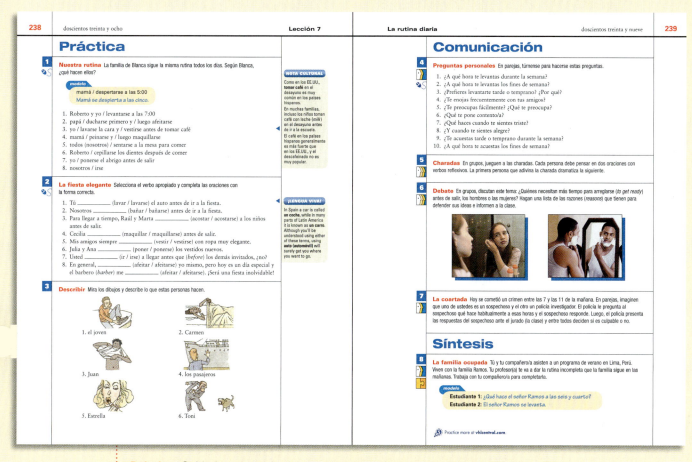

Práctica Guided, yet meaningful exercises weave current and previously learned vocabulary together with the current grammar point.

Information Gap activities You and your partner each have only half of the information you need, so you must work together to accomplish the task at hand.

Comunicación Opportunities for creative expression use the lesson's grammar and vocabulary.

Sidebars The **Notas culturales** expand coverage of the cultures of Spanish-speaking peoples and countries, while the other sidebars provide on-the-spot language support.

Síntesis activities integrate the current grammar point with previously learned points, providing built-in, consistent review.

Supersite

- Textbook activities
- Additional online-only practice activities
- Chat activities for conversational skill-building and oral practice
- Grammar activities in Activity Pack

Estructura
Recapitulación reviews the grammar of each lesson and provides a short quiz, available with auto-grading on the Supersite.

Resumen gramatical This review panel provides you with an easy-to-study summary of the basic concepts of the lesson's grammar, with page references to the full explanations.

Points Each activity is assigned a point value to help you track your progress. All **Recapitulación** sections add up to one hundred points, plus four additional points for successfully completing the bonus activity.

Activities A series of activities, moving from directed to open-ended, systematically test your mastery of the lesson's grammar. The section ends with a riddle or puzzle using the grammar from the lesson.

Supersite

- Textbook activities with follow-up support and practice
- Additional online-only review activities
- Review activities in Activity Pack
- Practice quiz with diagnostics

Adelante
Lectura develops reading skills in the context of the lesson theme.

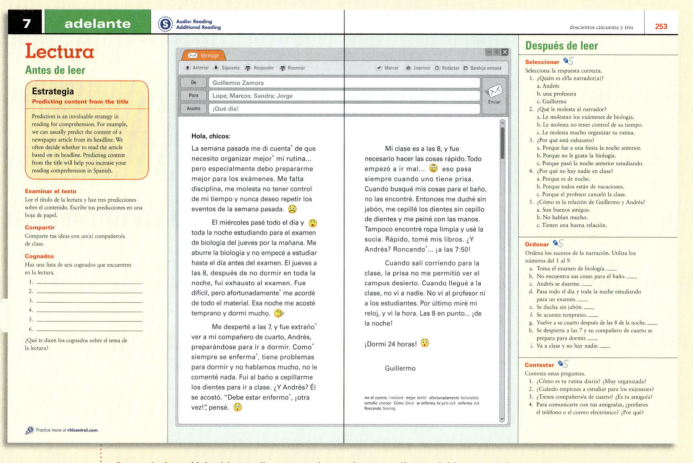

Antes de leer Valuable reading strategies and pre-reading activities strengthen your reading abilities in Spanish.

Readings Selections related to the lesson theme recycle vocabulary and grammar you have learned. The selections in Lessons 1–12 are cultural texts, while those in Lessons 13–18 are literary pieces.

Después de leer Activities include post-reading exercises that review and check your comprehension of the reading as well as expansion activities.

Supersite

- Audio-sync reading that highlights text as it is being read
- Textbook activities
- Additional reading

Adelante

Escritura develops writing skills while *Escuchar* practices listening skills in the context of the lesson theme.

254 doscientos cincuenta y cuatro   Lección 7   La rutina diaria   doscientos cincuenta y cinco 255

Escritura

Estrategia
Sequencing events

Paying strict attention to sequencing in a narrative will ensure that your writing flows logically from one part to the next.

Every composition should have an introduction, a body, and a conclusion. The introduction presents the subject, the setting, the situation, and the people involved. The main part, or the body, describes the events and people's reactions to these events. The conclusion brings the narrative to a close.

Adverbs and adverbial phrases are sometimes used as transitions between the introduction, the body, and the conclusion. Here is a list of commonly used adverbs in Spanish:

Adverbios

además; también	in addition; also
al principio; en un principio	at first
antes (de)	before
después	then
después (de)	after
entonces; luego	then
más tarde	later (on)
primero	first
pronto	soon
por fin; finalmente	finally
al final	finally

Tema
Escribe tu rutina

Imagina tu rutina diaria en uno de estos lugares:

▸ una isla desierta
▸ el Polo Norte
▸ un crucero° transatlántico
▸ un desierto

Escribe una composición en la que describes tu rutina diaria en uno de estos lugares o en algún otro lugar interesante que imagines°. Mientras planeas tu composición, considera cómo cambian algunos de los elementos más básicos de tu rutina diaria en el lugar que escogiste°. Por ejemplo, ¿dónde te acuestas en el Polo Norte? ¿Cómo te duchas en el desierto?

Usa el presente de los verbos reflexivos que conoces e incluye algunos de los adverbios de esta página para organizar la secuencia de tus actividades. Piensa también en la información que debes incluir en cada sección de la narración. Por ejemplo, en la introducción puedes hacer una descripción del lugar y de las personas que están allí, y en la conclusión puedes dar tus opiniones acerca del° lugar y de tu vida diaria allí.

crucero *cruise ship* que imagines *that you dream up* escogiste *you chose* acerca del *about the*

Escuchar 🎧 Audio

Estrategia
Using background information

Once you discern the topic of a conversation, take a minute to think about what you already know about the subject. Using this background information will help you guess the meaning of unknown words or linguistic structures.

To help you practice this strategy, you will now listen to a short paragraph. Jot down the subject of the paragraph, and then use your knowledge of the subject to listen for and write down the paragraph's main points.

Preparación

Según la foto, ¿dónde están Carolina y Julián? Piensa en lo que sabes de este tipo de situación. ¿De qué van a hablar?

Ahora escucha 🎧

Ahora escucha la entrevista entre Carolina y Julián, teniendo en cuenta (*taking into account*) lo que sabes sobre este tipo de situación. Elige la información que completa correctamente cada oración.

1. Julián es _____.
   a. político
   b. deportista profesional
   c. artista de cine
2. El público de Julián quiere saber de _____.
   a. sus películas
   b. su vida
   c. su novia
3. Julián habla de _____.
   a. sus viajes y sus rutinas
   b. sus parientes y amigos
   c. sus comidas favoritas
4. Julián _____.
   a. se levanta y se acuesta a diferentes horas todos los días
   b. tiene una rutina diaria
   c. no quiere hablar de su vida

Comprensión
¿Cierto o falso?

Indica si las oraciones son **ciertas** o **falsas** según la información que Julián da en la entrevista.

1. Es difícil despertarme; generalmente duermo hasta las diez.
2. Pienso que mi vida no es más interesante que las vidas de ustedes.
3. Me gusta tener tiempo para pensar y meditar.
4. Nunca hago mucho ejercicio; no soy una persona activa.
5. Me fascinan las actividades tranquilas, como escribir y escuchar música clásica.
6. Los viajes me parecen aburridos.

Preguntas?

1. ¿Qué tiene Julián en común con otras personas de su misma profesión?
2. ¿Te parece que Julián siempre fue rico? ¿Por qué?
3. ¿Qué piensas de Julián como persona?

Practice more at **vhlcentral.com**.

Estrategia Strategies help you prepare for the writing and listening tasks to come.

Escritura The **Tema** describes the writing topic and includes suggestions for approaching it.

Escuchar A recorded conversation or narration develops your listening skills in Spanish. **Preparación** prepares you for listening to the recorded passage.

Ahora escucha walks you through the passage, and **Comprensión** checks your listening comprehension.

Ⓢupersite

- Composition engine for writing activity in **Escritura**
- Audio for listening activity in **Escuchar**
- Textbook activities
- Additional online-only practice activities

Adelante

En pantalla and *Flash cultura* present additional video tied to the lesson theme.

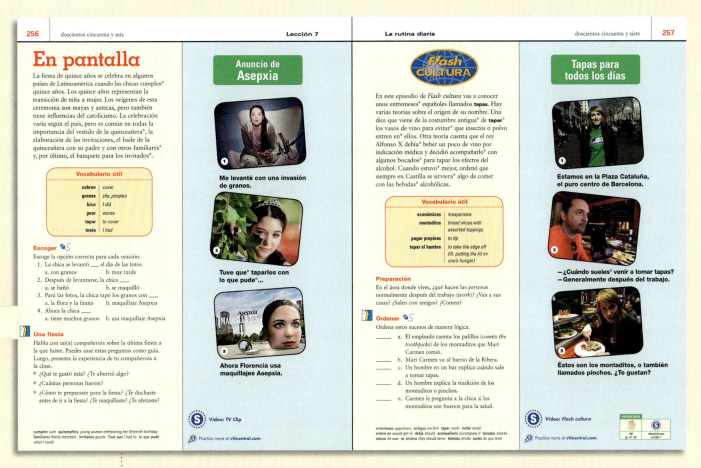

En pantalla TV clips, many **NEW!** to this edition, give you additional exposure to authentic language. The clips include commercials, newscasts, short films, and TV shows that feature the language, vocabulary, and theme of the lesson.

Presentation Cultural notes, video stills with captions, and vocabulary support all prepare you to view the clips. Activities check your comprehension and expand on the ideas presented.

Flash cultura An icon lets you know that the enormously successful **Flash cultura** Video offers specially shot content tied to the lesson theme.

Activities Due to the overwhelming popularity of the **Flash cultura** Video, previewing support and comprehension activities are integrated into the student text.

Supersite

- Streaming video of **En pantalla** and **Flash cultura**
- Textbook activities
- Additional online-only practice activities

Panorama
presents the nations of the Spanish-speaking world.

El país en cifras presents interesting key facts about the featured country.

¡Increíble pero cierto! highlights an intriguing fact about the country or its people.

Maps point out major cities, rivers, and geographical features and situate the country in the context of its immediate surroundings and the world.

Readings A series of brief paragraphs explores facets of the country's culture such as history, places, fine arts, literature, and aspects of everyday life.

***Panorama cultural* Video** This video's authentic footage takes you to the featured Spanish-speaking country, letting you experience the sights and sounds of an aspect of its culture.

Supersite

- Interactive map
- Streaming video of the **Panorama cultural** program
- Textbook activities
- Additional online-only practice activities
- **Conexión Internet** activity with questions and keywords related to lesson theme

Vocabulario
summarizes all the active vocabulary of the lesson.

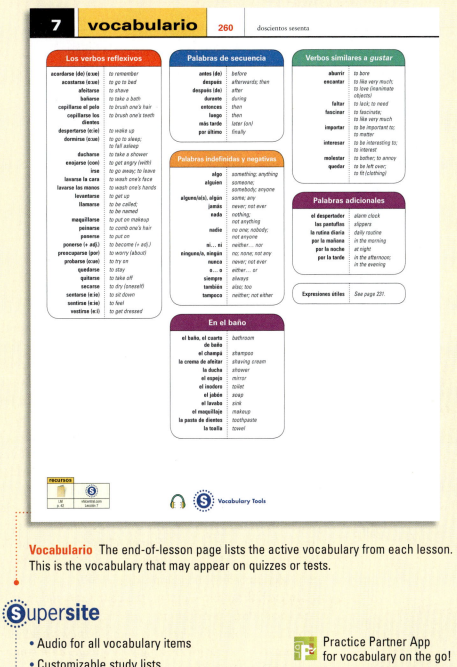

Vocabulario The end-of-lesson page lists the active vocabulary from each lesson. This is the vocabulary that may appear on quizzes or tests.

Supersite

- Audio for all vocabulary items
- Customizable study lists

 Practice Partner App for vocabulary on the go!

Fotonovela Video Program

The cast

Here are the main characters you will meet in the **Fotonovela** Video:

From Mexico,
Jimena Díaz Velázquez

From Argentina,
Juan Carlos Rossi

From Mexico,
Felipe Díaz Velázquez

From the U.S.,
Marissa Wagner

From Mexico,
María Eugenia (Maru)
Castaño Ricaurte

From Spain,
Miguel Ángel
Lagasca Martínez

The **VISTAS 5/e Fotonovela** Video is a dynamic and contemporary window into the Spanish language. The video centers around the Díaz family, whose household includes two college-aged children and a visiting student from the U.S. Over the course of an academic year, Jimena, Felipe, Marissa, and their friends explore **el D.F.** and other parts of Mexico as they make plans for their futures. Their adventures take them through some of the greatest natural and cultural treasures of the Spanish-speaking world, as well as the highs and lows of everyday life.

The **Fotonovela** section in each textbook lesson is actually an abbreviated version of the dramatic episode featured in the video. Therefore, each **Fotonovela** section can be done before you see the corresponding video episode, after it, or as a section that stands alone.

In each dramatic segment, the characters interact using the vocabulary and grammar you are studying. As the storyline unfolds, the episodes combine new vocabulary and grammar with previously taught language, exposing you to a variety of authentic accents along the way. At the end of each episode, the **Resumen** section highlights the grammar and vocabulary you are studying.

We hope you find the **Fotonovela** Video to be an engaging and useful tool for learning Spanish!

En pantalla Video Program

The **VISTAS** Supersite features an authentic video clip for each lesson. Clip formats include commercials, news stories, and even short films. These clips, many **NEW!** to the Fifth Edition, have been carefully chosen to be comprehensible for students learning Spanish, and are accompanied by activities and vocabulary lists to facilitate understanding. More importantly, though, these clips are a fun and motivating way to improve your Spanish!

Here are the countries represented in each lesson in **En pantalla**:

Lesson 1 U.S.	Lesson 7 Argentina	Lesson 13 Spain
Lesson 2 Chile	Lesson 8 Colombia	Lesson 14 Honduras
Lesson 3 U.S.	Lesson 9 Chile	Lesson 15 Mexico
Lesson 4 Peru	Lesson 10 Spain	Lesson 16 Spain
Lesson 5 Mexico	Lesson 11 Colombia	Lesson 17 Spain
Lesson 6 Mexico	Lesson 12 Spain	Lesson 18 Chile

Flash cultura Video Program

In the dynamic **Flash cultura** Video, young people from all over the Spanish-speaking world share aspects of life in their countries with you. The similarities and differences among Spanish-speaking countries that come up through their adventures will challenge you to think about your own cultural practices and values. The segments provide valuable cultural insights as well as linguistic input; the episodes will introduce you to a variety of accents and vocabulary as they gradually move into Spanish.

Panorama cultural Video Program

The **Panorama cultural** Video is integrated with the **Panorama** section in each lesson. Each segment is 2–3 minutes long and consists of documentary footage from each of the countries featured. The images were specially chosen for interest level and visual appeal, while the all-Spanish narrations were carefully written to reflect the vocabulary and grammar covered in the textbook.

acknowledgments

On behalf of its authors and editors, Vista Higher Learning expresses its sincere appreciation to the many instructors and college professors across the U.S. and Canada who contributed their ideas and suggestions.

VISTAS, Fifth Edition, is the direct result of extensive reviews and ongoing input from both students and instructors using the Fourth Edition. Accordingly, we gratefully acknowledge those who shared their suggestions, recommendations, and ideas as we prepared this Fifth Edition.

We express our sincere appreciation to the instructors who completed our online review.

Reviewers

Elizabeth Aguilar,
University of Illinois at Chicago

Karin Alfaro,
Saint Ignatius College Prep, IL

Phyllis Andersen,
Spokane Community College, WA

Gunnar Anderson,
SUNY Potsdam

Isabel Anieves-Gamallo,
San Joaquin Delta College, CA

Patricia Antunez,
Choate Rosemary Hall, CT

Marissa Araquistain,
University of Nevada, Las Vegas

Yuly Asencion,
Northern Arizona University

Jennifer Austin,
Rutgers University, Newark, NJ

Carlos Baez,
North Hennepin Community College, MN

Tim Barnett,
St. Mary's University, TX

Mark Bauman,
Glenbrook South High School, IL

Eric Baxter,
Madison Area Technical College, WI

Georgia Betcher,
Fayetteville Technical Community College, NC

Julie Bezzerides,
Lewis-Clark State College, ID

Leela Bingham,
San Diego Mesa College, CA

Jeanne Boettcher,
Madison College, WI

Stella Boghosian,
Queens College, CUNY

Ryan Boylan,
University of North Georgia

Cathy Briggs,
North Lake College, TX

Sonia Bullock,
Daytona State College, FL

Odalys Campagna,
Kirkwood Community College, IA

Majel Campbell,
Pikes Peak Community College, CO

Lilian Cano,
University of Texas at San Antonio

Kathy Cantrell,
Spokane Community College, WA

Thomas Capuano,
Truman State University, MO

Beth Cardon,
Georgia Perimeter College

Liliana Castro,
Front Range Community College, CO

Maricarmen Cedillo,
University of San Diego, CA

Jennifer Charles,
Arrowhead High School, WI

Sonia Ciccarelli,
San Joaquin Delta College, CA

Donald R. Clymer,
Eastern Mennonite University, VA

Ben Coates,
Gardner-Webb University, NC

America Colmenares,
Augustana College, IL

Ray Cornelius,
Daytona State College, FL

Stacia Corona,
Madison College, WI

Miryam Criado,
Hanover College, KY

Marianne David,
Pace University, NY

Rosa Davila,
Austin Community College, TX

Callie DeBellis,
Meredith College, NC

Roberto E. del Valle,
Cascadia Community College, WA

Beatriz DeSantiago Fjelstad,
Metropolitan State University, MN

David Detwiler,
MiraCosta College, CA

Michael Dillon,
Piedmont College, GA

Celia Dollmeyer,
Hanover College, IN

Danion Doman,
Truman State University, MO

Violeta Donovan,
University of the Virgin Islands

Teresa Dovalpage,
University of New Mexico Taos

Kim Eherenman,
University of San Diego, CA

Edward Eiffler,
University of Minnesota, MN

Martha Elizalde de Pereira,
Napa Valley College, CA

Enrique Escalona,
Catlin Gabel School, OR

Janan Fallon,
Georgia Perimeter College

Fernando Feliu-Moggi,
  University of Colorado,
  Colorado Springs

Andrea Fernández,
  Pace University, NY

Neysa Figueroa,
  Kennesaw State University, GA

Barry Flanary,
  Southern Vermont College

Justin Fleming,
  Concordia University, Saint Paul, MN

Catherine Fountain,
  Appalachian State University, NC

Marianne Franco,
  Modesto Junior College, CA

Dianne Fruit,
  Cascadia Community College, WA

Arlene Fuentes,
  Southern Virginia University

Margarita Garcia-Notario,
  SUNY Plattsburgh

José Garcia-Paine,
  Georgia Perimeter College

Antonia Garcia-Rodriguez,
  Pace University

Christopher Gascón,
  SUNY Cortland

Raquel Gaytan,
  Rice University, TX

LeeAnn Gilroy,
  Solon High School, IA

Arcides Gonzalez,
  California University of Pennsylvania

María González,
  Jacksonville University, FL

Miguel González-Abellas,
  Washburn University

Lucila Gonzalez-Cirre,
  Cerro Coso Community College, CA

Margarita G. Griggs,
  Truckee Meadow Community
  College, NV

Kathryn Grovergrys,
  Madison Area Technical College, WI

Aimee Guerin,
  Mesa Community College, AZ

Cassandra Gulam,
  Washington State University,
  Vancouver

Connie Gutierrez,
  Porterville College, CA

Karla Gutierrez,
  Cuyamaca College, CA

Dr. Jesse J. Hargrove,
  Philander Smith College, AR

Dennis Haro,
  Syracuse University, NY

Helen Haselnuss,
  Pace University, NY

Marie P. Healey,
  University of Hartford, CT

Richard Heath,
  Kirkwood Community College, IA

Matthew B. Herald,
  Truckee Meadows Community
  College, NV

Helena Hernandez,
  Georgia Southern University

Yanina Hernández,
  Texas State Technical College

Dawn Heston,
  University of Missouri

Yolanda Heyn,
  Lehi High School, UT

José M. Hidalgo,
  Georgia Southern University

Erinn Holloway,
  Mississippi University for Women

Esther Holtermann,
  American University, VA

Stephanie Howay,
  De La Salle High School, MI

Frank Inscoe,
  Chattahoochee Technical College, GA

Becky Jaimes,
  Austin Community College, TX

Stacey Jazan,
  Glendale Community College, CA

Edward Joe Johnson,
  Clayton State University, GA

Harminder Kaur,
  Pace University, NY

Michele Keane,
  Lake Superior College, MN

Joseph Kelliher,
  Cuyamaca College, CA

Isabel Killough,
  Norfolk State University, VA

Claire Knowles Morris,
  Motlow Community College, TN

Marina Kozanova,
  Crafton Hills College, CA

Sherri Kurz,
  Franciscan University, OH

Malcolm J. Kutash,
  Edison State College, FL

Marina Laneri Schroeder,
  Palomar College, CA

Michael Langer,
  Wake Technical Community
  College, NC

Courtney Lanute,
  Edison State College, FL

Dr. Tracee Lawrence,
  TALLOrders, MO

Pamela Leonard,
  Sage Hill School, CA

Gina Lewandowski,
  Madison Area Technical College, WI

Carla Ligo,
  Grove City College, PA

Carmen M. Lizardi-Folley,
  De Anza College, CA

Talia Loaiza,
  Austin Community College, TX

Charles Long,
  Choate Rosemary Hall, CT

Debora Maldonado-DeOliveira,
  Meredith College, NC

Chris Manges,
  Lyndon Institute, VT

Maria Y. Martell,
  Mesa Community College, AZ

Laura Martinez,
  Centralia College, WA

Theresa McBreen,
  Middle Tennessee State University

José Mendoza,
  Beaufort County Community
  College, NC

Mandy Menke,
  Grand Valley State University, MI

María Mercado,
  Queens College, CUNY

Mayra Merced-O'Neill,
  Atlantic Community High School, FL

Elisabeth A. Miller,
Bristol Community College, RI

Jerome Miner,
Knox College, IL

Deborah E. Mistron,
Middle Tennessee State University

Kelly Montijo Fink,
Kirkwood Community College, IA

Arturo Morales,
LeTourneau University, TX

Gabriel Mucino,
Concordia University, WI

Esperanza Munoz Perez,
Kirkwood Community College, IA

Caroline Murray,
Saint Mary's College of California

Evelyn Nadeau,
Clarke University, IA

Jessica Niehues,
Emporia State University, KS

Janet Norden,
Baylor University, TX

Kathleen Norwood,
St. Mary's High School, MD

Shelia M. O'Brien,
Clarke University, IA

Cecilia Ojeda,
Northern Arizona University

Hannah Padilla Barajas,
San Diego Mesa College, CA

Florencia Pecile,
Kirkwood Community College, IA

Mariana Pensa,
California University of Pennsylvania

Catalina Pérez Abreu,
Albion College, MI

Martha Perez-Bendorf,
Kirkwood Community College, IA

Joyce Pinkard,
Fresno City College, CA

Derrin Pinto,
University of St. Thomas, MN

Marcie Pratt,
Madison College, WI

Beth Purdy,
West Kentucky Community and
Technical College

Karry Putzy,
Solon High School and Kirkwood
Community College, IA

Debbie Quist-Olivares,
Columbia Basin College, WA

Aida Ramos-Sellman,
Goucher College, MD

Jacqueline M. Ramsey,
Concordia University, WI

Timothy Reed,
Ripon College, WI

Jared Reynolds,
Yapapai College, AZ

Warren B. Roby,
John Brown University, AR

Maria Rodriguez,
Bishop Lynch High School, TX

Monica Rodriguez,
Lyon College, AR

Ramiro Rodriguez,
Texas State Technical College

Mirna Rosende,
County College of Morris, NJ

Laura Ruiz-Scott,
Scottsdale Community College, AZ

Judith Rusciolelli,
Middle Tennessee State University

Jeffrey Ruth,
East Stroudsberg University, PA

Elia Salgado,
San Diego Mesa College and
Grossmont College, CA

Virginia Sánchez-Bernardy,
San Diego Mesa College, CA

Bethany Sanio,
University of Nebraska Lincoln

Gina Santi,
Northern Arizona University

Catherine Scholer Kliewer,
Alexandria Technical and Community
College, MN

David Schuettler,
College of St. Scholastica, MN

Brenda Semmelrock,
Kingswood Oxford School, CT

Frank Shulse,
Columbia College, MO

Leonora Simonovis,
University of San Diego, CA

Dena Stock-Marquez,
St. Mary's Academy, OR

Cristina Szterensus,
Rock Valley College, IL

Clay Tanner,
University of Memphis, TN

Edda Temoche-Weldele,
Grossmont College, CA

Janet Tennyson,
Menlo School, CA

Daniel G. Tight,
University of St. Thomas, MN

Patricia A. Tinkey,
Grove City College, PA

Catharine Tonnacliff,
Concordia University, WI

Linda Tracy,
Santa Rosa Junior College, CA

Beatriz Urraca,
Widener University, PA

Debra S. Vedder,
Ohio Wesleyan University

Gladys Veguilla,
Daytona State College, FL

Felix Versaguis,
North Hennepin Community College,
MN

Francisco Vivar,
University of Memphis, TN

Hilde Votaw,
University of Oklahoma

Michael Vrooman,
Grand Valley State University, MI

Wes Weaver,
SUNY Cortland

James R. Wilson,
Madison Area Technical College, WI

David Young,
Fayetteville Technical Community
College, NC

Javier Zaragoza,
West Los Angeles College, CA

Claire Ziamandanis,
The College of Saint Rose, NY

Fernanda Zullo,
Hanover College, IN

¡De compras!

6

Communicative Goals

You will learn how to:

- **Talk about and describe clothing**
- **Express preferences in a store**
- **Negotiate and pay for items you buy**

A PRIMERA VISTA
- ¿Está comprando algo la chica?
- ¿Crees que busca una maleta o una blusa?
- ¿Está contenta o enojada?
- ¿Cómo es la chica?

¡De compras!

Más vocabulario

el abrigo	coat
los calcetines (el calcetín)	sock(s)
el cinturón	belt
las gafas (de sol)	(sun)glasses
los guantes	gloves
el impermeable	raincoat
la ropa	clothes
la ropa interior	underwear
las sandalias	sandals
el traje	suit
el vestido	dress
los zapatos de tenis	sneakers
el regalo	gift
el almacén	department store
el centro comercial	shopping mall
el mercado (al aire libre)	(open-air) market
el precio (fijo)	(fixed; set) price
la rebaja	sale
la tienda	store
costar (o:ue)	to cost
gastar	to spend (money)
pagar	to pay
regatear	to bargain
vender	to sell
hacer juego (con)	to match (with)
llevar	to wear; to take
usar	to wear; to use

Variación léxica

calcetines	⟷	medias (*Amér. L.*)
cinturón	⟷	correa (*Col., Venez.*)
gafas/lentes	⟷	espejuelos (*Cuba, P.R.*), anteojos (*Arg., Chile*)
zapatos de tenis	⟷	zapatillas de deporte (*Esp.*), zapatillas (*Arg., Perú*)

recursos

WB
pp. 59–60

LM
p. 31

Ⓢ
vhlcentral.com
Lección 6

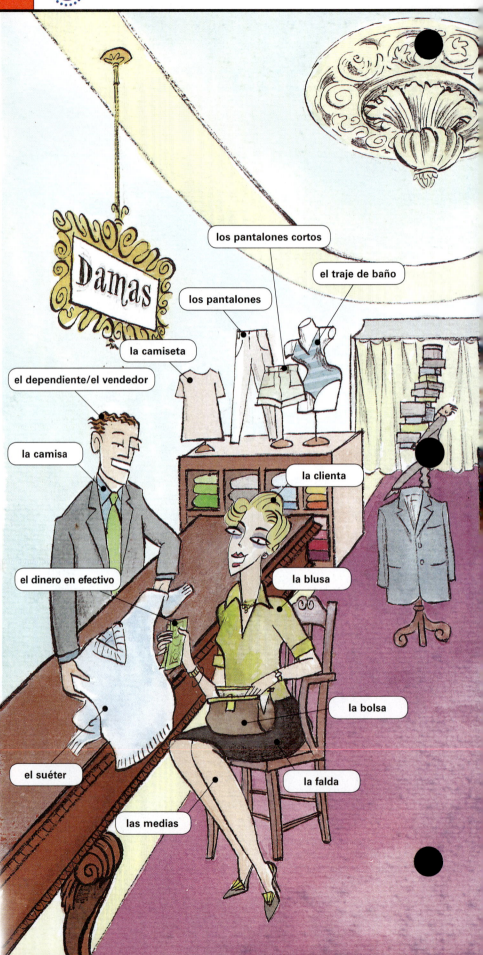

los pantalones cortos

el traje de baño

los pantalones

la camiseta

el dependiente/el vendedor

la camisa

la clienta

el dinero en efectivo

la blusa

el suéter

la bolsa

la falda

las medias

el sombrero

Caballeros

un par de zapatos

los zapatos

la chaqueta

la caja

la cartera

la dependienta/la vendedora

la corbata

la tarjeta de crédito

los (blue)jeans

la bota

Práctica

1 **Escuchar** Listen to Juanita and Vicente talk about what they're packing for their vacations. Indicate who is packing each item. If both are packing an item, write both names. If neither is packing an item, write an **X**.

1. abrigo _____
2. zapatos de tenis _____
3. impermeable _____
4. chaqueta _____
5. sandalias _____
6. bluejeans _____

7. gafas de sol _____
8. camisetas _____
9. traje de baño _____
10. botas _____
11. pantalones cortos _____
12. suéter _____

2 **¿Lógico o ilógico?** Listen to Guillermo and Ana talk about vacation destinations. Indicate whether each statement is **lógico** or **ilógico**.

1. _____
2. _____

3. _____
4. _____

3 **Completar** Anita is talking about going shopping. Complete each sentence with the correct word(s), adding definite or indefinite articles when necessary.

caja	medias	tarjeta de crédito
centro comercial	par	traje de baño
dependientas	ropa	vendedores

1. Hoy voy a ir de compras al _____.
2. Voy a ir a la tienda de ropa para mujeres. Siempre hay muchas rebajas y las _____ son muy simpáticas.
3. Necesito comprar _____ de zapatos.
4. Y tengo que comprar _____ porque el sábado voy a la playa con mis amigos.
5. También voy a comprar unas _____ para mi mamá.
6. Voy a pagar todo (*everything*) en _____.
7. Pero hoy no tengo dinero. Voy a tener que usar mi _____.
8. Mañana voy al mercado al aire libre. Me gusta regatear con los _____.

4 **Escoger** Choose the item in each group that does not belong.

1. almacén • centro comercial • mercado • sombrero
2. camisa • camiseta • blusa • botas
3. jeans • bolsa • falda • pantalones
4. abrigo • suéter • corbata • chaqueta
5. mercado • tienda • almacén • cartera
6. pagar • llevar • hacer juego (con) • usar
7. botas • sandalias • zapatos • traje
8. vender • regatear • ropa interior • gastar

Los colores

amarillo/a anaranjado/a azul

blanco/a gris marrón, café morado/a negro/a

rojo/a rosado/a verde

¡LENGUA VIVA!

The names of colors vary throughout the Spanish-speaking world. For example, in some countries, **anaranjado/a** may be referred to as **naranja**, **morado/a** as **púrpura**, and **rojo/a** as **colorado/a**.

Other terms that will prove helpful include **claro** (*light*) and **oscuro** (*dark*): **azul claro, azul oscuro**.

Adjetivos

barato/a	*cheap*
bueno/a	*good*
cada	*each*
caro/a	*expensive*
corto/a	*short (in length)*
elegante	*elegant*
hermoso/a	*beautiful*
largo/a	*long*
loco/a	*crazy*
nuevo/a	*new*
otro/a	*other; another*
pobre	*poor*
rico/a	*rich*

5

Contrastes Complete each phrase with the opposite of the underlined word.

1. una corbata <u>barata</u> • unas camisas…
2. unas vendedoras <u>malas</u> • unos dependientes…
3. un vestido <u>corto</u> • una falda…
4. un hombre muy <u>pobre</u> • una mujer muy…
5. una cartera <u>nueva</u> • un cinturón…
6. unos trajes <u>hermosos</u> • unos jeans…
7. un impermeable <u>caro</u> • unos suéteres…
8. unos calcetines <u>blancos</u> • unas medias…

6

Preguntas Answer these questions with a classmate.

1. ¿De qué color es la rosa de Texas?
2. ¿De qué color es la bandera (*flag*) de Canadá?
3. ¿De qué color es la casa donde vive el presidente de los EE.UU.?
4. ¿De qué color es el océano Atlántico?
5. ¿De qué color es la nieve?
6. ¿De qué color es el café?
7. ¿De qué color es el dólar de los EE.UU.?
8. ¿De qué color es la cebra (*zebra*)?

CONSULTA

Like other adjectives you have seen, colors must agree in gender and number with the nouns they modify.

Ex: **las camisas verdes, el vestido amarillo**.

For a review of descriptive adjectives, see **Estructura 3.1**, pp. 88–89.

Comunicación

7

Las maletas With a classmate, answer these questions about the drawings.

1. ¿Qué ropa hay al lado de la maleta de Carmela?

2. ¿Qué hay en la maleta?

3. ¿De qué color son las sandalias?

4. ¿Adónde va Carmela?

CONSULTA

To review weather, see **Lección 5, Contextos**, p. 154.

▶ 5. ¿Qué tiempo va a hacer?

6. ¿Qué hay al lado de la maleta de Pepe?

7. ¿Qué hay en la maleta?

8. ¿De qué color es el suéter?

▶ 9. ¿Qué va a hacer Pepe en Bariloche?

10. ¿Qué tiempo va a hacer?

NOTA CULTURAL

Bariloche is a popular resort for skiing in South America. Located in Argentina's Patagonia region, the town is also known for its chocolate factories and its beautiful lakes, mountains, and forests.

8

El viaje Get together with two classmates and imagine that the three of you are going on vacation. Pick a destination and then draw three suitcases. Write in each one what clothing each person is taking. Present your drawings to the rest of the class, answering these questions.

- ¿Adónde van?
- ¿Qué tiempo va a hacer allí?
- ¿Qué van a hacer allí?
- ¿Qué hay en sus maletas?
- ¿De qué color es la ropa que llevan?

9

Preferencias Take turns asking and answering these questions with a classmate.

1. ¿Adónde vas a comprar ropa? ¿Por qué?
2. ¿Qué tipo de ropa prefieres? ¿Por qué?
3. ¿Cuáles son tus colores favoritos?
4. En tu opinión, ¿es importante comprar ropa nueva frecuentemente? ¿Por qué?
5. ¿Gastas mucho dinero en ropa cada mes? ¿Buscas rebajas?
6. ¿Regateas cuando compras ropa? ¿Usas tarjetas de crédito?

En el mercado

Los chicos van de compras al mercado. ¿Quién hizo la mejor compra?

PERSONAJES

FELIPE   JUAN CARLOS

S Video: *Fotonovela*

MARISSA Oigan, vamos al mercado.

JUAN CARLOS ¡Sí! Los chicos en un equipo y las chicas en otro.

FELIPE Tenemos dos horas para ir de compras.

MARU Y don Guillermo decide quién gana.

JIMENA Esta falda azul es muy elegante.

MARISSA ¡Sí! Además, este color está de moda.

MARU Éste rojo es de algodón.

(Las chicas encuentran unas bolsas.)

VENDEDOR Ésta de rayas cuesta 190 pesos, ésta 120 pesos y ésta 220 pesos.

MARISSA ¿Me das aquella blusa rosada? Me parece que hace juego con esta falda, ¿no? ¿No tienen otras tallas?

JIMENA Sí, aquí. ¿Qué talla usas?

MARISSA Uso talla 4.

JIMENA La encontré. ¡Qué ropa más bonita!

(En otra parte del mercado)

FELIPE Juan Carlos compró una camisa de muy buena calidad.

MIGUEL *(a la vendedora)* ¿Puedo ver ésos, por favor?

VENDEDORA Sí, señor. Le doy un muy buen precio.

VENDEDOR Son 530 por las tres bolsas. Pero como ustedes son tan bonitas, son 500 pesos.

MARU Señor, no somos turistas ricas. Somos estudiantes pobres.

VENDEDOR Bueno, son 480 pesos.

MARISSA

JIMENA

MARU

MIGUEL

DON GUILLERMO

VENDEDORA

VENDEDOR

7

JUAN CARLOS Miren, mi nueva camisa. Elegante, ¿verdad?

FELIPE A ver, Juan Carlos... te queda bien.

8

MARU ¿Qué compraste?

MIGUEL Sólo esto.

MARU ¡Qué bonitos aretes! Gracias, mi amor.

9

JUAN CARLOS Y ustedes, ¿qué compraron?

JIMENA Bolsas.

MARU Acabamos de comprar tres bolsas por sólo 480 pesos. ¡Una ganga!

10

FELIPE Don Guillermo, usted tiene que decidir quién gana. ¿Los chicos o las chicas?

DON GUILLERMO El ganador es... Miguel. ¡Porque no compró nada para él, sino para su novia!

recursos

VM
pp. 11–12

vhlcentral.com
Lección 6

Expresiones útiles

Talking about clothing

¡Qué ropa más bonita!
What nice clothing!
Esta falda azul es muy elegante.
This blue skirt is very elegant.
Está de moda.
It's in style.
Éste rojo es de algodón/lana.
This red one is cotton/wool.
Ésta de rayas/lunares/cuadros es de seda.
This striped / polka-dotted / plaid one is silk.
Es de muy buena calidad.
It's very good quality.
¿Qué talla usas/llevas?
What size do you wear?
Uso/Llevo talla 4.
I wear a size 4.
¿Qué número calza?
What size shoe do you wear?
Yo calzo siete.
I wear a size seven.

Negotiating a price

¿Cuánto cuesta?
How much does it cost?
Demasiado caro/a.
Too expensive.
Es una ganga.
It's a bargain.

Saying what you bought

¿Qué compraste?/¿Qué compró usted?
What did you buy?
Sólo compré esto.
I only bought this.
¡Qué bonitos aretes!
What beautiful earrings!
Y ustedes, ¿qué compraron?
And you guys, what did you buy?

Additional vocabulary

híjole *wow*

¿Qué pasó?

1

¿Cierto o falso? Indicate whether each sentence is **cierto** or **falso**. Correct the false statements.

	Cierto	Falso
1. Jimena dice que la falda azul no es elegante.	○	○
2. Juan Carlos compra una camisa.	○	○
3. Marissa dice que el azul es un color que está de moda.	○	○
4. Miguel compra unas sandalias para Maru.	○	○

2

Identificar Provide the first initial of the person who would make each statement.

___ 1. ¿Te gusta cómo se me ven mis nuevos aretes?

___ 2. Juan Carlos compró una camisa de muy buena calidad.

___ 3. No podemos pagar 500, señor, eso es muy caro.

___ 4. Aquí tienen ropa de muchas tallas.

___ 5. Esta falda me gusta mucho, el color azul es muy elegante.

___ 6. Hay que darnos prisa, sólo tenemos dos horas para ir de compras.

MARU

FELIPE

JIMENA

3

Completar Answer the questions using the information in the **Fotonovela**.

1. ¿Qué talla es Marissa?
2. ¿Cuánto les pide el vendedor por las tres bolsas?
3. ¿Cuál es el precio que pagan las tres amigas por las bolsas?
4. ¿Qué dice Juan Carlos sobre su nueva camisa?
5. ¿Quién ganó al hacer las compras? ¿Por qué?

4

Conversar With a partner, role-play a conversation between a customer and a salesperson in an open-air market. Use these expressions and also look at **Expresiones útiles** on the previous page.

¿Qué desea?	Estoy buscando...	Prefiero el/la rojo/a.
What would you like?	*I'm looking for...*	*I prefer the red one.*

Cliente/a   **Vendedor(a)**

Say good afternoon.   → Greet the customer and ask what he/she would like.

Explain that you are looking for a particular item of clothing.   → Show him/her some items and ask what he/she prefers.

Discuss colors and sizes.   → Discuss colors and sizes.

Ask for the price and begin bargaining. → Tell him/her a price. Negotiate a price.

Settle on a price and purchase the item. → Accept a price and say thank you.

Practice more at **vhlcentral.com**.

Pronunciación Audio
The consonants **d** and **t**

¿Dónde?	**vender**	**nadar**	**verdad**

Like **b** and **v**, the Spanish **d** can have a hard sound or a soft sound, depending on which letters appear next to it.

Don	**dinero**	**tienda**	**falda**

At the beginning of a phrase and after **n** or **l**, the letter **d** is pronounced with a hard sound. This sound is similar to the English *d* in *dog*, but a little softer and duller. The tongue should touch the back of the upper teeth, not the roof of the mouth.

medias	**verde**	**vestido**	**huésped**

In all other positions, **d** has a soft sound. It is similar to the English *th* in *there*, but a little softer.

Don Diego no tiene el diccionario

When **d** begins a word, its pronunciation depends on the previous word. At the beginning of a phrase or after a word that ends in **n** or **l**, it is pronounced as a hard **d**.

Doña Dolores es de la capital

Words that begin with **d** are pronounced with a soft **d** if they appear immediately after a word that ends in a vowel or any consonant other than **n** or **l**.

traje	**pantalones**	**tarjeta**	**tienda**

When pronouncing the Spanish **t**, the tongue should touch the back of the upper teeth, not the roof of the mouth. Unlike the English *t*, no air is expelled from the mouth.

Práctica Read these phrases aloud to practice the **d** and the **t**.

1. Hasta pronto.
2. De nada.
3. Mucho gusto.
4. Lo siento.
5. No hay de qué.
6. ¿De dónde es usted?
7. ¡Todos a bordo!
8. No puedo.
9. Es estupendo.
10. No tengo computadora.
11. ¿Cuándo vienen?
12. Son las tres y media.

Oraciones Read these sentences aloud to practice the **d** and the **t**.

1. Don Teodoro tiene una tienda en un almacén en La Habana.
2. Don Teodoro vende muchos trajes, vestidos y zapatos todos los días.
3. Un día un turista, Federico Machado, entra en la tienda para comprar un par de botas.
4. Federico regatea con don Teodoro y compra las botas y también un par de sandalias.

Refranes Read these sayings aloud to practice the **d** and the **t**.

En la variedad está el gusto.[1]

Aunque la mona se vista de seda, mona se queda.[2]

1 Variety is the spice of life. 2 You can't make a silk purse out of a sow's ear.

recursos

LM p. 32

vhlcentral.com Lección 6

Los mercados al aire libre

Mercados al aire libre are an integral part of commerce and culture in the Spanish-speaking world. Whether they take place daily or weekly, these markets are an important forum where tourists, locals, and vendors interact. People come to the marketplace to shop, socialize, taste local foods, and watch street performers. Wandering from one **puesto** (*stand*) to the next, one can browse for fresh fruits and vegetables, clothing, CDs and DVDs, and **artesanías** (*crafts*). Some markets offer a mix of products, while others specialize in food, fashion, or used merchandise, such as antiques and books.

When shoppers see an item they like, they can bargain with the vendor. Friendly bargaining is an expected ritual and may result in a significantly lower price. When selling food, vendors may give the customer a little extra of what they purchase; this free addition is known as **la ñapa.**

Many open-air markets are also tourist attractions. The market in Otavalo, Ecuador, is world-famous and has taken place every Saturday since pre-Incan times. This market is well-known for the colorful textiles woven by the **otavaleños,** the indigenous people of the area. One can also find leather goods and wood carvings from nearby towns. Another popular market is **El Rastro,** held every Sunday in Madrid, Spain. Sellers set up **puestos** along the streets to display their wares, which range from local artwork and antiques to inexpensive clothing and electronics.

Mercado de Otavalo

mariscos *seafood* pescado *fish* verduras *vegetables* flores *flowers*

Otros mercados famosos

Mercado	Lugar	Productos
Feria Artesanal de Recoleta	Buenos Aires, Argentina	artesanías
Mercado Central	Santiago, Chile	mariscos°, pescado°, frutas, verduras°
Tianguis Cultural del Chopo	Ciudad de México, México	ropa, música, revistas, libros, arte, artesanías
El mercado de Chichicastenango	Chichicastenango, Guatemala	frutas y verduras, flores°, cerámica, textiles

1 **¿Cierto o falso?** Indicate whether these statements are **cierto** or **falso.** Correct the false statements.

1. Generally, open-air markets specialize in one type of goods.

2. Bargaining is commonplace at outdoor markets.

3. Only new goods can be found at open-air markets.

4. A Spaniard in search of antiques could search at **El Rastro.**

5. If you are in Guatemala and want to buy ceramics, you can go to Chichicastenango.

6. A **ñapa** is a tax on open-air market goods.

7. The **otavaleños** weave colorful textiles to sell on Saturdays.

8. Santiago's **Mercado Central** is known for books and music.

La ropa

la chamarra (Méx.)	la chaqueta
de manga corta/larga	*short/long-sleeved*
los mahones (P. Rico); el pantalón de mezclilla (Méx.); los tejanos (Esp.); los vaqueros (Arg., Cuba, Esp., Uru.)	los bluejeans
la marca	*brand*
la playera (Méx.); la remera (Arg.)	la camiseta

Diseñadores de moda

- **Adolfo Domínguez** (España) Su ropa tiene un estilo minimalista y práctico. Usa telas° naturales y cómodas en sus diseños.

- **Silvia Tcherassi** (Colombia) Los colores vivos y las líneas asimétricas de sus vestidos y trajes muestran influencias tropicales.

- **Óscar de la Renta** (República Dominicana) Diseñó ropa opulenta para la mujer clásica.

- **Narciso Rodríguez** (EE.UU.) En sus diseños delicados y finos predominan los colores blanco y negro. Hizo° el vestido de boda° de Carolyn Bessette Kennedy. También diseñó varios vestidos para Michelle Obama.

telas *fabrics* Hizo *He made* de boda *wedding*

Carolina Herrera

In 1980, at the urging of some friends, **Carolina Herrera** created a fashion collection as a "test." The Venezuelan designer received such a favorable response that within one year she moved her family from Caracas to New York City and created her own label, Carolina Herrera, Ltd.

"I love elegance and intricacy, but whether it is in a piece of clothing or a fragrance, the intricacy must appear as simplicity," Herrera once stated. She quickly found that many sophisticated women agreed; from the start,

her sleek and glamorous designs have been in constant demand. Over the years, Herrera has grown her brand into a veritable fashion empire that encompasses her fashion and bridal collections, cosmetics, perfume, and accessories that are sold around the globe.

Conexión Internet

¿Qué marcas de ropa son populares en el mundo hispano?

Go to **vhlcentral.com** to find more cultural information related to this **Cultura** section.

2 **Comprensión** Complete these sentences.

1. Adolfo Domínguez usa telas _____ y _____ en su ropa.
2. Si hace fresco en el D.F., puedes llevar una _____.
3. La diseñadora _____ hace ropa, perfumes y más.
4. La ropa de _____ muestra influencias tropicales.
5. Los _____ son una ropa casual en Puerto Rico.

3 **Mi ropa favorita** Write a brief description of your favorite article of clothing. Mention what store it is from, the brand, colors, fabric, style, and any other information. Then get together with a small group, collect the descriptions, and take turns reading them aloud at random. Can the rest of the group guess whose favorite piece of clothing is being described?

Practice more at **vhlcentral.com**.

6.1 Saber and conocer Tutorial

ANTE TODO Spanish has two verbs that mean *to know*: **saber** and **conocer**. They cannot be used interchangeably. Note the irregular **yo** forms.

The verbs saber and conocer

		saber *(to know)*	conocer *(to know)*
SINGULAR FORMS	yo	sé	conozco
	tú	sabes	conoces
	Ud./él/ella	sabe	conoce
PLURAL FORMS	nosotros/as	sabemos	conocemos
	vosotros/as	sabéis	conocéis
	Uds./ellos/ellas	saben	conocen

▶ **Saber** means *to know a fact or piece(s) of information* or *to know how to do something.*

No **sé** tu número de teléfono.
I don't know your telephone number.

Mi hermana **sabe** hablar francés.
My sister knows how to speak French.

▶ **Conocer** means *to know* or *be familiar/acquainted* with a person, place, or thing.

¿**Conoces** la ciudad de Nueva York?
Do you know New York City?

No **conozco** a tu amigo Esteban.
I don't know your friend Esteban.

▶ When the direct object of **conocer** is a person or pet, the personal **a** is used.

¿Conoces La Habana?   *but*   ¿Conoces a Celia Cruz?
Do you know Havana?   *Do you know Celia Cruz?*

▶ **¡Atención!** **Parecer** *(to seem)* and **ofrecer** *(to offer)* are conjugated like **conocer**.

▶ **¡Atención!** **Conducir** *(to drive)* and **traducir** *(to translate)* also have an irregular **yo** form, but since they are **-ir** verbs, they are conjugated differently from **conocer**.

conducir	conduzco, conduces, conduce, conducimos, conducís, conducen
traducir	traduzco, traduces, traduce, traducimos, traducís, traducen

¡INTÉNTALO! Provide the appropriate forms of these verbs.

saber

1. José no ___sabe___ la hora.
2. Sara y yo _____ jugar al tenis.
3. ¿Por qué no _____ tú estos verbos?
4. Mis padres _____ hablar japonés.
5. Yo _____ a qué hora es la clase.
6. Usted no _____ dónde vivo.
7. Mi hermano no _____ nadar.
8. Nosotros _____ muchas cosas.

conocer

1. Usted y yo ___conocemos___ bien Miami.
2. ¿Tú _____ a mi amigo Manuel?
3. Sergio y Taydé _____ mi pueblo.
4. Emiliano _____ a mis padres.
5. Yo _____ muy bien el centro.
6. ¿Ustedes _____ la tienda Gigante?
7. Nosotras _____ una playa hermosa.
8. ¿Usted _____ a mi profesora?

Práctica y Comunicación

1 **Completar** Indicate the correct verb for each sentence.

1. Mis hermanos (conocen/saben) conducir, pero yo no (sé/conozco).
2. —¿(Conocen/Saben) ustedes dónde está el estadio? —No, no lo (conocemos/sabemos).
3. —¿(Conoces/Sabes) a Lady Gaga? —Bueno, (sé/conozco) quién es, pero no la (conozco/sé).
4. Mi profesora (sabe/conoce) Cuba y también (conoce/sabe) bailar salsa.

2 **Combinar** Combine elements from each column to create sentences.

A	B	C
Shakira	(no) conocer	Jimmy Fallon
los Yankees	(no) saber	cantar y bailar
el primer ministro		La Habana Vieja
de Canadá		muchas personas importantes
mis amigos y yo		hablar dos lenguas extranjeras
tú		jugar al béisbol

3 **Preguntas** In pairs, ask each other these questions. Answer with complete sentences.

1. ¿Conoces a un(a) cantante famoso/a? ¿Te gusta cómo canta?
2. En tu familia, ¿quién sabe cantar bien? ¿Tu opinión es objetiva?
3. Y tú, ¿conduces bien o mal? ¿Y tus amigos?
4. Si un(a) amigo/a no conduce muy bien, ¿le ofreces crítica constructiva?
5. ¿Cómo parece estar el/la profesor(a) hoy? ¿Y tus compañeros de clase?

4 **Entrevista** Jot down three things you know how to do, three people you know, and three places you are familiar with. Then, in a small group, find out what you have in common.

> **modelo**
>
> **Estudiante 1:** ¿Conocen ustedes a David Lomas?
> **Estudiante 2:** Sí, conozco a David. Vivimos en la misma residencia estudiantil.
> **Estudiante 3:** No, no lo conozco. ¿Cómo es?

5 **Anuncio** In groups, read the ad and answer these questions.

1. Busquen ejemplos de los verbos **saber** y **conocer**.
2. ¿Qué saben del Centro Comercial Málaga?
3. ¿Qué pueden hacer en el Centro Comercial Málaga?
4. ¿Conocen otros centros comerciales similares? ¿Cómo se llaman? ¿Dónde están?
5. ¿Conocen un centro comercial en otro país? ¿Cómo es?...

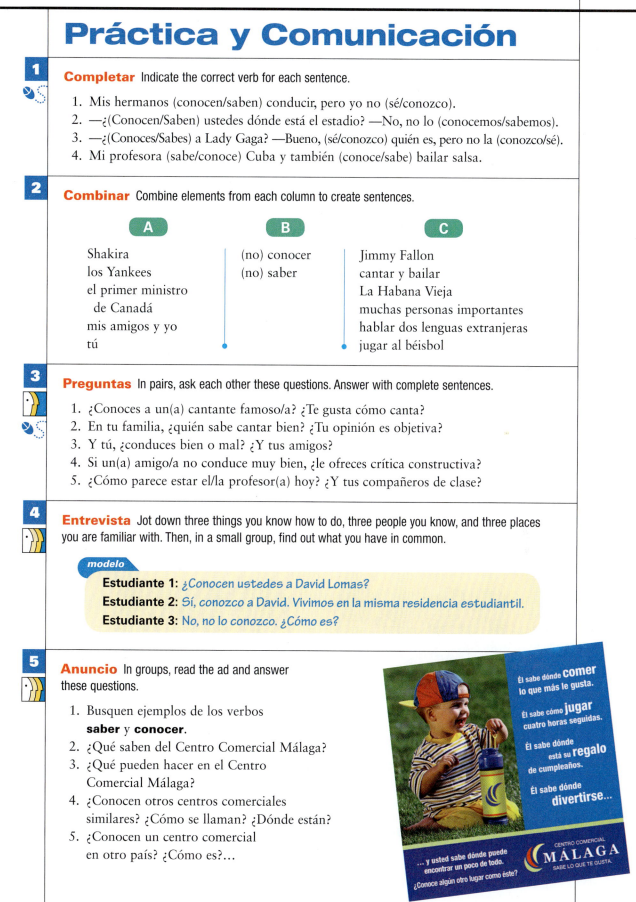

Él sabe dónde **comer** lo que más le gusta.

Él sabe cómo **jugar** cuatro horas seguidas.

Él sabe dónde está su **regalo** de cumpleaños.

Él sabe dónde **divertirse...**

... y usted sabe dónde puede encontrar un poco de todo. ¿Conoce algún otro lugar como éste?

CENTRO COMERCIAL **MÁLAGA** SABE LO QUE TE GUSTA.

6.2 Indirect object pronouns (S) Tutorial

ANTE TODO   In **Lección 5**, you learned that a direct object receives the action of the verb directly. In contrast, an indirect object receives the action of the verb indirectly.

SUBJECT	I.O. PRONOUN	VERB	DIRECT OBJECT	INDIRECT OBJECT
Roberto	**le**	presta	cien pesos	**a Luisa**.
Roberto		*lends*	*100 pesos*	*to Luisa.*

An indirect object is a noun or pronoun that answers the question *to whom* or *for whom* an action is done. In the preceding example, the indirect object answers this question: **¿A quién le presta Roberto cien pesos?** *To whom does Roberto lend 100 pesos?*

Indirect object pronouns

Singular forms		Plural forms	
me	(to, for) *me*	nos	(to, for) *us*
te	(to, for) *you* (fam.)	os	(to, for) *you* (fam.)
le	(to, for) *you* (form.)	les	(to, for) *you*
	(to, for) *him; her*		(to, for) *them*

▶ **¡Atención!** The forms of indirect object pronouns for the first and second persons (**me**, **te**, **nos**, **os**) are the same as the direct object pronouns. Indirect object pronouns agree in number with the corresponding nouns, but not in gender.

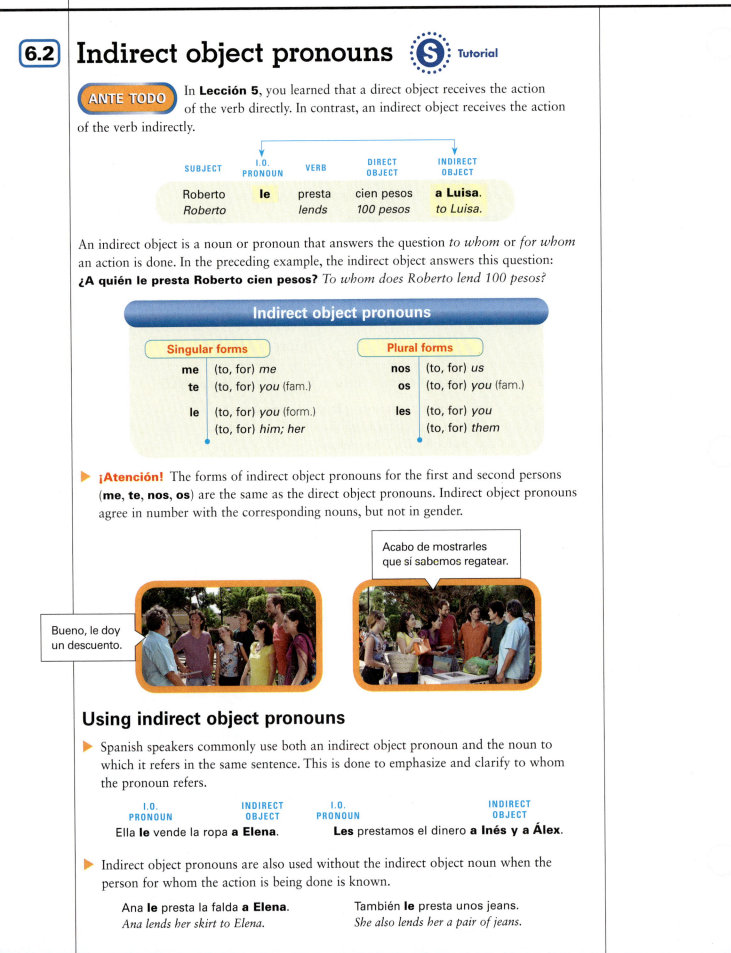

Bueno, le doy un descuento.

Acabo de mostrarles que sí sabemos regatear.

Using indirect object pronouns

▶ Spanish speakers commonly use both an indirect object pronoun and the noun to which it refers in the same sentence. This is done to emphasize and clarify to whom the pronoun refers.

I.O. PRONOUN	INDIRECT OBJECT	I.O. PRONOUN	INDIRECT OBJECT
Ella **le** vende la ropa **a Elena**.		**Les** prestamos el dinero **a Inés y a Álex**.	

▶ Indirect object pronouns are also used without the indirect object noun when the person for whom the action is being done is known.

Ana **le** presta la falda **a Elena**.   También **le** presta unos jeans.
Ana lends her skirt to Elena.   *She also lends her a pair of jeans.*

▶ Indirect object pronouns are usually placed before the conjugated form of the verb. In negative sentences the pronoun is placed between **no** and the conjugated verb.

Martín **me** compra un regalo.
Martín is buying me a gift.

Eva **no me** escribe cartas.
Eva doesn't write me letters.

CONSULTA

For more information on accents, see **Lección 4, Pronunciación**, p. 123, **Lección 10, Ortografía**, p. 339, and **Lección 11, Ortografía**, p. 375.

▶ When a conjugated verb is followed by an infinitive or the present progressive, the indirect object pronoun may be placed before the conjugated verb or attached to the infinitive or present participle. **¡Atención!** When an indirect object pronoun is attached to a present participle, an accent mark is added to maintain the proper stress.

Él no quiere **pagarte**./
Él no **te** quiere pagar.
He does not want to pay you.

Él está **escribiéndole** una postal a ella./
Él **le** está escribiendo una postal a ella.
He is writing a postcard to her.

▶ Because the indirect object pronouns **le** and **les** have multiple meanings, Spanish speakers often clarify to whom the pronouns refer with the preposition **a** + [*pronoun*] or **a** + [*noun*].

UNCLARIFIED STATEMENTS
Yo **le** compro un abrigo.

Ella **le** describe un libro.

CLARIFIED STATEMENTS
Yo **le** compro un abrigo **a usted/él/ella**.

Ella **le** describe un libro **a Juan**.

UNCLARIFIED STATEMENTS
Él **les** vende unos sombreros.

Ellos **les** hablan muy claro.

CLARIFIED STATEMENTS
Él **les** vende unos sombreros **a ustedes/ellos/ellas**.

Ellos **les** hablan muy claro **a los clientes**.

▶ The irregular verbs **dar** (*to give*) and **decir** (*to say; to tell*) are often used with indirect object pronouns.

The verbs dar and decir

Singular forms	dar	decir	Plural forms	dar	decir
yo	doy	digo	nosotros/as	damos	decimos
tú	das	dices	vosotros/as	dais	decís
Ud./él/ella	da	dice	Uds./ellos/ellas	dan	dicen

Me dan una fiesta cada año.
They give (throw) me a party every year.

Voy a **darle** consejos.
I'm going to give her advice.

Te digo la verdad.
I'm telling you the truth.

No **les digo** mentiras a mis padres.
I don't tell lies to my parents.

recursos

WB
pp. 62–63

LM
p. 34

vhlcentral.com
Lección 6

¡INTÉNTALO! Use the cues in parentheses to provide the correct indirect object pronoun for each sentence.

1. Juan ___le___ quiere dar un regalo. (*to Elena*)
2. María _____ prepara un café. (*for us*)
3. Beatriz y Felipe _____ escriben desde (*from*) Cuba. (*to me*)
4. Marta y yo _____ compramos unos guantes. (*for them*)
5. Los vendedores _____ venden ropa. (*to you, fam. sing.*)
6. La dependienta _____ muestra los guantes. (*to us*)

Práctica

1

Completar Fill in the blanks with the correct pronouns to complete Mónica's description of her family's holiday shopping.

1. Juan y yo _____ damos una blusa a nuestra hermana Gisela.
2. Mi tía _____ da a nosotros una mesa para la casa.
3. Gisela _____ da dos corbatas a su novio.
4. A mi mamá yo _____ doy un par de guantes negros.
5. A mi profesora _____ doy dos libros de José Martí.
6. Juan _____ da un regalo a mis padres.
7. Mis padres _____ dan un traje nuevo a mí.
8. Y a ti, yo _____ doy un regalo también. ¿Quieres verlo?

2

En La Habana Describe what happens on Pascual's trip to Cuba based on the cues provided.

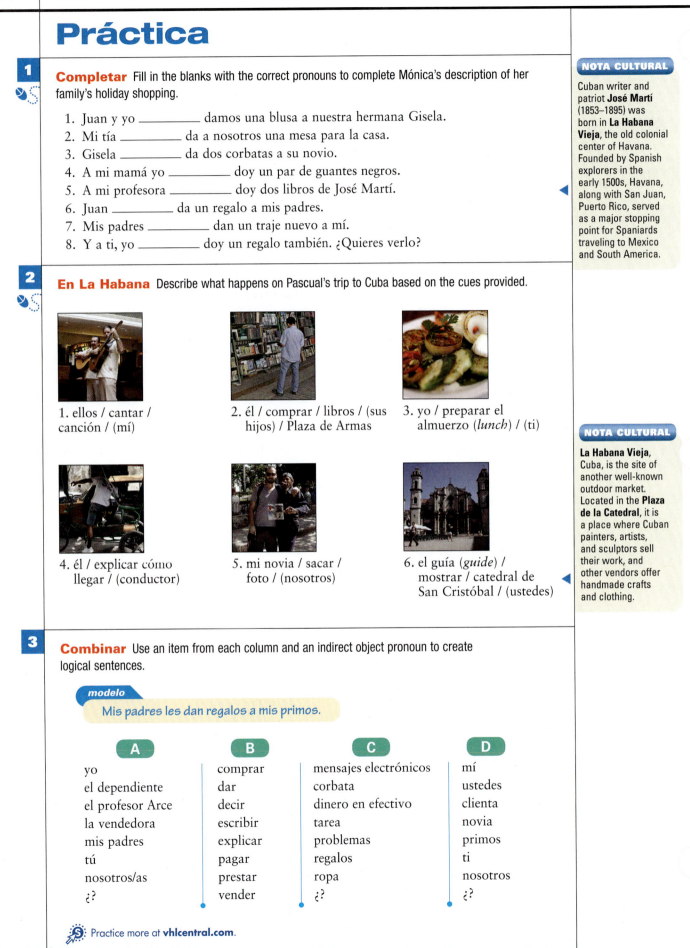

1. ellos / cantar / canción / (mí)

2. él / comprar / libros / (sus hijos) / Plaza de Armas

3. yo / preparar el almuerzo (*lunch*) / (ti)

4. él / explicar cómo llegar / (conductor)

5. mi novia / sacar / foto / (nosotros)

6. el guía (*guide*) / mostrar / catedral de San Cristóbal / (ustedes)

3

Combinar Use an item from each column and an indirect object pronoun to create logical sentences.

modelo

Mis padres les dan regalos a mis primos.

A	B	C	D
yo	comprar	mensajes electrónicos	mí
el dependiente	dar	corbata	ustedes
el profesor Arce	decir	dinero en efectivo	clienta
la vendedora	escribir	tarea	novia
mis padres	explicar	problemas	primos
tú	pagar	regalos	ti
nosotros/as	prestar	ropa	nosotros
¿?	vender	¿?	¿?

Comunicación

4
Entrevista In pairs, take turns asking and answering for whom you do these activities. Use the model as a guide.

cantar canciones de amor (*love songs*)   escribir mensajes electrónicos
comprar ropa   mostrar fotos de un viaje
dar una fiesta   pedir dinero
decir mentiras   preparar comida (*food*) mexicana

> **modelo**
> escribir mensajes electrónicos
> **Estudiante 1:** ¿A quién le escribes mensajes electrónicos?
> **Estudiante 2:** Le escribo mensajes electrónicos a mi hermano.

5
¡Somos ricos! You and your classmates chipped in on a lottery ticket and you won! Now you want to spend money on your loved ones. In groups of three, discuss what each person is buying for family and friends.

> **modelo**
> **Estudiante 1:** Quiero comprarle un vestido de Carolina Herrera a mi madre.
> **Estudiante 2:** Y yo voy a darles un automóvil nuevo a mis padres.
> **Estudiante 3:** Voy a comprarles una casa a mis padres, pero a mis amigos no les voy a dar nada.

6
Entrevista Use these questions to interview a classmate.

1. ¿Qué tiendas, almacenes o centros comerciales prefieres?
2. ¿A quién le compras regalos cuando hay rebajas?
3. ¿A quién le prestas dinero cuando lo necesita?
4. Quiero ir de compras. ¿Cuánto dinero me puedes prestar?
5. ¿Te dan tus padres su tarjeta de crédito cuando vas de compras?

Síntesis

7
Minidrama In groups of three, take turns playing the roles of two shoppers and a clerk in a clothing store. The shoppers should talk about the articles of clothing they are looking for and for whom they are buying the clothes. The clerk should recommend several items based on the shoppers' descriptions. Use these expressions and also look at **Expresiones útiles** on page 195.

Me queda grande/pequeño.   ¿Está en rebaja?
It's big/small on me.   *Is it on sale?*
¿Tiene otro color?   También estoy buscando...
Do you have another color?   *I'm also looking for...*

[6.3] Preterite tense of regular verbs Tutorial

ANTE TODO In order to talk about events in the past, Spanish uses two simple tenses: the preterite and the imperfect. In this lesson, you will learn how to form the preterite tense, which is used to express actions or states completed in the past.

Preterite of regular -ar, -er, and -ir verbs

		-ar verbs	-er verbs	-ir verbs
		comprar	**vender**	**escribir**
SINGULAR FORMS	yo	compr**é** *I bought*	vend**í** *I sold*	escrib**í** *I wrote*
	tú	compr**aste**	vend**iste**	escrib**iste**
	Ud./él/ella	compr**ó**	vend**ió**	escrib**ió**
PLURAL FORMS	nosotros/as	compr**amos**	vend**imos**	escrib**imos**
	vosotros/as	compr**asteis**	vend**isteis**	escrib**isteis**
	Uds./ellos/ellas	compr**aron**	vend**ieron**	escrib**ieron**

▶ **¡Atención!** The **yo** and **Ud./él/ella** forms of all three conjugations have written accents on the last syllable to show that it is stressed.

▶ As the chart shows, the endings for regular **-er** and **-ir** verbs are identical in the preterite.

¿Qué compraste?

Compré estos aretes.

▶ Note that the **nosotros/as** forms of regular **-ar** and **-ir** verbs in the preterite are identical to the present tense forms. Context will help you determine which tense is being used.

En invierno **compramos** ropa.
In the winter, we buy clothes.

Anoche **compramos** unos zapatos.
Last night we bought some shoes.

▶ **-Ar** and **-er** verbs that have a stem change in the present tense are regular in the preterite. They do *not* have a stem change.

	PRESENT	PRETERITE
cerrar (e:ie)	La tienda **cierra** a las seis.	La tienda **cerró** a las seis.
volver (o:ue)	Carlitos **vuelve** tarde.	Carlitos **volvió** tarde.
jugar (u:ue)	Él **juega** al fútbol.	Él **jugó** al fútbol.

▶ **¡Atención!** **-Ir** verbs that have a stem change in the present tense also have a stem change in the preterite.

CONSULTA

There are a few high-frequency irregular verbs in the preterite. You will learn more about them in **Estructura 9.1**, p. 310.

CONSULTA

You will learn about the preterite of **-ir** stem-changing verbs in **Estructura 8.1**, p. 274.

▶ Verbs that end in **-car**, **-gar**, and **-zar** have a spelling change in the first person singular (**yo** form) in the preterite.

buscar		busc-		qu-		yo busqué
llegar	▶	lleg-	▶	gu-	▶	yo llegué
empezar		empez-		c-		yo empecé

▶ Except for the **yo** form, all other forms of **-car**, **-gar**, and **-zar** verbs are regular in the preterite.

▶ Three other verbs—**creer**, **leer**, and **oír**—have spelling changes in the preterite. The **i** of the verb endings of **creer**, **leer**, and **oír** carries an accent in the **yo**, **tú**, **nosotros/as**, and **vosotros/as** forms, and changes to **y** in the **Ud./él/ella** and **Uds./ellos/ellas** forms.

creer		cre-		creí, creíste, creyó, creímos, creísteis, creyeron
leer	▶	le-	▶	leí, leíste, leyó, leímos, leísteis, leyeron
oír		o-		oí, oíste, oyó, oímos, oísteis, oyeron

▶ **Ver** is regular in the preterite, but none of its forms has an accent.

ver ⟶ vi, viste, vio, vimos, visteis, vieron

Words commonly used with the preterite

anoche	last night	pasado/a (adj.)	last; past
anteayer	the day before yesterday	el año pasado	last year
		la semana pasada	last week
ayer	yesterday	una vez	once
de repente	suddenly	dos veces	twice
desde... hasta...	from... until...	ya	already

Ayer llegué a Santiago de Cuba.
Yesterday I arrived in Santiago de Cuba.

Anoche oí un ruido extraño.
Last night I heard a strange noise.

▶ **Acabar de** + [*infinitive*] is used to say that something has just occurred. Note that **acabar** is in the present tense in this construction.

Acabo de comprar una falda.
I just bought a skirt.

Acabas de ir de compras.
You just went shopping.

recursos

WB
pp. 64–65

LM
p. 35

vhlcentral.com
Lección 6

 ¡INTÉNTALO! Provide the appropriate preterite forms of the verbs.

	comer	salir	comenzar	leer
1. ellas	comieron	salieron	comenzaron	leyeron
2. tú	_____	_____	_____	_____
3. usted	_____	_____	_____	_____
4. nosotros	_____	_____	_____	_____
5. yo	_____	_____	_____	_____

Práctica

1

Completar Andrea is talking about what happened last weekend. Complete each sentence by choosing the correct verb and putting it in the preterite.

1. El viernes a las cuatro de la tarde, la profesora Mora _____ (asistir, costar, usar) a una reunión (*meeting*) de profesores.
2. A la una, yo _____ (llegar, bucear, llevar) a la tienda con mis amigos.
3. Mis amigos y yo _____ (comprar, regatear, gastar) dos o tres cosas.
4. Yo _____ (costar, comprar, escribir) unos pantalones negros y mi amigo Mateo _____ (gastar, pasear, comprar) una camisa azul.
5. Después, nosotros _____ (llevar, vivir, comer) cerca de un mercado.
6. A las tres, Pepe _____ (hablar, pasear, nadar) con su novia por teléfono.
7. El sábado por la tarde, mi mamá _____ (escribir, beber, vivir) una carta.
8. El domingo mi tía _____ (decidir, salir, escribir) comprarme un traje.
9. A las cuatro de la tarde, mi tía _____ (beber, salir, encontrar) el traje y después nosotras _____ (acabar, ver, salir) una película.

2

Preguntas Imagine that you have a pesky friend who keeps asking you questions. Respond that you already did or have just done what he/she asks. Make sure you and your partner take turns playing the role of the pesky friend and responding to his/her questions.

> **modelo**
>
> leer la lección
> **Estudiante 1:** ¿Leíste la lección?
> **Estudiante 2:** Sí, ya la leí./Sí, acabo de leerla.

1. escribir el mensaje electrónico
2. lavar (*to wash*) la ropa
3. oír las noticias (*news*)
4. comprar pantalones cortos
5. practicar los verbos
6. pagar la cuenta (*bill*)
7. empezar la composición
8. ver la película *Diarios de motocicleta*

NOTA CULTURAL

Based on Ernesto "Che" Guevara's diaries, *Diarios de motocicleta* (2004) traces the road trip of Che (played by Gael García Bernal) with his friend Alberto Granado (played by Rodrigo de la Serna) through Argentina, Chile, Peru, Colombia, and Venezuela.

3

¿Cuándo? Use the time expressions from the word bank to talk about when you and others did the activities listed.

anoche	anteayer	el mes pasado	una vez
ayer	la semana pasada	el año pasado	dos veces

1. mi compañero/a de cuarto: llegar tarde a clase
2. mi mejor (*best*) amigo/a: salir con un(a) chico/a guapo/a
3. mis padres: ver una película
4. yo: llevar un traje/vestido
5. el presidente/primer ministro de mi país: asistir a una conferencia internacional
6. mis amigos y yo: comer en un restaurante
7. ¿?: comprar algo (*something*) bueno, bonito y barato

Comunicación

4

Ayer Jot down at what time you did these activities yesterday. Then get together with a classmate and find out at what time he or she did these activities. Be prepared to share your findings with the class.

1. desayunar
2. empezar la primera clase
3. almorzar

4. ver a un(a) amigo/a
5. salir de clase
6. volver a la residencia/casa

5

Las vacaciones Imagine that you took these photos on a vacation with friends. Get together with a partner and use the pictures to tell him or her about your trip.

6

El fin de semana Your instructor will give you and your partner different incomplete charts about what four employees at **Almacén Gigante** did last weekend. After you fill out the chart based on each other's information, you will fill out the final column about your partner.

Síntesis

7

Conversación Get together with a partner and have a conversation about what you did last week using verbs from the word bank. Don't forget to include school activities, shopping, and pastimes.

acampar	comer	gastar	tomar
asistir	comprar	hablar	trabajar
bailar	correr	jugar	vender
beber	escribir	leer	ver
buscar	estudiar	oír	viajar

6.4 # Demonstrative adjectives and pronouns

Demonstrative adjectives **Tutorial**

ANTE TODO   In Spanish, as in English, demonstrative adjectives are words that "demonstrate" or "point out" nouns. Demonstrative adjectives precede the nouns they modify and, like other Spanish adjectives you have studied, agree with them in gender and number. Observe these examples and then study the chart below.

esta camisa	**ese** vendedor	**aquellos** zapatos
this shirt	*that salesman*	*those shoes (over there)*

Demonstrative adjectives

Singular		Plural		
MASCULINE	FEMININE	MASCULINE	FEMININE	
este	**esta**	**estos**	**estas**	*this; these*
ese	**esa**	**esos**	**esas**	*that; those*
aquel	**aquella**	**aquellos**	**aquellas**	*that; those (over there)*

▶ There are three sets of demonstrative adjectives. To determine which one to use, you must establish the relationship between the speaker and the noun(s) being pointed out.

▶ The demonstrative adjectives **este**, **esta**, **estos**, and **estas** are used to point out things that are close to the speaker and the listener.

Me gustan estos zapatos.

▶ The demonstrative adjectives **ese**, **esa**, **esos**, and **esas** are used to point out things that are not close in space and time to the speaker. They may, however, be close to the listener.

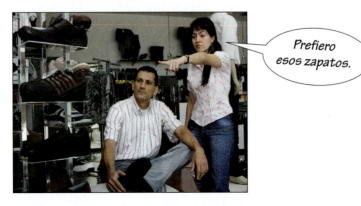

Prefiero esos zapatos.

▶ The demonstrative adjectives **aquel**, **aquella**, **aquellos**, and **aquellas** are used to point out things that are far away from the speaker and the listener.

Aquel auto es de mi hermana.

Demonstrative pronouns

▶ Demonstrative pronouns are identical to their corresponding demonstrative adjectives, with the exception that they traditionally carry an accent mark on the stressed vowel. The **Real Academia** no longer requires this accent, but it is still commonly used.

Demonstrative pronouns			
Singular		Plural	
MASCULINE	FEMININE	MASCULINE	FEMININE
éste	ésta	éstos	éstas
ése	ésa	ésos	ésas
aquél	aquélla	aquéllos	aquéllas

—¿Quieres comprar **este suéter**?
Do you want to buy this sweater?

—No, no quiero **éste**. Quiero **ése**.
No, I don't want this one. I want that one.

—¿Vas a leer **estas revistas**?
Are you going to read these magazines?

—Sí, voy a leer **éstas**. También voy a leer **aquéllas**.
Yes, I'm going to read these. I'll also read those (over there).

▶ **¡Atención!** Like demonstrative adjectives, demonstrative pronouns agree in gender and number with the corresponding noun.

      Este libro es de Pablito.   **Éstos** son de Juana.

▶ There are three neuter demonstrative pronouns: **esto**, **eso**, and **aquello**. These forms refer to unidentified or unspecified things, situations, ideas, and concepts. They do not change in gender or number and never carry an accent mark.

—¿Qué es **esto**?   —**Eso** es interesante.   —**Aquello** es bonito.
What's this?   *That's interesting.*   *That's pretty.*

recursos

WB
pp. 66–68

LM
p. 36

(S)
vhlcentral.com
Lección 6

¡INTÉNTALO!   Provide the correct form of the demonstrative adjective for these nouns.

1. la falda / este _____ *esta falda*
2. los estudiantes / este _____
3. los países / aquel _____
4. la ventana / ese _____
5. los periodistas / ese _____
6. el chico / aquel _____
7. las sandalias / este _____
8. las chicas / aquel _____

Práctica

1 **Cambiar** Make the singular sentences plural and the plural sentences singular.

> **modelo**
>
> Estas camisas son blancas.
>
> *Esta camisa es blanca.*

1. Aquellos sombreros son muy elegantes.
2. Ese abrigo es muy caro.
3. Estos cinturones son hermosos.
4. Esos precios son muy buenos.
5. Estas faldas son muy cortas.
6. ¿Quieres ir a aquel almacén?
7. Esas blusas son baratas.
8. Esta corbata hace juego con mi traje.

2 **Completar** Here are some things people might say while shopping. Complete the sentences with the correct demonstrative pronouns.

1. No me gustan esos zapatos. Voy a comprar _____. (*these*)
2. ¿Vas a comprar ese traje o _____? (*this one*)
3. Esta guayabera es bonita, pero prefiero _____. (*that one*)
4. Estas corbatas rojas son muy bonitas, pero _____ son fabulosas. (*those*)
5. Estos cinturones cuestan demasiado. Prefiero _____. (*those over there*)
6. ¿Te gustan esas botas o _____? (*these*)
7. Esa bolsa roja es bonita, pero prefiero _____. (*that one over there*)
8. No voy a comprar estas botas; voy a comprar _____. (*those over there*)
9. ¿Prefieres estos pantalones o _____? (*those*)
10. Me gusta este vestido, pero voy a comprar _____. (*that one*)
11. Me gusta ese almacén, pero _____ es mejor (*better*). (*that one over there*)
12. Esa blusa es bonita, pero cuesta demasiado. Voy a comprar _____. (*this one*)

3 **Describir** With your partner, look for two items in the classroom that are one of these colors: **amarillo**, **azul**, **blanco**, **marrón**, **negro**, **verde**, **rojo**. Take turns pointing them out to each other, first using demonstrative adjectives, and then demonstrative pronouns.

> **modelo**
>
> azul
>
> **Estudiante 1:** *Esta silla es azul. Aquella mochila es azul.*
>
> **Estudiante 2:** *Ésta es azul. Aquélla es azul.*

Now use demonstrative adjectives and pronouns to discuss the colors of your classmates' clothing. One of you can ask a question about an article of clothing, using the wrong color. Your partner will correct you and point out that color somewhere else in the room.

> **modelo**
>
> **Estudiante 1:** *¿Esa camisa es negra?*
>
> **Estudiante 2:** *No, ésa es azul. Aquélla es negra.*

Comunicación

4 **Conversación** With a classmate, use demonstrative adjectives and pronouns to ask each other questions about the people around you. Use expressions from the word bank and/or your own ideas.

¿A qué hora…?	¿Cuántos años tiene(n)…?
¿Cómo es/son…?	¿De dónde es/son…?
¿Cómo se llama…?	¿De quién es/son…?
¿Cuándo…?	¿Qué clases toma(n)…?

modelo

Estudiante 1: *¿Cómo se llama esa chica?*
Estudiante 2: *Se llama Rebeca.*
Estudiante 1: *¿A qué hora llegó aquel chico a la clase?*
Estudiante 2: *A las nueve.*

5 **En una tienda** Imagine that you and a classmate are in Madrid shopping at Zara. Study the floor plan, then have a conversation about your surroundings. Use demonstrative adjectives and pronouns.

modelo

Estudiante 1: *Me gusta este suéter azul.*
Estudiante 2: *Yo prefiero aquella chaqueta.*

NOTA CULTURAL

Zara is an international clothing company based in Spain. Its innovative processes take a product from the design room to the manufacturing shelves in less than a month. This means that the merchandise is constantly changing to keep up with the most current trends.

Síntesis

6 **Diferencias** Your instructor will give you and a partner each a drawing of a store. They are almost identical, but not quite. Use demonstrative adjectives and pronouns to find seven differences.

modelo

Estudiante 1: *Aquellas gafas de sol son feas, ¿verdad?*
Estudiante 2: *No. Aquellas gafas de sol son hermosas.*

Recapitulación

 Diagnostics

Review the grammar concepts you have learned in this lesson by completing these activities.

1 **Completar** Complete the chart with the correct preterite or infinitive form of the verbs. **30 pts.**

Infinitive	yo	ella	ellos
			tomaron
		abrió	
comprender			
	leí		
pagar			

2 **En la tienda** Look at the drawing and complete the conversation with demonstrative adjectives and pronouns. **14 pts.**

CLIENTE Buenos días, señorita. Deseo comprar (1) _____ corbata.

VENDEDORA Muy bien, señor. ¿No le interesa mirar (2) _____ trajes que están allá? Hay unos que hacen juego con la corbata.

CLIENTE (3) _____ de allá son de lana, ¿no? Prefiero ver (4) _____ traje marrón que está detrás de usted.

VENDEDORA Estupendo. Como puede ver, es de seda. Cuesta seiscientos cincuenta dólares.

CLIENTE Ah… eh… no, creo que sólo voy a comprar la corbata, gracias.

VENDEDORA Bueno… si busca algo más económico, hay rebaja en (5) _____ sombreros. Cuestan sólo treinta dólares.

CLIENTE ¡Magnífico! Me gusta (6) _____, el blanco que está hasta arriba (*at the top*). Y quiero pagar todo con (7) _____ tarjeta.

VENDEDORA Sí, señor. Ahora mismo le traigo el sombrero.

RESUMEN GRAMATICAL

6.1 **Saber and conocer** *p. 200*

saber	conocer
sé	conozco
sabes	conoces
sabe	conoce
sabemos	conocemos
sabéis	conocéis
saben	conocen

► **saber** = to know facts/how to do something

► **conocer** = to know a person, place, or thing

6.2 **Indirect object pronouns** *pp. 202–203*

Indirect object pronouns

Singular	Plural
me	nos
te	os
le	les

► **dar** = **doy**, das, da, damos, dais, dan

► **decir** (e:i) = **digo**, dices, dice, decimos, decís, dicen

6.3 **Preterite tense of regular verbs** *pp. 206–207*

comprar	vender	escribir
compré	vendí	escribí
compraste	vendiste	escribiste
compró	vendió	escribió
compramos	vendimos	escribimos
comprasteis	vendisteis	escribisteis
compraron	vendieron	escribieron

Verbs with spelling changes in the preterite

► -car: buscar → yo busqué

► -gar: llegar → yo llegué

► -zar: empezar → yo empecé

► creer: creí, creíste, creyó, creímos, creísteis, creyeron

► leer: leí, leíste, leyó, leímos, leísteis, leyeron

► oír: oí, oíste, oyó, oímos, oísteis, oyeron

► ver: vi, viste, vio, vimos, visteis, vieron

3 ¿Saber o conocer? Complete each dialogue with the correct form of **saber** or **conocer.** `20 pts.`

1. —¿Qué _____ hacer tú?
   —(Yo) _____ jugar al fútbol.
2. —¿_____ tú esta tienda de ropa?
   —No, (yo) no la _____. ¿Es buena?
3. —¿Tus padres no _____ a tu novio?
   —No, ¡ellos no _____ que tengo novio!
4. —Mi compañero de cuarto todavía no me
   _____ bien.
   —Y tú, ¿lo quieres _____ a él?
5. —¿_____ ustedes dónde está el mercado?
   —No, nosotros no _____ bien esta ciudad.

4 **Oraciones** Form complete sentences using the information provided. Use indirect object pronouns and the present tense of the verbs. `10 pts.`

1. Javier / prestar / el abrigo / a Maripili

   _____

2. nosotros / vender / ropa / a los clientes

   _____

3. el vendedor / traer / las camisetas / a mis amigos y a mí

   _____

4. yo / querer dar / consejos / a ti

   _____

5. ¿tú / ir a comprar / un regalo / a mí?

   _____

5 **Mi última compra** Write a short paragraph describing the last time you went shopping. Use at least four verbs in the preterite tense. `26 pts.`

> **modelo**
>
> El viernes pasado, busqué unos zapatos en el centro comercial...

6 **Poema** Write the missing words to complete the excerpt from the poem *Romance sonámbulo* by Federico García Lorca. `4 EXTRA points!`

> " Verde que _____ quiero verde.
> Verde viento. Verdes ramas°.
> El barco sobre la mar
> y el caballo en la montaña, [...]
> Verde que te quiero _____ (*green*). "

ramas *branches*

6.4 Demonstrative adjectives and pronouns *pp. 210–211*

Demonstrative adjectives

	Singular		Plural	
	Masc.	Fem.	Masc.	Fem.
	este	esta	estos	estas
	ese	esa	esos	esas
	aquel	aquella	aquellos	aquellas

Demonstrative pronouns

	Singular		Plural	
	Masc.	Fem.	Masc.	Fem.
	éste	ésta	éstos	éstas
	ése	ésa	ésos	ésas
	aquél	aquélla	aquéllos	aquéllas

Lectura

Antes de leer

Estrategia

Skimming

Skimming involves quickly reading through a document to absorb its general meaning. This allows you to understand the main ideas without having to read word for word. When you skim a text, you might want to look at its title and subtitles. You might also want to read the first sentence of each paragraph.

Examinar el texto

Look at the format of the reading selection. How is it organized? What does the organization of the document tell you about its content?

Buscar cognados

Scan the reading selection to locate at least five cognates. Based on the cognates, what do you think the reading selection is about?

1. _____   4. _____
2. _____   5. _____
3. _____

The reading selection is about _____.

Impresiones generales

Now skim the reading selection to understand its general meaning. Jot down your impressions. What new information did you learn about the document by skimming it? Based on all the information you now have, answer these questions in Spanish.

1. Who created this document?
2. What is its purpose?
3. Who is its intended audience?

🔲 Corona

◀ ▶ ↻ 🔲 http://corona.cl

Corona

¡Corona tiene las ofertas más locas del verano!

La tienda más elegante de la ciudad con precios increíbles

niños | **mujeres** | casa | baño | equipaje

Faldas largas
ROPA BONITA
Algodón. De distintos colores
Talla mediana
Precio especial: 8.000 pesos

Blusas de seda
BAMBÚ
De cuadros y de lunares
Ahora: 21.000 pesos
40% de rebaja

Vestido de algodón
PANAMÁ
Colores blanco, azul y verde
Ahora: 18.000 pesos
30% de rebaja

Accesorios
BELLEZA
Cinturones, gafas de sol, sombreros, medias
Diversos estilos
Todos con un 40% de rebaja

Carteras
ELEGANCIA
Colores anaranjado, blanco, rosado y amarillo
Ahora: 15.000 pesos
50% de rebaja

Sandalias de playa
GINO
Números del 35 al 38
A sólo 12.000 pesos
50% de descuento

Lunes a sábado de 9 a 21 horas.
Domingo de 10 a 14 horas.

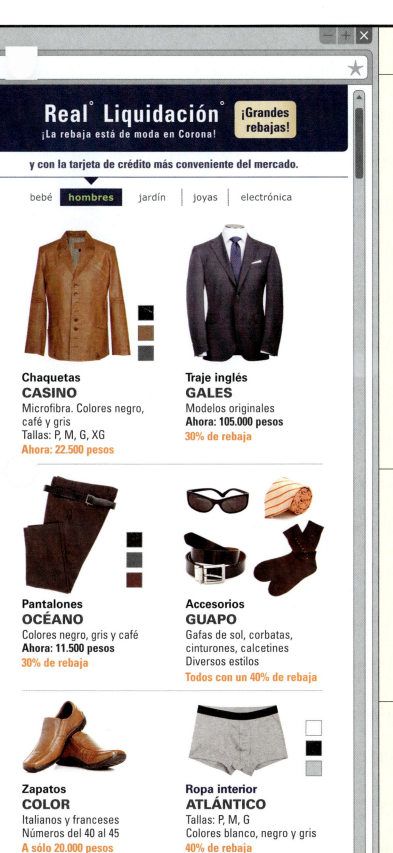

Real° Liquidación°
¡La rebaja está de moda en Corona!

¡Grandes rebajas!

y con la tarjeta de crédito más conveniente del mercado.

bebé | **hombres** | jardín | joyas | electrónica

Chaquetas CASINO
Microfibra. Colores negro, café y gris
Tallas: P, M, G, XG
Ahora: 22.500 pesos

Traje inglés GALES
Modelos originales
Ahora: 105.000 pesos
30% de rebaja

Pantalones OCÉANO
Colores negro, gris y café
Ahora: 11.500 pesos
30% de rebaja

Accesorios GUAPO
Gafas de sol, corbatas, cinturones, calcetines
Diversos estilos
Todos con un 40% de rebaja

Zapatos COLOR
Italianos y franceses
Números del 40 al 45
A sólo 20.000 pesos

Ropa interior ATLÁNTICO
Tallas: P, M, G
Colores blanco, negro y gris
40% de rebaja

Real *Royal* **Liquidación** *Clearance sale*

Por la compra de 40.000 pesos, puede llevar un regalo gratis.
- Un hermoso cinturón de mujer
- Un par de calcetines
- Una corbata de seda
- Una bolsa para la playa
- Una mochila
- Unas medias

Después de leer

Completar

Complete this paragraph about the reading selection with the correct forms of the words from the word bank.

almacén	hacer juego	tarjeta de crédito
caro	increíble	tienda
dinero	pantalones	verano
falda	rebaja	zapato

En este anuncio, el _____ Corona anuncia la liquidación de _____ con grandes _____. Con muy poco _____ usted puede conseguir ropa fina y elegante. Si no tiene dinero en efectivo, puede utilizar su _____ y pagar luego. Para el caballero con gustos refinados, hay _____ importados de París y Roma. La señora elegante puede encontrar blusas de seda que _____ con todo tipo de _____ o _____. Los precios de esta liquidación son realmente _____.

¿Cierto o falso?

Indicate whether each statement is **cierto** or **falso**. Correct the false statements.

1. Hay sandalias de playa.
2. Las corbatas tienen una rebaja del 30%.
3. El almacén Corona tiene un departamento de zapatos.
4. Normalmente las sandalias cuestan 22.000 pesos.
5. Cuando gastas 30.000 pesos en la tienda, llevas. un regalo gratis.
6. Tienen carteras amarillas.

Preguntas

In pairs, take turns asking and answering these questions.

1. Imagina que vas a ir a la tienda Corona. ¿Qué departamentos vas a visitar? ¿El departamento de ropa para señoras, el departamento de ropa para caballeros…?
2. ¿Qué vas a buscar en Corona?
3. ¿Hay tiendas similares a la tienda Corona en tu pueblo o ciudad? ¿Cómo se llaman? ¿Tienen muchas gangas?

Escritura

Estrategia

How to report an interview

There are several ways to prepare a written report about an interview. For example, you can transcribe the interview verbatim, you can simply summarize it, or you can summarize it but quote the speakers occasionally. In any event, the report should begin with an interesting title and a brief introduction, which may include the five Ws (*what, where, when, who, why*) and the H (*how*) of the interview. The report should end with an interesting conclusion. Note that when you transcribe dialogue in Spanish, you should pay careful attention to format and punctuation.

Tema

Escribe un informe

Write a report for the school newspaper about an interview you conducted with a student about his or her shopping habits and clothing preferences. First, brainstorm a list of interview questions. Then conduct the interview using the questions below as a guide, but feel free to ask other questions as they occur to you.

Writing dialogue in Spanish

- If you need to transcribe an interview verbatim, you can use speakers' names to indicate a change of speaker.

CARMELA	¿Qué compraste? ¿Encontraste muchas gangas?
ROBERTO	Sí, muchas. Compré un suéter, una camisa y dos corbatas. Y tú, ¿qué compraste?
CARMELA	Una blusa y una falda muy bonitas. ¿Cuánto costó tu camisa?
ROBERTO	Sólo diez dólares. ¿Cuánto costó tu blusa?
CARMELA	Veinte dólares.

- You can also use a dash (*raya*) to mark the beginning of each speaker's words.

—¿Qué compraste?

—Un suéter y una camisa muy bonitos. Y tú, ¿encontraste muchas gangas?

—Sí... compré dos blusas, tres camisetas y un par de zapatos.

—¡A ver!

Examples of questions:

▶ ¿Cuándo vas de compras?

▶ ¿Adónde vas de compras?

▶ ¿Con quién vas de compras?

▶ ¿Qué tiendas, almacenes o centros comerciales prefieres?

▶ ¿Compras ropa de catálogos o por Internet?

▶ ¿Prefieres comprar ropa cara o barata? ¿Por qué? ¿Te gusta buscar gangas?

▶ ¿Qué ropa llevas cuando vas a clase?

▶ ¿Qué ropa llevas cuando sales a bailar?

▶ ¿Qué ropa llevas cuando practicas un deporte?

▶ ¿Cuáles son tus colores favoritos? ¿Compras mucha ropa de esos colores?

▶ ¿Les das ropa a tu familia o a tus amigos/as?

Escuchar Ⓢ Audio

Estrategia

Listening for linguistic cues

You can enhance your listening comprehension by listening for specific linguistic cues. For example, if you listen for the endings of conjugated verbs, or for familiar constructions, such as **acabar de** + [*infinitive*] or **ir a** + [*infinitive*], you can find out whether an event already took place, is taking place now, or will take place in the future. Verb endings also give clues about who is participating in the action.

🎧 To practice listening for linguistic cues, you will now listen to four sentences. As you listen, note whether each sentence refers to a past, present, or future action. Also jot down the subject of each sentence.

Preparación

Based on the photograph, what do you think Marisol has recently done? What do you think Marisol and Alicia are talking about? What else can you guess about their conversation from the visual clues in the photograph?

Ahora escucha 🎧 Ⓢ

Now you are going to hear Marisol and Alicia's conversation. Make a list of the clothing items that each person mentions. Then put a check mark after the item if the person actually purchased it.

Marisol	Alicia
1. _____	1. _____
2. _____	2. _____
3. _____	3. _____
4. _____	4. _____

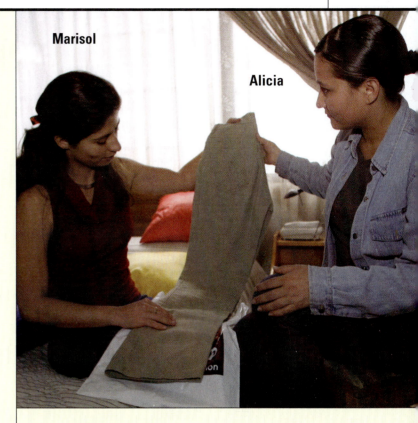

Marisol

Alicia

Comprensión

¿Cierto o falso? Ⓢ

Indicate whether each statement is **cierto** or **falso.** Then correct the false statements.

1. Marisol y Alicia acaban de ir de compras juntas (*together*).
2. Marisol va a comprar unos pantalones y una blusa mañana.
3. Marisol compró una blusa de cuadros.
4. Alicia compró unos zapatos nuevos hoy.
5. Alicia y Marisol van a ir al café.
6. Marisol gastó todo el dinero de la semana en ropa nueva.

Preguntas Ⓢ

Discuss the following questions with a classmate. Be sure to explain your answers.

1. ¿Crees que Alicia y Marisol son buenas amigas? ¿Por qué?
2. ¿Cuál de las dos estudiantes es más ahorradora (*frugal*)? ¿Por qué?
3. ¿Crees que a Alicia le gusta la ropa que Marisol compró?
4. ¿Crees que la moda es importante para Alicia? ¿Para Marisol? ¿Por qué?
5. ¿Es importante para ti estar a la moda? ¿Por qué?

En pantalla

Grocery stores in Mexico make one-stop shopping easy! Similar to the concept of a *Super-Walmart* in the U.S., most **supermercados°** in Mexico sell appliances, clothing, medicine, gardening supplies, electronics, and toys in addition to groceries. Large chains, like **Comercial Mexicana,** and smaller grocery stores alike typically sell a variety of products, allowing customers to satisfy all of their routine weekly shopping needs in one trip. Watch the **En pantalla** videoclip to see how one customer takes advantage of one-stop shopping at his local supermarket.

Vocabulario útil	
con lo que ahorré	*with what I saved*
corazón	*sweetheart*
de peluche	*stuffed (toy)*
dragón	*dragon*
¿Me lo compras?	*Would you buy it for me?*

Comprensión

Indicate whether each statement is **cierto** or **falso.**

	Cierto	Falso
1. El niño quiere un elefante de peluche.	O	O
2. La señora usa zapatos negros.	O	O
3. El niño sigue a la señora hasta la caja.	O	O
4. La señora no es la mamá del niño.	O	O

Conversar

With a partner, use these cues to create a conversation in Spanish between two friends at a clothing store.

Estudiante 1: Would you buy me a(n)...?
Estudiante 2: No, because it costs...
Estudiante 1: Please! I always (**siempre**) buy you...
Estudiante 2: OK, I will buy you this... How much does it cost?
Estudiante 1: It's on sale! It only costs....

supermercados *supermarkets*

Anuncio de Comercial Mexicana

¿Me lo compras?

No, corazón.

¿Me lo compras, me lo compras, me lo compras?

Video: TV Clip

Practice more at **vhlcentral.com.**

Comprar en los mercados

In the Spanish-speaking world, most city dwellers shop at large supermarkets and little stores that specialize in just one item, such as a butcher shop (**carnicería**), vegetable market (**verdulería**), perfume shop (**perfumería**), or hat shop (**sombrerería**). In small towns where supermarkets are less common, many people rely exclusively on specialty shops. This requires shopping more frequently—often every day or every other day for perishable items—but also means that the foods they consume are fresher and the goods are usually locally produced. Each neighborhood generally has its own shops, so people don't have to walk far to find fresh bread (at a **panadería**) for the midday meal.

Vocabulario útil

colones (pl.)	currency from Costa Rica
¿Cuánto vale?	¿Cuánto cuesta?
descuento	discount
disculpe	excuse me
¿Dónde queda...?	Where is... located?
los helados	ice cream
el regateo	bargaining

Preparación

Have you ever been to an open-air market? What did you buy? Have you ever negotiated a price? What did you say?

Comprensión

Select the option that best summarizes this episode.

a. Randy Cruz va al mercado al aire libre para comprar papayas. Luego va al Mercado Central. Él les pregunta a varios clientes qué compran, prueba (*tastes*) platos típicos y busca la heladería.

b. Randy Cruz va al mercado al aire libre para comprar papayas y pedir un descuento. Luego va al Mercado Central para preguntarles a los clientes qué compran en los mercados.

Trescientos colones.

... pero me hace un buen descuento.

¿Qué compran en el Mercado Central?

 Video: *Flash cultura*

Practice more at **vhlcentral.com**.

recursos

VM
pp. 89–90

vhlcentral.com
Lección 6

S **Video:** *Panorama cultural*
Interactive map

Cuba

El país en cifras

▸ **Área:** 110.860 km^2 (42.803 millas^2), *aproximadamente el área de Pensilvania*
▸ **Población:** 11.061.886
▸ **Capital:** La Habana—2.116.000

La Habana Vieja fue declarada° Patrimonio° Cultural de la Humanidad por la UNESCO en 1982. Este distrito es uno de los lugares más fascinantes de Cuba. En La Plaza de Armas, se puede visitar el majestuoso Palacio de Capitanes Generales, que ahora es un museo. En la calle° Obispo, frecuentada por el autor Ernest Hemingway, hay hermosos cafés, clubes nocturnos y tiendas elegantes.

▸ **Ciudades principales:** Santiago de Cuba; Camagüey; Holguín; Guantánamo
▸ **Moneda:** peso cubano
▸ **Idiomas:** español (oficial)

Bandera de Cuba

Cubanos célebres
▸ **Carlos Finlay,** doctor y científico (1833–1915)
▸ **José Martí,** político y poeta (1853–1895)
▸ **Fidel Castro,** ex primer ministro, ex comandante en jefe° de las fuerzas armadas (1926–2016)
▸ **Zoé Valdés,** escritora (1959–)
▸ **Ibrahim Ferrer,** músico (1927–2005)
▸ **Carlos Acosta,** bailarín (1973–)

fue declarada *was declared* Patrimonio *Heritage* calle *street*
comandante en jefe *commander in chief* liviano *light*
colibrí abeja *bee hummingbird* ave *bird* mundo *world*
miden *measure* pesan *weigh*

Gran Teatro de La Habana

Golfo de México

ESTADOS UNIDOS

Océano Atlántico

Los coco taxis son un medio de transporte cubano muy popular.

Plaza del Capitolio

La Habana

Cordillera de los Órganos

ESTADOS UNIDOS

CUBA

OCÉANO ATLÁNTICO

OCÉANO PACÍFICO

AMÉRICA DEL SUR

Isla de la Juventud

Mar Caribe

Camagüey

La música es parte esencial de la vida en Cuba.

recursos

WB pp. 69–70	VM pp. 47–48	S vhlcentral.com Lección 6

¡Increíble pero cierto!

Pequeño y liviano°, el colibrí abeja° de Cuba es una de las más de 320 especies de colibrí y es también el ave° más pequeña del mundo°. Menores que muchos insectos, estas aves minúsculas miden° 5 centímetros y pesan° sólo 1,95 gramos.

Baile • Ballet Nacional de Cuba

La bailarina Alicia Alonso fundó el Ballet Nacional de Cuba en 1948, después de° convertirse en una estrella° internacional en el Ballet de Nueva York y en Broadway. El Ballet Nacional de Cuba es famoso en todo el mundo por su creatividad y perfección técnica.

Economía • La caña de azúcar y el tabaco

La caña de azúcar° es el producto agrícola° que más se cultiva en la isla y su exportación es muy importante para la economía del país. El tabaco, que se usa para fabricar los famosos puros° cubanos, es otro cultivo° de mucha importancia.

Gente • Población

La población cubana tiene raíces° muy heterogéneas. La inmigración a la isla fue determinante° desde la colonia hasta mediados° del siglo° XX. Los cubanos de hoy son descendientes de africanos, europeos, chinos y antillanos, entre otros.

Música • Buena Vista Social Club

En 1997 nace° el fenómeno musical conocido como *Buena Vista Social Club*. Este proyecto reúne° a un grupo de importantes músicos de Cuba, la mayoría ya mayores, con una larga trayectoria interpretando canciones clásicas del son° cubano. Ese mismo año ganaron un *Grammy*. Hoy en día estos músicos son conocidos en todo el mundo, y personas de todas las edades bailan al ritmo° de su música.

Holguín

Santiago de Cuba
Guantánamo

Sierra Maestra

¿Qué aprendiste? Responde a las preguntas con una oración completa.
1. ¿Qué autor está asociado con la Habana Vieja?
2. ¿Por qué es famoso el Ballet Nacional de Cuba?
3. ¿Cuáles son los dos cultivos más importantes para la economía cubana?
4. ¿Qué fabrican los cubanos con la planta del tabaco?
5. ¿De dónde son muchos de los inmigrantes que llegaron a Cuba?
6. ¿En qué año ganó un *Grammy* el disco *Buena Vista Social Club*?

Conexión Internet Investiga estos temas en **vhlcentral.com**.

Practice more at **vhlcentral.com**.

1. Busca información sobre un(a) cubano/a célebre. ¿Por qué es célebre? ¿Qué hace? ¿Todavía vive en Cuba?
2. Busca información sobre una de las ciudades principales de Cuba. ¿Qué atracciones hay en esta ciudad?

después de *after* estrella *star* caña de azúcar *sugar cane* agrícola *farming* puros *cigars* cultivo *crop* raíces *roots* determinante *deciding* mediados *halfway through* siglo *century* nace *is born* reúne *gets together* son *Cuban musical genre* ritmo *rhythm*

La ropa

el abrigo	coat
los (blue)jeans	jeans
la blusa	blouse
la bolsa	purse; bag
la bota	boot
los calcetines (el calcetín)	sock(s)
la camisa	shirt
la camiseta	t-shirt
la cartera	wallet
la chaqueta	jacket
el cinturón	belt
la corbata	tie
la falda	skirt
las gafas (de sol)	(sun)glasses
los guantes	gloves
el impermeable	raincoat
las medias	pantyhose; stockings
los pantalones	pants
los pantalones cortos	shorts
la ropa	clothes
la ropa interior	underwear
las sandalias	sandals
el sombrero	hat
el suéter	sweater
el traje	suit
el traje de baño	bathing suit
el vestido	dress
los zapatos de tenis	sneakers

Verbos

conducir	to drive
conocer	to know; to be acquainted with
dar	to give
ofrecer	to offer
parecer	to seem
saber	to know; to know how
traducir	to translate

Ir de compras

el almacén	department store
la caja	cash register
el centro comercial	shopping mall
el/la cliente/a	customer
el/la dependiente/a	clerk
el dinero	money
(en) efectivo	cash
el mercado (al aire libre)	(open-air) market
un par (de zapatos)	a pair (of shoes)
el precio (fijo)	(fixed; set) price
la rebaja	sale
el regalo	gift
la tarjeta de crédito	credit card
la tienda	store
el/la vendedor(a)	salesperson
costar (o:ue)	to cost
gastar	to spend (money)
hacer juego (con)	to match (with)
llevar	to wear; to take
pagar	to pay
regatear	to bargain
usar	to wear; to use
vender	to sell

Adjetivos

barato/a	cheap
bueno/a	good
cada	each
caro/a	expensive
corto/a	short (in length)
elegante	elegant
hermoso/a	beautiful
largo/a	long
loco/a	crazy
nuevo/a	new
otro/a	other; another
pobre	poor
rico/a	rich

Los colores

el color	color
amarillo/a	yellow
anaranjado/a	orange
azul	blue
blanco/a	white
gris	gray
marrón, café	brown
morado/a	purple
negro/a	black
rojo/a	red
rosado/a	pink
verde	green

Palabras adicionales

acabar de (+ inf.)	to have just done something
anoche	last night
anteayer	the day before yesterday
ayer	yesterday
de repente	suddenly
desde	from
dos veces	twice
hasta	until
pasado/a (adj.)	last; past
el año pasado	last year
la semana pasada	last week
prestar	to lend; to loan
una vez	once
ya	already

Indirect object pronouns	See page 202.
Demonstrative adjectives and pronouns	See page 210.
Expresiones útiles	See page 195.

 Vocabulary Tools

La rutina diaria

Communicative Goals

You will learn how to:
- Describe your daily routine
- Talk about personal hygiene
- Reassure someone

A PRIMERA VISTA
- ¿Está él en casa o en una tienda?
- ¿Está contento o enojado?
- ¿Cómo es él?
- ¿Qué colores hay en la foto?

Ⓢ **Vocabulary Tools**

La rutina diaria

Se viste. (vestirse)

Se despierta. (despertarse)

En la habitación por la mañana

el espejo

Se afeita. (afeitarse)

Se pone crema de afeitar. (ponerse)

el lavabo

la crema de afeitar

la ducha

Se ducha. (ducharse)

el champú

En el baño por la mañana

Más vocabulario

el baño, el cuarto de baño	bathroom
el inodoro	toilet
el jabón	soap
el despertador	alarm clock
el maquillaje	makeup
la rutina diaria	daily routine
bañarse	to take a bath
cepillarse el pelo	to brush one's hair
dormirse (o:ue)	to go to sleep; to fall asleep
lavarse la cara	to wash one's face
levantarse	to get up
maquillarse	to put on makeup
antes (de)	before
después	afterwards; then
después (de)	after
durante	during
entonces	then
luego	then
más tarde	later (on)
por la mañana	in the morning
por la noche	at night
por la tarde	in the afternoon; in the evening
por último	finally

Variación léxica

afeitarse	⟷	rasurarse (*Méx., Amér. C.*)
ducha	⟷	regadera (*Col., Méx., Venez.*)
ducharse	⟷	bañarse (*Amér. L.*)
pantuflas	⟷	chancletas (*Méx., Col.*); zapatillas (*Esp.*)

Se peina.
(peinarse)

Se acuesta.
(acostarse)

En la habitación por la noche

Se lava las manos.
(lavarse las manos)

Se cepilla los dientes.
(cepillarse los dientes)

la toalla

las pantuflas

la pasta de dientes

En el baño por la noche

Práctica

1 **Escuchar** 🎧 Escucha las oraciones e indica si cada oración es **cierta** o **falsa**, según el dibujo.

1. _____   6. _____
2. _____   7. _____
3. _____   8. _____
4. _____   9. _____
5. _____   10. _____

2 **Ordenar** 🎧 Escucha la rutina diaria de Marta. Después ordena los verbos según lo que escuchaste.

____ a. almorzar   ____ e. desayunar
____ b. ducharse   ____ f. dormirse
____ c. peinarse   ____ g. despertarse
____ d. ver la televisión ____ h. estudiar en la biblioteca

3 **Seleccionar** Selecciona la palabra que no está relacionada con cada grupo.

1. lavabo • toalla • despertador • jabón _____
2. manos • antes de • después de • por último _____
3. acostarse • jabón • despertarse • dormirse _____
4. espejo • lavabo • despertador • entonces _____
5. dormirse • toalla • vestirse • levantarse _____
6. pelo • cara • manos • inodoro _____
7. espejo • champú • jabón • pasta de dientes _____
8. maquillarse • vestirse • peinarse • dientes _____
9. baño • dormirse • despertador • acostarse _____
10. ducharse • luego • bañarse • lavarse _____

4 **Identificar** Con un(a) compañero/a, identifica las cosas que cada persona necesita. Sigue el modelo.

modelo

Jorge / lavarse la cara

Estudiante 1: ¿Qué necesita Jorge para lavarse la cara?

Estudiante 2: Necesita jabón y una toalla.

1. Mariana / maquillarse
2. Gerardo / despertarse
3. Celia / bañarse
4. Gabriel / ducharse
5. Roberto / afeitarse
6. Sonia / lavarse el pelo
7. Vanesa / lavarse las manos
8. Manuel / vestirse
9. Simón / acostarse
10. Daniela / cepillarse los dientes

5   **La rutina de Andrés** Ordena esta rutina de una manera lógica.

     a. Se afeita después de cepillarse los dientes. _____

     b. Se acuesta a las once y media de la noche. _____

     c. Por último, se duerme. _____

     d. Después de afeitarse, sale para las clases. _____

     e. Asiste a todas sus clases y vuelve a su casa. _____

     f. Andrés se despierta a las seis y media de la mañana. _____

     g. Después de volver a casa, come un poco. Luego estudia en su habitación. _____

     h. Se viste y entonces se cepilla los dientes. _____

     i. Se cepilla los dientes antes de acostarse. _____

     j. Se ducha antes de vestirse. _____

6   **La rutina diaria** Con un(a) compañero/a, mira los dibujos y describe lo que hacen Ángel y Lupita.

Comunicación

7

La farmacia Lee el anuncio y responde a las preguntas con un(a) compañero/a.

LA FARMACIA NUEVO SOL tiene todo
lo que necesitas para la vida diaria.

Esta semana tenemos
grandes rebajas.

Con poco dinero puedes comprar lo que necesitas para el
cuarto de baño ideal.

Para los hombres ofrecemos…
Excelentes cremas de afeitar
de Guapo y Máximo

Para las mujeres ofrecemos…
Nuevo maquillaje de Marisol y
jabones de baño Ilusiones y Belleza

Y para todos tenemos los mejores jabones, pastas
de dientes y cepillos de dientes.

¡Visita **LA FARMACIA NUEVO SOL**!
Tenemos los mejores precios. Visita nuestra tienda muy cerca de tu casa.

1. ¿Qué tipo de tienda es?
2. ¿Qué productos ofrecen para las mujeres?
3. ¿Qué productos ofrecen para los hombres?
4. Haz (*Make*) una lista de los verbos que asocias con los productos del anuncio.
5. ¿Dónde compras tus productos de higiene?
6. ¿Tienes una tienda favorita? ¿Cuál es?

8

Rutinas diarias Trabajen en parejas para describir la rutina diaria de dos o tres
de estas personas. Pueden usar palabras de la lista.

antes (de)	entonces	primero
después (de)	luego	tarde
durante el día	por último	temprano

- un(a) profesor(a) de la universidad
- un(a) turista
- un hombre o una mujer de negocios (*businessman/woman*)
- un vigilante nocturno (*night watchman*)
- un(a) jubilado/a (*retired person*)
- el presidente/primer ministro de tu país
- un niño de cuatro años
- Daniel Espinosa

¡Necesito arreglarme!

Es viernes por la tarde y Marissa, Jimena y Felipe se preparan para salir.

S **Video:** *Fotonovela*

PERSONAJES   **MARISSA**   **JIMENA**

MARISSA ¿Hola? ¿Está ocupado?

JIMENA Sí. Me estoy lavando la cara.

MARISSA Necesito usar el baño.

MARISSA Tengo que terminar de arreglarme. Voy al cine esta noche.

JIMENA Yo también tengo que salir. ¿Te importa si me maquillo primero? Me voy a encontrar con mi amiga Elena en una hora.

JIMENA No te preocupes, Marissa. Llegaste primero. Entonces, te arreglas el pelo y después me maquillo.

FELIPE ¿Y yo? Tengo crema de afeitar en la cara. No me voy a ir. Estoy aquí y aquí me quedo.

JIMENA ¡Felipe! ¿Qué estás haciendo?

FELIPE Me estoy afeitando. ¿Hay algún problema?

JIMENA ¡Siempre haces lo mismo!

FELIPE Pues, yo no vi a nadie aquí.

JIMENA ¿Por qué no te afeitaste por la mañana?

FELIPE Porque cada vez que quiero usar el baño, una de ustedes está aquí. O bañándose o maquillándose.

MARISSA Tú ganas. ¿Adónde vas a ir esta noche, Felipe?

FELIPE Juan Carlos y yo vamos a ir a un café en el centro. Siempre hay música en vivo. (*Sale.*) Me siento guapísimo. Todavía me falta cambiarme la camisa.

FELIPE

7

MARISSA ¿Adónde vas esta noche?

JIMENA A la biblioteca.

MARISSA ¡Es viernes! ¡Nadie debe estudiar los viernes! Voy a ver una película de Pedro Almodóvar con unas amigas.

8

MARISSA ¿Por qué no vienen tú y Elena al cine con nosotras? Después, podemos ir a ese café y molestar a Felipe.

9

JIMENA No sé.

MARISSA ¿Cuándo fue la última vez que viste a Juan Carlos?

JIMENA Cuando fuimos a Mérida.

10

MARISSA A ti te gusta ese chico.

JIMENA No tengo idea de qué estás hablando. Si no te importa, nos vemos en el cine.

Expresiones útiles

Talking about getting ready

Necesito arreglarme.
I need to get ready.
Me estoy lavando la cara.
I'm washing my face.
¿Te importa si me maquillo primero?
Is it OK with you if I put on my makeup first?
Tú te arreglas el pelo y después yo me maquillo.
You fix your hair and then I'll put on my makeup.
Todavía me falta cambiarme la camisa.
I still have to change my shirt.

Reassuring someone

Tranquilo/a.
Relax.
No te preocupes.
Don't worry.

Talking about past actions

¿Cuándo fue la última vez que viste a Juan Carlos?
When was the last time you saw Juan Carlos?
Cuando fuimos a Mérida.
When we went to Mérida.

Talking about likes and dislikes

Me fascinan las películas de Almodóvar.
I love Almodóvar's movies.
Me encanta la música en vivo.
I love live music.
Me molesta compartir el baño.
It bothers me to share the bathroom.

Additional vocabulary

encontrarse con *to meet up with*
molestar *to bother*
nadie *no one*

recursos

VM pp. 13–14 | vhlcentral.com Lección 7

¿Qué pasó?

1 **¿Cierto o falso?** Indica si lo que dicen estas oraciones es **cierto** o **falso**. Corrige las oraciones falsas.

1. Marissa va a ver una película de Pedro Almodóvar con unas amigas.

2. Jimena se va a encontrar con Elena en dos horas.

3. Felipe se siente muy feo después de afeitarse.

4. Jimena quiere maquillarse.

5. Marissa quiere ir al café para molestar a Juan Carlos.

2 **Identificar** Identifica quién puede decir estas oraciones. Puedes usar cada nombre más de una vez.

1. No puedo usar el baño porque siempre están aquí, o bañándose o maquillándose. _____

2. Quiero arreglarme el pelo porque voy al cine esta noche. _____

3. Hoy voy a ir a la biblioteca. _____

4. ¡Necesito arreglarme! _____

5. Te gusta Juan Carlos. _____

6. ¿Por qué quieres afeitarte cuando estamos en el baño? _____

MARISSA

FELIPE

JIMENA

3 **Ordenar** Ordena correctamente los planes que tiene Marissa.

_____ a. Voy al café.
_____ b. Me arreglo el pelo.
_____ c. Molesto a Felipe.
_____ d. Me encuentro con unas amigas.
_____ e. Entro al baño.
_____ f. Voy al cine.

4 **En el baño** Trabajen en parejas para representar los papeles de dos compañeros/as de cuarto que deben usar el baño al mismo tiempo para hacer su rutina diaria. Usen las instrucciones como guía.

Estudiante 1	Estudiante 2
Di (*Say*) que quieres arreglarte porque vas a ir al cine.	→ Di (*Say*) que necesitas arreglarte porque te vas a encontrar con tus amigos/as.
Pregunta si puedes secarte (*dry*) el pelo.	→ Responde que no porque necesitas lavarte la cara.
Di que puede lavarse la cara, pero que después necesitas secarte el pelo.	→ Di que puede secarse el pelo, pero que después necesitas peinarte.

Pronunciación 🎧 Ⓢ Audio
The consonant **r**

ropa	**rutina**	**rico**	**Ramón**

In Spanish, **r** has a strong trilled sound at the beginning of a word. No English words have a trill, but English speakers often produce a trill when they imitate the sound of a motor.

gustar	**durante**	**primero**	**crema**

In any other position, **r** has a weak sound similar to the English *tt* in *better* or the English *dd* in *ladder*. In contrast to English, the tongue touches the roof of the mouth behind the teeth.

pizarra	**corro**	**marrón**	**aburrido**

The letter combination **rr**, which only appears between vowels, always has a strong trilled sound.

caro	**carro**	**pero**	**perro**

Between vowels, the difference between the strong trilled **rr** and the weak **r** is very important, as a mispronunciation could lead to confusion between two different words.

Práctica Lee las palabras en voz alta, prestando (*paying*) atención a la pronunciación de la **r** y la **rr**.

1. Perú	4. madre	7. rubio	10. tarde
2. Rosa	5. comprar	8. reloj	11. cerrar
3. borrador	6. favor	9. Arequipa	12. despertador

Oraciones Lee las oraciones en voz alta, prestando atención a la pronunciación de la **r** y la **rr**.

1. Ramón Robles Ruiz es programador. Su esposa Rosaura es artista.
2. A Rosaura Robles le encanta regatear en el mercado.
3. Ramón nunca regatea… le aburre regatear.
4. Rosaura siempre compra cosas baratas.
5. Ramón no es rico, pero prefiere comprar cosas muy caras.
6. ¡El martes Ramón compró un carro nuevo!

Refranes Lee en voz alta los refranes, prestando atención a la **r** y a la **rr**.

> Perro que ladra no muerde.[1]

> No se ganó Zamora en una hora.[2]

1 A dog's bark is worse than its bite.
2 Rome wasn't built in a day.

La siesta

¿Sientes cansancio° después de comer?

¿Te cuesta° volver al trabajo° o a clase después del almuerzo? Estas sensaciones son normales. A muchas personas les gusta relajarse° después de almorzar. Este momento de descanso es **la siesta**. La siesta es popular en los países hispanos y viene de una antigua costumbre° del área del Mediterráneo. La palabra *siesta* viene del latín, es una forma corta de decir "sexta hora". La sexta hora del día es después del mediodía, el momento de más calor. Debido al° calor y al cansancio, los habitantes de España, Italia, Grecia y Portugal tienen la costumbre de dormir la siesta desde hace° más de° dos mil años. Los españoles y los portugueses llevaron la costumbre a los países americanos.

Aunque° hoy día esta costumbre está desapareciendo° en las grandes ciudades, la siesta todavía es importante en la cultura hispana. En pueblos pequeños, por ejemplo, muchas oficinas° y tiendas tienen la costumbre de cerrar por dos o tres horas después del mediodía. Los empleados van a su casa, almuerzan con sus familias, duermen la siesta o hacen actividades, como ir al gimnasio, y luego regresan al trabajo entre las 2:30 y las 4:30 de la tarde.

Los estudios científicos explican que una siesta corta después de almorzar ayuda° a trabajar más y mejor° durante la tarde. Pero ¡cuidado! Esta siesta debe durar° sólo entre veinte y cuarenta minutos. Si dormimos más, entramos en la fase de sueño profundo y es difícil despertarse.

Hoy, algunas empresas° de los EE.UU., Canadá, Japón, Inglaterra y Alemania tienen salas° especiales donde los empleados pueden dormir la siesta.

¿Dónde duermen la siesta?

■ Costumbre antigua
■ Costumbre nueva

En los lugares donde la siesta es una costumbre antigua, las personas la duermen en su casa. En los países donde la siesta es una costumbre nueva, la gente duerme en sus lugares de trabajo o en centros de siesta.

Sientes cansancio *Do you feel tired* Te cuesta *Is it hard for you* trabajo *work* relajarse *to relax* antigua costumbre *old custom* Debido al *Because (of)* desde hace *for* más de *more than* Aunque *Although* está desapareciendo *is disappearing* oficinas *offices* ayuda *helps* mejor *better* durar *last* algunas empresas *some businesses* salas *rooms*

1 **¿Cierto o falso?** Indica si lo que dicen las oraciones es **cierto** o **falso**. Corrige la información falsa.

1. La costumbre de la siesta empezó en Asia.
2. La palabra *siesta* está relacionada con la sexta hora del día.
3. Los españoles y los portugueses llevaron la costumbre de la siesta a Latinoamérica.
4. La siesta ayuda a trabajar más y mejor durante la tarde.
5. Los horarios de trabajo de las grandes ciudades hispanas son los mismos que los pueblos pequeños.
6. Una siesta larga siempre es mejor que una siesta corta.
7. En los Estados Unidos, los empleados de algunas empresas pueden dormir la siesta en el trabajo.
8. Es fácil despertar de un sueño profundo.

El cuidado personal

el aseo; el excusado; el servicio; el váter (Esp.)	el baño
el cortaúñas	nail clippers
el desodorante	deodorant
el enjuague bucal	mouthwash
el hilo dental/ la seda dental	dental floss
la máquina de afeitar/ de rasurar (Méx.)	electric razor

Costumbres especiales

- **México y El Salvador** Los vendedores pasan por las calles anunciando a gritos° su mercancía°: tanques de gas y flores° en México; pan y tortillas en El Salvador.

- **Costa Rica** Para encontrar las direcciones°, los costarricenses usan referencias a anécdotas, lugares o características geográficas. Por ejemplo: *200 metros norte de la iglesia Católica, frente al° supermercado Mi Mega.*

- **Argentina** En Tigre, una ciudad junto al Río° de la Plata, la gente usa barcos particulares°, barcos colectivos y barcos-taxi para ir de una isla a otra. Todas las mañanas, un barco colectivo recoge° a los niños y los lleva a la escuela.

gritos *shouts* mercancía *merchandise* flores *flowers* direcciones *addresses* frente al *opposite* Río *River* particulares *private* recoge *picks up*

El mate

El mate es una parte muy importante de la rutina diaria en muchos países. Es una bebida° muy similar al té que se consume en Argentina, Uruguay y Paraguay. Tradicionalmente se bebe caliente° con una *bombilla°* y en un recipiente° que también se llama *mate*. Por ser amarga°, algunos le agregan° azúcar para suavizar su sabor°. El mate se puede tomar a cualquier° hora y en cualquier lugar, aunque en Argentina las personas prefieren sentarse en círculo e ir pasando el mate de mano en mano mientras° conversan. Los uruguayos, por otra parte, acostumbran llevar el agua° caliente para el mate en un termo°

bajo el brazo° y lo beben mientras caminan. Si ves a una persona con un termo bajo el brazo y un mate en la mano, ¡es casi seguro que es de Uruguay!

bebida *drink* caliente *hot* bombilla *straw (in Argentina)* recipiente *container* amarga *bitter* agregan *add* suavizar su sabor *soften its flavor* cualquier *any* mientras *while* agua *water* termo *thermos* bajo el brazo *under their arm*

Conexión Internet

¿Qué costumbres son populares en los países hispanos?

Go to **vhlcentral.com** to find more cultural information related to this **Cultura** section.

2 **Comprensión** Completa las oraciones.

1. Uso _____ para limpiar (*to clean*) entre los dientes.
2. En _____ las personas compran pan y tortillas a los vendedores que pasan por la calle.
3. El _____ es una bebida similar al té.
4. Los uruguayos beben mate mientras _____.

3 **¿Qué costumbres tienes?** Escribe cuatro oraciones sobre una costumbre que compartes con tus amigos o con tu familia (por ejemplo: ir al cine, ir a eventos deportivos, leer, comer juntos, etc.). Explica qué haces, cuándo lo haces y con quién.

Practice more at **vhlcentral.com.**

7.1 **Reflexive verbs** **Tutorial**

ANTE TODO A reflexive verb is used to indicate that the subject does something to or for himself or herself. In other words, it "reflects" the action of the verb back to the subject. Reflexive verbs always use reflexive pronouns.

SUBJECT   REFLEXIVE VERB

Joaquín   **se ducha** por la mañana.

The verb lavarse (*to wash oneself*)

SINGULAR FORMS	yo	**me lavo**	*I wash (myself)*
	tú	**te lavas**	*you wash (yourself)*
	Ud.	**se lava**	*you wash (yourself)*
	él/ella	**se lava**	*he/she washes (himself/herself)*
PLURAL FORMS	nosotros/as	**nos lavamos**	*we wash (ourselves)*
	vosotros/as	**os laváis**	*you wash (yourselves)*
	Uds.	**se lavan**	*you wash (yourselves)*
	ellos/ellas	**se lavan**	*they wash (themselves)*

▶ The pronoun **se** attached to an infinitive identifies the verb as reflexive: **lavarse.**

▶ When a reflexive verb is conjugated, the reflexive pronoun agrees with the subject.

Me afeito.   **Te despiertas** a las siete.

¿Te importa si me maquillo primero?

A las chicas les encanta maquillarse durante horas y horas.

▶ Like object pronouns, reflexive pronouns generally appear before a conjugated verb. With infinitives and present participles, they may be placed before the conjugated verb or attached to the infinitive or present participle.

Ellos **se** van a vestir.
Ellos van a vestir**se**.
They are going to get dressed.

Nos estamos lavando las manos.
Estamos lavándo**nos** las manos.
We are washing our hands.

▶ **¡Atención!** When a reflexive pronoun is attached to a present participle, an accent mark is added to maintain the original stress.

bañando ⟶ bañ**á**ndo**se**   durmiendo ⟶ durmi**é**ndo**se**

AYUDA

You have already learned several adjectives that can be used with **ponerse** when it means *to become*:

alegre, cómodo/a, contento/a, elegante, guapo/a, nervioso/a, rojo/a, and **triste**.

Common reflexive verbs

acordarse (de) (o:ue)	*to remember*	**llamarse**	*to be called; to be named*
acostarse (o:ue)	*to go to bed*		
afeitarse	*to shave*	**maquillarse**	*to put on makeup*
bañarse	*to take a bath*	**peinarse**	*to comb one's hair*
cepillarse	*to brush*	**ponerse**	*to put on*
despertarse (e:ie)	*to wake up*	**ponerse (+ adj.)**	*to become (+ adj.)*
dormirse (o:ue)	*to go to sleep; to fall asleep*	**preocuparse (por)**	*to worry (about)*
		probarse (o:ue)	*to try on*
ducharse	*to take a shower*	**quedarse**	*to stay*
enojarse (con)	*to get angry (with)*	**quitarse**	*to take off*
irse	*to go away; to leave*	**secarse**	*to dry (oneself)*
lavarse	*to wash (oneself)*	**sentarse** (e:ie)	*to sit down*
levantarse	*to get up*	**sentirse** (e:ie)	*to feel*
		vestirse (e:i)	*to get dressed*

COMPARE & CONTRAST

Unlike English, a number of verbs in Spanish can be reflexive or non-reflexive. If the verb acts upon the subject, the reflexive form is used. If the verb acts upon something other than the subject, the non-reflexive form is used. Compare these sentences.

Lola **lava** los platos.

Lola **se lava** la cara.

As the preceding sentences show, reflexive verbs sometimes have different meanings than their non-reflexive counterparts. For example, **lavar** means *to wash*, while **lavarse** means *to wash oneself, to wash up*.

▶ **¡Atención!** Parts of the body or clothing are generally not referred to with possessives, but with articles.

La niña se quitó **un** zapato.   Necesito cepillarme **los** dientes.

recursos

WB
pp. 75–76

LM
p. 39

Ⓢ
vhlcentral.com
Lección 7

¡INTÉNTALO! Indica el presente de estos verbos reflexivos.

despertarse

1. Mis hermanos _se despiertan_ tarde.
2. Tú _____ tarde.
3. Nosotros _____ tarde.
4. Benito _____ tarde.
5. Yo _____ tarde.

ponerse

1. Él _____ una chaqueta. *(se pone)*
2. Yo _____ una chaqueta.
3. Usted _____ una chaqueta.
4. Nosotras _____ una chaqueta.
5. Las niñas _____ una chaqueta.

Práctica

1

Nuestra rutina La familia de Blanca sigue la misma rutina todos los días. Según Blanca, ¿qué hacen ellos?

> **modelo**
>
> mamá / despertarse a las 5:00
> *Mamá se despierta a las cinco.*

1. Roberto y yo / levantarse a las 7:00
2. papá / ducharse primero y / luego afeitarse
3. yo / lavarse la cara y / vestirse antes de tomar café
4. mamá / peinarse y / luego maquillarse
5. todos (nosotros) / sentarse a la mesa para comer
6. Roberto / cepillarse los dientes después de comer
7. yo / ponerse el abrigo antes de salir
8. nosotros / irse

2

La fiesta elegante Selecciona el verbo apropiado y completa las oraciones con la forma correcta.

1. Tú _____ (lavar / lavarse) el auto antes de ir a la fiesta.
2. Nosotros _____ (bañar / bañarse) antes de ir a la fiesta.
3. Para llegar a tiempo, Raúl y Marta _____ (acostar / acostarse) a los niños antes de salir.
4. Cecilia _____ (maquillar / maquillarse) antes de salir.
5. Mis amigos siempre _____ (vestir / vestirse) con ropa muy elegante.
6. Julia y Ana _____ (poner / ponerse) los vestidos nuevos.
7. Usted _____ (ir / irse) a llegar antes que (*before*) los demás invitados, ¿no?
8. En general, _____ (afeitar / afeitarse) yo mismo, pero hoy es un día especial y el barbero (*barber*) me _____ (afeitar / afeitarse). ¡Será una fiesta inolvidable!

3

Describir Mira los dibujos y describe lo que estas personas hacen.

1. el joven

2. Carmen

3. Juan

4. los pasajeros

5. Estrella

6. Toni

NOTA CULTURAL

Como en los EE.UU., **tomar café** en el desayuno es muy común en los países hispanos.

En muchas familias, incluso los niños toman café con leche (*milk*) en el desayuno antes de ir a la escuela.

El café en los países hispanos generalmente es más fuerte que en los EE.UU., y el descafeinado no es muy popular.

¡LENGUA VIVA!

In Spain a car is called **un coche**, while in many parts of Latin America it is known as **un carro**. Although you'll be understood using either of these terms, using **auto (automóvil)** will surely get you where you want to go.

Comunicación

4

Preguntas personales En parejas, túrnense para hacerse estas preguntas.

1. ¿A qué hora te levantas durante la semana?
2. ¿A qué hora te levantas los fines de semana?
3. ¿Prefieres levantarte tarde o temprano? ¿Por qué?
4. ¿Te enojas frecuentemente con tus amigos?
5. ¿Te preocupas fácilmente? ¿Qué te preocupa?
6. ¿Qué te pone contento/a?
7. ¿Qué haces cuando te sientes triste?
8. ¿Y cuando te sientes alegre?
9. ¿Te acuestas tarde o temprano durante la semana?
10. ¿A qué hora te acuestas los fines de semana?

5

Charadas En grupos, jueguen a las charadas. Cada persona debe pensar en dos oraciones con verbos reflexivos. La primera persona que adivina la charada dramatiza la siguiente.

6

Debate En grupos, discutan este tema: ¿Quiénes necesitan más tiempo para arreglarse (*to get ready*) antes de salir, los hombres o las mujeres? Hagan una lista de las razones (*reasons*) que tienen para defender sus ideas e informen a la clase.

7

La coartada Hoy se cometió un crimen entre las 7 y las 11 de la mañana. En parejas, imaginen que uno de ustedes es un sospechoso y el otro un policía investigador. El policía le pregunta al sospechoso qué hace habitualmente a esas horas y el sospechoso responde. Luego, el policía presenta las respuestas del sospechoso ante el jurado (la clase) y entre todos deciden si es culpable o no.

Síntesis

8

La familia ocupada Tú y tu compañero/a asisten a un programa de verano en Lima, Perú. Viven con la familia Ramos. Tu profesor(a) te va a dar la rutina incompleta que la familia sigue en las mañanas. Trabaja con tu compañero/a para completarla.

> **modelo**
>
> **Estudiante 1:** ¿Qué hace el señor Ramos a las seis y cuarto?
> **Estudiante 2:** El señor Ramos se levanta.

7.2 Indefinite and negative words Tutorial

ANTE TODO Indefinite words refer to people and things that are not specific, for example, *someone* or *something*. Negative words deny the existence of people and things or contradict statements, for instance, *no one* or *nothing*. Spanish indefinite words have corresponding negative words, which are opposite in meaning.

Indefinite and negative words

Indefinite words		Negative words	
algo	*something; anything*	**nada**	*nothing; not anything*
alguien	*someone; somebody; anyone*	**nadie**	*no one; nobody; not anyone*
alguno/a(s), algún	*some; any*	**ninguno/a, ningún**	*no; none; not any*
o... o	*either... or*	**ni... ni**	*neither... nor*
siempre	*always*	**nunca, jamás**	*never, not ever*
también	*also; too*	**tampoco**	*neither; not either*

▶ There are two ways to form negative sentences in Spanish. You can place the negative word before the verb, or you can place **no** before the verb and the negative word after.

Nadie se levanta temprano.
No one gets up early.

No se levanta nadie temprano.
No one gets up early.

Ellos **nunca gritan**.
They never shout.

Ellos **no gritan nunca**.
They never shout.

¿Hay algún problema?

Siempre haces esto.

▶ Because they refer to people, **alguien** and **nadie** are often used with the personal **a**. The personal **a** is also used before **alguno/a, algunos/as,** and **ninguno/a** when these words refer to people and they are the direct object of the verb.

—Perdón, señor, ¿busca usted **a alguien**?
—No, gracias, señorita, no busco **a nadie**.

—Tomás, ¿buscas **a alguno** de tus hermanos?
—No, mamá, no busco **a ninguno**.

▶ **¡Atención!** Before a masculine singular noun, **alguno** and **ninguno** are shortened to **algún** and **ningún**.

—¿Tienen ustedes **algún** amigo peruano?

—No, no tenemos **ningún** amigo peruano.

AYUDA

Alguno/a, algunos/as are not always used in the same way English uses *some* or *any*. Often, **algún** is used where *a* would be used in English.

¿Tienes algún libro que hable de los incas?
Do you have a book that talks about the Incas?

Note that **ninguno/a** is rarely used in the plural.

—**¿Visitaste algunos museos?**
—**No, no visité ninguno.**

In English, it is incorrect to use more than one negative word in a sentence. In Spanish, however, sentences frequently contain two or more negative words. Compare these Spanish and English sentences.

Nunca le escribo a **nadie**.
I never write to anyone.

No me preocupo **nunca** por **nada**.
I do not ever worry about anything.

As the preceding sentences show, once an English sentence contains one negative word (for example, *not* or *never*), no other negative word may be used. Instead, indefinite (or affirmative) words are used. In Spanish, however, once a sentence is negative, no other affirmative (that is, indefinite) word may be used. Instead, all indefinite ideas must be expressed in the negative.

▶ **Pero** is used to mean *but*. The meaning of **sino** is *but rather* or *on the contrary*. It is used when the first part of the sentence is negative and the second part contradicts it.

Los estudiantes no se acuestan
  temprano **sino** tarde.
*The students don't go to bed
  early, but rather late.*

Esas gafas son caras,
  pero bonitas.
*Those glasses are expensive,
  but pretty.*

María no habla francés
  sino español.
*María doesn't speak French,
  but rather Spanish.*

José es inteligente, **pero**
  no saca buenas notas.
*José is intelligent but
  doesn't get good grades.*

¡INTÉNTALO! Cambia las oraciones para que sean negativas.

1. Siempre se viste bien.
   _____Nunca_____ se viste bien.
   _____No_____ se viste bien _____nunca_____.
2. Alguien se ducha.
   _____ se ducha.
   _____ se ducha _____.
3. Ellas van también.
   Ellas _____ van.
   Ellas _____ van _____.
4. Alguien se pone nervioso.
   _____ se pone nervioso.
   _____ se pone nervioso _____.
5. Tú siempre te lavas las manos.
   Tú _____ te lavas las manos.
   Tú ___ te lavas las manos _____.
6. Voy a traer algo.
   _____ voy a traer _____.

7. Juan se afeita también.
   Juan _____ se afeita.
   Juan _____ se afeita _____.
8. Mis amigos viven en una residencia o en casa.
   Mis amigos _____ viven _____ en una residencia _____ en casa.
9. La profesora hace algo en su escritorio.
   La profesora _____ hace _____ en su escritorio.
10. Tú y yo vamos al mercado.
   _____ tú _____ yo vamos al mercado.
11. Tienen un espejo en su casa.
   _____ tienen _____ espejo en su casa.
12. Algunos niños se ponen los abrigos.
   _____ niño se pone el abrigo.

Práctica

1

¿Pero o sino? Forma oraciones sobre estas personas usando **pero** o **sino**.

> **modelo**
>
> muchos estudiantes viven en residencias estudiantiles / muchos de ellos quieren vivir fuera del (*off*) campus
> *Muchos estudiantes viven en residencias estudiantiles, pero muchos de ellos quieren vivir fuera del campus.*

1. Marcos nunca se despierta temprano / siempre llega puntual a clase
2. Lisa y Katarina no se acuestan temprano / muy tarde
3. Alfonso es inteligente / algunas veces es antipático
4. los directores de la residencia no son ecuatorianos / peruanos
5. no nos acordamos de comprar champú / compramos jabón
6. Emilia no es estudiante / profesora
7. no quiero levantarme / tengo que ir a clase
8. Miguel no se afeita por la mañana / por la noche

2

Completar Completa esta conversación. Usa expresiones negativas en tus respuestas. Luego, dramatiza la conversación con un(a) compañero/a.

AURELIO Ana María, ¿encontraste algún regalo para Eliana?
ANA MARÍA (1)_____
AURELIO ¿Viste a alguna amiga en el centro comercial?
ANA MARÍA (2)_____
AURELIO ¿Me llamó alguien?
ANA MARÍA (3)_____
AURELIO ¿Quieres ir al teatro o al cine esta noche?
ANA MARÍA (4)_____
AURELIO ¿No quieres salir a comer?
ANA MARÍA (5)_____
AURELIO ¿Hay algo interesante en la televisión esta noche?
ANA MARÍA (6)_____
AURELIO ¿Tienes algún problema?
ANA MARÍA (7)_____

Practice more at **vhlcentral.com**.

Comunicación

3

Opiniones Completa estas oraciones de una manera lógica. Luego, compara tus respuestas con las de un(a) compañero/a.

1. Mi habitación es _____, pero _____.
2. Por la noche me gusta _____, pero _____.
3. Un(a) profesor(a) ideal no es _____, sino _____.
4. Mis amigos son _____, pero _____.

4

En el campus En parejas, háganse preguntas sobre qué hay en su universidad: residencias bonitas, departamento de ingeniería, cines, librerías baratas, estudiantes guapos/as, equipo de fútbol, playa, clases fáciles, museo, profesores/as estrictos/as. Sigan el modelo.

> **modelo**
>
> **Estudiante 1:** ¿Hay algunas residencias bonitas?
> **Estudiante 2:** Sí, hay una/algunas. Está(n) detrás del estadio.
> **Estudiante 1:** ¿Hay algún museo?
> **Estudiante 2:** No, no hay ninguno.

5

Quejas En parejas, hagan una lista de cinco quejas (*complaints*) comunes que tienen los estudiantes. Usen expresiones negativas.

> **modelo**
>
> Nadie me entiende.

Ahora hagan una lista de cinco quejas que los padres tienen de sus hijos.

> **modelo**
>
> Nunca limpian sus habitaciones.

6

Anuncios En parejas, lean el anuncio y contesten las preguntas.

1. ¿Es el anuncio positivo o negativo? ¿Por qué?
2. ¿Qué palabras indefinidas hay?
3. Escriban el texto del anuncio cambiando todo por expresiones negativas.

Ahora preparen su propio (*own*) anuncio usando expresiones afirmativas y negativas.

¿Buscas algún producto especial?

¡Siempre hay algo para todos en las tiendas García!

Síntesis

7

Encuesta Tu profesor(a) te va a dar una hoja de actividades para hacer una encuesta. Circula por la clase y pídeles a tus compañeros que comparen las actividades que hacen durante la semana con las que hacen durante los fines de semana. Escribe las respuestas.

7.3 Preterite of **ser** and **ir** Ⓢ Tutorial

ANTE TODO   In **Lección 6**, you learned how to form the preterite tense of regular -ar, -er, and -ir verbs. The following chart contains the preterite forms of **ser** (*to be*) and **ir** (*to go*). Since these forms are irregular, you will need to memorize them.

	Preterite of **ser** and **ir**		
		ser *(to be)*	**ir** *(to go)*
SINGULAR FORMS	yo	**fui**	**fui**
	tú	**fuiste**	**fuiste**
	Ud./él/ella	**fue**	**fue**
PLURAL FORMS	nosotros/as	**fuimos**	**fuimos**
	vosotros/as	**fuisteis**	**fuisteis**
	Uds./ellos/ellas	**fueron**	**fueron**

> **AYUDA**
> Note that, whereas regular -er and -ir verbs have accent marks in the **yo** and **Ud./él/ella** forms of the preterite, **ser** and **ir** do not.

▶ Since the preterite forms of **ser** and **ir** are identical, context clarifies which of the two verbs is being used.

Él **fue** a comprar champú y jabón.
He went to buy shampoo and soap.

¿Cómo **fue** la película anoche?
How was the movie last night?

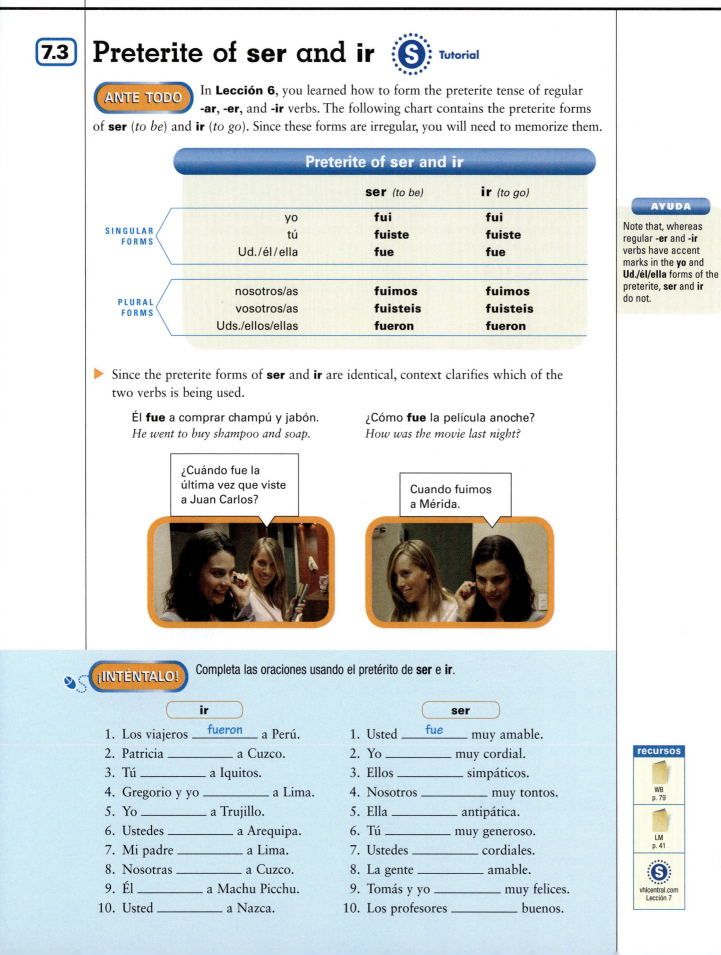

¿Cuándo fue la última vez que viste a Juan Carlos?

Cuando fuimos a Mérida.

¡INTÉNTALO!   Completa las oraciones usando el pretérito de **ser** e **ir**.

ir

1. Los viajeros ___fueron___ a Perú.
2. Patricia _____ a Cuzco.
3. Tú _____ a Iquitos.
4. Gregorio y yo _____ a Lima.
5. Yo _____ a Trujillo.
6. Ustedes _____ a Arequipa.
7. Mi padre _____ a Lima.
8. Nosotras _____ a Cuzco.
9. Él _____ a Machu Picchu.
10. Usted _____ a Nazca.

ser

1. Usted ___fue___ muy amable.
2. Yo _____ muy cordial.
3. Ellos _____ simpáticos.
4. Nosotros _____ muy tontos.
5. Ella _____ antipática.
6. Tú _____ muy generoso.
7. Ustedes _____ cordiales.
8. La gente _____ amable.
9. Tomás y yo _____ muy felices.
10. Los profesores _____ buenos.

Práctica y Comunicación

1

Completar Completa estas conversaciones con la forma correcta del pretérito de **ser** o **ir**. Indica el infinitivo de cada forma verbal.

NOTA CULTURAL

La ciudad peruana de **El Callao**, fundada en 1537, fue por muchos años el puerto (*port*) más activo de la costa del Pacífico en Suramérica. En el siglo XVIII, se construyó (*was built*) una fortaleza allí para proteger (*protect*) la ciudad de los ataques de piratas y bucaneros.

Conversación 1

		ser	ir
RAÚL	¿Adónde (1)_____ ustedes de vacaciones?	○	○
PILAR	(2)_____ a Perú.	○	○
RAÚL	¿Cómo (3)_____ el viaje?	○	○
▶**PILAR**	¡(4)_____ estupendo! Machu Picchu y El Callao son increíbles.	○	○
RAÚL	¿(5)_____ caro el viaje?	○	○
PILAR	No, el precio (6)_____ muy bajo. Sólo costó tres mil dólares.	○	○

Conversación 2

		ser	ir
ISABEL	Tina y Vicente (7)_____ novios, ¿no?	○	○
LUCÍA	Sí, pero ahora no. Anoche Tina (8)_____ a comer con Gregorio	○	○
	y la semana pasada ellos (9)_____ al partido de fútbol.	○	○
ISABEL	¿Ah sí? Javier y yo (10)_____ al partido y no los vimos.	○	○

2

Descripciones Forma oraciones con estos elementos. Usa el pretérito.

A	B	C	D
yo	(no) ir	a un restaurante	ayer
tú	(no) ser	en autobús	anoche
mi compañero/a		estudiante	anteayer
nosotros		muy simpático/a	la semana pasada
mis amigos		a la playa	año pasado
ustedes		dependiente/a en una tienda	

3

Preguntas En parejas, túrnense para hacerse estas preguntas.

1. ¿Cuándo fuiste al cine por última vez? ¿Con quién fuiste?
2. ¿Fuiste en auto, en autobús o en metro? ¿Cómo fue el viaje?
3. ¿Cómo fue la película?
4. ¿Fue una película de terror, de acción o un drama?
5. ¿Fue una de las mejores películas que viste? ¿Por qué?
6. ¿Fueron buenos los actores o no? ¿Cuál fue el mejor?
7. ¿Adónde fuiste/fueron después?
8. ¿Fue una buena idea ir al cine?
9. ¿Fuiste feliz ese día?

4

El viaje En parejas, escriban un diálogo de un(a) viajero/a hablando con el/la agente de viajes sobre un viaje que hizo recientemente. Usen el pretérito de **ser** e **ir**.

modelo

Agente: *¿Cómo fue el viaje?*
Viajero: *El viaje fue maravilloso/horrible…*

7.4 # Verbs like **gustar** Ⓢ **Tutorial**

ANTE TODO In **Lección 2**, you learned how to express preferences with **gustar**. You will now learn more about the verb **gustar** and other similar verbs. Observe these examples.

Me gusta ese champú.

> **ENGLISH EQUIVALENT**
> *I like that shampoo.*
> **LITERAL MEANING**
> *That shampoo is pleasing to me.*

¿Te gustaron las clases?

> **ENGLISH EQUIVALENT**
> *Did you like the classes?*
> **LITERAL MEANING**
> *Were the classes pleasing to you?*

▶ As the examples show, constructions with **gustar** do not have a direct equivalent in English. The literal meaning of this construction is *to be pleasing to* (*someone*), and it requires the use of an indirect object pronoun.

INDIRECT OBJECT PRONOUN	VERB	SUBJECT	SUBJECT	VERB	DIRECT OBJECT
Me	**gusta**	ese champú.	*I*	*like*	*that shampoo.*

▶ In the diagram above, observe how in the Spanish sentence the object being liked **(ese champú)** is really the subject of the sentence. The person who likes the object, in turn, is an indirect object because it answers the question: *To whom is the shampoo pleasing?*

¿Te gusta Juan Carlos?

Me gustan los cafés que tienen música en vivo.

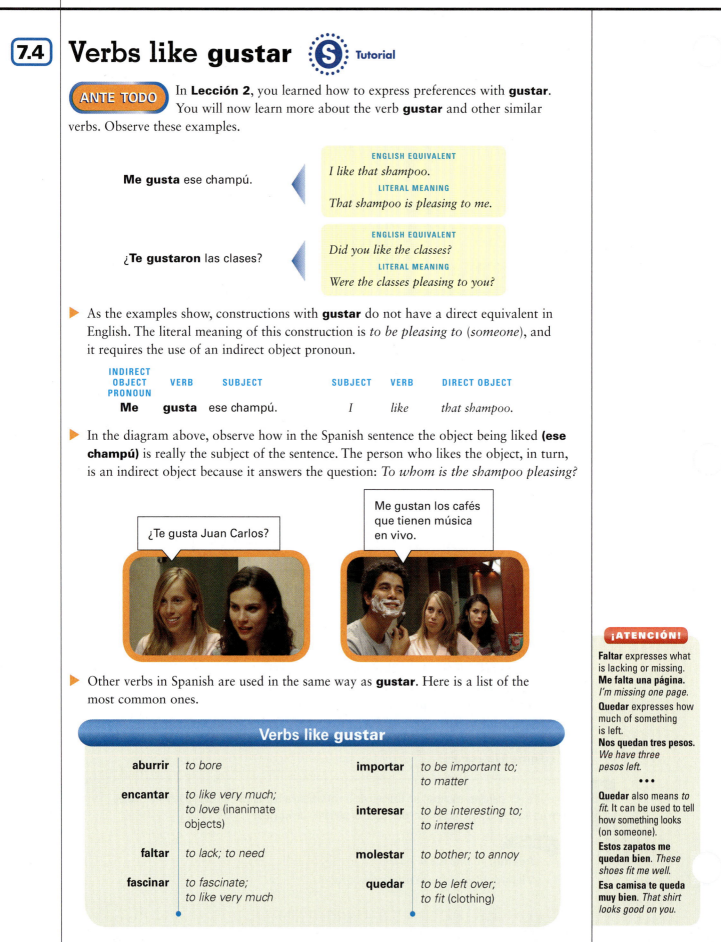

▶ Other verbs in Spanish are used in the same way as **gustar**. Here is a list of the most common ones.

Verbs like **gustar**

aburrir	to bore	**importar**	to be important to; to matter
encantar	to like very much; to love (inanimate objects)	**interesar**	to be interesting to; to interest
faltar	to lack; to need	**molestar**	to bother; to annoy
fascinar	to fascinate; to like very much	**quedar**	to be left over; to fit (clothing)

¡ATENCIÓN!

Faltar expresses what is lacking or missing.
Me falta una página. *I'm missing one page.*

Quedar expresses how much of something is left.
Nos quedan tres pesos. *We have three pesos left.*

• • •

Quedar also means *to fit*. It can be used to tell how something looks (on someone).

Estos zapatos me quedan bien. *These shoes fit me well.*

Esa camisa te queda muy bien. *That shirt looks good on you.*

▶ The most commonly used verb forms of **gustar** and similar verbs are the third person (singular and plural). When the object or person being liked is singular, the singular form (**gusta**) is used. When two or more objects or persons are being liked, the plural form (**gustan**) is used. Observe the following diagram:

| me, te, le, nos, os, les | SINGULAR | encanta interesó | ▶ | la película el concierto |
| | PLURAL | importan fascinaron | ▶ | las vacaciones los museos de Lima |

▶ To express what someone likes or does not like to do, use an appropriate verb followed by an infinitive. The singular form is used even if there is more than one infinitive.

> **Nos molesta comer** a las nueve.
> *It bothers us to eat at nine o'clock.*

> **Les encanta bailar** y **cantar** en las fiestas.
> *They love to dance and sing at parties.*

AYUDA

Note that the **a** must be repeated if there is more than one person.
A Armando y **a Carmen** les molesta levantarse temprano.

▶ As you learned in **Lección 2**, the construction **a** + [*pronoun*] (**a mí, a ti, a usted, a él,** etc.) is used to clarify or to emphasize who is pleased, bored, etc. The construction **a** + [*noun*] can also be used before the indirect object pronoun to clarify or to emphasize who is pleased.

> **A los turistas** les gustó mucho Machu Picchu.
> *The tourists liked Machu Picchu a lot.*

> **A ti** te gusta cenar en casa, pero **a mí** me aburre.
> *You like eating dinner at home, but I get bored.*

▶ **¡Atención!** **Mí** (*me*) has an accent mark to distinguish it from the possessive adjective **mi** (*my*).

¡INTÉNTALO! Indica el pronombre de objeto indirecto y la forma del tiempo presente adecuados en cada oración.

fascinar

1. A él ___le fascina___ viajar.
2. A mí _____ bailar.
3. A nosotras _____ cantar.
4. A ustedes _____ leer.
5. A ti _____ correr y patinar.
6. A ellos _____ los aviones.
7. A mis padres _____ caminar.
8. A usted _____ jugar al tenis.
9. A mi esposo y a mí _____ dormir.
10. A Alberto _____ dibujar y pintar.
11. A todos _____ opinar.
12. A Pili _____ los sombreros.

aburrir

1. A ellos ___les aburren___ los deportes.
2. A ti _____ las películas.
3. A usted _____ los viajes.
4. A mí _____ las revistas.
5. A Jorge y a Luis _____ los perros.
6. A nosotros _____ las vacaciones.
7. A ustedes _____ el béisbol.
8. A Marcela _____ los libros.
9. A mis amigos _____ los museos.
10. A ella _____ el ciclismo.
11. A Omar _____ ir de compras.
12. A ti y a mí _____ el baile.

recursos

WB
pp. 80–82

LM
p. 42

S
vhlcentral.com
Lección 7

Práctica

1

Completar Completa las oraciones con todos los elementos necesarios.

1. _____ Adela _____ (encantar) la música de Tito "El Bambino".
2. A _____ me _____ (interesar) la música de otros países.
3. A mis amigos _____ (encantar) las canciones (*songs*) de Calle 13.
4. A Juan y _____ Rafael no les _____ (molestar) la música alta (*loud*).
5. _____ nosotros _____ (fascinar) los grupos de pop latino.
6. _____ señor Ruiz _____ (interesar) más la música clásica.
7. A _____ me _____ (aburrir) la música clásica.
8. ¿A _____ te _____ (faltar) dinero para el concierto de Carlos Santana?
9. No. Ya compré el boleto y _____ (quedar) cinco dólares.
10. ¿Cuánto dinero te _____ (quedar) a _____?

NOTA CULTURAL

Hoy día, la música latina es popular en los EE.UU. gracias a artistas como **Shakira**, de nacionalidad colombiana, y **Tito "El Bambino"**, puertorriqueño. Otros artistas, como **Carlos Santana** y **Gloria Estefan**, difundieron (*spread*) la música latina en los años 60, 70, 80 y 90.

2

Describir Mira los dibujos y describe lo que está pasando. Usa los verbos de la lista.

| aburrir | faltar | molestar |
| encantar | interesar | quedar |

1. a Ramón
2. a nosotros
3. a ti
4. a Sara

3

Gustos Forma oraciones con los elementos de las columnas.

modelo
A ti te interesan las ruinas de Machu Picchu.

A	B	C
yo	aburrir	despertarse temprano
tú	encantar	mirarse en el espejo
mi mejor amigo/a	faltar	la música rock
mis amigos y yo	fascinar	las pantuflas rosadas
Bart y Homero Simpson	interesar	la pasta de dientes con menta (*mint*)
Shakira	molestar	las ruinas de Machu Picchu
Antonio Banderas		los zapatos caros

 Practice more at **vhlcentral.com**.

Comunicación

4

Preguntas En parejas, túrnense para hacer y contestar estas preguntas.

1. ¿Te gusta levantarte temprano o tarde? ¿Por qué? ¿Y a tu compañero/a de cuarto?
2. ¿Te gusta acostarte temprano o tarde? ¿Y a tu compañero/a de cuarto?
3. ¿Te gusta dormir la siesta?
4. ¿Te encanta acampar o prefieres quedarte en un hotel cuando estás de vacaciones?
5. ¿Qué te gusta hacer en el verano?
6. ¿Qué te fascina de esta universidad? ¿Qué te molesta?
7. ¿Te interesan más las ciencias o las humanidades? ¿Por qué?
8. ¿Qué cosas te aburren?

5

Completar Trabajen en parejas. Túrnense para completar estas frases de una manera lógica.

1. A mi novio/a le fascina(n)…
2. A mi mejor (*best*) amigo/a no le interesa(n)…
3. A mis padres les importa(n)…
4. A nosotros nos molesta(n)…
5. A mis hermanos les aburre(n)…
6. A mi compañero/a de cuarto le aburre(n)…
7. A los turistas les interesa(n)…
8. A los jugadores profesionales les encanta(n)…
9. A nuestro/a profesor(a) le molesta(n)…
10. A mí me importa(n)…

6

La residencia Tú y tu compañero/a de clase son los directores de una residencia estudiantil en Perú. Su profesor(a) les va a dar a cada uno de ustedes las descripciones de cinco estudiantes. Con la información tienen que escoger quiénes van a ser compañeros de cuarto. Después, completen la lista.

Síntesis

7

Situación Trabajen en parejas para representar los papeles de un(a) cliente/a y un(a) dependiente/a en una tienda de ropa. Usen las instrucciones como guía.

Dependiente/a	Cliente/a
Saluda al/a la cliente/a y pregúntale en qué le puedes servir.	Saluda al/a la dependiente/a y dile (*tell him/her*) qué quieres comprar y qué colores prefieres.
Pregúntale si le interesan los estilos modernos y empieza a mostrarle la ropa.	Explícale que los estilos modernos te interesan. Escoge las cosas que te interesan.
Habla de los gustos del/de la cliente/a.	Habla de la ropa (me queda(n) bien/mal, me encanta(n)…).
Da opiniones favorables al/a la cliente/a (las botas te quedan fantásticas…).	Decide cuáles son las cosas que te gustan y qué vas a comprar.

Recapitulación

 Diagnostics

Completa estas actividades para repasar los conceptos de gramática que aprendiste en esta lección.

1 Completar Completa la tabla con la forma correcta de los verbos. **24 pts.**

yo	tú	nosotros	ellas
me levanto			
	te afeitas		
		nos vestimos	
			se secan

2 Hoy y ayer Cambia los verbos del presente al pretérito. **10 pts.**

1. Vamos de compras hoy. _____ de compras hoy.
2. Por último, voy a poner el despertador. Por último, _____ a poner el despertador.
3. Lalo es el primero en levantarse. Lalo _____ el primero en levantarse.
4. ¿Vas a tu habitación? ¿_____ a tu habitación?
5. ¿Ustedes son profesores. Ustedes _____ profesores.

3 Reflexivos Completa cada conversación con la forma correcta de los verbos reflexivos. **22 pts.**

TOMÁS Yo siempre (1) _____ (bañarse) antes de (2) _____ (acostarse). Esto me relaja porque no (3) _____ (dormirse) fácilmente. Y así puedo (4) _____ (levantarse) más tarde. Y tú, ¿cuándo (5) _____ (ducharse)?

LETI Pues por la mañana, para poder (6) _____ (despertarse).

DAVID ¿Cómo (7) _____ (sentirse) Pepa hoy?

MARÍA Todavía está enojada.

DAVID ¿De verdad? Ella nunca (8) _____ (enojarse) con nadie.

BETO ¿(Nosotros) (9) _____ (Irse) de esta tienda? Estoy cansado.

SARA Pero antes vamos a (10) _____ (probarse) estos sombreros. Si quieres, después (nosotros) (11) _____ (sentarse) un rato.

RESUMEN GRAMATICAL

7.1 Reflexive verbs *pp. 236–237*

lavarse

me lavo	nos lavamos
te lavas	os laváis
se lava	se lavan

7.2 Indefinite and negative words *pp. 240–241*

Indefinite words	Negative words
algo	nada
alguien	nadie
alguno/a(s), algún	ninguno/a, ningún
o... o	ni... ni
siempre	nunca, jamás
también	tampoco

7.3 Preterite of ser and ir *p. 244*

► The preterite of **ser** and **ir** are identical. Context will determine the meaning.

ser and ir

fui	fuimos
fuiste	fuisteis
fue	fueron

7.4 Verbs like gustar *pp. 246–247*

aburrir	importar
encantar	interesar
faltar	molestar
fascinar	quedar

me, te, le, nos, os, les

SINGULAR: encanta / interesó — la película / el concierto

PLURAL: importan / fascinaron — las vacaciones / los museos

► Use the construction **a** + [*noun/pronoun*] to clarify the person in question.

A mí me encanta ver películas, ¿y a ti?

4

Conversaciones Completa cada conversación de manera lógica con palabras de la lista. No tienes que usar todas las palabras. ▣ **18 pts.**

algo	nada	ningún	siempre
alguien	nadie	nunca	también
algún	ni... ni	o... o	tampoco

1. —¿Tienes _____ plan para esta noche?

   —No, prefiero quedarme en casa. Hoy no quiero ver a _____.

   —Yo _____ me quedo. Estoy muy cansado.

2. —¿Puedo entrar? ¿Hay _____ en el cuarto de baño?

   —Sí. ¡Un momento! Ahora mismo salgo.

3. —¿Puedes prestarme _____ para peinarme? No encuentro _____ mi cepillo _____ mi peine.

   —Lo siento, yo _____ encuentro los míos (*mine*).

4. —¿Me prestas tu maquillaje?

   —Lo siento, no tengo. _____ me maquillo.

5

Oraciones Forma oraciones completas con los elementos dados (*given*). Usa el presente de los verbos. ▣ **8 pts.**

1. David y Juan / molestar / levantarse temprano
2. Lucía / encantar / las películas de terror
3. todos (nosotros) / importar / la educación
4. tú / aburrir / ver / la televisión.

6

Rutinas Escribe seis oraciones que describan las rutinas de dos personas que conoces. ▣ **18 pts.**

> **modelo**
>
> Mi tía se despierta temprano, pero mi primo...

7

Adivinanza Completa la adivinanza con las palabras que faltan y adivina la respuesta. ▣ **¡4 puntos EXTRA!**

❝ **Cuanto más°** _____ (*it dries you*), **más se moja°.** ❞

¿Qué es? _____

Cuanto más *The more*   se moja *it gets wet*

Lectura

Antes de leer

Estrategia
Predicting content from the title

Prediction is an invaluable strategy in reading for comprehension. For example, we can usually predict the content of a newspaper article from its headline. We often decide whether to read the article based on its headline. Predicting content from the title will help you increase your reading comprehension in Spanish.

Examinar el texto

Lee el título de la lectura y haz tres predicciones sobre el contenido. Escribe tus predicciones en una hoja de papel.

Compartir

Comparte tus ideas con un(a) compañero/a de clase.

Cognados

Haz una lista de seis cognados que encuentres en la lectura.

1. _____
2. _____
3. _____
4. _____
5. _____
6. _____

¿Qué te dicen los cognados sobre el tema de la lectura?

✉ Mensaje

⬆ Anterior ⬇ Siguiente ✉ Responder ✉ Reenviar

De	Guillermo Zamora
Para	Lupe; Marcos; Sandra; Jorge
Asunto	¡Qué día!

Hola, chicos:

La semana pasada me di cuenta° de que necesito organizar mejor° mi rutina... pero especialmente debo prepararme mejor para los exámenes. Me falta disciplina, me molesta no tener control de mi tiempo y nunca deseo repetir los eventos de la semana pasada. 🙁

El miércoles pasé todo el día y 😲 toda la noche estudiando para el examen de biología del jueves por la mañana. Me aburre la biología y no empecé a estudiar hasta el día antes del examen. El jueves a las 8, después de no dormir en toda la noche, fui exhausto al examen. Fue difícil, pero afortunadamente° me acordé de todo el material. Esa noche me acosté temprano y dormí mucho. 😴

Me desperté a las 7, y fue extraño° ver a mi compañero de cuarto, Andrés, preparándose para ir a dormir. Como° siempre se enferma°, tiene problemas para dormir y no hablamos mucho, no le comenté nada. Fui al baño a cepillarme los dientes para ir a clase. ¿Y Andrés? Él se acostó. "Debe estar enfermo°, ¡otra vez!", pensé. 😮

Marcar Imprimir Redactar Bandeja entrada

Enviar

Mi clase es a las 8, y fue necesario hacer las cosas rápido. Todo empezó a ir mal... 😠 eso pasa siempre cuando uno tiene prisa. Cuando busqué mis cosas para el baño, no las encontré. Entonces me duché sin jabón, me cepillé los dientes sin cepillo de dientes y me peiné con las manos. Tampoco encontré ropa limpia y usé la sucia. Rápido, tomé mis libros. ¿Y Andrés? Roncando°... ¡a las 7:50!

Cuando salí corriendo para la clase, la prisa no me permitió ver el campus desierto. Cuando llegué a la clase, no vi a nadie. No vi al profesor ni a los estudiantes. Por último miré mi reloj, y vi la hora. Las 8 en punto... ¡de la noche!

¡Dormí 24 horas! 😲

Guillermo

me di cuenta *I realized* mejor *better* afortunadamente *fortunately* extraño *strange* Como *Since* se enferma *he gets sick* enfermo *sick* Roncando *Snoring*

Después de leer

Seleccionar 🔵
Selecciona la respuesta correcta.
1. ¿Quién es el/la narrador(a)?
   a. Andrés
   b. una profesora
   c. Guillermo
2. ¿Qué le molesta al narrador?
   a. Le molestan los exámenes de biología.
   b. Le molesta no tener control de su tiempo.
   c. Le molesta mucho organizar su rutina.
3. ¿Por qué está exhausto?
   a. Porque fue a una fiesta la noche anterior.
   b. Porque no le gusta la biología.
   c. Porque pasó la noche anterior estudiando.
4. ¿Por qué no hay nadie en clase?
   a. Porque es de noche.
   b. Porque todos están de vacaciones.
   c. Porque el profesor canceló la clase.
5. ¿Cómo es la relación de Guillermo y Andrés?
   a. Son buenos amigos.
   b. No hablan mucho.
   c. Tienen una buena relación.

Ordenar 🔵
Ordena los sucesos de la narración. Utiliza los números del 1 al 9.
a. Toma el examen de biología. ____
b. No encuentra sus cosas para el baño. ____
c. Andrés se duerme. ____
d. Pasa todo el día y toda la noche estudiando para un examen. ____
e. Se ducha sin jabón. ____
f. Se acuesta temprano. ____
g. Vuelve a su cuarto después de las 8 de la noche. ____
h. Se despierta a las 7 y su compañero de cuarto se prepara para dormir. ____
i. Va a clase y no hay nadie. ____

Contestar 🔵
Contesta estas preguntas.
1. ¿Cómo es tu rutina diaria? ¿Muy organizada?
2. ¿Cuándo empiezas a estudiar para los exámenes?
3. ¿Tienes compañero/a de cuarto? ¿Es tu amigo/a?
4. Para comunicarte con tus amigos/as, ¿prefieres el teléfono o el correo electrónico? ¿Por qué?

Escritura

Estrategia
Sequencing events

Paying strict attention to sequencing in a narrative will ensure that your writing flows logically from one part to the next.

Every composition should have an introduction, a body, and a conclusion. The introduction presents the subject, the setting, the situation, and the people involved. The main part, or the body, describes the events and people's reactions to these events. The conclusion brings the narrative to a close.

Adverbs and adverbial phrases are sometimes used as transitions between the introduction, the body, and the conclusion. Here is a list of commonly used adverbs in Spanish:

Adverbios	
además; también	*in addition; also*
al principio; en un principio	*at first*
antes (de)	*before*
después	*then*
después (de)	*after*
entonces; luego	*then*
más tarde	*later (on)*
primero	*first*
pronto	*soon*
por fin; finalmente	*finally*
al final	*finally*

Tema
Escribe tu rutina

Imagina tu rutina diaria en uno de estos lugares:

- una isla desierta
- el Polo Norte
- un crucero° transatlántico
- un desierto

Escribe una composición en la que describes tu rutina diaria en uno de estos lugares o en algún otro lugar interesante que imagines°. Mientras planeas tu composición, considera cómo cambian algunos de los elementos más básicos de tu rutina diaria en el lugar que escogiste°. Por ejemplo, ¿dónde te acuestas en el Polo Norte? ¿Cómo te duchas en el desierto?

Usa el presente de los verbos reflexivos que conoces e incluye algunos de los adverbios de esta página para organizar la secuencia de tus actividades. Piensa también en la información que debes incluir en cada sección de la narración. Por ejemplo, en la introducción puedes hacer una descripción del lugar y de las personas que están allí, y en la conclusión puedes dar tus opiniones acerca del° lugar y de tu vida diaria allí.

crucero *cruise ship* que imagines *that you dream up* escogiste *you chose*
acerca del *about the*

Escuchar Audio

Estrategia
Using background information

Once you discern the topic of a conversation, take a minute to think about what you already know about the subject. Using this background information will help you guess the meaning of unknown words or linguistic structures.

To help you practice this strategy, you will now listen to a short paragraph. Jot down the subject of the paragraph, and then use your knowledge of the subject to listen for and write down the paragraph's main points.

Preparación

Según la foto, ¿dónde están Carolina y Julián? Piensa en lo que sabes de este tipo de situación. ¿De qué van a hablar?

Ahora escucha

Ahora escucha la entrevista entre Carolina y Julián, teniendo en cuenta (*taking into account*) lo que sabes sobre este tipo de situación. Elige la información que completa correctamente cada oración.

1. Julián es ____.
   a. político
   b. deportista profesional
   c. artista de cine
2. El público de Julián quiere saber de ____.
   a. sus películas
   b. su vida
   c. su novia
3. Julián habla de ____.
   a. sus viajes y sus rutinas
   b. sus parientes y amigos
   c. sus comidas favoritas
4. Julián ____.
   a. se levanta y se acuesta a diferentes horas todos los días
   b. tiene una rutina diaria
   c. no quiere hablar de su vida

Comprensión

¿Cierto o falso?

Indica si las oraciones son **ciertas** o **falsas** según la información que Julián da en la entrevista.

1. Es difícil despertarme; generalmente duermo hasta las diez.
2. Pienso que mi vida no es más interesante que las vidas de ustedes.
3. Me gusta tener tiempo para pensar y meditar.
4. Nunca hago mucho ejercicio; no soy una persona activa.
5. Me fascinan las actividades tranquilas, como escribir y escuchar música clásica.
6. Los viajes me parecen aburridos.

Preguntas?

1. ¿Qué tiene Julián en común con otras personas de su misma profesión?
2. ¿Te parece que Julián siempre fue rico? ¿Por qué?
3. ¿Qué piensas de Julián como persona?

 Practice more at **vhlcentral.com**.

En pantalla

La fiesta de quince años se celebra en algunos países de Latinoamérica cuando las chicas cumplen° quince años. Los quince años representan la transición de niña a mujer. Los orígenes de esta ceremonia son mayas y aztecas, pero también tiene influencias del catolicismo. La celebración varía según el país, pero es común en todas la importancia del vestido de la quinceañera°, la elaboración de las invitaciones, el baile de la quinceañera con su padre y con otros familiares° y, por último, el banquete para los invitados°.

Vocabulario útil

cubren	*cover*
granos	*zits, pimples*
hice	*I did*
peor	*worse*
tapar	*to cover*
tenía	*I had*

Escoger

Escoge la opción correcta para cada oración.

1. La chica se levantó ___ el día de las fotos.
   - a. con granos
   - b. muy tarde
2. Después de levantarsc, la chica ___.
   - a. se bañó
   - b. se maquilló
3. Para las fotos, la chica tapó los granos con ___.
   - a. la flora y la fauna
   - b. maquillaje Asepxia
4. Ahora la chica ___.
   - a. tiene muchos granos
   - b. usa maquillaje Asepxia

Una fiesta

Habla con un(a) compañero/a sobre la última fiesta a la que fuiste. Puedes usar estas preguntas como guía. Luego, presenta la experiencia de tu compañero/a a la clase.

▶ ¿Qué te gustó más? ¿Te aburrió algo?

▶ ¿Cuántas personas fueron?

▶ ¿Cómo te preparaste para la fiesta? ¿Te duchaste antes de ir a la fiesta? ¿Te maquillaste? ¿Te afeitaste?

Anuncio de Asepxia

Me levanté con una invasión de granos.

Tuve que° taparlos con lo que pude°...

Ahora Florencia usa maquillajes Asepxia.

 Video: TV Clip

Practice more at **vhlcentral.com**.

cumplen *turn*   quinceañera *young woman celebrating her fifteenth birthday* familiares *family members*   invitados *guests*   Tuve que *I had to*   lo que pude *what I could*

En este episodio de *Flash cultura* vas a conocer unos entremeses° españoles llamados **tapas**. Hay varias teorías sobre el origen de su nombre. Una dice que viene de la costumbre antigua° de **tapar**° los vasos de vino para evitar° que insectos o polvo entren en° ellos. Otra teoría cuenta que el rey Alfonso X debía° beber un poco de vino por indicación médica y decidió acompañarlo° con algunos bocados° para tapar los efectos del alcohol. Cuando estuvo° mejor, ordenó que siempre en Castilla se sirviera° algo de comer con las bebidas° alcohólicas.

Vocabulario útil

económicas	*inexpensive*
montaditos	*bread slices with assorted toppings*
pagar propinas	*to tip*
tapar el hambre	*to take the edge off (lit. putting the lid on one's hunger)*

Preparación

En el área donde vives, ¿qué hacen las personas normalmente después del trabajo (*work*)? ¿Van a sus casas? ¿Salen con amigos? ¿Comen?

Ordenar

Ordena estos sucesos de manera lógica.

_____ a. El empleado cuenta los palillos (*counts the toothpicks*) de los montaditos que Mari Carmen comió.

_____ b. Mari Carmen va al barrio de la Ribera.

_____ c. Un hombre en un bar explica cuándo sale a tomar tapas.

_____ d. Un hombre explica la tradición de los montaditos o pinchos.

_____ e. Carmen le pregunta a la chica si los montaditos son buenos para la salud.

Tapas para todos los días

Estamos en la Plaza Cataluña, el puro centro de Barcelona.

—¿Cuándo sueles° venir a tomar tapas?
—Generalmente después del trabajo.

Éstos son los montaditos, o también llamados pinchos. ¿Te gustan?

 Video: *Flash cultura*

 Practice more at **vhlcentral.com**.

recursos — VM pp. 91–92 — vhlcentral.com Lección 7

entremeses *appetizers* antigua *ancient* tapar *cover* evitar *avoid* entren en *would get in* debía *should* acompañarlo *accompany it* bocados *snacks* estuvo *he was* se sirviera *they should serve* bebidas *drinks* sueles *do you tend*

Perú

El país en cifras

▶ **Área:** 1.285.220 km² (496.224 millas²),
un poco menos que el área de Alaska

▶ **Población:** 30.147.000

▶ **Capital:** Lima —8.769.000

▶ **Ciudades principales:** Arequipa —778.000,
Trujillo, Chiclayo, Callao, Iquitos

*Iquitos es un puerto muy importante en el río
Amazonas. Desde Iquitos se envían° muchos
productos a otros lugares, incluyendo goma°,
nueces°, madera°, arroz°, café y tabaco. Iquitos
es también un destino popular para
los ecoturistas que visitan la selva°.*

▶ **Moneda:** nuevo sol

▶ **Idiomas:** español (oficial);
quechua, aimara y otras
lenguas indígenas (oficiales
en los territorios donde se usan)

Bandera de Perú

Peruanos célebres

▶ **Clorinda Matto de Turner,** escritora (1854–1909)

▶ **César Vallejo,** poeta (1892–1938)

▶ **Javier Pérez de Cuéllar,** diplomático (1920–)

▶ **Juan Diego Flórez,** cantante de ópera (1973–)

▶ **Mario Vargas Llosa,** escritor (1936–)

Mario Vargas Llosa, Premio
Nobel de Literatura 2010

se envían *are shipped* goma *rubber* nueces *nuts* madera *timber*
arroz *rice* selva *jungle* Hace más de *More than... ago*
grabó *engraved* tamaño *size*

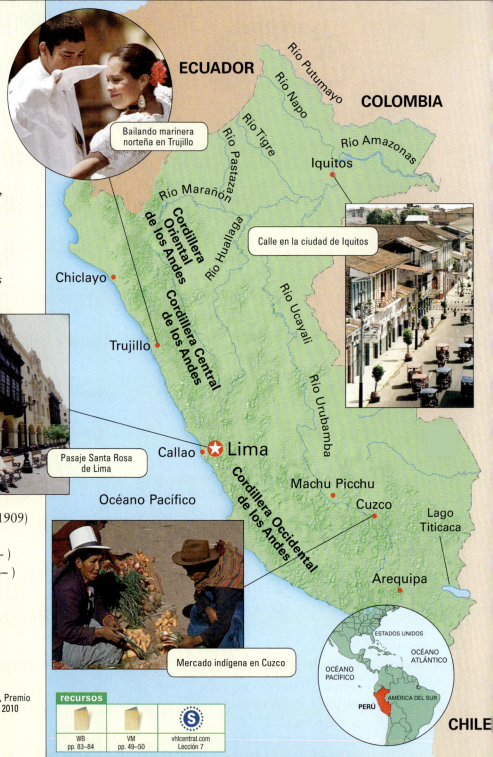

Bailando marinera
norteña en Trujillo

ECUADOR

COLOMBIA

Río Putumayo

Río Napo

Río Tigre

Río Pastaza

Río Amazonas

Iquitos

Río Marañón

Cordillera Oriental
de los Andes

Río Huallaga

Calle en la ciudad de Iquitos

Chiclayo

Cordillera Central
de los Andes

Río Ucayali

Trujillo

Río Urubamba

Pasaje Santa Rosa
de Lima

Callao ★ Lima

Océano Pacífico

Cordillera Occidental
de los Andes

Machu Picchu

Cuzco

Lago
Titicaca

Arequipa

Mercado indígena en Cuzco

ESTADOS UNIDOS

OCÉANO
ATLÁNTICO

OCÉANO
PACÍFICO

AMÉRICA DEL SUR

PERÚ

CHILE

recursos

| WB pp. 83–84 | VM pp. 49–50 | Ⓢ vhlcentral.com Lección 7 |

¡Increíble pero cierto!

Hace más de° dos mil años la civilización nazca
de Perú grabó° más de dos mil kilómetros
de líneas en el desierto. Los dibujos sólo son
descifrables desde el aire. Uno de ellos es un
cóndor del tamaño° de un estadio. Las Líneas
de Nazca son uno de los grandes misterios de
la humanidad.

Lugares • Lima

Lima es una ciudad moderna y antigua° a la vez°. La Iglesia de San Francisco es notable por su arquitectura barroca colonial. También son fascinantes las exhibiciones sobre los incas en el Museo Oro del Perú y en el Museo Nacional de Antropología y Arqueología. Barranco, el barrio° bohemio de la ciudad, es famoso por su ambiente cultural y sus bares y restaurantes.

BRASIL

Historia • Machu Picchu

A 80 kilómetros al noroeste de Cuzco está Machu Picchu, una ciudad antigua del Imperio inca. Está a una altitud de 2.350 metros (7.710 pies), entre dos cimas° de los Andes. Cuando los españoles llegaron a Perú y recorrieron la región, nunca encontraron Machu Picchu. En 1911, el arqueólogo estadounidense Hiram Bingham la redescubrió. Todavía no se sabe ni cómo se construyó° una ciudad a esa altura, ni por qué los incas la abandonaron. Sin embargo°, esta ciudad situada en desniveles° naturales es el ejemplo más conocido de la arquitectura inca.

Artes • La música andina

Machu Picchu aún no existía° cuando se originó la música cautivadora° de las culturas indígenas de los Andes. Los ritmos actuales de la música andina tienen influencias españolas y africanas. Varios tipos de flauta°, entre ellos la quena y la zampoña, caracterizan esta música. En las décadas de los sesenta y los setenta se popularizó un movimiento para preservar la música andina, y hasta° Simon y Garfunkel incorporaron a su repertorio la canción *El cóndor pasa.*

Economía • Llamas y alpacas

Perú se conoce por sus llamas, alpacas, guanacos y vicuñas, todos ellos animales mamíferos° parientes del camello. Estos animales todavía tienen una enorme importancia en la economía del país. Dan lana para exportar a otros países y para hacer ropa, mantas°, bolsas y otros artículos artesanales. La llama se usa también para la carga y el transporte.

BOLIVIA

¿Qué aprendiste? Responde a las preguntas con una oración completa.

1. ¿Qué productos envía Iquitos a otros lugares?
2. ¿Cuáles son las lenguas oficiales de Perú?
3. ¿Por qué es notable la Iglesia de San Francisco en Lima?
4. ¿Qué información sobre Machu Picchu no se sabe todavía?
5. ¿Qué son la quena y la zampoña?
6. ¿Qué hacen los peruanos con la lana de sus llamas y alpacas?

Conexión Internet Investiga estos temas en **vhlcentral.com**.

1. Investiga la cultura incaica. ¿Cuáles son algunos de los aspectos interesantes de su cultura?
2. Busca información sobre dos artistas, escritores o músicos peruanos y presenta un breve informe a tu clase.

 Practice more at **vhlcentral.com**.

....

antigua *old* **a la vez** *at the same time* **barrio** *neighborhood* **cimas** *summits* **se construyó** *was built* **Sin embargo** *However* **desniveles** *uneven pieces of land* **aún no existía** *didn't exist yet* **cautivadora** *captivating* **flauta** *flute* **hasta** *even* **mamíferos** *mammalian* **mantas** *blankets*

Los verbos reflexivos

acordarse (de) (o:ue)	to remember
acostarse (o:ue)	to go to bed
afeitarse	to shave
bañarse	to take a bath
cepillarse el pelo	to brush one's hair
cepillarse los dientes	to brush one's teeth
despertarse (e:ie)	to wake up
dormirse (o:ue)	to go to sleep; to fall asleep
ducharse	to take a shower
enojarse (con)	to get angry (with)
irse	to go away; to leave
lavarse la cara	to wash one's face
lavarse las manos	to wash one's hands
levantarse	to get up
llamarse	to be called; to be named
maquillarse	to put on makeup
peinarse	to comb one's hair
ponerse	to put on
ponerse (+ *adj.*)	to become (+ adj.)
preocuparse (por)	to worry (about)
probarse (o:ue)	to try on
quedarse	to stay
quitarse	to take off
secarse	to dry (oneself)
sentarse (e:ie)	to sit down
sentirse (e:ie)	to feel
vestirse (e:i)	to get dressed

Palabras de secuencia

antes (de)	before
después	afterwards; then
después (de)	after
durante	during
entonces	then
luego	then
más tarde	later (on)
por último	finally

Palabras indefinidas y negativas

algo	something; anything
alguien	someone; somebody; anyone
alguno/a(s), algún	some; any
jamás	never; not ever
nada	nothing; not anything
nadie	no one; nobody; not anyone
ni… ni	neither… nor
ninguno/a, ningún	no; none; not any
nunca	never; not ever
o… o	either… or
siempre	always
también	also; too
tampoco	neither; not either

En el baño

el baño, el cuarto de baño	bathroom
el champú	shampoo
la crema de afeitar	shaving cream
la ducha	shower
el espejo	mirror
el inodoro	toilet
el jabón	soap
el lavabo	sink
el maquillaje	makeup
la pasta de dientes	toothpaste
la toalla	towel

Verbos similares a *gustar*

aburrir	to bore
encantar	to like very much; to love (inanimate objects)
faltar	to lack; to need
fascinar	to fascinate; to like very much
importar	to be important to; to matter
interesar	to be interesting to; to interest
molestar	to bother; to annoy
quedar	to be left over; to fit (clothing)

Palabras adicionales

el despertador	alarm clock
las pantuflas	slippers
la rutina diaria	daily routine
por la mañana	in the morning
por la noche	at night
por la tarde	in the afternoon; in the evening

Expresiones útiles	See page 231.

Vocabulary Tools

La comida

8

Communicative Goals

You will learn how to:
- Order food in a restaurant
- Talk about and describe food

A PRIMERA VISTA
- ¿Dónde está ella?
- ¿Qué hace?
- ¿Es parte de su rutina diaria?
- ¿Qué colores hay en la foto?

La comida

Más vocabulario

el/la camarero/a	waiter/waitress
la comida	food; meal
la cuenta	bill
el/la dueño/a	owner
los entremeses	appetizers
el menú	menu
el plato (principal)	(main) dish
la propina	tip
la sección de (no) fumar	(non) smoking section
el agua (mineral)	(mineral) water
la bebida	drink
la cerveza	beer
la leche	milk
el refresco	soft drink
el ajo	garlic
las arvejas	peas
los cereales	cereal; grains
los frijoles	beans
el melocotón	peach
el pollo (asado)	(roast) chicken
el queso	cheese
el sándwich	sandwich
el yogur	yogurt
el aceite	oil
la margarina	margarine
la mayonesa	mayonnaise
el vinagre	vinegar
delicioso/a	delicious
sabroso/a	tasty; delicious
saber (a)	to taste (like)

Variación léxica

camarones ⟷ gambas (*Esp.*)

camarero ⟷ mesero (*Amér. L.*), mesonero (*Ven.*), mozo (*Arg., Chile, Urug., Perú*)

refresco ⟷ gaseosa (*Amér. C., Amér. S.*)

Las frutas

la pera
la banana
las uvas
el limón
la naranja
el maíz
la cebolla
la lechuga
el champiñón
la zanahoria
el tomate

Las verduras

recursos

WB pp. 85–86 | LM p. 43 | vhlcentral.com Lección 8

Práctica

1 Escuchar Indica si las oraciones que vas a escuchar son **ciertas** o **falsas**, según el dibujo. Después, corrige las falsas.

1. _____   6. _____
2. _____   7. _____
3. _____   8. _____
4. _____   9. _____
5. _____   10. _____

You learned the verb **saber** in **Lección 6.** This verb is also used to describe food.

Use **saber** + [*adjective*] to explain how something *tastes*.

Ex: **Este plato sabe dulce/rico/amargo.**
(*This dish tastes sweet/delicious/bitter.*)

Use **saber** + **a** to say what something *tastes like*.

Ex: **Sabe a ajo.**
(*It tastes like garlic.*)

Estas langostas no saben a nada.
(*These lobsters don't taste like anything./These lobsters don't have any flavor.*)

2 Seleccionar Paulino y Pilar van a cenar a un restaurante. Escucha la conversación y selecciona la respuesta que mejor completa cada oración.

1. Paulino le pide el _____ (menú / plato) al camarero.
2. El plato del día es (atún / salmón) _____.
3. Pilar ordena _____ (leche / agua mineral) para beber.
4. Paulino quiere un refresco de _____ (naranja / limón).
5. Paulino hoy prefiere _____ (el salmón / la chuleta).
6. Dicen que la carne en ese restaurante es muy _____ (sabrosa / mala).
7. Pilar come salmón con _____ (zanahorias / champiñones).

3 Identificar Identifica la palabra que no está relacionada con cada grupo.

1. champiñón • cebolla • propina • zanahoria
2. camarones • ajo • atún • salmón
3. aceite • leche • refresco • agua mineral
4. jamón • chuleta de cerdo • vinagre • carne de res
5. cerveza • lechuga • arvejas • frijoles
6. carne • pescado • mariscos • camarero
7. pollo • naranja • limón • melocotón
8. maíz • queso • tomate • champiñón

4 Completar Completa las oraciones con las palabras más lógicas.

1. ¡Me gusta mucho este plato! Sabe _____.
   a. mal   b. delicioso   c. antipático
2. Camarero, ¿puedo ver el _____, por favor?
   a. aceite   b. maíz   c. menú
3. Carlos y yo bebemos siempre agua _____.
   a. cómoda   b. mineral   c. principal
4. El plato del día es _____.
   a. pollo asado   b. mayonesa   c. ajo
5. Margarita es vegetariana. Ella come _____.
   a. frijoles   b. chuletas   c. jamón
6. Mi hermana le da _____ a su niña.
   a. ajo   b. vinagre   c. yogur

LAS CARNES

el pollo
el pavo
el jamón
la carne de res

Pescados y mariscos

el atún
la chuleta (de cerdo)
el salmón
los camarones (el camarón)
la langosta

el desayuno

el jugo (de fruta)

el café

el pan (tostado)

el azúcar

la mantequilla

la salchicha

el huevo

NOTA CULTURAL

En Guatemala, un desayuno típico incluye huevos, frijoles, fruta, tortillas, jugo y café.

Otros desayunos populares son:

madalenas (*muffins*) España

pan dulce (*assorted breads/pastries*) México

champurradas (*sugar cookies*) Guatemala

gallo pinto (*fried rice and beans*) Costa Rica

perico (*scrambled eggs with peppers and onions*) Venezuela

el almuerzo

el té helado

la manzana

la hamburguesa

el pan

las papas/patatas fritas

Más vocabulario	
escoger	*to choose*
merendar (e:ie)	*to snack*
probar (o:ue)	*to taste; to try*
recomendar (e:ie)	*to recommend*
servir (e:i)	*to serve*
el té	*tea*
el vino blanco	*white wine*

la cena

la sal

el vino tinto

la pimienta

la sopa

el arroz

la ensalada

los espárragos

el bistec

5

Completar Trabaja con un(a) compañero/a de clase para relacionar cada producto con el grupo alimenticio (*food group)* correcto.

modelo

__La carne__ es del grupo uno.

el aceite	las bananas	los cereales	la leche
el arroz	el café	los espárragos	el pescado
el azúcar	la carne	los frijoles	el vino

1. _____ y el queso son del grupo cuatro.
2. _____ son del grupo ocho.
3. _____ y el pollo son del grupo tres.
4. _____ es del grupo cinco.
5. _____ es del grupo dos.
6. Las manzanas y _____ son del grupo siete.
7. _____ es del grupo seis.
8. _____ son del grupo diez.
9. _____ y los tomates son del grupo nueve.
10. El pan y _____ son del grupo diez.

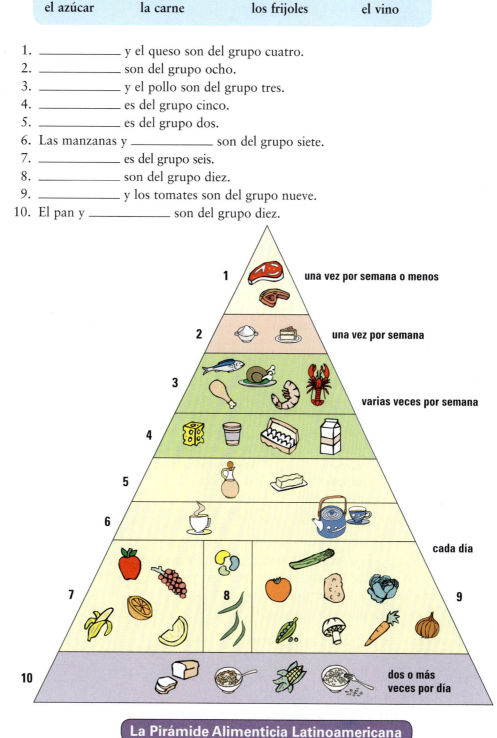

1 — una vez por semana o menos
2 — una vez por semana
3 — varias veces por semana
4
5
6
7 — cada día
8
9
10 — dos o más veces por día

La Pirámide Alimenticia Latinoamericana

6 **¿Cierto o falso?** Consulta la Pirámide Alimenticia Latinoamericana de la página 265 e indica si lo que dice cada oración es **cierto** o **falso**. Si la oración es falsa, escribe las comidas que sí están en el grupo indicado.

> **modelo**
>
> El queso está en el grupo diez.
> *Falso. En ese grupo están el maíz, el pan, los cereales y el arroz.*

1. La manzana, la banana, el limón y las arvejas están en el grupo siete.

2. En el grupo cuatro están los huevos, la leche y el aceite.

3. El azúcar está en el grupo dos.

4. En el grupo diez están el pan, el arroz y el maíz.

5. El pollo está en el grupo uno.

6. En el grupo nueve están la lechuga, el tomate, las arvejas, la naranja, la papa, los espárragos y la cebolla.

7. El café y el té están en el mismo grupo.

8. En el grupo cinco está el arroz.

9. El pescado, el yogur y el bistec están en el grupo tres.

7 **Combinar** Combina palabras de cada columna, en cualquier (*any*) orden, para formar diez oraciones lógicas sobre las comidas. Añade otras palabras si es necesario.

> **modelo**
>
> La camarera nos sirve la ensalada.

A	B	C
el/la camarero/a	almorzar	la sección de no fumar
el/la dueño/a	escoger	el desayuno
mi familia	gustar	la ensalada
mi novio/a	merendar	las uvas
mis amigos y yo	pedir	el restaurante
mis padres	preferir	el jugo de naranja
mi hermano/a	probar	el refresco
el/la médico/a	recomendar	el plato
yo	servir	el arroz

NOTA CULTURAL

El arroz es un alimento básico en el Caribe, Centroamérica y México, entre otros países. Aparece frecuentemente como acompañamiento del plato principal y muchas veces se sirve con frijoles. Un plato muy popular en varios países es **el arroz con pollo** (*chicken and rice casserole*).

8 **Un menú** En parejas, usen la Pirámide Alimenticia Latinoamericana de la página 265 para crear un menú para una cena especial. Incluyan alimentos de los diez grupos para los entremeses, los platos principales y las bebidas. Luego presenten el menú a la clase.

> **modelo**
>
> *La cena especial que vamos a preparar es deliciosa.*
> *Primero, hay dos entremeses: ensalada César y sopa*
> *de langosta. El plato principal es salmón con salsa de*
> *ajo y espárragos. También vamos a servir arroz…*

Comunicación

9

Conversación En parejas, túrnense para hacerse estas preguntas.

1. ¿Qué te gusta cenar?
2. ¿A qué hora, dónde y con quién almuerzas?
3. ¿Cuáles son las comidas más (*most*) típicas de tu almuerzo?
4. ¿Desayunas? ¿Qué comes y bebes por la mañana?
5. ¿Qué comida te gusta más? ¿Qué comida no conoces y quieres probar?
6. ¿Comes cada día alimentos de los diferentes grupos de la pirámide alimenticia? ¿Cuáles son las comidas y bebidas más frecuentes en tu dieta?
7. ¿Qué comida recomiendas a tus amigos? ¿Por qué?
8. ¿Eres vegetariano/a? ¿Crees que ser vegetariano/a es una buena idea? ¿Por qué?
9. ¿Te gusta cocinar (*to cook*)? ¿Qué comidas preparas para tus amigos? ¿Para tu familia?

10

Describir Con dos compañeros/as de clase, describe las dos fotos, contestando estas preguntas.

▶ ¿Quiénes están en las fotos?

▶ ¿Dónde están?

▶ ¿Qué hora es?

▶ ¿Qué comen y qué beben?

11

Crucigrama Tu profesor(a) les va a dar a ti y a tu compañero/a un crucigrama (*crossword puzzle*) incompleto. Tú tienes las palabras que necesita tu compañero/a y él/ella tiene las palabras que tú necesitas. Tienen que darse pistas (*clues*) para completarlo. No pueden decir la palabra; deben utilizar definiciones, ejemplos y frases.

modelo

6 vertical: Es un condimento que normalmente viene con la sal.
12 horizontal: Es una fruta amarilla.

Una cena... romántica

Maru y Miguel quieren tener una cena romántica, pero les espera una sorpresa.

PERSONAJES   MARU   MIGUEL

 Video: *Fotonovela*

1

MARU No sé qué pedir. ¿Qué me recomiendas?

MIGUEL No estoy seguro. Las chuletas de cerdo se ven muy buenas.

MARU ¿Vas a pedirlas?

MIGUEL No sé.

2

MIGUEL ¡Qué bonitos! ¿Quién te los dio?

MARU Me los compró un chico muy guapo e inteligente.

MIGUEL ¿Es tan guapo como yo?

MARU Sí, como tú, guapísimo.

MIGUEL Por nosotros.

MARU Dos años.

3

(El camarero llega a la mesa.)

CAMARERO ¿Les gustaría saber nuestras especialidades del día?

MARU Sí, por favor.

CAMARERO Para el entremés, tenemos ceviche de camarón. De plato principal ofrecemos bistec con verduras a la plancha.

5

6

4

MARU Voy a probar el jamón.

CAMARERO Perfecto. ¿Y para usted, caballero?

MIGUEL Pollo asado con champiñones y papas, por favor.

CAMARERO Excelente.

(en otra parte del restaurante)

JUAN CARLOS Disculpe. ¿Qué me puede contar del pollo? ¿Dónde lo consiguió el chef?

CAMARERO ¡Oiga! ¿Qué está haciendo?

CAMARERO **JUAN CARLOS** **FELIPE** **GERENTE**

7

FELIPE Los espárragos están sabrosísimos esta noche. Usted pidió el pollo, señor. Estos champiñones saben a mantequilla.

8

GERENTE ¿Qué pasa aquí, Esteban?

CAMARERO Lo siento, señor. Me quitaron la comida.

GERENTE (*a Felipe*) Señor, ¿quién es usted? ¿Qué cree que está haciendo?

9

JUAN CARLOS Felipe y yo les servimos la comida a nuestros amigos. Pero desafortunadamente, salió todo mal.

FELIPE Soy el peor camarero del mundo. ¡Lo siento! Nosotros vamos a pagar la comida.

JUAN CARLOS ¿Nosotros?

10

FELIPE Todo esto fue idea tuya, Juan Carlos.

JUAN CARLOS ¿Mi idea? ¡Felipe! (*al gerente*) Señor, él es más responsable que yo.

GERENTE Tú y tú, vamos.

Expresiones útiles

Ordering food

¿Qué me recomiendas?
What do you recommend?
Las chuletas de cerdo se ven muy buenas.
The pork chops look good.
¿Les gustaría saber nuestras especialidades del día?
Would you like to hear our specials?
Para el entremés, tenemos ceviche de camarón.
For an appetizer, we have shrimp ceviche.
De plato principal ofrecemos bistec con verduras a la plancha.
For a main course, we have beef with grilled vegetables.
Voy a probar el jamón.
I am going to try the ham.

Describing people and things

¡Qué bonitos! ¿Quién te los dio?
How pretty! Who gave them to you?
Me los compró un chico muy guapo e inteligente.
A really handsome, intelligent guy bought them for me.
¿Es tan guapo como yo?
Is he as handsome as I am?
Sí, como tú, guapísimo.
Yes, like you, gorgeous.
Soy el peor camarero del mundo.
I am the worst waiter in the world.
Él es más responsable que yo.
He is more responsible than I am.

Additional vocabulary

el/la gerente *manager*
caballero *gentleman, sir*

recursos

VM
pp. 15–16

vhlcentral.com
Lección 8

¿Qué pasó?

1

Escoger Escoge la respuesta que completa mejor cada oración.

1. Miguel lleva a Maru a un restaurante para _____.
   a. almorzar   b. desayunar   c. cenar
2. El camarero les ofrece _____ como plato principal.
   a. ceviche de camarón   b. bistec con verduras a la plancha
   c. pescado, arroz y ensalada
3. Miguel va a pedir _____.
   a. pollo asado con champiñones y papas
   b. langosta al horno   c. pescado con verduras a la mantequilla
4. Felipe les lleva la comida a sus amigos y prueba _____.
   a. el jamón y los vinos   b. el atún y la lechuga
   c. los espárragos y los champiñones

NOTA CULTURAL

El **ceviche** es un plato típico de varios países hispanos como México, Perú y Costa Rica. En México, se prepara con pescado o mariscos frescos, jugo de limón, jitomate, cebolla, chile y cilantro. Se puede comer como plato fuerte, pero también como entremés o botana (*snack*). Casi siempre se sirve con tostadas (*fried tortillas*) o galletas saladas (*crackers*).

2

Identificar Indica quién puede decir estas oraciones.

1. ¡Qué desastre! Soy un camarero muy malo.
2. Les recomiendo el bistec con verduras a la plancha.
3. Tal vez escoja las chuletas de cerdo, creo que son muy sabrosas.
4. ¿Qué pasa aquí?
5. Dígame las especialidades del día, por favor.
6. No fue mi idea. Felipe es más responsable que yo.

FELIPE   MARU   JUAN CARLOS

CAMARERO   MIGUEL   GERENTE

3

Preguntas Contesta estas preguntas sobre la **Fotonovela.**

1. ¿Por qué fueron Maru y Miguel a un restaurante?
2. ¿Qué entremés es una de las especialidades del día?
3. ¿Qué pidió Maru?
4. ¿Quiénes van a pagar la cuenta?

4

En el restaurante

1. Prepara con un(a) compañero/a una conversación en la que le preguntas si conoce algún buen restaurante en tu comunidad. Tu compañero/a responde que él/ella sí conoce un restaurante que sirve una comida deliciosa. Lo/La invitas a cenar y tu compañero/a acepta. Determinan la hora para verse en el restaurante.

2. Trabaja con un(a) compañero/a para representar los papeles de un(a) cliente/a y un(a) camarero/a en un restaurante. El/La camarero/a te pregunta qué te puede servir y tú preguntas cuál es la especialidad de la casa. El/La camarero/a te dice cuál es la especialidad y te recomienda algunos platos del menú. Tú pides entremeses, un plato principal y escoges una bebida. El/La camarero/a te sirve la comida y tú le das las gracias.

CONSULTA

To review indefinite words like **algún**, see **Estructura 7.2**, p. 240.

Pronunciación Audio
ll, ñ, c, and z

po**ll**o	**ll**ave	e**ll**a	cebo**ll**a

Most Spanish speakers pronounce **ll** like the *y* in *yes*.

ma**ñ**ana	se**ñ**or	ba**ñ**o	ni**ñ**a

The letter **ñ** is pronounced much like the *ny* in *canyon*.

café	**c**olombiano	**c**uando	ri**c**o

Before **a**, **o**, or **u**, the Spanish **c** is pronounced like the *c* in *car*.

cereales	deli**c**ioso	**c**ondu**c**ir	**c**ono**c**er

Before **e** or **i**, the Spanish **c** is pronounced like the *s* in *sit*. (In parts of Spain, **c** before **e** or **i** is pronounced like the *th* in *think*.)

zeta	**z**anahoria	almuer**z**o	cerve**z**a

The Spanish **z** is pronounced like the *s* in *sit*. (In parts of Spain, **z** is pronounced like the *th* in *think*.)

Práctica Lee las palabras en voz alta.

1. mantequilla
2. cuñado
3. aceite
4. manzana
5. español
6. cepillo
7. zapato
8. azúcar
9. quince
10. compañera
11. almorzar
12. calle

Oraciones Lee las oraciones en voz alta.

1. Mi compañero de cuarto se llama Toño Núñez. Su familia es de la ciudad de Guatemala y de Quetzaltenango.
2. Dice que la comida de su mamá es deliciosa, especialmente su pollo al champiñón y sus tortillas de maíz.
3. Creo que Toño tiene razón porque hoy cené en su casa y quiero volver mañana para cenar allí otra vez.

Refranes Lee los refranes en voz alta.

Panza llena, corazón contento.²

Las apariencias engañan.¹

¹ Looks can be deceiving.
² A full belly makes a happy heart.

recursos

LM
p. 44

vhlcentral.com
Lección 8

Frutas y verduras de América

Imagínate una pizza sin salsa° de tomate o una hamburguesa sin papas fritas. Ahora piensa que quieres ver una película, pero las palomitas de maíz° y el chocolate no existen. ¡Qué mundo° tan insípido°! Muchas de las comidas más populares del mundo tienen ingredientes esenciales que son originarios del continente llamado Nuevo Mundo. Estas frutas y verduras no fueron introducidas en Europa sino hasta° el siglo° XVI.

El tomate, por ejemplo, era° usado como planta ornamental cuando llegó por primera vez a Europa porque pensaron que era venenoso°. El maíz, por su parte, era ya la base de la comida de muchos países latinoamericanos muchos siglos antes de la llegada de los españoles.

La papa fue un alimento° básico para los incas. Incluso consiguieron deshidratarla para almacenarla° por largos períodos de tiempo. El cacao (planta con la que se hace el chocolate) fue muy importante para los aztecas y los mayas. Ellos usaban sus semillas° como moneda° y como ingrediente de diversas salsas. También las molían° para preparar una bebida, mezclándolas° con agua ¡y con chile!

El aguacate°, la guayaba°, la papaya, la piña y el maracuyá (o fruta de la pasión) son otros ejemplos de frutas originarias de América que son hoy día conocidas en todo el mundo.

Mole

¿En qué alimentos encontramos estas frutas y verduras?

Tomate: pizza, ketchup, salsa de tomate, sopa de tomate

Maíz: palomitas de maíz, tamales, tortillas, arepas (Colombia y Venezuela), pan

Papa: papas fritas, frituras de papa°, puré de papas°, sopa de papas, tortilla de patatas (España)

Cacao: mole (México), chocolatinas°, cereales, helados°, tartas°

Aguacate: guacamole (México), coctel de camarones, sopa de aguacate, nachos, enchiladas hondureñas

salsa *sauce* palomitas de maíz *popcorn* mundo *world* insípido *flavorless* hasta *until* siglo *century* era *was* venenoso *poisonous* alimento *food* almacenarla *to store it* semillas *seeds* moneda *currency* las molían *they used to grind them* mezclándolas *mixing them* aguacate *avocado* guayaba *guava* frituras de papa *chips* puré de papas *mashed potatoes* chocolatinas *chocolate bars* helados *ice cream* tartas *cakes*

ACTIVIDADES

1 **¿Cierto o falso?** Indica si lo que dicen las oraciones es **cierto** o **falso**. Corrige la información falsa.

1. El tomate se introdujo a Europa como planta ornamental.

2. Los incas sólo consiguieron almacenar las papas por poco tiempo.

3. Los aztecas y los mayas usaron las papas como moneda.

4. El maíz era una comida poco popular en Latinoamérica.

5. El aguacate era el alimento básico de los incas.

6. En México se hace una salsa con chocolate.

7. El aguacate, la guayaba, la papaya, la piña y el maracuyá son originarios de América.

8. Las arepas se hacen con cacao.

9. El aguacate es un ingrediente del cóctel de camarones.

10. En España hacen una tortilla con papas.

La comida

el banano (Col.), el cambur (Ven.), el guineo (Nic.), el plátano (Amér. L., Esp.)	la banana
el choclo (Amér. S.), el elote (Méx.), el jojoto (Ven.), la mazorca (Esp.)	*corncob*
las caraotas (Ven.), los porotos (Amér. S.), las habichuelas (P. R.)	los frijoles
el durazno (Méx.)	el melocotón
el jitomate (Méx.)	el tomate

EL MUNDO HISPANO

Algunos platos típicos

- **Ceviche peruano:** Es un plato de pescado crudo° que se marina° en jugo de limón, con sal, pimienta, cebolla y ají°. Se sirve con lechuga, maíz, camote° y papa amarilla.

- **Gazpacho andaluz:** Es una sopa fría típica del sur de España. Se hace con verduras crudas y molidas°: tomate, ají, pepino° y ajo. También lleva pan, sal, aceite y vinagre.

- **Sancocho colombiano:** Es una sopa de pollo, pescado o carne con plátano, maíz, zanahoria, yuca, papas, cebolla, cilantro y ajo. Se sirve con arroz blanco.

crudo *raw* se marina *gets marinated* ají *pepper* camote *sweet potato* molidas *mashed* pepino *cucumber*

PERFIL

Ferran Adrià: arte en la cocina°

¿Qué haces si un amigo te invita a comer croquetas líquidas o paella de *Kellogg's*? ¿Piensas que es una broma°? ¡Cuidado! Puedes estar perdiendo la oportunidad de probar los platos de uno de los chefs más innovadores del mundo°: **Ferran Adrià**.

Este artista de la cocina basa su éxito° en la creatividad y en la química. Adrià modifica combinaciones de ingredientes y juega con contrastes de gustos y sensaciones: frío-caliente, crudo-cocido°, dulce°-salado°... A partir de nuevas técnicas, altera la textura de los alimentos sin alterar su sabor°. Sus platos sorprendentes° y divertidos atraen a muchos nuevos chefs a su academia de cocina experimental. Quizás un día compraremos° en el supermercado té esférico°, carne líquida y espuma° de tomate.

Aire de zanahorias

cocina *kitchen* broma *joke* mundo *world* éxito *success* cocido *cooked* dulce *sweet* salado *savory* sabor *taste* sorprendentes *surprising* compraremos *we will buy* esférico *spheric* espuma *foam*

Conexión Internet

¿Qué platos comen los hispanos en los Estados Unidos?

Go to **vhlcentral.com** to find more cultural information related to this **Cultura** section.

ACTIVIDADES

2 **Comprensión** Empareja cada palabra con su definición.

1. fruta amarilla
2. sopa típica de Colombia
3. ingrediente del ceviche
4. chef español

a. gazpacho
b. Ferran Adrià
c. sancocho
d. guineo
e. pescado

3 **¿Qué plato especial hay en tu región?** Escribe cuatro oraciones sobre un plato típico de tu región. Explica los ingredientes que contiene y cómo se sirve.

Practice more at **vhlcentral.com**.

8.1 # Preterite of stem-changing verbs Ⓢ **Tutorial**

ANTE TODO   As you learned in **Lección 6**, **–ar** and **–er** stem-changing verbs have no stem change in the preterite. **–Ir** stem-changing verbs, however, do have a stem change. Study the following chart and observe where the stem changes occur.

CONSULTA

There are a few high-frequency irregular verbs in the preterite. You will learn more about them in **Estructura 9.1**, p. 310.

Preterite of –ir stem-changing verbs		
	servir *(to serve)*	**dormir** *(to sleep)*
SINGULAR FORMS yo	serví	dormí
tú	serviste	dormiste
Ud./él/ella	s**i**rvió	d**u**rmió
PLURAL FORMS nosotros/as	servimos	dormimos
vosotros/as	servisteis	dormisteis
Uds./ellos/ellas	s**i**rvieron	d**u**rmieron

▶ Stem-changing **–ir** verbs, in the preterite only, have a stem change in the third-person singular and plural forms. The stem change consists of either **e** to **i** or **o** to **u**.

(e → i) pedir: p**i**dió, p**i**dieron   (o → u) morir (*to die*): m**u**rió, m**u**rieron

¿Quién pidió el jamón?

Yo lo pedí.

Ⓢ **¡INTÉNTALO!**   Cambia cada infinitivo al pretérito.

1. Yo _____serví, dormí, pedí..._____. (servir, dormir, pedir, preferir, repetir, seguir)

2. Usted _____. (morir, conseguir, pedir, sentirse, servir, vestirse)

3. Tú _____. (conseguir, servir, morir, pedir, dormir, repetir)

4. Ellas _____. (repetir, dormir, seguir, preferir, morir, servir)

5. Nosotros _____. (seguir, preferir, servir, vestirse, pedir, dormirse)

6. Ustedes _____. (sentirse, vestirse, conseguir, pedir, repetir, dormirse)

7. Él _____. (dormir, morir, preferir, repetir, seguir, pedir)

recursos

WB pp. 87–88

LM p. 45

Ⓢ vhlcentral.com Lección 8

Práctica

1

Completar Completa estas oraciones para describir lo que pasó anoche en el restaurante El Famoso.

NOTA CULTURAL

El horario de las comidas en España es distinto al de los EE.UU. El desayuno es ligero (*light*). La hora del almuerzo es entre las 2 y las 3 de la tarde. Es la comida más importante del día. Mucha gente merienda o come unas tapas por la tarde. La cena, normalmente ligera, suele (*tends*) ser entre las 9 y las 11 de la noche.

▶ 1. Paula y Humberto Suárez llegaron al restaurante El Famoso a las ocho y _____ (seguir) al camarero a una mesa en la sección de no fumar.

2. El señor Suárez _____ (pedir) una chuleta de cerdo.

3. La señora Suárez _____ (preferir) probar los camarones.

4. De tomar, los dos _____ (pedir) vino tinto.

5. El camarero _____ (repetir) el pedido (*the order*) para confirmarlo.

6. La comida tardó mucho (*took a long time*) en llegar y los señores Suárez _____ (dormirse) esperando la comida.

7. A las nueve y media el camarero les _____ (servir) la comida.

8. Después de comer la chuleta, el señor Suárez _____ (sentirse) muy mal.

9. Pobre señor Suárez... ¿por qué no _____ (pedir) los camarones?

2

El camarero loco En el restaurante La Hermosa trabaja un camarero muy distraído que siempre comete muchos errores. Indica lo que los clientes pidieron y lo que el camarero les sirvió.

modelo

Armando / papas fritas
Armando pidió papas fritas, pero el camarero le sirvió maíz.

1. nosotros / jugo de naranja

2. Beatriz / queso

3. tú / arroz

4. Elena y Alejandro / atún

5. usted / agua mineral

6. yo / hamburguesa

Comunicación

3

El almuerzo Trabajen en parejas. Túrnense para completar las oraciones de César de una manera lógica.

> **modelo**
>
> Mi compañero de cuarto se despertó temprano, pero yo...
> *Mi compañero de cuarto se despertó temprano, pero yo me desperté tarde.*

1. Yo llegué al restaurante a tiempo, pero mis amigos...
2. Beatriz pidió la ensalada de frutas, pero yo...
3. Yolanda les recomendó el bistec, pero Eva y Paco...
4. Nosotros preferimos las papas fritas, pero Yolanda...
5. El camarero sirvió la carne, pero yo...
6. Beatriz y yo pedimos café, pero Yolanda y Paco...
7. Eva se sintió enferma, pero Paco y yo...
8. Nosotros repetimos postre (*dessert*), pero Eva...
9. Ellos salieron tarde, pero yo...
10. Yo me dormí temprano, pero mi compañero de cuarto...

¡LENGUA VIVA!

In Spanish, the verb **repetir** is used to express *to have a second helping (of something)*.

Cuando mi mamá prepara sopa de champiñones, yo siempre repito. *When my mom makes mushroom soup, I always have a second helping.*

4

Entrevista Trabajen en parejas y túrnense para entrevistar a su compañero/a.

1. ¿Te acostaste tarde o temprano anoche? ¿A qué hora te dormiste? ¿Dormiste bien?
2. ¿A qué hora te despertaste esta mañana? Y, ¿a qué hora te levantaste?
3. ¿A qué hora vas a acostarte esta noche?
4. ¿Qué almorzaste ayer? ¿Quién te sirvió el almuerzo?
5. ¿Qué cenaste ayer?
6. ¿Cenaste en un restaurante recientemente? ¿Con quién(es)?
7. ¿Qué pediste en el restaurante? ¿Qué pidieron los demás?
8. ¿Se durmió alguien en alguna de tus clases la semana pasada? ¿En qué clase?

Síntesis

5

Describir En grupos, estudien la foto y las preguntas. Luego, describan la primera (¿y la última?) cita de César y Libertad.

▶ ¿Adónde salieron a cenar?

▶ ¿Qué pidieron?

▶ ¿Les gustó la comida?

▶ ¿Quién prefirió una cena vegetariana? ¿Por qué?

▶ ¿Cómo se vistieron?

▶ ¿De qué hablaron? ¿Les gustó la conversación?

▶ ¿Van a volver a verse? ¿Por qué?

CONSULTA

To review words commonly associated with the preterite, such as **anoche**, see **Estructura 6.3**, p. 207.

8.2 # Double object pronouns **Tutorial**

ANTE TODO In **Lecciones 5** and **6**, you learned that direct and indirect object pronouns replace nouns and that they often refer to nouns that have already been referenced. You will now learn how to use direct and indirect object pronouns together. Observe the following diagram.

Indirect Object Pronouns			Direct Object Pronouns	
me	nos	**+**	lo	los
te	os		la	las
le (se)	les (se)			

▶ When direct and indirect object pronouns are used together, the indirect object pronoun always precedes the direct object pronoun.

I.O. D.O.	**DOUBLE OBJECT PRONOUNS**
La camarera **me** muestra **el menú**. →	La camarera **me lo** muestra.
The waitress shows me the menu.	*The waitress shows it to me.*
	DOUBLE OBJECT PRONOUNS
I.O. D.O.	
Nos sirven **los platos**. →	**Nos los** sirven.
They serve us the dishes.	*They serve them to us.*
	DOUBLE OBJECT PRONOUNS
I.O. D.O.	
Maribel **te** pidió **una hamburguesa**. →	Maribel **te la** pidió.
Maribel ordered a hamburger for you.	*Maribel ordered it for you.*

¿Quién te los dio?

Me los compró un chico muy guapo.

▶ In Spanish, two pronouns that begin with the letter **l** cannot be used together. Therefore, the indirect object pronouns **le** and **les** always change to **se** when they are used with **lo, los, la,** and **las**.

I.O. D.O.	**DOUBLE OBJECT PRONOUNS**
Le escribí **la carta**. →	**Se la** escribí.
I wrote him the letter.	*I wrote it to him.*
I.O. D.O.	**DOUBLE OBJECT PRONOUNS**
Les sirvió **los sándwiches**. →	**Se los** sirvió.
He served them the sandwiches.	*He served them to them.*

▶ Because **se** has multiple meanings, Spanish speakers often clarify to whom the pronoun refers by adding **a usted, a él, a ella, a ustedes, a ellos,** or **a ellas.**

¿El sombrero? Carlos **se** lo
vendió **a ella.**
The hat? Carlos sold it to her.

¿Las verduras? Ellos **se** las
compran **a usted.**
The vegetables? They are buying them for you.

▶ Double object pronouns are placed before a conjugated verb. With infinitives and present participles, they may be placed before the conjugated verb or attached to the end of the infinitive or present participle.

DOUBLE OBJECT PRONOUNS
Te lo voy a mostrar.

DOUBLE OBJECT PRONOUNS
Voy a mostrár**telo.**

DOUBLE OBJECT PRONOUNS
Nos las están comprando.

DOUBLE OBJECT PRONOUNS
Están comprándo**noslas.**

Mi abuelo **me lo** está leyendo.
Mi abuelo está leyéndo**melo.**

El camarero **se los** va a servir.
El camarero va a servír**selos.**

▶ As you can see above, when double object pronouns are attached to an infinitive or a present participle, an accent mark is added to maintain the original stress.

¡INTÉNTALO!   Escribe el pronombre de objeto directo o indirecto que falta en cada oración.

Objeto directo

1. ¿La ensalada? El camarero nos _____ la _____ sirvió.
2. ¿El salmón? La dueña me _____ recomienda.
3. ¿La comida? Voy a preparárte_____.
4. ¿Las bebidas? Estamos pidiéndose_____.
5. ¿Los refrescos? Te _____ puedo traer ahora.
6. ¿Los platos de arroz? Van a servírnos_____ después.

Objeto indirecto

1. ¿Puedes traerme tu plato? No, no _____ te _____ lo puedo traer.
2. ¿Quieres mostrarle la carta? Sí, voy a mostrár_____la ahora.
3. ¿Les serviste la carne? No, no _____ la serví.
4. ¿Vas a leerle el menú? No, no _____ lo voy a leer.
5. ¿Me recomiendas la langosta? Sí, _____ la recomiendo.
6. ¿Cuándo vas a prepararnos la cena? _____ la voy a preparar en una hora.

Práctica

1

Responder Imagínate que trabajas de camarero/a en un restaurante. Responde a los pedidos (*requests*) de estos clientes usando pronombres.

> **modelo**
>
> Sra. Gómez: Una ensalada, por favor.
> *Sí, señora. Enseguida (Right away) se la traigo.*

1. Sres. López: La mantequilla, por favor.
2. Srta. Rivas: Los camarones, por favor.
3. Sra. Lugones: El pollo asado, por favor.
4. Tus compañeros/as de cuarto: Café, por favor.
5. Tu profesor(a) de español: Papas fritas, por favor.
6. Dra. González: La chuleta de cerdo, por favor.
7. Tu padre: Los champiñones, por favor.
8. Dr. Torres: La cuenta, por favor.

2

¿Quién? La señora Cevallos está planeando una cena. Se pregunta cómo va a resolver ciertas situaciones. En parejas, túrnense para decir lo que ella está pensando. Cambien los sustantivos subrayados por pronombres de objeto directo y hagan los otros cambios necesarios.

> **modelo**
>
> ¡No tengo carne! ¿Quién va a traerme <u>la carne</u> del supermercado? (mi esposo)
> *Mi esposo va a traérmela./Mi esposo me la va a traer.*

1. ¡Las invitaciones! ¿Quién les manda <u>las invitaciones</u> a los invitados (*guests*)? (mi hija)
2. No tengo tiempo de ir a la bodega. ¿Quién me puede comprar <u>el vino</u>? (mi hijo)
3. ¡Ay! No tengo suficientes platos (*plates*). ¿Quién puede prestarme <u>los platos</u> que necesito? (mi mamá)
4. Nos falta mantequilla. ¿Quién nos trae <u>la mantequilla</u>? (mi cuñada)
5. ¡Los entremeses! ¿Quién está preparándonos <u>los entremeses</u>? (Silvia y Renata)
6. No hay suficientes sillas. ¿Quién nos trae <u>las sillas</u> que faltan? (Héctor y Lorena)
7. No tengo tiempo de pedirle el aceite a Mónica. ¿Quién puede pedirle <u>el aceite</u>? (mi hijo)
8. ¿Quién va a servirles <u>la cena</u> a los invitados? (mis hijos)
9. Quiero poner buena música de fondo (*background*). ¿Quién me va a recomendar <u>la música</u>? (mi esposo)
10. ¡Los postres! ¿Quién va a preparar <u>los postres</u> para los invitados? (Sra. Villalba)

Comunicación

3 **Contestar** Trabajen en parejas. Túrnense para hacer preguntas, usando las palabras interrogativas **¿Quién?** o **¿Cuándo?**, y para responderlas. Sigan el modelo.

> *modelo*
>
> nos enseña español
>
> **Estudiante 1:** ¿Quién nos enseña español?
> **Estudiante 2:** La profesora Camacho nos lo enseña.

1. te puede explicar la tarea cuando no la entiendes
2. les vende el almuerzo a los estudiantes
3. vas a comprarme boletos (*tickets*) para un concierto
4. te escribe mensajes de texto
5. nos prepara los entremeses
6. me vas a prestar tu computadora
7. te compró esa bebida
8. nos va a recomendar el menú de la cafetería
9. le enseñó español al/a la profesor(a)
10. me vas a mostrar tu casa o apartamento

4 **Preguntas** En parejas, túrnense para hacerse estas preguntas.

> *modelo*
>
> **Estudiante 1:** ¿Les prestas tu casa a tus amigos? ¿Por qué?
> **Estudiante 2:** No, no se la presto a mis amigos porque no son muy responsables.

1. ¿Me prestas tu auto? ¿Ya le prestaste tu auto a otro/a amigo/a?
2. ¿Quién te presta dinero cuando lo necesitas?
3. ¿Les prestas dinero a tus amigos? ¿Por qué?
4. ¿Nos compras el almuerzo a mí y a los otros compañeros de clase?
5. ¿Les mandas correo electrónico a tus amigos? ¿Y a tu familia?
6. ¿Les das regalos a tus amigos? ¿Cuándo?
7. ¿Quién te va a preparar la cena esta noche?
8. ¿Quién te va a preparar el desayuno mañana?

Síntesis

5 **Regalos de Navidad** Tu profesor(a) te va a dar a ti y a un(a) compañero/a una parte de la lista de los regalos de Navidad (*Christmas*) que Berta pidió y los regalos que sus parientes le compraron. Conversen para completar sus listas.

> *modelo*
>
> **Estudiante 1:** ¿Qué le pidió Berta a su mamá?
> **Estudiante 2:** Le pidió una computadora. ¿Se la compró?
> **Estudiante 1:** Sí, se la compró.

NOTA CULTURAL

Las fiestas navideñas (*Christmas season*) en los países hispanos duran hasta enero. En muchos lugares celebran **la Navidad** (*Christmas*), pero no se dan los regalos hasta el seis de enero, **el Día de los Reyes Magos** (*Three Kings' Day/The Feast of the Epiphany*).

8.3 Comparisons (S) Tutorial

ANTE TODO Both Spanish and English use comparisons to indicate which of two people or things has a lesser, equal, or greater degree of a quality.

Comparisons

menos interesante	**más grande**	**tan sabroso como**
less interesting	*bigger*	*as delicious as*

Comparisons of inequality

▶ Comparisons of inequality are formed by placing **más** (*more*) or **menos** (*less*) before adjectives, adverbs, and nouns and **que** (*than*) after them.

$$ \text{más/menos} + \begin{bmatrix} \textit{adjective} \\ \textit{adverb} \\ \textit{noun} \end{bmatrix} + \text{que} $$

▶ **¡Atención!** Note that while English has a comparative form for short adjectives (*taller*), such forms do not exist in Spanish (**más** alto).

adjectives

Los bistecs son **más caros que** el pollo.	Estas uvas son **menos ricas que** esa pera.
Steaks are more expensive than chicken.	*These grapes are less tasty than that pear.*

adverbs

Me acuesto **más tarde que** tú.	Luis se despierta **menos temprano que** yo.
I go to bed later than you (do).	*Luis wakes up less early than I (do).*

nouns

Juan prepara **más platos que** José.	Susana come **menos carne que** Enrique.
Juan prepares more dishes than José (does).	*Susana eats less meat than Enrique (does).*

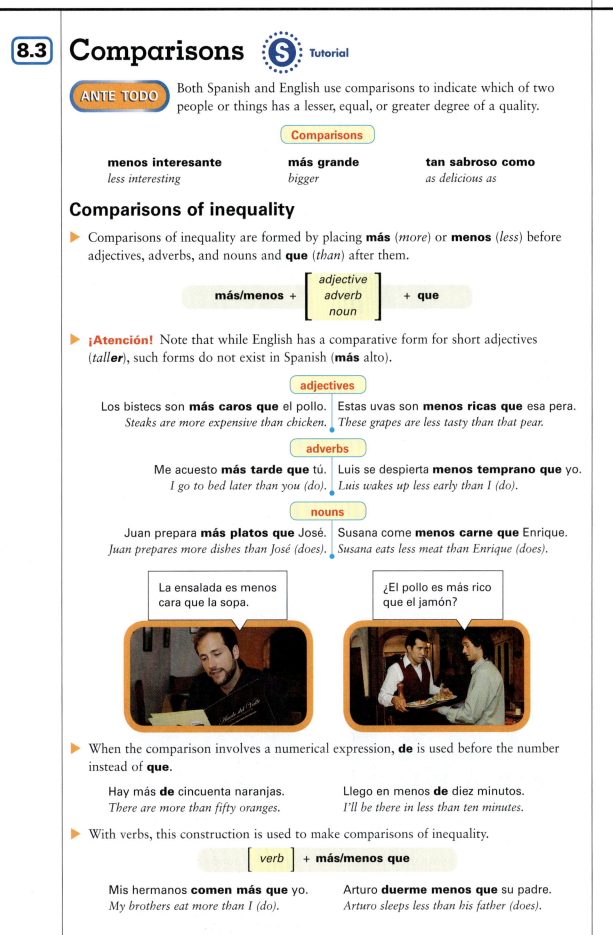

> La ensalada es menos cara que la sopa.

> ¿El pollo es más rico que el jamón?

▶ When the comparison involves a numerical expression, **de** is used before the number instead of **que**.

Hay más **de** cincuenta naranjas.	Llego en menos **de** diez minutos.
There are more than fifty oranges.	*I'll be there in less than ten minutes.*

▶ With verbs, this construction is used to make comparisons of inequality.

$$ \begin{bmatrix} \textit{verb} \end{bmatrix} + \text{más/menos que} $$

Mis hermanos **comen más que** yo.	Arturo **duerme menos que** su padre.
My brothers eat more than I (do).	*Arturo sleeps less than his father (does).*

Comparisons of equality

▶ This construction is used to make comparisons of equality.

$$\textbf{tan} + \begin{bmatrix} \textit{adjective} \\ \textit{adverb} \end{bmatrix} + \textbf{como} \qquad \textbf{tanto/a(s)} + \begin{bmatrix} \textit{singular noun} \\ \textit{plural noun} \end{bmatrix} + \textbf{como}$$

¿Es tan guapo como yo?

¿Aquí vienen tantos mexicanos como extranjeros?

▶ **¡Atención!** Note that unlike **tan**, **tanto** acts as an adjective and therefore agrees in number and gender with the noun it modifies.

Estas uvas son **tan ricas como** aquéllas.
These grapes are as tasty as those ones (are).

Yo probé **tantos platos como** él.
I tried as many dishes as he did.

▶ **Tan** and **tanto** can also be used for emphasis, rather than to compare, with these meanings: **tan** *so,* **tanto** *so much,* **tantos/as** *so many.*

¡Tu almuerzo es **tan** grande!
Your lunch is so big!

¡Comes **tantas** manzanas!
You eat so many apples!

¡Comes **tanto**!
You eat so much!

¡Preparan **tantos** platos!
They prepare so many dishes!

▶ Comparisons of equality with verbs are formed by placing **tanto como** after the verb. Note that in this construction **tanto** does not change in number or gender.

$$\begin{bmatrix} \textit{verb} \end{bmatrix} + \textbf{tanto como}$$

Tú viajas **tanto como** mi tía.
You travel as much as my aunt (does).

Ellos hablan **tanto como** mis hermanas.
They talk as much as my sisters.

Sabemos **tanto como** ustedes.
We know as much as you (do).

No estudio **tanto como** Felipe.
I don't study as much as Felipe (does).

Irregular comparisons

▶ Some adjectives have irregular comparative forms.

Irregular comparative forms			
Adjective		**Comparative form**	
bueno/a	good	**mejor**	better
malo/a	bad	**peor**	worse
grande	grown, adult	**mayor**	older
pequeño/a	young	**menor**	younger
joven	young	**menor**	younger
viejo/a	old	**mayor**	older

CONSULTA

To review how descriptive adjectives like **bueno**, **malo**, and **grande** are shortened before nouns, see **Estructura 3.1**, p. 90.

▶ When **grande** and **pequeño/a** refer to age, the irregular comparative forms, **mayor** and **menor**, are used. However, when these adjectives refer to size, the regular forms, **más grande** and **más pequeño/a**, are used.

Yo soy **menor** que tú.
I'm younger than you.

Pedí un plato **más pequeño**.
I ordered a smaller dish.

Nuestro hijo es **mayor** que el hijo de los Andrade.
Our son is older than the Andrades' son.

La ensalada de Isabel es **más grande** que ésa.
Isabel's salad is bigger than that one.

▶ The adverbs **bien** and **mal** have the same irregular comparative forms as the adjectives **bueno/a** and **malo/a**.

Julio nada **mejor** que los otros chicos.
Julio swims better than the other boys.

Ellas cantan **peor** que las otras chicas.
They sing worse than the other girls.

¡INTÉNTALO!   Escribe el equivalente de las palabras en inglés.

1. Ernesto mira más televisión ___que___ (*than*) Alberto.
2. Tú eres _____ (*less*) simpático que Federico.
3. La camarera sirve _____ (*as much*) carne como pescado.
4. Recibo _____ (*more*) propinas que tú.
5. No estudio _____ (*as much as*) tú.
6. ¿Sabes jugar al tenis tan bien _____ (*as*) tu hermana?
7. ¿Puedes beber _____ (*as many*) refrescos como yo?
8. Mis amigos parecen _____ (*as*) simpáticos como ustedes.

recursos

WB
pp. 91–92

LM
p. 47

S

vhlcentral.com
Lección 8

Práctica

1

Escoger Escoge la palabra correcta para comparar a dos hermanas muy diferentes. Haz los cambios necesarios.

1. Lucila es más alta y más bonita _____ Tita. (de, más, menos, que)
2. Tita es más delgada porque come _____ verduras que su hermana. (de, más, menos, que)
3. Lucila es más _____ que Tita porque es alegre. (listo, simpático, bajo)
4. A Tita le gusta comer en casa. Va a _____ restaurantes que su hermana. (más, menos, que) Es tímida, pero activa. Hace _____ ejercicio (*exercise*) que su hermana. (más, tanto, menos) Todos los días toma más _____ cinco vasos (*glasses*) de agua mineral. (que, tan, de)
5. Lucila come muchas papas fritas y se preocupa _____ que Tita por comer frutas. (de, más, menos) ¡Son _____ diferentes! Pero se llevan (*they get along*) muy bien. (como, tan, tanto)

2

Emparejar Compara a Mario y a Luis, los novios de Lucila y Tita, completando las oraciones de la columna A con las palabras o frases de la columna B.

A	B

1. Mario es _____ como Luis.   tantas
2. Mario viaja tanto _____ Luis.   diferencia
3. Luis toma _____ clases de cocina (*cooking*)   tan interesante
   como Mario.   amigos extranjeros
4. Luis habla _____ tan bien como Mario.   como
5. Mario tiene tantos _____ como Luis.   francés
6. ¡Qué casualidad (*coincidence*)! Mario y Luis también
   son hermanos, pero no hay tanta _____
   entre ellos como entre Lucila y Tita.

3

Oraciones Combina elementos de las columnas A, B y C para hacer comparaciones. Escribe oraciones completas.

> **modelo**
> Chris Hemsworth tiene tantos autos como Jennifer Aniston.
> Jennifer Aniston es menos musculosa que Chris Hemsworth.

A	B	C
la comida japonesa	costar	la gente de Montreal
el fútbol	saber	la música *country*
Chris Hemsworth	ser	el brócoli
el pollo	tener	el presidente de los EE.UU.
la gente de Vancouver	¿?	la comida italiana
la primera dama (*lady*) de los EE.UU.		el hockey
las universidades privadas		Jennifer Aniston
las espinacas		las universidades públicas
la música rap		la carne de res

Practice more at **vhlcentral.com**.

Comunicación

 4

Intercambiar En parejas, hagan comparaciones sobre diferentes cosas. Pueden usar las sugerencias de la lista u otras ideas.

> **modelo**
>
> **Estudiante 1:** Los pollos de *Pollitos del Corral* son muy ricos.
> **Estudiante 2:** Pues yo creo que los pollos de *Rostipollos* son tan buenos como los pollos de *Pollitos del Corral*.
> **Estudiante 1:** Ummm... no tienen tanta mantequilla como los pollos de *Pollitos del Corral*. Tienes razón. Son muy sabrosos.

restaurantes en tu ciudad/pueblo
cafés en tu comunidad
tiendas en tu ciudad/pueblo

periódicos en tu ciudad/pueblo
revistas favoritas
libros favoritos

comidas favoritas
los profesores
los cursos que toman

5

Conversar En grupos, túrnense para hacer comparaciones entre ustedes mismos (*yourselves*) y una persona de cada categoría de la lista.

▶ una persona de tu familia

▶ un(a) amigo/a especial

▶ una persona famosa

Síntesis

6

La familia López En grupos, túrnense para hablar de Sara, Sabrina, Cristina, Ricardo y David y hacer comparaciones entre ellos.

> **modelo**
>
> **Estudiante 1:** Sara es tan alta como Sabrina.
> **Estudiante 2:** Sí, pero David es más alto que ellas.
> **Estudiante 3:** En mi opinión, él es guapo también.

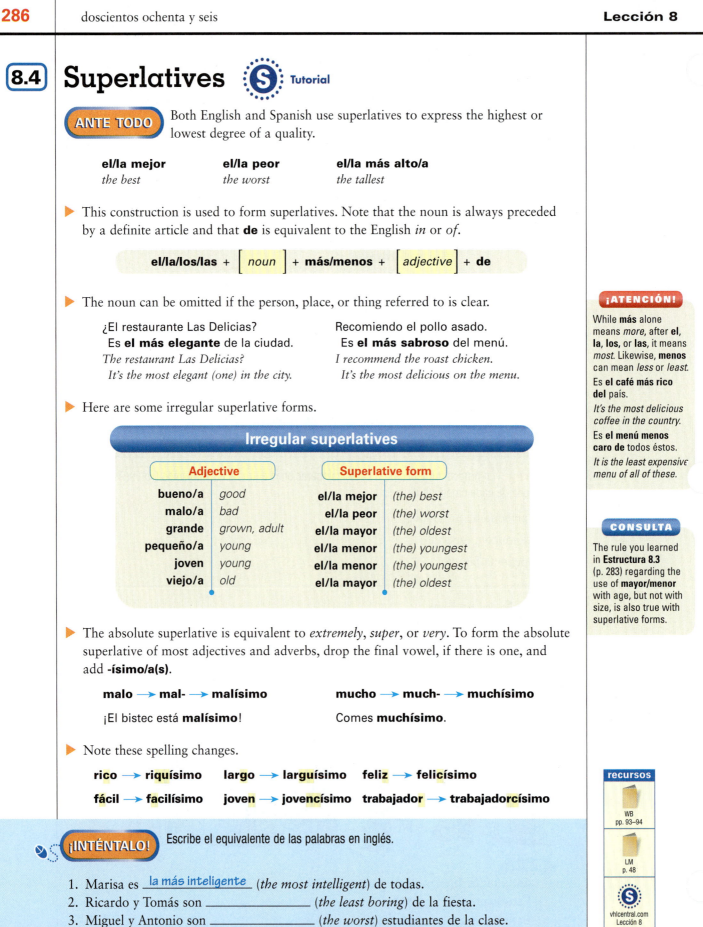

8.4 Superlatives Ⓢ Tutorial

ANTE TODO Both English and Spanish use superlatives to express the highest or lowest degree of a quality.

el/la mejor	**el/la peor**	**el/la más alto/a**
the best	*the worst*	*the tallest*

▶ This construction is used to form superlatives. Note that the noun is always preceded by a definite article and that **de** is equivalent to the English *in* or *of*.

> **el/la/los/las** + [*noun*] + **más/menos** + [*adjective*] + **de**

▶ The noun can be omitted if the person, place, or thing referred to is clear.

¿El restaurante Las Delicias?
Es **el más elegante** de la ciudad.
The restaurant Las Delicias?
It's the most elegant (one) in the city.

Recomiendo el pollo asado.
Es **el más sabroso** del menú.
I recommend the roast chicken.
It's the most delicious on the menu.

▶ Here are some irregular superlative forms.

Irregular superlatives

Adjective		Superlative form	
bueno/a	*good*	**el/la mejor**	*(the) best*
malo/a	*bad*	**el/la peor**	*(the) worst*
grande	*grown, adult*	**el/la mayor**	*(the) oldest*
pequeño/a	*young*	**el/la menor**	*(the) youngest*
joven	*young*	**el/la menor**	*(the) youngest*
viejo/a	*old*	**el/la mayor**	*(the) oldest*

▶ The absolute superlative is equivalent to *extremely*, *super*, or *very*. To form the absolute superlative of most adjectives and adverbs, drop the final vowel, if there is one, and add **-ísimo/a(s)**.

malo → mal- → malísimo

¡El bistec está **malísimo**!

mucho → much- → muchísimo

Comes **muchísimo**.

▶ Note these spelling changes.

rico → riquísimo   **largo → larguísimo**   **feliz → felicísimo**

fácil → facilísimo   **joven → jovencísimo**   **trabajador → trabajadorcísimo**

¡INTÉNTALO! Escribe el equivalente de las palabras en inglés.

1. Marisa es <u>la más inteligente</u> (*the most intelligent*) de todas.
2. Ricardo y Tomás son _____ (*the least boring*) de la fiesta.
3. Miguel y Antonio son _____ (*the worst*) estudiantes de la clase.
4. Mi profesor de biología es _____ (*the oldest*) de la universidad.

¡ATENCIÓN!

While **más** alone means *more*, after **el**, **la**, **los**, or **las**, it means *most*. Likewise, **menos** can mean *less* or *least*.

Es **el café más rico del** país.

It's the most delicious coffee in the country.

Es **el menú menos caro de** todos éstos.

It is the least expensive menu of all of these.

CONSULTA

The rule you learned in **Estructura 8.3** (p. 283) regarding the use of **mayor/menor** with age, but not with size, is also true with superlative forms.

recursos

WB
pp. 93–94

LM
p. 48

Ⓢ
vhlcentral.com
Lección 8

Práctica y Comunicación

1

El más... Responde a las preguntas afirmativamente. Usa las palabras entre paréntesis.

> **modelo**
>
> El cuarto está sucísimo, ¿no? (residencia)
>
> *Sí, es el más sucio de la residencia.*

1. El almacén Velasco es buenísimo, ¿no? (centro comercial)
2. La silla de tu madre es comodísima, ¿no? (casa)
3. Ángela y Julia están nerviosísimas por el examen, ¿no? (clase)
4. Jorge es jovencísimo, ¿no? (mis amigos)

2

Completar Tu profesor(a) te va a dar una hoja de actividades con descripciones de José Valenzuela Carranza y Ana Orozco Hoffman. Completa las oraciones con las palabras de la lista.

altísima	del	mayor	peor
atlética	guapísimo	mejor	periodista
bajo	la	menor	trabajadorcísimo
de	más	Orozco	Valenzuela

1. José tiene 22 años; es el _____ y el más _____ de su familia. Es _____ y _____. Es el mejor _____ de la ciudad y el _____ jugador de baloncesto.
2. Ana es la más _____ y _____ mejor jugadora de baloncesto del estado. Es la _____ de sus hermanos (tiene 28 años) y es _____. Estudió la profesión _____ difícil _____ todas: medicina.
3. Jorge es el _____ jugador de videojuegos de su familia.
4. Mauricio es el menor de la familia _____.
5. El abuelo es el _____ de todos los miembros de la familia Valenzuela.
6. Fifí es la perra más antipática _____ mundo.

3

Superlativos Trabajen en parejas para hacer comparaciones. Usen los superlativos.

> **modelo**
>
> Angelina Jolie, Bill Gates, Jimmy Carter
>
> **Estudiante 1:** *Bill Gates es el más rico de los tres.*
>
> **Estudiante 2:** *Sí, ¡es riquísimo! Y Jimmy Carter es el mayor de los tres.*

1. Guatemala, Argentina, España
2. Jaguar, Prius, Smart
3. la comida mexicana, la comida francesa, la comida árabe
4. Amy Adams, Meryl Streep, Jennifer Lawrence
5. Ciudad de México, Buenos Aires, Nueva York
6. *Don Quijote de la Mancha*, *Cien años de soledad*, *Como agua para chocolate*
7. el fútbol americano, el golf, el béisbol
8. las películas románticas, las películas de acción, las películas cómicas

Practice more at **vhlcentral.com**.

Recapitulación

Diagnostics

Completa estas actividades para repasar los conceptos de gramática que aprendiste en esta lección.

1 Completar Completa la tabla con la forma correcta del pretérito. `18 pts.`

Infinitive	yo	usted	ellos
dormir			
servir			
vestirse			

2 La cena Completa la conversación con el pretérito de los verbos. `14 pts.`

PAULA ¡Hola, Daniel! ¿Qué tal el fin de semana?

DANIEL Muy bien. Marta y yo (1) _____ (conseguir) hacer muchas cosas, pero lo mejor fue la cena del sábado.

PAULA Ah, ¿sí? ¿Adónde fueron?

DANIEL Al restaurante Vistahermosa. Es elegante, así que (nosotros) (2) _____ (vestirse) bien.

PAULA Y, ¿qué platos (3) _____ (pedir, ustedes)?

DANIEL Yo (4) _____ (pedir) camarones y Marta (5) _____ (preferir) el pollo. Y al final, el camarero nos (6) _____ (servir) flan.

PAULA ¡Qué rico!

DANIEL Sí. Pero después de la cena Marta no (7) _____ (sentirse) bien.

3 Camareros Genaro y Úrsula son camareros en un restaurante. Completa la conversación que tienen con su jefe usando pronombres. `8 pts.`

JEFE Úrsula, ¿le ofreciste agua fría al cliente de la mesa 22?

ÚRSULA Sí, (1) _____ de inmediato.

JEFE Genaro, ¿los clientes de la mesa 5 te pidieron ensaladas?

GENARO Sí, (2) _____.

ÚRSULA Genaro, ¿recuerdas si ya me mostraste los vinos nuevos?

GENARO Sí, ya (3) _____.

JEFE Genaro, ¿van a pagarte la cuenta los clientes de la mesa 5?

GENARO Sí, (4) _____ ahora mismo.

RESUMEN GRAMATICAL

8.1 Preterite of stem-changing verbs *p. 274*

servir	dormir
serví	dormí
serviste	dormiste
sirvió	durmió
servimos	dormimos
servisteis	dormisteis
sirvieron	durmieron

8.2 Double object pronouns *pp. 277–278*

Indirect Object Pronouns: **me, te, le (se), nos, os, les (se)**

Direct Object Pronouns: **lo, la, los, las**

Le escribí **la carta.** → **Se la** escribí.
Nos van a servir **los platos.** → **Nos los** van a servir./ Van a servír**noslos.**

8.3 Comparisons *pp. 281–283*

Comparisons of inequality		
más/menos +	*adj., adv., n.*	**+ que**
verb + **más/menos + que**		

Comparisons of equality		
tan +	*adj., adv.,*	**+ como**
tanto/a(s) +	*noun*	**+ como**
verb + **tanto como**		

Irregular comparative forms	
bueno/a	mejor
malo/a	peor
grande	mayor
pequeño/a	menor
joven	menor
viejo/a	mayor

| 8.4 | **Superlatives** | *p. 286* |

el/la/ los/las +	*noun*	+ más/ menos +	*adjective*	+ de

► Irregular superlatives follow the same pattern as irregular comparatives.

4

El menú Observa el menú y sus características. Completa las oraciones basándote en los elementos dados. Usa comparativos y superlativos. **14 pts.**

Ensaladas	*Precio*	*Calorías*
Ensalada de tomates	$9.00	170
Ensalada de mariscos	$12.99	325
Ensalada de zanahorias	$9.00	200

Platos principales		
Pollo con champiñones	$13.00	495
Cerdo con papas	$10.50	725
Atún con espárragos	$18.95	495

1. ensalada de mariscos / otras ensaladas / costar
   La ensalada de mariscos _____ las otras ensaladas.
2. pollo con champiñones / cerdo con papas / calorías
   El pollo con champiñones tiene _____ el cerdo con papas.
3. atún con espárragos / pollo con champiñones / calorías
   El atún con espárragos tiene _____ el pollo con champiñones.
4. ensalada de tomates / ensalada de zanahorias / caro
   La ensalada de tomates es _____ la ensalada de zanahorias.
5. cerdo con papas / platos principales / caro
   El cerdo con papas es _____ los platos principales.
6. ensalada de zanahorias / ensalada de tomates / costar
   La ensalada de zanahorias _____ la ensalada de tomates.
7. ensalada de mariscos / ensaladas / caro
   La ensalada de mariscos es _____ las ensaladas.

5

Dos restaurantes ¿Cuál es el mejor restaurante que conoces? ¿Y el peor? Escribe un párrafo de por lo menos (*at least*) seis oraciones donde expliques por qué piensas así. Puedes hablar de la calidad de la comida, el ambiente, los precios, el servicio, etc. **46 pts.**

6

Adivinanza Completa la adivinanza y adivina la respuesta. **¡4 puntos EXTRA!**

66 En el campo yo nací°,
mis hermanos son
los _____ (*garlic, pl.*),
y aquél que llora° por mí
me está partiendo°
en pedazos°. **99**
¿Quién soy? _____

nací *was born* llora *cries* partiendo *cutting* pedazos *pieces*

Practice more at **vhlcentral.com**.

Lectura

Antes de leer

Estrategia

Reading for the main idea

As you know, you can learn a great deal about a reading selection by looking at the format and looking for cognates, titles, and subtitles. You can skim to get the gist of the reading selection and scan it for specific information. Reading for the main idea is another useful strategy; it involves locating the topic sentences of each paragraph to determine the author's purpose for writing a particular piece. Topic sentences can provide clues about the content of each paragraph, as well as the general organization of the reading. Your choice of which reading strategies to use will depend on the style and format of each reading selection.

Examinar el texto

En esta sección tenemos dos textos diferentes. ¿Qué estrategias puedes usar para leer la crítica culinaria°? ¿Cuáles son las apropiadas para familiarizarte con el menú? Utiliza las estrategias más eficaces° para cada texto. ¿Qué tienen en común? ¿Qué tipo de comida sirven en el restaurante?

Identificar la idea principal

Lee la primera oración de cada párrafo de la crítica culinaria del restaurante **La feria del maíz.** Apunta° el tema principal de cada párrafo. Luego lee todo el primer párrafo. ¿Crees que el restaurante le gustó al autor de la crítica culinaria? ¿Por qué? Ahora lee la crítica entera. En tu opinión, ¿cuál es la idea principal de la crítica? ¿Por qué la escribió el autor? Compara tus opiniones con las de un(a) compañero/a.

crítica culinaria *restaurant review* eficaces *effective*
Apunta *Jot down*

MENÚ

Entremeses

Tortilla servida con
• Ajiaceite (chile, aceite) • Ajicomino (chile, comino)

Pan tostado servido con
• Queso frito a la pimienta • Salsa de ajo y mayonesa

Sopas

• Tomate • Cebolla • Verduras • Pollo y huevo
• Carne de res • Mariscos

Entradas

Tomaticán
(tomate, papas, maíz, chile, arvejas y zanahorias)

Tamales
(maíz, azúcar, ajo, cebolla)

Frijoles enchilados
(frijoles negros, carne de cerdo o de res, arroz, chile)

Chilaquil
(tortilla de maíz, queso, hierbas y chile)

Tacos
(tortillas, pollo, verduras y salsa)

Cóctel de mariscos
(camarones, langosta, vinagre, sal, pimienta, aceite)

Postres°

• Plátanos caribeños • Cóctel de frutas al ron°
• Uvate (uvas, azúcar de caña y ron) • Flan napolitano
• Helado° de piña y naranja • Pastel° de yogur

Después de leer

Preguntas

En parejas, contesten estas preguntas sobre la crítica culinaria de **La feria del maíz.**

1. ¿Quién es el dueño y chef de **La feria del maíz**?

2. ¿Qué tipo de comida se sirve en el restaurante?

3. ¿Cuál es el problema con el servicio?

4. ¿Cómo es el ambiente del restaurante?

5. ¿Qué comidas probó el autor?

6. ¿Quieren ir ustedes al restaurante **La feria del maíz**? ¿Por qué?

23F

Gastronomía
Por Eduardo Fernández

La feria del maíz

Sobresaliente°. En el nuevo restaurante **La feria del maíz** va a encontrar la perfecta combinación entre la comida tradicional y el encanto° de la vieja ciudad de Antigua. Ernesto Sandoval, antiguo jefe de cocina° del famoso restaurante **El fogón**, está teniendo mucho éxito° en su nueva aventura culinaria.

El gerente°, el experimentado José Sierra, controla a la perfección la calidad del servicio. El camarero que me atendió esa noche fue muy amable en todo momento. Sólo hay que comentar que,

La feria del maíz
13 calle 4-41 Zona 1
La Antigua, Guatemala
2329912

lunes a sábado
10:30am-11:30pm
domingo 10:00am-10:00pm

Comida ♟♟♟♟♟
Servicio ♟♟♟
Ambiente ♟♟♟♟
Precio ♟♟♟

debido al éxito inmediato de **La feria del maíz**, se necesitan más camareros para atender a los clientes de una forma más eficaz. En esta ocasión, el mesero se

tomó unos veinte minutos en traerme la bebida.

Afortunadamente, no me importó mucho la espera entre plato y plato, pues el ambiente es tan agradable que me sentí como en casa. El restaurante mantiene el estilo colonial de Antigua. Por dentro°, es elegante y rústico a la vez. Cuando el tiempo lo permite, se puede comer también en el patio, donde hay muchas flores.

El servicio de camareros y el ambiente agradable del local pasan a un segundo plano cuando llega la comida, de una calidad extraordinaria. Las tortillas de casa se sirven con un ajiaceite delicioso. La sopa

de mariscos es excelente y los tamales, pues, tengo que confesar que son mejores que los de mi abuelita. También recomiendo los tacos de pollo, servidos con un mole buenísimo. De postre, don Ernesto me preparó su especialidad, unos plátanos caribeños sabrosísimos.

Los precios pueden parecer altos° para una comida tradicional, pero la calidad de los productos con que se cocinan los platos y el exquisito ambiente de **La feria del maíz** garantizan° una experiencia inolvidable°.

Bebidas
• Cerveza negra • Chilate (bebida de maíz, chile y cacao)
• Jugos de fruta • Agua mineral • Té helado
• Vino tinto/blanco • Ron

Postres *Desserts* ron *rum* Helado *Ice cream* Pastel *Cake* Sobresaliente *Outstanding* encanto *charm* jefe de cocina *head chef* éxito *success* gerente *manager* Por dentro *Inside* altos *high* garantizan *guarantee* inolvidable *unforgettable*

Un(a) guía turístico/a

Tú eres un(a) guía turístico/a en Guatemala. Estás en el restaurante **La feria del maíz** con un grupo de turistas norteamericanos. Ellos no hablan español y quieren pedir de comer, pero necesitan tu ayuda. Lee nuevamente el menú e indica qué error comete cada turista.

1. La señora Johnson es diabética y no puede comer azúcar. Pide sopa de verduras y tamales. No pide nada de postre.

2. Los señores Petit son vegetarianos y piden sopa de tomate, frijoles enchilados y plátanos caribeños.

3. El señor Smith, que es alérgico al chocolate, pide tortilla servida con ajiaceite, chilaquil y chilate para beber.

4. La adorable hija del señor Smith tiene sólo cuatro años y le gustan mucho las verduras y las frutas naturales. Su papá le pide tomaticán y un cóctel de frutas.

5. La señorita Jackson está a dieta y pide uvate, flan napolitano y helado.

Escritura

Estrategia
Expressing and supporting opinions

Written reviews are just one of the many kinds of writing which require you to state your opinions. In order to convince your reader to take your opinions seriously, it is important to support them as thoroughly as possible. Details, facts, examples, and other forms of evidence are necessary. In a restaurant review, for example, it is not enough just to rate the food, service, and atmosphere. Readers will want details about the dishes you ordered, the kind of service you received, and the type of atmosphere you encountered. If you were writing a concert or album review, what kinds of details might your readers expect to find?

It is easier to include details that support your opinions if you plan ahead. Before going to a place or event that you are planning to review, write a list of questions that your readers might ask. Decide which aspects of the experience you are going to rate and list the details that will help you decide upon a rating. You can then organize these lists into a questionnaire and a rating sheet. Bring these forms with you to help you make your opinions and to remind you of the kinds of information you need to gather in order to support those opinions. Later, these forms will help you organize your review into logical categories. They can also provide the details and other evidence you need to convince your readers of your opinions.

Tema

Escribir una crítica 🖊️🔊

Escribe una crítica culinaria° sobre un restaurante local para el periódico de la universidad. Clasifica el restaurante dándole de una a cinco estrellas° y anota tus recomendaciones para futuros clientes del restaurante. Incluye tus opiniones acerca de°:

▶ La comida
  ¿Qué tipo de comida es? ¿Qué tipo de ingredientes usan?
  ¿Es de buena calidad? ¿Cuál es el mejor plato? ¿Y el peor?
  ¿Quién es el/la chef?

▶ El servicio
  ¿Es necesario esperar mucho para conseguir una mesa?
  ¿Tienen los camareros un buen conocimiento del menú?
  ¿Atienden a los clientes con rapidez° y cortesía?

▶ El ambiente
  ¿Cómo es la decoración del restaurante?
  ¿Es el ambiente informal o elegante?
  ¿Hay música o algún tipo de entretenimiento°?
  ¿Hay un bar? ¿Un patio?

▶ Información práctica
  ¿Cómo son los precios?
  ¿Se aceptan tarjetas de crédito?
  ¿Cuál es la dirección° y el número de teléfono?
  ¿Quién es el/la dueño/a? ¿El/La gerente?

crítica culinaria *restaurant review* estrellas *stars* acerca de *about*
rapidez *speed* entretenimiento *entertainment* dirección *address*

Escuchar Audio

Estrategia
Jotting down notes as you listen

Jotting down notes while you listen to a conversation in Spanish can help you keep track of the important points or details. It will help you to focus actively on comprehension rather than on remembering what you have heard.

To practice this strategy, you will now listen to a paragraph. Jot down the main points you hear.

Preparación

Mira la foto. ¿Dónde están estas personas y qué hacen? ¿Sobre qué crees que están hablando?

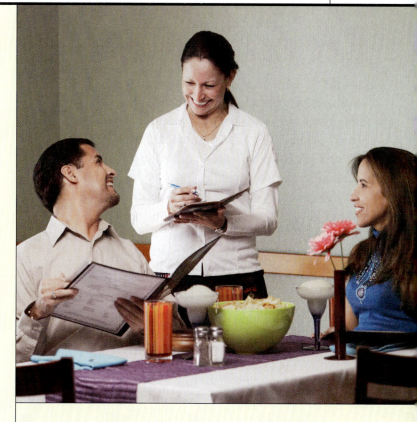

Ahora escucha

Rosa y Roberto están en un restaurante. Escucha la conversación entre ellos y la camarera y toma nota de cuáles son los especiales del día, qué pidieron y qué bebidas se mencionan.

Especiales del día

Entremeses
_____

Plato principal
_____
_____
_____

¿Qué pidieron?

Roberto
_____

Rosa
_____

Bebidas
_____
_____

Comprensión

Seleccionar

Usa tus notas para seleccionar la opción correcta para completar cada oración.

1. Dos de los mejores platos del restaurante son _____.
   a. los entremeses del día y el cerdo
   b. el salmón y el arroz con pollo
   c. la carne y el arroz con pollo

2. La camarera _____.
   a. los lleva a su mesa, les muestra el menú y les sirve el postre
   b. les habla de los especiales del día, les recomienda unos platos y ellos deciden qué van a comer
   c. les lleva unas bebidas, les recomienda unos platos y les sirve pan

3. Roberto va a comer _____ Rosa.
   a. tantos platos como
   b. más platos que
   c. menos platos que

Preguntas

En grupos de tres o cuatro, respondan a las preguntas: ¿Conocen los platos que Rosa y Roberto pidieron? ¿Conocen platos con los mismos ingredientes? ¿En qué son diferentes o similares? ¿Cuál les gusta más? ¿Por qué?

Practice more at **vhlcentral.com**.

En pantalla

La sopa es un plato muy importante en las cocinas° del mundo hispano. Se pueden tomar° frías, como el famoso gazpacho español, a base de tomate y otras verduras y servida totalmente líquida. La mayoría se sirven calientes, como el pozole de México, un plato precolombino preparado con nixtamal°, cerdo, chiles y otras especias°. Otra sopa de origen indígena es la changua, de la región andina central de Colombia. Aunque° las sopas normalmente forman parte del almuerzo, la changua siempre se toma en el desayuno: se hace con agua, leche, huevo y cilantro.

Vocabulario útil	
bajar	to descend
la escalera	staircase
lo que yo quiera	whatever I want
sabor marinero	seafood flavor

Ordenar

Ordena cronológicamente estas oraciones.

_____ a. El niño abre la puerta.

_____ b. El niño decide almorzar.

_____ c. El niño baja la escalera con una maleta.

_____ d. El niño se va a lavar las manos.

_____ e. La madre dice que la sopa está servida.

Sopas

En parejas, túrnense para describir su sopa favorita. ¿Cuál es tu sopa favorita? ¿Quién la prepara o dónde la compras? ¿Qué ingredientes tiene? ¿Con qué se sirve? ¿Cómo la prefieres, caliente o fría? ¿La tomas en el almuerzo o en la cena? ¿En invierno o en verano?

Anuncio de Sopas Roa

Me voy de esta casa.

Ya está servida° la sopa...

... y lavarme las manos.

Video: TV Clip

Practice more at **vhlcentral.com**.

cocinas *cuisines* tomar *to eat (soup)* nixtamal *hominy* especias *spices*
Aunque *Although* está servida *it is served*

España y la mayoría de los países de Latinoamérica tienen una producción muy abundante de frutas y verduras. Es por esto que en los hogares° hispanos se acostumbra° cocinar° con productos frescos° más que con alimentos° que vienen en latas° o frascos°. Las salsas mexicanas, el gazpacho español y el sancocho colombiano, por ejemplo, deben prepararse con ingredientes frescos para que mantengan° su sabor° auténtico. Actualmente, en los Estados Unidos está creciendo el interés en cocinar con productos frescos y orgánicos. Cada vez hay más mercados donde los agricultores° pueden vender sus frutas y verduras directamente° al público. Además, las personas prefieren consumir productos locales de temporada°. En este episodio de *Flash cultura* vas a ver algunas de las frutas y verduras típicas de la comida hispana.

Vocabulario útil	
blanda	*soft*
cocinar	*to cook*
dura	*hard*
¿Está lista para ordenar?	*Are you ready to order?*
pruébala	*try it, taste it*
las ventas	*sales*

Preparación

¿Probaste alguna vez comida latina? ¿La compraste en un supermercado o fuiste a un restaurante? ¿Qué plato(s) probaste? ¿Te gustó?

¿Cierto o falso?

Indica si cada oración es **cierta** o **falsa**.

1. En Los Ángeles hay comida de países latinoamericanos y de España.
2. Leticia explica que la tortilla del taco americano es blanda y la del taco mexicano es dura.
3. Las ventas de salsa son bajas en los Estados Unidos.
4. Leticia fue a un restaurante ecuatoriano.
5. Leticia probó Inca Kola en un supermercado.

La comida latina

La mejor comida latina no sólo se encuentra en los grandes restaurantes.

Marta nos mostrará° algunos de los platos de la comida mexicana.

... hay más lugares donde podemos comprar productos hispanos.

 Video: *Flash cultura*

 Practice more at **vhlcentral.com**.

hogares *homes* se acostumbra *they are used* cocinar *to cook* frescos *fresh* alimentos *foods* latas *cans* frascos *jars* para que mantengan *so that they keep* sabor *flavor* agricultores *farmers* directamente *directly* de temporada *seasonal* mostrará *will show*

recursos	
VM pp. 93–94	vhlcentral.com Lección 8

Guatemala

El país en cifras

▸ **Área:** 108.890 km² (42.042 millas²),
un poco más pequeño que Tennessee

▸ **Población:** 14.647.000

▸ **Capital:** Ciudad de Guatemala—1.075.000

▸ **Ciudades principales:** Quetzaltenango,
Escuintla, Mazatenango, Puerto Barrios

▸ **Moneda:** quetzal

▸ **Idiomas:** español (oficial),
lenguas mayas, xinca, garífuna
*El español es la lengua de un
60 por ciento° de la población;
el otro 40 por ciento tiene como
lengua materna el xinca, el
garífuna o, en su mayoría°, una
de las lenguas mayas (cakchiquel,
quiché y kekchícomo, entre
otras). Una palabra que las
lenguas mayas tienen en común
es ixim, que significa 'maíz', un
cultivo° de mucha importancia
en estas culturas.*

Bandera de Guatemala

Guatemaltecos célebres

▸ **Carlos Mérida,** pintor (1891–1984)

▸ **Miguel Ángel Asturias,** escritor (1899–1974)

▸ **Margarita Carrera,** poeta y ensayista (1929–)

▸ **Rigoberta Menchú Tum,** activista (1959–),
Premio Nobel de la Paz° en 1992

▸ **Jaime Viñals Massanet,** montañista (1966–)

por ciento *percent* en su mayoría *most of them* cultivo *crop*
Paz *Peace* telas *fabrics* tinte *dye* aplastados *crushed*
hace... destiñan *keeps the colors from running*

ESTADOS UNIDOS

OCÉANO
ATLÁNTICO

GUATEMALA

OCÉANO
PACÍFICO

AMÉRICA DEL SUR

Palacio Nacional de la Cultura
en la Ciudad de Guatemala

MÉXICO

Sierra de Lacandón

Río Usumacinta

Lago Petén Itzá

Río de la Pasión

BELICE

Mujeres indígenas limpiando cebollas

Lago de
Izabal

Quetzaltenango

Sierra de las Minas

Río Motagua

Sierra Madre

Lago
de Atitlán

★Guatemala

Antigua Guatemala

Mazatenango

Escuintla

Iglesia de la Merced en
Antigua Guatemala

EL SALVADOR

Océano Pacífico

recursos

WB pp. 95–96	VM pp. 51–52	vhlcentral.com Lección 8

¡Increíble pero cierto!

¿Qué "ingrediente" secreto se encuentra en las
telas° tradicionales de Guatemala? ¡El mosquito! El
excepcional tinte° de estas telas es producto de una
combinación de flores y de mosquitos aplastados°.
El insecto hace que los colores no se destiñan°.
Quizás es por esto que los artesanos representan
la figura del mosquito en muchas de sus telas.

Ciudades • Antigua Guatemala

Antigua Guatemala fue fundada en 1543. Fue una capital de gran importancia hasta 1773, cuando un terremoto° la destruyó. Sin embargo, conserva el carácter original de su arquitectura y hoy es uno de los centros turísticos del país. Su celebración de la Semana Santa° es, para muchas personas, la más importante del hemisferio.

Naturaleza • El quetzal

El quetzal simbolizó la libertad para los antiguos° mayas porque creían° que este pájaro° no podía° vivir en cautiverio°. Hoy el quetzal es el símbolo nacional. El pájaro da su nombre a la moneda nacional y aparece también en los billetes° del país. Desafortunadamente, está en peligro° de extinción. Para su protección, el gobierno mantiene una reserva ecológica especial.

Historia • Los mayas

Desde 1500 a.C. hasta 900 d.C., los mayas habitaron gran parte de lo que ahora es Guatemala. Su civilización fue muy avanzada. Los mayas fueron arquitectos y constructores de pirámides, templos y observatorios. También descubrieron° y usaron el cero antes que los europeos, e inventaron un calendario complejo° y preciso.

Artesanía • La ropa tradicional

La ropa tradicional de los guatemaltecos se llama *huipil* y muestra el amor° de la cultura maya por la naturaleza. Ellos se inspiran en las flores°, plantas y animales para crear sus diseños° de colores vivos° y formas geométricas. El diseño y los colores de cada *huipil* indican el pueblo de origen y a veces también el sexo y la edad° de la persona que lo lleva.

Mar Caribe

Golfo de Honduras

• Puerto Barríos

 HONDURAS

¿Qué aprendiste? Responde a cada pregunta con una oración completa.

1. ¿Qué significa la palabra *ixim*?
2. ¿Quién es Rigoberta Menchú?
3. ¿Qué pájaro representa a Guatemala?
4. ¿Qué simbolizó el quetzal para los mayas?
5. ¿Cuál es la moneda nacional de Guatemala?
6. ¿De qué fueron arquitectos los mayas?
7. ¿Qué celebración de la Antigua Guatemala es la más importante del hemisferio para muchas personas?
8. ¿Qué descubrieron los mayas antes que los europeos?
9. ¿Qué muestra la ropa tradicional de los guatemaltecos?
10. ¿Qué indica un *huipil* con su diseño y sus colores?

Conexión Internet Investiga estos temas en **vhlcentral.com**.

1. Busca información sobre Rigoberta Menchú. ¿De dónde es? ¿Qué libros publicó? ¿Por qué es famosa?
2. Estudia un sitio arqueológico de Guatemala para aprender más sobre los mayas y prepara un breve informe para tu clase.

Practice more at **vhlcentral.com**.

terremoto *earthquake* Semana Santa *Holy Week* antiguos *ancient* creían *they believed* pájaro *bird* no podía *couldn't* cautiverio *captivity* los billetes *bills* peligro *danger* descubrieron *they discovered* complejo *complex* amor *love* flores *flowers* diseños *designs* vivos *bright* edad *age*

Las comidas

el/la camarero/a	waiter/waitress
la comida	food; meal
la cuenta	bill
el/la dueño/a	owner
el menú	menu
la propina	tip
la sección de (no) fumar	(non) smoking section
el almuerzo	lunch
la cena	dinner
el desayuno	breakfast
los entremeses	appetizers
el plato (principal)	(main) dish
delicioso/a	delicious
rico/a	tasty; delicious
sabroso/a	tasty; delicious

Las frutas

la banana	banana
las frutas	fruits
el limón	lemon
la manzana	apple
el melocotón	peach
la naranja	orange
la pera	pear
la uva	grape

Las verduras

las arvejas	peas
la cebolla	onion
el champiñón	mushroom
la ensalada	salad
los espárragos	asparagus
los frijoles	beans
la lechuga	lettuce
el maíz	corn
las papas/patatas (fritas)	(fried) potatoes; French fries
el tomate	tomato
las verduras	vegetables
la zanahoria	carrot

La carne y el pescado

el atún	tuna
el bistec	steak
los camarones	shrimp
la carne	meat
la carne de res	beef
la chuleta (de cerdo)	(pork) chop
la hamburguesa	hamburger
el jamón	ham
la langosta	lobster
los mariscos	shellfish
el pavo	turkey
el pescado	fish
el pollo (asado)	(roast) chicken
la salchicha	sausage
el salmón	salmon

Otras comidas

el aceite	oil
el ajo	garlic
el arroz	rice
el azúcar	sugar
los cereales	cereal; grains
el huevo	egg
la mantequilla	butter
la margarina	margarine
la mayonesa	mayonnaise
el pan (tostado)	(toasted) bread
la pimienta	black pepper
el queso	cheese
la sal	salt
el sándwich	sandwich
la sopa	soup
el vinagre	vinegar
el yogur	yogurt

Las bebidas

el agua (mineral)	(mineral) water
la bebida	drink
el café	coffee
la cerveza	beer
el jugo (de fruta)	(fruit) juice
la leche	milk
el refresco	soft drink
el té (helado)	(iced) tea
el vino (blanco/ tinto)	(white/red) wine

Verbos

escoger	to choose
merendar (e:ie)	to snack
morir (o:ue)	to die
pedir (e:i)	to order (food)
probar (o:ue)	to taste; to try
recomendar (e:ie)	to recommend
saber (a)	to taste (like)
servir (e:i)	to serve

Las comparaciones

como	like; as
más de (+ number)	more than
más... que	more... than
menos de (+ number)	fewer than
menos... que	less... than
tan... como	as... as
tantos/as... como	as many... as
tanto... como	as much... as
el/la mayor	the oldest
el/la mejor	the best
el/la menor	the youngest
el/la peor	the worst
mejor	better
peor	worse

Expresiones útiles	See page 269.

Vocabulary Tools

Las fiestas

9

Communicative Goals

You will learn how to:

- **Express congratulations**
- **Express gratitude**
- **Ask for and pay the bill at a restaurant**

contextos

pages 300–303

- Parties and celebrations
- Personal relationships
- Stages of life

fotonovela

pages 304–307

The Díaz family gets ready for their annual **Día de Muertos** celebration. The whole family participates in the preparations, and even friends are invited to the main event.

cultura

pages 308–309

- **Semana Santa** celebrations
- The International Music Festival in **Viña del Mar**

estructura

pages 310–321

- Irregular preterites
- Verbs that change meaning in the preterite
- **¿Qué?** and **¿cuál?**
- Pronouns after prepositions
- **Recapitulación**

adelante

pages 322–329

Lectura: The society section of a newspaper
Escritura: An essay about celebrations
Escuchar: A conversation about an anniversary party
En pantalla
Flash cultura
Panorama: Chile

A PRIMERA VISTA

- **¿Se conocen ellos?**
- **¿Cómo se sienten, alegres o tristes?**
- **¿Está el hombre más contento que la mujer?**
- **¿De qué color es su ropa?**

Las fiestas

Más vocabulario

la alegría	happiness
la amistad	friendship
el amor	love
el beso	kiss
la sorpresa	surprise
el aniversario (de bodas)	(wedding) anniversary
la boda	wedding
el cumpleaños	birthday
el día de fiesta	holiday
el divorcio	divorce
el matrimonio	marriage
la Navidad	Christmas
la quinceañera	young woman celebrating her fifteenth birthday
el/la recién casado/a	newlywed
cambiar (de)	to change
celebrar	to celebrate
divertirse (e:ie)	to have fun
graduarse (de/en)	to graduate (from/in)
invitar	to invite
jubilarse	to retire (from work)
nacer	to be born
odiar	to hate
pasarlo bien/mal	to have a good/bad time
reírse (e:i)	to laugh
relajarse	to relax
sonreír (e:i)	to smile
sorprender	to surprise
juntos/as	together
¡Felicidades!/ ¡Felicitaciones!	Congratulations!

Variación léxica

pastel ⟷ torta (Arg., Col., Venez.)
comprometerse ⟷ prometerse (Esp.)

la pareja

el pastel (de chocolate)

la botella de vino

el flan de caramelo

las galletas

los postres

el champán

los dulces

Práctica

1 **Escuchar** 🎧 Escucha la conversación e indica si las oraciones son **ciertas** o **falsas**.

1. A Silvia no le gusta mucho el chocolate.
2. Silvia sabe que sus amigos le van a hacer una fiesta.
3. Los amigos de Silvia le compraron un pastel de chocolate.
4. Los amigos brindan por Silvia con refrescos.
5. Silvia y sus amigos van a comer helado.
6. Los amigos de Silvia le van a servir flan y galletas.

2 **Ordenar** 🎧 Escucha la narración y ordena las oraciones de acuerdo con los eventos de la vida de Beatriz.

_____ a. Beatriz se compromete con Roberto.

_____ b. Beatriz se gradúa.

_____ c. Beatriz sale con Emilio.

_____ d. Sus padres le hacen una gran fiesta.

_____ e. La pareja se casa.

_____ f. Beatriz nace en Montevideo.

3 **Emparejar** Indica la letra de la frase que mejor completa cada oración.

a. **cambió de**	d. **nos divertimos**	g. **se llevan bien**
b. **lo pasaron mal**	e. **se casaron**	h. **sonrió**
c. **nació**	f. **se jubiló**	i. **tenemos una cita**

1. María y sus compañeras de cuarto _____. Son buenas amigas.
2. Pablo y yo _____ en la fiesta. Bailamos y comimos mucho.
3. Manuel y Felipe _____ en el cine. La película fue muy mala.
4. ¡Tengo una nueva sobrina! Ella _____ ayer por la mañana.
5. Mi madre _____ profesión. Ahora es artista.
6. Mi padre _____ el año pasado. Ahora no trabaja.
7. Jorge y yo _____ esta noche. Vamos a ir a un restaurante muy elegante.
8. Jaime y Laura _____ el septiembre pasado. La boda fue maravillosa.

4 **Definiciones** En parejas, definan las palabras y escriban una oración para cada ejemplo.

modelo

romper (con) una pareja termina la relación
Marta rompió con su novio.

1. regalar
2. helado
3. pareja
4. invitado
5. casarse
6. pasarlo bien
7. sorpresa
8. amistad

FELIZ CUMPLEAÑOS

brindar

el invitado

regalar

el helado

Relaciones personales

casarse (con)	to get married (to)
comprometerse (con)	to get engaged (to)
divorciarse (de)	to get divorced (from)
enamorarse (de)	to fall in love (with)
llevarse bien/mal (con)	to get along well/badly (with)
romper (con)	to break up (with)
salir (con)	to go out (with); to date
separarse (de)	to separate (from)
tener una cita	to have a date; to have an appointment

Las etapas de la vida de Sergio

el nacimiento

la niñez

la adolescencia

la juventud

la madurez

la vejez

Más vocabulario

la edad	age
el estado civil	marital status
las etapas de la vida	the stages of life
la muerte	death
casado/a	married
divorciado/a	divorced
separado/a	separated
soltero/a	single
viudo/a	widower/widow

5 **Las etapas de la vida** Identifica las etapas de la vida que se describen en estas oraciones.

1. Mi abuela se jubiló y se mudó (*moved*) a Viña del Mar.
2. Mi padre trabaja para una compañía grande en Santiago.
3. ¿Viste a mi nuevo sobrino en el hospital? Es precioso y ¡tan pequeño!
4. Mi abuelo murió este año.
5. Mi hermana celebró su fiesta de quince años.
6. Mi hermana pequeña juega con muñecas (*dolls*).

6 **Cambiar** En parejas, imaginen que son dos hermanos/as de diferentes edades. Cada vez que el/la hermano/a menor dice algo, se equivoca. El/La hermano/a mayor lo/la corrige (*corrects him/her*), cambiando las expresiones subrayadas (*underlined*). Túrnense para ser mayor y menor, decir algo equivocado y corregir.

modelo

Estudiante 1: La niñez es cuando trabajamos mucho.
Estudiante 2: No, te equivocas (*you're wrong*). La madurez es cuando trabajamos mucho.

1. El nacimiento es el fin de la vida.
2. La juventud es la etapa cuando nos jubilamos.
3. A los sesenta y cinco años, muchas personas comienzan a trabajar.
4. Julián y nuestra prima se divorcian mañana.
5. Mamá odia a su hermana.
6. El abuelo murió, por eso la abuela es separada.
7. Cuando te gradúas de la universidad, estás en la etapa de la adolescencia.
8. Mi tío nunca se casó; es viudo.

NOTA CULTURAL

Viña del Mar es una ciudad en la costa de Chile, situada al oeste de Santiago. Tiene playas hermosas, excelentes hoteles, casinos y buenos restaurantes. El poeta Pablo Neruda pasó muchos años allí.

¡LENGUA VIVA!

The term **quinceañera** refers to a girl who is celebrating her 15ᵗʰ birthday. The party is called **la fiesta de quince años**.

AYUDA

Other ways to contradict someone:
No es verdad.
It's not true.
Creo que no.
I don't think so.
¡Claro que no!
Of course not!
¡Qué va!
No way!

Practice more at **vhlcentral.com**.

Comunicación

7

Una fiesta Trabaja con un(a) compañero/a para planear una fiesta. Recuerda incluir la siguiente información.

1. ¿Qué tipo de fiesta es? ¿Dónde va a ser? ¿Cuándo va a ser?
2. ¿A quiénes van a invitar?
3. ¿Qué van a comer? ¿Quiénes van a llevar o a preparar la comida?
4. ¿Qué van a beber? ¿Quiénes van a traer las bebidas?
5. ¿Cómo planean entretener a los invitados? ¿Van a bailar o a jugar algún juego?
6. Después de la fiesta, ¿quiénes van a limpiar (*to clean*)?

8

Encuesta Tu profesor(a) va a darte una hoja de actividades. Haz las preguntas de la hoja a dos o tres compañeros/as de clase para saber qué actitudes tienen en sus relaciones personales. Luego comparte los resultados de la encuesta con la clase y comenta tus conclusiones.

Preguntas	Nombres	Actitudes
1. ¿Te importa la amistad? ¿Por qué?		
2. ¿Es mejor tener un(a) buen(a) amigo/a o muchos/as amigos/as?		
3. ¿Cuáles son las características que buscas en tus amigos/as?		
4. ¿Tienes novio/a? ¿A qué edad es posible enamorarse?		
5. ¿Deben las parejas hacer todo juntos? ¿Deben tener las mismas opiniones? ¿Por qué?		

¡LENGUA VIVA!

While a **buen(a) amigo/a** is a *good friend*, the term **amigo/a íntimo/a** refers to a *close friend*, or a very good friend, without any romantic overtones.

9

Minidrama En parejas, consulten la ilustración de la página 302 y luego, usando las palabras de la lista, preparen un minidrama para representar las etapas de la vida de Sergio. Pueden inventar más información sobre su vida.

amor	celebrar	enamorarse	romper
boda	comprometerse	graduarse	salir
cambiar	cumpleaños	jubilarse	separarse
casarse	divorciarse	nacer	tener una cita

El Día de Muertos

La familia Díaz conmemora el Día de Muertos.

PERSONAJES

 MARISSA   JIMENA FELIPE JUAN CARLOS

 Video: *Fotonovela*

MAITE FUENTES El Día de Muertos se celebra en México el primero y el segundo de noviembre. Como pueden ver, hay calaveras de azúcar, flores, música y comida por todas partes. Ésta es una fiesta única que todos deben ver por lo menos una vez en la vida.

MARISSA *Holy moley!* ¡Está delicioso!

TÍA ANA MARÍA Mi mamá me enseñó a prepararlo. El mole siempre fue el plato favorito de mi papá. Mi hijo Eduardo nació el día de su cumpleaños. Por eso le pusimos su nombre.

TÍO RAMÓN ¿Dónde están mis hermanos?

JIMENA Mi papá y Felipe están en el otro cuarto. Esos dos antipáticos no quieren decirnos qué están haciendo. Y la tía Ana María...

TÍO RAMÓN ... está en la cocina.

TÍA ANA MARÍA Marissa, ¿le puedes llevar esa foto que está ahí a Carolina? La necesita para el altar.

MARISSA Sí. ¿Son sus padres?

TÍA ANA MARÍA Sí, el día de su boda.

MARISSA ¿Cómo se conocieron?

TÍA ANA MARÍA En la fiesta de un amigo. Fue amor a primera vista.

MARISSA (*Señala la foto.*) La voy a llevar al altar.

TÍA ANA MARÍA Ramón, ¿cómo estás?

TÍO RAMÓN Bien, gracias. ¿Y Mateo? ¿No vino contigo?

TÍA ANA MARÍA No. Ya sabes que me casé con un doctor y, pues, trabaja muchísimo.

SRA. DÍAZ

SR. DÍAZ

TÍA ANA MARÍA

TÍO RAMÓN

TÍA NAYELI

DON DIEGO

MARTA

VALENTINA

MAITE FUENTES

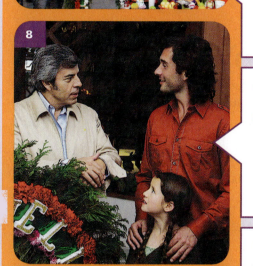

SR. DÍAZ Familia Díaz, deben prepararse...

FELIPE ... ¡para la sorpresa de sus vidas!

JUAN CARLOS Gracias por invitarme.

SR. DÍAZ Juan Carlos, como eres nuestro amigo, ya eres parte de la familia.

(*En el cementerio*)

JIMENA Yo hice las galletas y el pastel. ¿Dónde los puse?

MARTA Postres... ¿Cuál prefiero? ¿Galletas? ¿Pastel? ¡Dulces!

VALENTINA Me gustan las galletas.

SR. DÍAZ Brindamos por ustedes, mamá y papá.

TÍO RAMÓN Todas las otras noches estamos separados. Pero esta noche estamos juntos.

TÍA ANA MARÍA Con gratitud y amor.

Expresiones útiles

Discussing family history

El mole siempre fue el plato favorito de mi papá.
Mole was always my dad's favorite dish.
Mi hijo Eduardo nació el día de su cumpleaños.
My son Eduardo was born on his birthday.
Por eso le pusimos su nombre.
That's why we named him after him (after my father).
¿Cómo se conocieron sus padres?
How did your parents meet?
En la fiesta de un amigo. Fue amor a primera vista.
At a friend's party. It was love at first sight.

Talking about a party/celebration

Ésta es una fiesta única que todos deben ver por lo menos una vez.
This is a unique celebration that everyone should see at least once.
Gracias por invitarme.
Thanks for inviting me.
Brindamos por ustedes.
A toast to you.

Additional vocabulary

alma *soul*
altar *altar*
ángel *angel*
calavera de azúcar
skull made out of sugar
cementerio *cemetery*
cocina *kitchen*
disfraz *costume*

¿Qué pasó?

1

Completar Completa las oraciones con la información correcta, según la **Fotonovela**.

1. El Día de Muertos es una _____ única que todos deben ver.
2. La tía Ana María preparó _____ para celebrar.
3. Marissa lleva la _____ al altar.
4. Jimena hizo las _____ y el _____.
5. Marta no sabe qué _____ prefiere.

2

Identificar Identifica quién puede decir estas oraciones. Vas a usar un nombre dos veces.

1. Mis padres se conocieron en la fiesta de un amigo.
2. El Día de Muertos se celebra con flores, calaveras de azúcar, música y comida.
3. Gracias por invitarme a celebrar este Día de Muertos.
4. Los de la foto son mis padres el día de su boda.
5. A mí me gustan mucho las galletas.
6. ¡Qué bueno que estás aquí, Juan Carlos! Eres uno más de la familia.

SR. DÍAZ   MAITE FUENTES

JUAN CARLOS   VALENTINA

TÍA ANA MARÍA

3

Seleccionar Selecciona algunas de las opciones de la lista para completar las oraciones.

amor	días de fiesta	pasarlo bien	salieron
el champán	divorciarse	postres	se enamoraron
cumpleaños	flan	la quinceañera	una sorpresa

1. El Sr. Díaz y Felipe prepararon _____ para la familia.
2. Los _____, como el Día de Muertos, se celebran con la familia.
3. Eduardo, el hijo de Ana María, nació el día del _____ de su abuelo.
4. La tía Ana María siente gratitud y _____ hacia (*toward*) sus padres.
5. Los días de fiesta también son para _____ con los amigos.
6. El Día de Muertos se hacen muchos _____.
7. Los padres de la tía Ana María _____ a primera vista.

4

Una cena Trabajen en grupos para representar una conversación en una cena de Año Nuevo.

- Una persona brinda por el año que está por comenzar y por estar con su familia y amigos.
- Cada persona del grupo habla de cuál es su comida favorita en año nuevo.
- Después de la cena, una persona del grupo dice que es hora de (*it's time to*) comer las uvas.
- Cada persona del grupo dice qué desea para el año que empieza.
- Después, cada persona del grupo debe desear Feliz Año Nuevo a las demás.

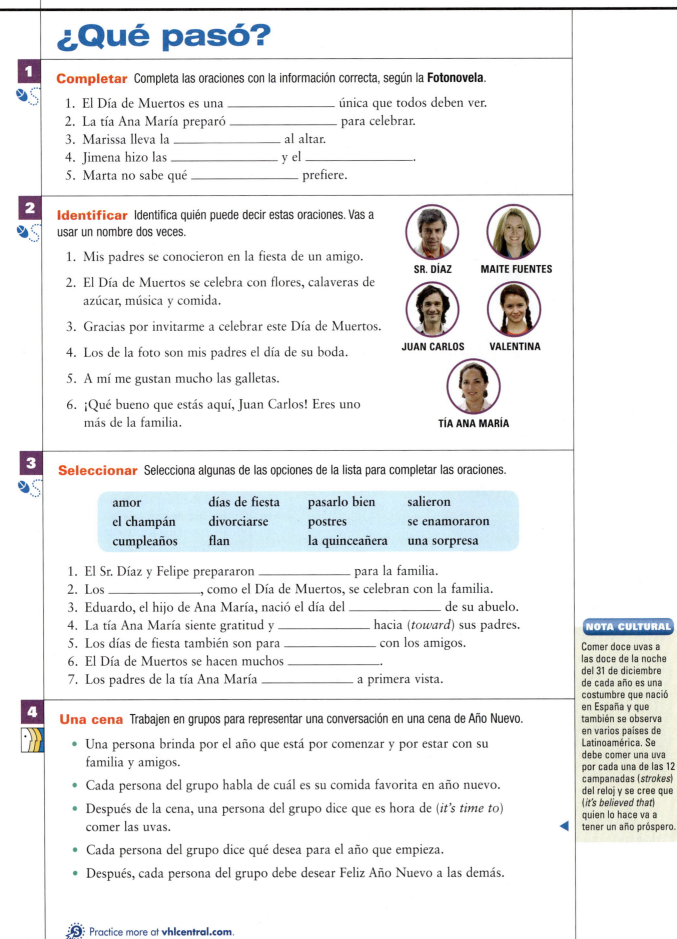

Practice more at **vhlcentral.com**.

Pronunciación Audio

The letters **h**, **j**, and **g**

helado	**h**ombre	**h**ola	**h**ermosa

The Spanish **h** is always silent.

José	**j**ubilarse	de**j**ar	pare**j**a

The letter **j** is pronounced much like the English *h* in *his*.

a**g**encia	**g**eneral	**G**il	**G**isela

The letter **g** can be pronounced three different ways. Before **e** or **i**, the letter **g** is pronounced much like the English *h*.

Gustavo, **g**racias por llamar el domin**g**o.

At the beginning of a phrase or after the letter **n**, the Spanish **g** is pronounced like the English *g* in *girl*.

Me **g**radué en a**g**osto.

In any other position, the Spanish **g** has a somewhat softer sound.

Guerra	conse**g**uir	**g**uantes	a**g**ua

In the combinations **gue** and **gui**, the **g** has a hard sound and the **u** is silent. In the combination **gua**, the **g** has a hard sound and the **u** is pronounced like the English *w*.

Práctica Lee las palabras en voz alta, prestando atención a la **h**, la **j** y la **g**.

1. hamburguesa
2. jugar
3. oreja
4. guapa
5. geografía
6. magnífico
7. espejo
8. hago
9. seguir
10. gracias
11. hijo
12. galleta
13. Jorge
14. tengo
15. ahora
16. guantes

Oraciones Lee las oraciones en voz alta, prestando atención a la **h**, la **j** y la **g**.

1. Hola. Me llamo Gustavo Hinojosa Lugones y vivo en Santiago de Chile.
2. Tengo una familia grande; somos tres hermanos y tres hermanas.
3. Voy a graduarme en mayo.
4. Para celebrar mi graduación, mis padres van a regalarme un viaje a Egipto.
5. ¡Qué generosos son!

Refranes Lee los refranes en voz alta, prestando atención a la **h**, la **j** y la **g**.

A la larga, lo más dulce amarga.[1]

El hábito no hace al monje.[2]

1 Too much of a good thing. 2 The clothes don't make the man.

Semana Santa:
vacaciones y tradición

¿Te imaginas pasar veinticuatro horas tocando un tambor° entre miles de personas? Así es como mucha gente celebra el Viernes Santo° en el pequeño pueblo de **Calanda**, España.

De todas las celebraciones hispanas, la Semana Santa° es una de las más espectaculares y únicas.

Procesión en Sevilla, España

Semana Santa es la semana antes de Pascua°, una celebración religiosa que conmemora la Pasión de Jesucristo. Generalmente, la gente tiene unos días de vacaciones en esta semana. Algunas personas aprovechan° estos días para viajar, pero otras prefieren participar en las tradicionales celebraciones religiosas en las calles. En **Antigua**, Guatemala, hacen alfombras° de flores° y altares; también organizan Vía Crucis° y danzas. En las famosas procesiones y desfiles° religiosos de **Sevilla**, España, los fieles°

sacan a las calles imágenes religiosas. Las imágenes van encima de plataformas ricamente decoradas con abundantes flores y velas°. En la procesión, los penitentes llevan túnicas y unos sombreros cónicos que les cubren° la cara°. En sus manos llevan faroles° o velas encendidas.

Si visitas algún país hispano durante la Semana Santa, debes asistir a un desfile. Las playas y las discotecas pueden esperar hasta la semana siguiente.

Alfombra de flores en Antigua, Guatemala

Otras celebraciones famosas

Ayacucho, Perú: Además de alfombras de flores y procesiones, aquí hay una antigua tradición llamada "quema de la chamiza"°.

Iztapalapa, Ciudad de México: Es famoso el Vía Crucis del cerro° de la Estrella. Es una representación del recorrido° de Jesucristo con la cruz°.

Popayán, Colombia: En las procesiones "chiquitas" los niños llevan imágenes que son copias pequeñas de las que llevan los mayores.

tocando un tambor *playing a drum* Viernes Santo *Good Friday* Semana Santa *Holy Week* Pascua *Easter Sunday* aprovechan *take advantage of* alfombras *carpets* flores *flowers* Vía Crucis *Stations of the Cross* desfiles *parades* fieles *faithful* velas *candles* cubren *cover* cara *face* faroles *lamps* quema de la chamiza *burning of brushwood* cerro *hill* recorrido *route* cruz *cross*

ACTIVIDADES

1 **¿Cierto o falso?** Indica si lo que dicen las oraciones sobre Semana Santa en países hispanos es **cierto** o **falso**. Corrige las falsas.

1. La Semana Santa se celebra después de Pascua.
2. Las personas tienen días libres durante la Semana Santa.
3. Todas las personas asisten a las celebraciones religiosas.
4. En los países hispanos, las celebraciones se hacen en las calles.

5. En Antigua y en Ayacucho es típico hacer alfombras de flores.
6. En Sevilla, sacan imágenes religiosas a las calles.
7. En Sevilla, las túnicas cubren la cara.
8. En la procesión en Sevilla algunas personas llevan flores en sus manos.
9. El Vía Crucis de Iztapalapa es en el interior de una iglesia.
10. Las procesiones "chiquitas" son famosas en Sevilla, España.

ASÍ SE DICE

Fiestas y celebraciones

la despedida de soltero/a	bachelor(ette) party
el día feriado/festivo	el día de fiesta
disfrutar	to enjoy
festejar	celebrar
los fuegos artificiales	fireworks
pasarlo en grande	divertirse mucho
la vela	candle

EL MUNDO HISPANO

Celebraciones latinoamericanas

- **Oruro, Bolivia** Durante el carnaval de Oruro se realiza la famosa Diablada, una antigua danza° que muestra la lucha° entre el Bien y el Mal: ángeles contra° demonios.

- **Panchimalco, El Salvador** La primera semana de mayo, Panchimalco se cubre de flores y de color. También hacen el Desfile de las palmas° y bailan danzas antiguas.

- **Quito, Ecuador** El mes de agosto es el Mes de las Artes. Danza, teatro, música, cine, artesanías° y otros eventos culturales inundan la ciudad.

- **San Pedro Sula, Honduras** En junio se celebra la Feria Juniana. Hay comida típica, bailes, desfiles, conciertos, rodeos, exposiciones ganaderas° y eventos deportivos y culturales.

danza *dance* lucha *fight* contra *versus* palmas *palm leaves* artesanías *handcrafts* exposiciones ganaderas *cattle shows*

PERFIL

Festival de Viña del Mar

En 1959 unos estudiantes de **Viña del Mar**, Chile, celebraron una fiesta en una casa de campo conocida como la Quinta Vergara donde hubo° un espectáculo° musical. En 1960 repitieron el evento. Asistió tanta gente que muchos vieron el espectáculo parados° o sentados en el suelo°. Algunos se subieron a los árboles°.

Años después, se convirtió en el **Festival Internacional de la Canción**. Este evento se celebra en febrero, en el mismo lugar donde empezó. ¡Pero ahora nadie necesita subirse a un árbol para verlo! Hay un anfiteatro con capacidad para quince mil personas.

En el festival hay concursos° musicales y conciertos de artistas famosos como Calle 13 y Nelly Furtado.

Nelly Furtado

hubo *there was* espectáculo *show* parados *standing* suelo *floor* se subieron a los árboles *climbed trees* concursos *competitions*

Conexión Internet

¿Qué celebraciones hispanas hay en los Estados Unidos y Canadá?

Go to **vhlcentral.com** to find more cultural information related to this **Cultura** section.

ACTIVIDADES

2 **Comprensión** Responde a las preguntas.

1. ¿Cuántas personas por día pueden asistir al Festival de Viña del Mar?

2. ¿Qué es la Diablada?

3. ¿Qué celebran en Quito en agosto?

4. Nombra dos atracciones en la Feria Juniana de San Pedro Sula.

5. ¿Qué es la Quinta Vergara?

3 **¿Cuál es tu celebración favorita?** Escribe un pequeño párrafo sobre la celebración que más te gusta de tu comunidad. Explica cómo se llama, cuándo ocurre y cómo es.

Practice more at **vhlcentral.com**.

9.1 Irregular preterites Tutorial

ANTE TODO You already know that the verbs **ir** and **ser** are irregular in the preterite. You will now learn other verbs whose preterite forms are also irregular.

Preterite of tener, venir, and decir

		tener (u-stem)	venir (i-stem)	decir (j-stem)
SINGULAR FORMS	yo	tuve	vine	dije
	tú	tuviste	viniste	dijiste
	Ud./él/ella	tuvo	vino	dijo
PLURAL FORMS	nosotros/as	tuvimos	vinimos	dijimos
	vosotros/as	tuvisteis	vinisteis	dijisteis
	Uds./ellos/ellas	tuvieron	vinieron	dijeron

▶ **¡Atención!** The endings of these verbs are the regular preterite endings of **-er/-ir** verbs, except for the **yo** and **usted/él/ella** forms. Note that these two endings are unaccented.

▶ These verbs observe similar stem changes to **tener, venir,** and **decir**.

INFINITIVE	U-STEM	PRETERITE FORMS
poder	pud-	pude, pudiste, pudo, pudimos, pudisteis, pudieron
poner	pus-	puse, pusiste, puso, pusimos, pusisteis, pusieron
saber	sup-	supe, supiste, supo, supimos, supisteis, supieron
estar	estuv-	estuve, estuviste, estuvo, estuvimos, estuvisteis, estuvieron

INFINITIVE	I-STEM	PRETERITE FORMS
querer	quis-	quise, quisiste, quiso, quisimos, quisisteis, quisieron
hacer	hic-	hice, hiciste, hizo, hicimos, hicisteis, hicieron

INFINITIVE	J-STEM	PRETERITE FORMS
traer	traj-	traje, trajiste, trajo, trajimos, trajisteis, trajeron
conducir	conduj-	conduje, condujiste, condujo, condujimos, condujisteis, condujeron
traducir	traduj-	traduje, tradujiste, tradujo, tradujimos, tradujisteis, tradujeron

¡ATENCIÓN!
Note the **c → z** spelling change in the third-person singular form of **hacer: hizo**.

▶ **¡Atención!** Most verbs that end in **-cir** are **j**-stem verbs in the preterite. For example, **producir → produje, produjiste,** etc.

> **Produjimos** un documental sobre los accidentes en la casa.
> *We produced a documentary about accidents in the home.*

▶ Notice that the preterites with **j**-stems omit the letter **i** in the **ustedes/ellos/ellas** form.

> Mis amigos **trajeron** comida a la fiesta.
> *My friends brought food to the party.*

> Ellos **dijeron** la verdad.
> *They told the truth.*

The preterite of dar

yo	d**i**	nosotros/as	d**imos**
tú	d**iste**	vosotros/as	d**isteis**
Ud./él/ella	d**io**	Uds./ellos/ellas	d**ieron**

SINGULAR FORMS — PLURAL FORMS

▶ The endings for **dar** are the same as the regular preterite endings for **-er** and **-ir** verbs, except that there are no accent marks.

La camarera me **dio** el menú.
The waitress gave me the menu.

Le **di** a Juan algunos consejos.
I gave Juan some advice.

Los invitados le **dieron** un regalo.
The guests gave him/her a gift.

Nosotros **dimos** una gran fiesta.
We gave a great party.

▶ The preterite of **hay** (*inf.* **haber**) is **hubo** (*there was; there were*).

CONSULTA

Note that there are other ways to say *there was* or *there were* in Spanish. See **Estructura 10.1**, p. 342.

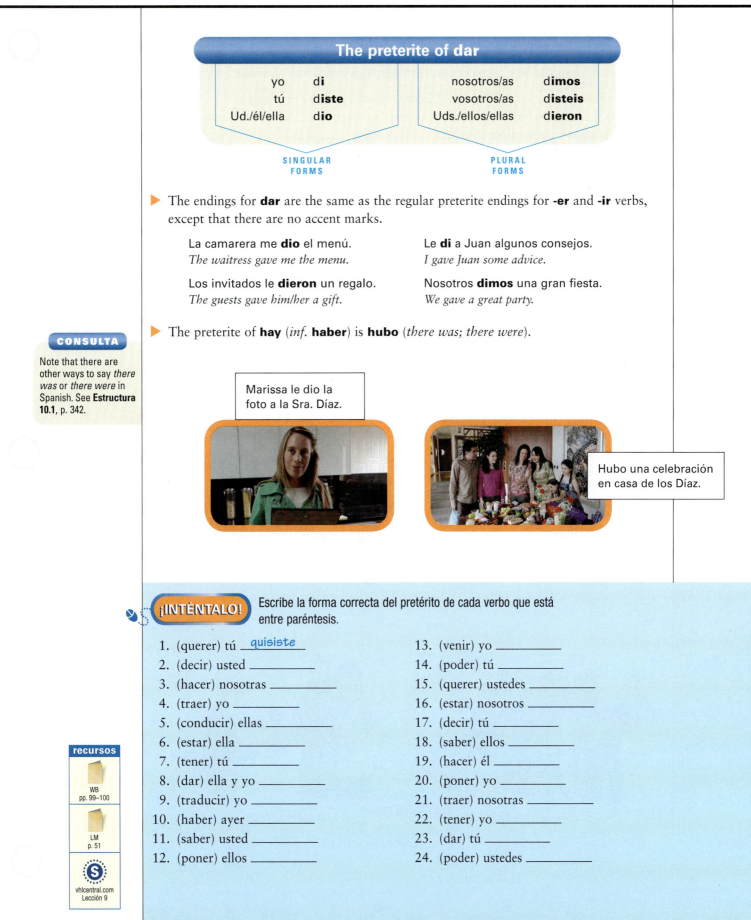

Marissa le dio la foto a la Sra. Díaz.

Hubo una celebración en casa de los Díaz.

¡INTÉNTALO! Escribe la forma correcta del pretérito de cada verbo que está entre paréntesis.

1. (querer) tú _quisiste_
2. (decir) usted _____
3. (hacer) nosotras _____
4. (traer) yo _____
5. (conducir) ellas _____
6. (estar) ella _____
7. (tener) tú _____
8. (dar) ella y yo _____
9. (traducir) yo _____
10. (haber) ayer _____
11. (saber) usted _____
12. (poner) ellos _____
13. (venir) yo _____
14. (poder) tú _____
15. (querer) ustedes _____
16. (estar) nosotros _____
17. (decir) tú _____
18. (saber) ellos _____
19. (hacer) él _____
20. (poner) yo _____
21. (traer) nosotras _____
22. (tener) yo _____
23. (dar) tú _____
24. (poder) ustedes _____

recursos

WB pp. 99–100

LM p. 51

vhlcentral.com Lección 9

Práctica

1

Completar Completa estas oraciones con el pretérito de los verbos entre paréntesis.

1. El sábado _____ (haber) una fiesta sorpresa para Elsa en mi casa.
2. Sofía _____ (hacer) un pastel para la fiesta y Miguel _____ (traer) un flan.
3. Los amigos y parientes de Elsa _____ (venir) y _____ (traer) regalos.
4. El hermano de Elsa no _____ (venir) porque _____ (tener) que trabajar.
5. Su tía María Dolores tampoco _____ (poder) venir.
6. Cuando Elsa abrió la puerta, todos gritaron: "¡Feliz cumpleaños!" y su esposo le _____ (dar) un beso.
7. Elsa no _____ (saber) cómo reaccionar (*react*). _____ (Estar) un poco nerviosa al principio, pero pronto sus amigos _____ (poner) música y ella _____ (poder) relajarse bailando con su esposo.
8. Al final de la noche, todos _____ (decir) que se divirtieron mucho.

NOTA CULTURAL

El **flan** es un postre muy popular en los países de habla hispana. Se prepara con huevos, leche y azúcar y se sirve con salsa de caramelo. Existen variedades deliciosas como el flan de chocolate o el flan de coco.

2

Describir En parejas, usen verbos de la lista para describir lo que estas personas hicieron. Deben dar por lo menos dos oraciones por cada dibujo.

dar	hacer	tener	traer
estar	poner	traducir	venir

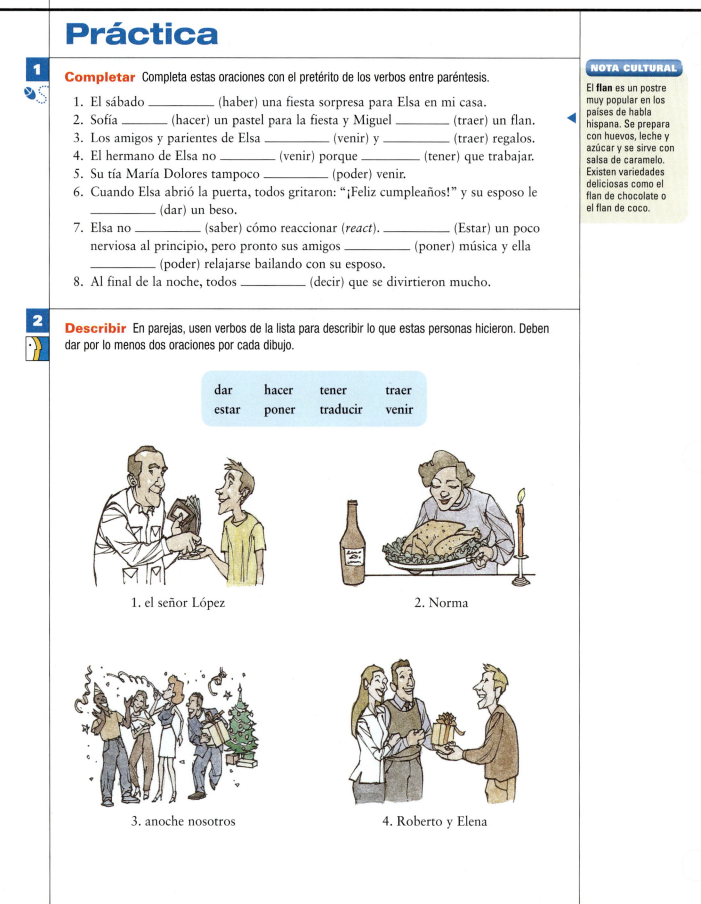

1. el señor López

2. Norma

3. anoche nosotros

4. Roberto y Elena

Comunicación

3 **Preguntas** En parejas, túrnense para hacerse y responder a estas preguntas.

1. ¿Fuiste a una fiesta de cumpleaños el año pasado? ¿De quién?
2. ¿Quiénes fueron a la fiesta?
3. ¿Quién condujo el auto?
4. ¿Cómo estuvo el ambiente de la fiesta?
5. ¿Quién llevó regalos, bebidas o comida? ¿Llevaste algo especial?
6. ¿Hubo comida? ¿Quién la hizo? ¿Hubo champán?
7. ¿Qué regalo hiciste tú? ¿Qué otros regalos trajeron los invitados?
8. ¿Cuántos invitados hubo en la fiesta?
9. ¿Qué tipo de música hubo?
10. ¿Qué te dijeron algunos invitados de la fiesta?

4 **Encuesta** Tu profesor(a) va a darte una hoja de actividades. Para cada una de las actividades de la lista, encuentra a alguien que hizo esa actividad.

modelo

traer dulces a clase
Estudiante 1: ¿Trajiste dulces a clase?
Estudiante 2: Sí, traje galletas y helado a la fiesta del fin del semestre.

Actividades — **Nombres**

1. ponerse un disfraz (costume) de Halloween
2. traer dulces a clase
3. conducir su auto a clase
4. estar en la biblioteca ayer
5. dar un regalo a alguien ayer
6. poder levantarse temprano esta mañana
7. hacer un viaje a un país hispano en el verano
8. tener una cita anoche
9. ir a una fiesta el fin de semana pasado
10. tener que trabajar el sábado pasado

Síntesis

5 **Conversación** En parejas, preparen una conversación en la que uno/a de ustedes va a visitar a su hermano/a para explicarle por qué no fue a su fiesta de graduación y para saber cómo estuvo la fiesta. Incluyan esta información en la conversación:

- cuál fue el menú
- quiénes vinieron a la fiesta y quiénes no pudieron venir
- quiénes prepararon la comida o trajeron algo
- si él/ella tuvo que preparar algo
- lo que la gente hizo antes y después de comer
- cómo lo pasaron, bien o mal

9.2 Verbs that change meaning in the preterite

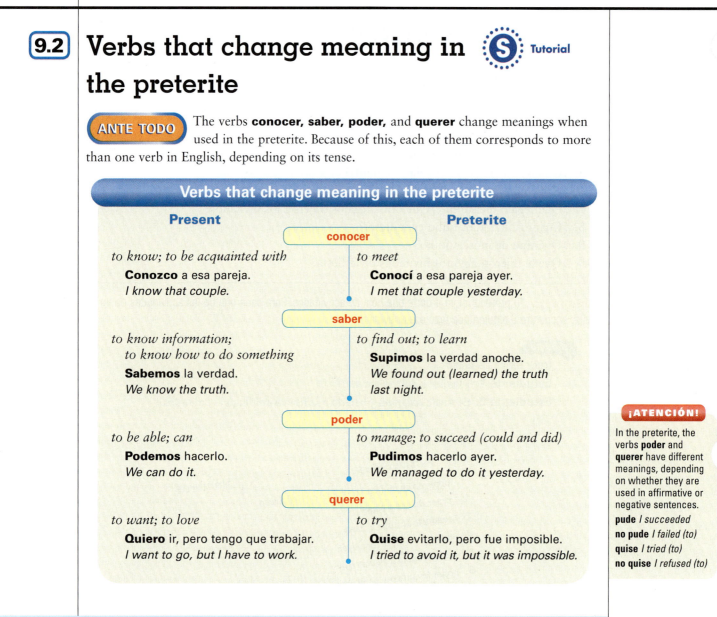

ANTE TODO The verbs **conocer, saber, poder,** and **querer** change meanings when used in the preterite. Because of this, each of them corresponds to more than one verb in English, depending on its tense.

Verbs that change meaning in the preterite

Present	Preterite
conocer	
to know; to be acquainted with	*to meet*
Conozco a esa pareja.	**Conocí** a esa pareja ayer.
I know that couple.	*I met that couple yesterday.*
saber	
to know information;	*to find out; to learn*
to know how to do something	**Supimos** la verdad anoche.
Sabemos la verdad.	*We found out (learned) the truth*
We know the truth.	*last night.*
poder	
to be able; can	*to manage; to succeed (could and did)*
Podemos hacerlo.	**Pudimos** hacerlo ayer.
We can do it.	*We managed to do it yesterday.*
querer	
to want; to love	*to try*
Quiero ir, pero tengo que trabajar.	**Quise** evitarlo, pero fue imposible.
I want to go, but I have to work.	*I tried to avoid it, but it was impossible.*

¡ATENCIÓN!

In the preterite, the verbs **poder** and **querer** have different meanings, depending on whether they are used in affirmative or negative sentences.

pude *I succeeded*
no pude *I failed (to)*
quise *I tried (to)*
no quise *I refused (to)*

¡INTÉNTALO! Elige la respuesta más lógica.

1. Yo no hice lo que me pidieron mis padres. ¡Tengo mis principios!
   a. No quise hacerlo. b. No supe hacerlo.

2. Hablamos por primera vez con Nuria y Ana en la boda.
   a. Las conocimos en la boda. b. Les dijimos en la boda.

3. Por fin hablé con mi hermano después de llamarlo siete veces.
   a. No quise hablar con él. b. Pude hablar con él.

4. Josefina se acostó para relajarse. Se durmió inmediatamente.
   a. Pudo relajarse. b. No pudo relajarse.

5. Después de mucho buscar, encontraste la definición en el diccionario.
   a. No supiste la respuesta. b. Supiste la respuesta.

6. Las chicas fueron a la fiesta. Cantaron y bailaron mucho.
   a. Ellas pudieron divertirse. b. Ellas no supieron divertirse.

recursos

WB
p. 101

LM
p. 52

vhlcentral.com
Lección 9

Práctica y Comunicación

1

Carlos y Eva Forma oraciones con los siguientes elementos. Usa el pretérito y haz todos los cambios necesarios. Al final, inventa la razón del divorcio de Carlos y Eva.

1. anoche / mi esposa y yo / saber / que / Carlos y Eva / divorciarse

▶ 2. los / conocer / viaje / isla de Pascua

3. no / poder / hablar / mucho / con / ellos / ese día

4. pero / ellos / ser / simpático / y / nosotros / hacer planes / vernos / con más / frecuencia

5. yo / poder / encontrar / su / número / teléfono / páginas / amarillo

6. (yo) querer / llamar / los / ese día / pero / no / tener / tiempo

7. cuando / los / llamar / nosotros / poder / hablar / Eva

8. nosotros / saber / razón / divorcio / después / hablar / ella

9. _____

NOTA CULTURAL

La isla de Pascua es un remoto territorio chileno situado en el océano Pacífico Sur. Sus inmensas estatuas son uno de los mayores misterios del mundo: nadie sabe cómo o por qué se crearon. Para más información, véase **Panorama**, p. 329.

2

Completar Completa estas frases de una manera lógica.

1. Ayer mi compañero/a de cuarto supo…
2. Esta mañana no pude…
3. Conocí a mi mejor amigo/a en…
4. Mis padres no quisieron…
5. Mi mejor amigo/a no pudo…
6. Mi novio/a y yo nos conocimos en…
7. La semana pasada supe…
8. Ayer mis amigos quisieron…

3

Telenovela En parejas, escriban el diálogo para una escena de una telenovela (*soap opera*). La escena trata de una situación amorosa entre tres personas: Mirta, Daniel y Raúl. Usen el pretérito de **conocer, poder, querer** y **saber** en su diálogo.

PASIÓN
SUSPENSO
AVENTURA
VENGANZA
LA MUJER DOBLE

Síntesis

4

Conversación En una hoja de papel, escribe dos listas: las cosas que hiciste durante el fin de semana y las cosas que quisiste hacer, pero no pudiste. Luego, compara tu lista con la de un(a) compañero/a, y expliquen ambos por qué no pudieron hacer esas cosas.

Practice more at **vhlcentral.com**.

9.3 ¿Qué? and ¿cuál? 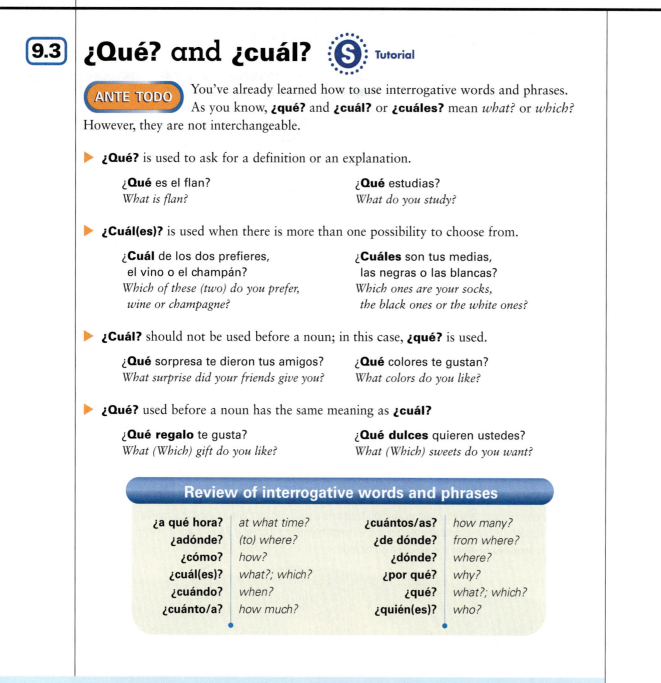 **S** Tutorial

ANTE TODO You've already learned how to use interrogative words and phrases. As you know, **¿qué?** and **¿cuál?** or **¿cuáles?** mean *what?* or *which?* However, they are not interchangeable.

▶ **¿Qué?** is used to ask for a definition or an explanation.

¿Qué es el flan?
What is flan?

¿Qué estudias?
What do you study?

▶ **¿Cuál(es)?** is used when there is more than one possibility to choose from.

¿Cuál de los dos prefieres,
el vino o el champán?
*Which of these (two) do you prefer,
wine or champagne?*

¿Cuáles son tus medias,
las negras o las blancas?
*Which ones are your socks,
the black ones or the white ones?*

▶ **¿Cuál?** should not be used before a noun; in this case, **¿qué?** is used.

¿Qué sorpresa te dieron tus amigos?
What surprise did your friends give you?

¿Qué colores te gustan?
What colors do you like?

▶ **¿Qué?** used before a noun has the same meaning as **¿cuál?**

¿Qué regalo te gusta?
What (Which) gift do you like?

¿Qué dulces quieren ustedes?
What (Which) sweets do you want?

Review of interrogative words and phrases

¿a qué hora?	*at what time?*	**¿cuántos/as?**	*how many?*
¿adónde?	*(to) where?*	**¿de dónde?**	*from where?*
¿cómo?	*how?*	**¿dónde?**	*where?*
¿cuál(es)?	*what?; which?*	**¿por qué?**	*why?*
¿cuándo?	*when?*	**¿qué?**	*what?; which?*
¿cuánto/a?	*how much?*	**¿quién(es)?**	*who?*

¡INTÉNTALO! Completa las preguntas con **¿qué?** o **¿cuál(es)?**, según el contexto.

1. ¿ _Cuál_ de los dos te gusta más?
2. ¿ _____ es tu teléfono?
3. ¿ _____ tipo de pastel pediste?
4. ¿ _____ es una galleta?
5. ¿ _____ haces ahora?
6. ¿ _____ son tus platos favoritos?
7. ¿ _____ bebidas te gustan más?
8. ¿ _____ es esto?
9. ¿ _____ es el mejor?
10. ¿ _____ es tu opinión?

11. ¿ _____ fiestas celebras tú?
12. ¿ _____ botella de vino prefieres?
13. ¿ _____ es tu helado favorito?
14. ¿ _____ pones en la mesa?
15. ¿ _____ restaurante prefieres?
16. ¿ _____ estudiantes estudian más?
17. ¿ _____ quieres comer esta noche?
18. ¿ _____ es la sorpresa mañana?
19. ¿ _____ postre prefieres?
20. ¿ _____ opinas?

recursos

WB
p. 102

LM
p. 53

S
vhlcentral.com
Lección 9

Práctica y Comunicación

1

Completar Tu clase de español va a crear un sitio web. Completa estas preguntas con alguna(s) palabra(s) interrogativa(s). Luego, con un(a) compañero/a, hagan y contesten las preguntas para obtener la información para el sitio web.

1. ¿_____ es la fecha de tu cumpleaños?
2. ¿_____ naciste?
3. ¿_____ es tu estado civil?
4. ¿_____ te relajas?
5. ¿_____ es tu mejor amigo/a?
6. ¿_____ cosas te hacen reír?
7. ¿_____ postres te gustan? ¿_____ te gusta más?
8. ¿_____ problemas tuviste en la primera cita con alguien?

2

Una invitación En parejas, lean esta invitación. Luego, túrnense para hacer y contestar preguntas con **qué** y **cuál** basadas en la información de la invitación.

modelo

Estudiante 1: ¿Cuál es el nombre del padre de la novia?
Estudiante 2: Su nombre es Fernando Sandoval Valera.

¡LENGUA VIVA!

The word **invitar** is not always used exactly like *invite*. Sometimes, if you say **Te invito un café**, it means that you are offering to buy that person a coffee.

> Fernando Sandoval Valera   Lorenzo Vásquez Amaral
> Isabel Arzipe de Sandoval   Elena Soto de Vásquez
>
> tienen el agrado de invitarlos
> a la boda de sus hijos
>
> María Luisa y José Antonio
>
> La ceremonia religiosa tendrá lugar
> el sábado 10 de junio a las dos de la tarde
> en el Templo de Santo Domingo
> (Calle Santo Domingo, 961).
>
> Después de la ceremonia, sírvanse pasar a la recepción en el salón
> de baile del Hotel Metrópoli (Sotero del Río, 465).

3

Quinceañera Trabaja con un(a) compañero/a. Uno/a de ustedes es el/la director(a) del salón de fiestas "Renacimiento". La otra persona es el padre/la madre de Sandra, quien quiere hacer la fiesta de quince años de su hija gastando menos de $25 por invitado. Su profesor(a) va a darles la información necesaria para confirmar la reservación.

modelo

Estudiante 1: ¿Cuánto cuestan los entremeses?
Estudiante 2: Depende. Puede escoger champiñones por 50 centavos o camarones por dos dólares.
Estudiante 1: ¡Uf! A mi hija le gustan los camarones, pero son muy caros.
Estudiante 2: Bueno, también puede escoger quesos por un dólar por invitado.

Practice more at **vhlcentral.com**.

9.4 Pronouns after prepositions (S) Tutorial

ANTE TODO In Spanish, as in English, the object of a preposition is the noun or pronoun that follows a preposition. Observe the following diagram.

PREPOSITION	NOUN	PREPOSITION	PRONOUN
La sopa es para	Alicia	y para	él.

Prepositional pronouns

	Singular			Plural	
	mí	me	**nosotros/as**	us
	ti	you (fam.)	**vosotros/as**	you (fam.)
preposition +	**Ud.**	you (form.)	**Uds.**	you
	él	him	**ellos**	them (m.)
	ella	her	**ellas**	them (f.)

▶ Note that, except for **mí** and **ti,** these pronouns are the same as the subject pronouns. **¡Atención! Mí** (*me*) has an accent mark to distinguish it from the possessive adjective **mi** (*my*).

▶ The preposition **con** combines with **mí** and **ti** to form **conmigo** and **contigo**, respectively.

—¿Quieres venir **conmigo** a Concepción?
Do you want to come with me to Concepción?

—Sí, gracias, me gustaría ir **contigo**.
Yes, thanks, I would like to go with you.

▶ The preposition **entre** is followed by **tú** and **yo** instead of **ti** and **mí**.

Papá va a sentarse **entre tú y yo**.
Dad is going to sit between you and me.

CONSULTA

For more prepositions, refer to **Estructura 2.3,** p. 60.

¡INTÉNTALO! Completa estas oraciones con las preposiciones y los pronombres apropiados.

1. (*with him*) No quiero ir ___con él___.
2. (*for her*) Las galletas son _____.
3. (*for me*) Los mariscos son _____.
4. (*with you*, pl.) Preferimos estar _____.
5. (*with you*, sing. fam.) Me gusta salir _____.
6. (*with me*) ¿Por qué no quieres tener una cita _____?
7. (*for her*) La cuenta es _____.
8. (*for them*, m.) La habitación es muy pequeña _____.
9. (*with them*, f.) Anoche celebré la Navidad _____.
10. (*for you*, sing. fam.) Este beso es _____.
11. (*with you*, sing. fam.) Nunca me aburro _____.
12. (*with you*, pl.) ¡Qué bien que vamos _____!
13. (*for you*, sing. fam.) _____ la vida es muy fácil.
14. (*for them*, f.) _____ no hay sorpresas.

recursos

WB
pp. 103–104

LM
p. 54

(S)
vhlcentral.com
Lección 9

Práctica y Comunicación

1 **Completar** David sale con sus amigos a comer. Para saber quién come qué, lee el mensaje electrónico que David le envió (*sent*) a Cecilia dos días después y completa el diálogo en el restaurante con los pronombres apropiados.

> **modelo**
>
> **Camarero:** Los camarones en salsa verde, ¿para quién son?
> **David:** Son para ___ella___.

Las **machas a la parmesana** son un plato muy típico de Chile. Se prepara con machas, un tipo de almeja (*clam*) que se encuentra en Suramérica. Las machas a la parmesana se hacen con queso parmesano, limón, sal, pimienta y mantequilla, y luego se ponen en el horno (*oven*).

Para: Cecilia	Asunto: El menú

Hola, Cecilia:

¿Recuerdas la comida del viernes? Quiero repetir el menú en mi casa el miércoles. Ahora voy a escribir lo que comimos, luego me dices si falta algún plato. Yo pedí el filete de pescado y Maribel camarones en salsa verde. Tatiana pidió un plato grandísimo de machas a la parmesana. Diana y Silvia pidieron langostas, ¿te acuerdas? Y tú, ¿qué pediste? Ah, sí, un bistec grande con papas. Héctor también pidió un bistec, pero más pequeño. Miguel pidió pollo y vino tinto para todos. Y la profesora comió ensalada verde porque está a dieta. ¿Falta algo? Espero tu mensaje. Hasta pronto. David.

CAMARERO El filete de pescado, ¿para quién es?

DAVID Es para (1)_____.

CAMARERO Aquí está. ¿Y las machas a la parmesana y las langostas?

DAVID Las machas son para (2)_____.

SILVIA Y DIANA Las langostas son para (3)_____.

CAMARERO Tengo un bistec grande…

DAVID Cecilia, es para (4)_____, ¿no es cierto? Y el bistec más pequeño es para (5)_____.

CAMARERO ¿Y la botella de vino?

MIGUEL Es para todos (6)_____, y el pollo es para (7)_____.

CAMARERO (*a la profesora*) Entonces la ensalada verde es para (8)_____.

2 **Compartir** Tu profesor(a) va a darte una hoja de actividades en la que hay un dibujo. En parejas, hagan preguntas para saber dónde está cada una de las personas en el dibujo. Ustedes tienen dos versiones diferentes de la ilustración. Al final deben saber dónde está cada persona.

> **modelo**
>
> **Estudiante 1:** ¿Quién está al lado de Óscar?
> **Estudiante 2:** Alfredo está al lado de él.

Here are some other useful prepositions: **al lado de, debajo de, a la derecha de, a la izquierda de, cerca de, lejos de, delante de, detrás de, entre.**

Alfredo	Dolores	Graciela	Raúl
Sra. Blanco	Enrique	Leonor	Rubén
Carlos	Sra. Gómez	Óscar	Yolanda

Recapitulación

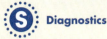

Diagnostics

Completa estas actividades para repasar los conceptos de gramática que aprendiste en esta lección.

1   **Completar** Completa la tabla con el pretérito de los verbos. **18 pts.**

Infinitive	yo	ella	nosotros
conducir			
hacer			
saber			

2   **Mi fiesta** Completa este mensaje electrónico con el pretérito de los verbos de la lista. Vas a usar cada verbo sólo una vez. **20 pts.**

dar	haber	tener
decir	hacer	traer
estar	poder	venir
	poner	

Hola, Omar:

Como tú no (1) _____ venir a mi fiesta de cumpleaños, quiero contarte cómo fue. El día de mi cumpleaños, muy temprano por la mañana, mis hermanos me (2) _____ una gran sorpresa: ellos (3) _____ un regalo delante de la puerta de mi habitación: ¡una bicicleta roja preciosa! Mi madre nos preparó un desayuno riquísimo. Después de desayunar, mis hermanos y yo (4) _____ que limpiar toda la casa, así que (*therefore*) no (5) _____ más celebración hasta la tarde. A las seis y media (nosotros) (6) _____ una barbacoa en el patio de la casa. Todos los invitados (7) _____ bebidas y regalos. (8) _____ todos mis amigos, excepto tú, ¡qué pena! :-(La fiesta (9) _____ muy animada hasta las diez de la noche, cuando mis padres (10) _____ que los vecinos (*neighbors*) iban a (*were going to*) protestar y entonces todos se fueron a sus casas.

RESUMEN GRAMATICAL

9.1   **Irregular preterites**   *pp. 310–311*

u-stem	estar poder poner saber tener	estuv- pud- pus- sup- tuv-	-e, -iste, -o, -imos, -isteis, -(i)eron
i-stem	hacer querer venir	hic- quis- vin-	
j-stem	conducir decir traducir traer	conduj- dij- traduj- traj-	

▶ Preterite of **dar: di, diste, dio, dimos, disteis, dieron**

▶ Preterite of **hay** (*inf.* **haber**): **hubo**

9.2   **Verbs that change meaning in the preterite**   *p. 314*

Present	Preterite
conocer	
to know; to be acquainted with	to meet
saber	
to know info.; to know how to do something	to find out; to learn
poder	
to be able; can	to manage; to succeed
querer	
to want; to love	to try

9.3   **¿Qué? and ¿cuál?**   *p. 316*

▶ Use **¿qué?** to ask for a definition or an explanation.

▶ Use **¿cuál(es)?** when there is more than one possibility to choose from.

▶ **¿Cuál?** should not be used before a noun; use **¿qué?** instead.

▶ **¿Qué?** used before a noun has the same meaning as **¿cuál?**

9.4 **Pronouns after prepositions** *p. 318*

Prepositional pronouns

	Singular	Plural
Preposition +	mí	nosotros/as
	ti	vosotros/as
	Ud.	Uds.
	él	ellos
	ella	ellas

► Exceptions: **conmigo, contigo, entre tú y yo**

3 **¿Presente o pretérito?** Escoge la forma correcta de los verbos en paréntesis. **12 pts.**

1. Después de muchos intentos (*tries*), (podemos/ pudimos) hacer una piñata.
2. —¿Conoces a Pepe? —Sí, lo (conozco/ conocí) en tu fiesta.
3. Como no es de aquí, Cristina no (sabe/supo) mucho de las celebraciones locales.
4. Yo no (quiero/quise) ir a un restaurante grande, pero tú decides.
5. Ellos (quieren/quisieron) darme una sorpresa, pero Nina me lo dijo todo.
6. Mañana se terminan las vacaciones; por fin (podemos/pudimos) volver a la escuela.

4 **Preguntas** Escribe una pregunta para cada respuesta con los elementos dados. Empieza con **qué**, **cuál** o **cuáles** de acuerdo con el contexto y haz los cambios necesarios. **8 pts.**

1. —¿? / pastel / querer —Quiero el pastel de chocolate.
2. —¿? / ser / sangría —La sangría es una bebida típica española.
3. —¿? / ser / restaurante favorito —Mis restaurantes favoritos son Dalí y Jaleo.
4. —¿? / ser / dirección electrónica —Mi dirección electrónica es paco@email.com.

5 **¿Dónde me siento?** Completa la conversación con los pronombres apropiados. **14 pts.**

JUAN A ver, te voy a decir dónde te vas a sentar. Manuel, ¿ves esa silla? Es para _____. Y esa otra silla es para tu novia, que todavía no está aquí.

MANUEL Muy bien, yo la reservo para _____.

HUGO ¿Y esta silla es para _____ (*me*)?

JUAN No, Hugo. No es para _____. Es para Carmina, que viene con Julio.

HUGO No, Carmina y Julio no pueden venir. Hablé con _____ y me avisaron.

JUAN Pues ellos se lo pierden (*it's their loss*). ¡Más comida para _____ (*us*)!

CAMARERO Aquí tienen el menú. Les doy un minuto y enseguida estoy con _____.

6 **Cumpleaños feliz** Escribe cinco oraciones que describan cómo celebraste tu último cumpleaños. Usa el pretérito y los pronombres que aprendiste en esta lección. **28 pts.**

7 **Poema** Completa este fragmento del poema *Elegía nocturna* de Carlos Pellicer con el pretérito de los verbos entre paréntesis. **¡4 puntos EXTRA!**

❝Ay de mi corazón° que nadie _____ (querer) tomar de entre mis manos desoladas. Tú _____ (venir) a mirar sus llamaradas° y le miraste arder° claro° y sereno.❞

corazón *heart* llamaradas *flames* arder *to burn* claro *clear*

Practice more at **vhlcentral.com**.

Lectura

Antes de leer

Estrategia

Recognizing word families

Recognizing root words can help you guess the meaning of words in context, ensuring better comprehension of a reading selection. Using this strategy will enrich your Spanish vocabulary as you will see below.

Examinar el texto

Familiarízate con el texto usando las estrategias de lectura más efectivas para ti. ¿Qué tipo de documento es? ¿De qué tratan° las cuatro secciones del documento? Explica tus respuestas.

Raíces°

Completa el siguiente cuadro° para ampliar tu vocabulario. Usa palabras de la lectura de esta lección y vocabulario de las lecciones anteriores. ¿Qué significan las palabras que escribiste en el cuadro?

Verbos	Sustantivos	Otras formas
1. agradecer *to thank, to be grateful for*	*agradecimiento/ gracias gratitude/thanks*	*agradecido grateful, thankful*
2. estudiar	_____	_____
3. _____	_____	celebrado
4. _____	baile	_____
5. bautizar	_____	_____

Vida social

Matrimonio
Espinoza Álvarez-Reyes Salazar

El día sábado 17 de junio a las 19 horas, se celebró el matrimonio de Silvia Reyes y Carlos Espinoza en la catedral de Santiago. La ceremonia fue oficiada por el pastor Federico Salas y participaron los padres de los novios, el señor Jorge Espinoza y señora y el señor José Alfredo Reyes y señora. Después de la ceremonia, los padres de los recién casados ofrecieron una fiesta bailable en el restaurante La Misión.

Bautismo
José María recibió el bautismo el 26 de junio.

Sus padres, don Roberto Lagos Moreno y doña María Angélica Sánchez, compartieron la alegría de la fiesta con todos sus parientes y amigos. La ceremonia religiosa tuvo lugar° en la catedral de Aguas Blancas. Después de la ceremonia, padres, parientes y amigos celebraron una fiesta en la residencia de la familia Lagos.

¿De qué tratan...? *What are... about?* Raíces *Roots* cuadro *chart*

32B

Fiesta de quince años

El doctor don Amador Larenas Fernández y la señora Felisa Vera de Larenas celebraron los quince años de su hija Ana Ester junto a sus parientes y amigos. La quinceañera reside en la ciudad de Valparaíso y es estudiante del Colegio Francés. La fiesta de presentación en sociedad de la señorita Ana Ester fue el día viernes 2 de mayo a las 19 horas en el Club Español. Entre los invitados especiales asistieron el alcalde° de la ciudad, don Pedro Castedo, y su esposa. La música estuvo a cargo de la Orquesta Americana. ¡Feliz cumpleaños, le deseamos a la señorita Ana Ester en su fiesta bailable!

Expresión de gracias
Carmen Godoy Tapia

Agradecemos° sinceramente a todas las personas que nos acompañaron en el último adiós a nuestra apreciada esposa, madre, abuela y tía, la señora Carmen Godoy Tapia. El funeral tuvo lugar el día 28 de junio en la ciudad de Viña del Mar. La vida de Carmen Godoy fue un ejemplo de trabajo, amistad, alegría y amor para todos nosotros. Su esposo, hijos y familia agradecen de todo corazón° su asistencia° al funeral a todos los parientes y amigos.

tuvo lugar *took place* alcalde *mayor* Agradecemos *We thank*
de todo corazón *sincerely* asistencia *attendance*

Después de leer

Corregir
Escribe estos comentarios otra vez para corregir la información errónea.

1. El alcalde y su esposa asistieron a la boda de Silvia y Carlos.

2. Todos los anuncios (*announcements*) describen eventos felices.

3. Felisa Vera de Larenas cumple quince años.

4. Roberto Lagos y María Angélica Sánchez son hermanos.

5. Carmen Godoy Tapia les dio las gracias a las personas que asistieron al funeral.

Identificar
Escribe el nombre de la(s) persona(s) descrita(s) (*described*).

1. Dejó viudo a su esposo el 28 de junio.

2. Sus padres y todos los invitados brindaron por él, pero él no entendió por qué.

3. El Club Español les presentó una cuenta considerable.

4. Unió a los novios en santo matrimonio.

5. Su fiesta de cumpleaños se celebró en Valparaíso.

Un anuncio
Trabajen en grupos pequeños para inventar un anuncio breve sobre una celebración importante. Puede ser una graduación, un matrimonio o una gran fiesta en la que ustedes participan. Incluyan la siguiente información.

1. nombres de los participantes

2. la fecha, la hora y el lugar

3. qué se celebra

4. otros detalles de interés

Escritura

Estrategia

Planning and writing a comparative analysis

Writing any kind of comparative analysis requires careful planning. Venn diagrams are useful for organizing your ideas visually before comparing and contrasting people, places, objects, events, or issues. To create a Venn diagram, draw two circles that overlap one another and label the top of each circle. List the differences between the two elements in the outer rings of the two circles, then list their similarities where the two circles overlap. Review the following example.

Diferencias y similitudes

Boda de Silvia Reyes y Carlos Espinoza

Diferencias:
1. Primero hay una celebración religiosa.
2. Se celebra en un restaurante.

Similitudes:
1. Las dos fiestas se celebran por la noche.
2. Las dos fiestas son bailables.

Fiesta de quince años de Ana Ester Larenas Vera

Diferencias:
1. Se celebra en un club.
2. Vienen invitados especiales.

La lista de palabras y expresiones a la derecha puede ayudarte a escribir este tipo de ensayo (*essay*).

Tema

Escribir una composición

Compara una celebración familiar (como una boda, una fiesta de cumpleaños o una graduación) a la que tú asististe recientemente con otro tipo de celebración. Utiliza palabras y expresiones de esta lista.

Para expresar similitudes

además; también	*in addition; also*
al igual que	*the same as*
como	*as; like*
de la misma manera	*in the same manner (way)*
del mismo modo	*in the same manner (way)*
tan + [*adjetivo*] + como	*as + [adjective] + as*
tanto/a(s) + [*sustantivo*] + como	*as many/much + [noun] + as*

Para expresar diferencias

a diferencia de	*unlike*
a pesar de	*in spite of*
aunque	*although*
en cambio	*on the other hand*
más/menos... que	*more/less ... than*
no obstante	*nevertheless; however*
por el contrario	*on the contrary*
por otro lado	*on the other hand*
sin embargo	*nevertheless; however*

Escuchar Audio

Estrategia
Guessing the meaning of words through context

When you hear an unfamiliar word, you can often guess its meaning by listening to the words and phrases around it.

🎧 To practice this strategy, you will now listen to a paragraph. Jot down the unfamiliar words that you hear. Then listen to the paragraph again and jot down the word or words that give the most useful clues to the meaning of each unfamiliar word.

Preparación

Lee la invitación. ¿De qué crees que van a hablar Rosa y Josefina?

Ahora escucha 🎧

Ahora escucha la conversación entre Josefina y Rosa. Cuando oigas una de las palabras de la columna A, usa el contexto para identificar el sinónimo o la definición en la columna B.

A	B
_____ 1. festejar	a. conmemoración religiosa de una muerte
_____ 2. dicha	b. tolera
_____ 3. bien parecido	c. suerte
_____ 4. finge (fingir)	d. celebrar
_____ 5. soporta (soportar)	e. me divertí
_____ 6. yo lo disfruté (disfrutar)	f. horror
	g. crea una ficción
	h. guapo

Margarita Robles de García
y Roberto García Olmos

Piden su presencia en la celebración
del décimo aniversario de bodas
el día 13 de marzo
con una misa en la Iglesia Virgen del Coromoto
a las 6:30

❧

seguida por cena y baile
en el restaurante El Campanero,
Calle Principal, Las Mercedes
a las 8:30

Comprensión

¿Cierto o falso?

Lee cada oración e indica si lo que dice es **cierto** o **falso**. Corrige las oraciones falsas.

1. No invitaron a mucha gente a la fiesta de Margarita y Roberto porque ellos no conocen a muchas personas.

2. Algunos fueron a la fiesta con pareja y otros fueron sin compañero/a.

3. Margarita y Roberto decidieron celebrar el décimo aniversario porque no hicieron una fiesta el día de su boda.

4. Rafael les parece interesante a Rosa y a Josefina.

5. Josefina se divirtió mucho en la fiesta porque bailó toda la noche con Rafael.

Preguntas

Responde a estas preguntas con oraciones completas.

1. ¿Son solteras Rosa y Josefina? ¿Cómo lo sabes?

2. ¿Tienen las chicas una amistad de mucho tiempo con la pareja que celebra su aniversario? ¿Cómo lo sabes?

En pantalla

Desfiles°, música, asados°, fuegos artificiales° y baile son los elementos de una buena fiesta. ¿Celebrar durante toda una semana? ¡Eso sí que es una fiesta espectacular! El 18 de septiembre Chile conmemora su independencia de España y los chilenos demuestran su orgullo° nacional durante una semana llena de celebraciones. Durante las Fiestas Patrias° casi todas las oficinas° y escuelas se cierran para que la gente se reúna° a festejar. Desfiles y rodeos representan la tradición de los vaqueros° del país, y la gente baila cueca, el baile nacional. Las familias y los amigos se reúnen para preparar y comer platos tradicionales como las empanadas y asados. Otra de las tradiciones de estas fiestas es hacer volar cometas°, llamadas volantines. Mira el video para descubrir cómo se celebran otras fiestas en Chile.

Vocabulario útil	
conejo	*bunny*
disfraces	*costumes*
mariscal	*traditional Chilean soup with raw seafood*
sustos	*frights*
vieja (Chi.)	*mother*

Seleccionar

Selecciona la palabra que no está relacionada con cada grupo.

1. disfraces • noviembre • arbolito • sustos
2. volantines • arbolito • regalos • diciembre
3. conejo • enero • huevitos • chocolates
4. septiembre • volantines • disfraces • asado

Fiesta

Trabajen en grupos de tres. Imaginen que van a organizar una fiesta para celebrar el 4 de julio. Escriban una invitación electrónica para invitar a sus parientes y amigos a la fiesta. Describan los planes que tienen para la fiesta y díganles a sus amigos qué tiene que traer cada uno.

Desfiles/Paradas *Parades* asados *barbecues* fuegos artificiales *fireworks* orgullo *pride* Fiestas Patrias *Independence Day celebrations* oficinas *offices* se reúna *would get together* vaqueros *cowboys* cometas/volantines *kites*

Fiestas patrias: Chilevisión

Noviembre: disfraces, dulces...

Mayo: besito, tarjeta, tecito con la mamá...

Septiembre... Septiembre: familia, parada militar...

Video: TV Clip

Practice more at **vhlcentral.com**.

El Día de los Reyes Magos* es una celebración muy popular en muchos países hispanos. No sólo es el día en que los reyes les traen regalos a los niños, también es una fiesta llena° de tradiciones. La tarde del 5 de enero, en muchas ciudades como Barcelona, España, se hace un desfile° en que los reyes regalan dulces a los niños y reciben sus cartas con peticiones. Esa noche, antes de irse a dormir, los niños deben dejar un zapato junto a la ventana y un bocado° para los reyes. En Puerto Rico, por ejemplo, los niños ponen una caja con hierba° bajo su cama para alimentar a los camellos° de los reyes.

Vocabulario útil

los cabezudos	carnival figures with large heads
los carteles	posters
fiesta de pueblo	popular celebration
santos de palo	wooden saints

Preparación

¿Se celebra la Navidad en tu país? ¿Qué otras fiestas importantes se celebran? En cada caso, ¿cuántos días dura la fiesta? ¿Cuáles son las tradiciones y actividades típicas? ¿Hay alguna comida típica en esa celebración?

Elegir

Indica cuál de las dos opciones resume mejor este episodio.

a. Las Navidades puertorriqueñas son las más largas y terminan después de las fiestas de la calle San Sebastián. Esta fiesta de pueblo se celebra con baile, música y distintas expresiones artísticas típicas.

b. En la celebración de las Navidades puertorriqueñas, los cabezudos son una tradición de España y son el elemento más importante de la fiesta. A la gente le gusta bailar y hacer procesiones por la noche.

According to the Christian tradition, the Three Wise Men were the three kings that traveled to Bethlehem after the birth of Baby Jesus, carrying with them gifts of gold, frankincense, and myrrh to pay him homage.

llena *full* desfile *parade* bocado *snack* hierba *grass* alimentar los camellos *feed the camels*

Las fiestas

Los cabezudos son una tradición [...] de España.

Hay mucha gente y mucho arte.

Es una fiesta de pueblo... una tradición. Vengo todos los años.

Video: *Flash cultura*

Practice more at **vhlcentral.com**.

recursos

VM pp. 95–96

vhlcentral.com Lección 9

Video: *Panorama cultural*
Interactive map

Chile

El país en cifras

- **Área:** 756.950 km² (292.259 millas²), *dos veces el área de Montana*
- **Población:** 17.363.000 *Aproximadamente el 80 por ciento de la población del país es urbana.*
- **Capital:** Santiago de Chile—6.034.000
- **Ciudades principales:** Valparaíso— 865.000, Concepción, Viña del Mar, Temuco
- **Moneda:** peso chileno
- **Idiomas:** español (oficial), mapuche

Bandera de Chile

Chilenos célebres

- **Bernardo O'Higgins,** militar° y héroe nacional (1778–1842)
- **Gabriela Mistral,** Premio Nobel de Literatura, 1945; poeta y diplomática (1889–1957)
- **Pablo Neruda,** Premio Nobel de Literatura, 1971; poeta (1904–1973)
- **Isabel Allende,** novelista (1942–)
- **Ana Tijoux,** cantante (1977–)

Pablo Neruda

militar *soldier* desierto *desert* el más seco *the driest* mundo *world* han tenido *have had* ha sido usado *has been used* Marte *Mars*

PERÚ

Pampa del Tamarugal

La costa de Viña del Mar

BOLIVIA

Cordillera de los Andes

Edificio antiguo en Santiago

El puerto de Valparaíso

Océano Pacífico

Viña del Mar
Valparaíso

Santiago de Chile

ARGENTINA

Concepción

Temuco

Una celebración en Temuco

Torres del Paine

Lago Buenos Aires

Océano Atlántico

Punta Arenas

recursos

Estrecho de Magallanes

WB pp. 105–106

VM pp. 53–54

vhlcentral.com Lección 9

Isla Grande de Tierra del Fuego

¡Increíble pero cierto!

El desierto° de Atacama, en el norte de Chile, es el más seco° del mundo°. Con más de cien mil km² de superficie, algunas zonas de este desierto nunca han tenido° lluvia. Atacama ha sido usado° como escenario para representar a Marte° en películas y series de televisión.

Lugares • La isla de Pascua

La isla de Pascua° recibió ese nombre porque los exploradores holandeses° llegaron a la isla por primera vez el día de Pascua de 1722. Ahora es parte del territorio de Chile. La isla de Pascua es famosa por los *moái*, estatuas enormes que representan personas con rasgos° muy exagerados. Estas estatuas las construyeron los *rapa nui*, los antiguos habitantes de la zona. Todavía no se sabe mucho sobre los *rapa nui*, ni tampoco se sabe por qué decidieron abandonar la isla.

Deportes • Los deportes de invierno

Hay muchos lugares para practicar deportes de invierno en Chile porque las montañas nevadas de los Andes ocupan gran parte del país. El Parque Nacional Villarrica, por ejemplo, situado al pie de un volcán y junto a° un lago, es un sitio popular para el esquí y el *snowboard*. Para los que prefieren deportes más extremos, el centro de esquí Valle Nevado organiza excursiones para practicar heliesquí.

Ciencias • Astronomía

Los observatorios chilenos, situados en los Andes, son lugares excelentes para las observaciones astronómicas. Científicos° de todo el mundo van a Chile para estudiar las estrellas° y otros cuerpos celestes. Hoy día Chile está construyendo nuevos observatorios y telescopios para mejorar las imágenes del universo.

Economía • El vino

La producción de vino comenzó en Chile en el siglo° XVI. Ahora la industria del vino constituye una parte importante de la actividad agrícola del país y la exportación de sus productos está aumentando° cada vez más. Los vinos chilenos son muy apreciados internacionalmente por su gran variedad, sus ricos y complejos sabores° y su precio moderado. Los más conocidos son los vinos de Aconcagua y del valle del Maipo.

¿Qué aprendiste? Responde a cada pregunta con una oración completa.

1. ¿Qué porcentaje (*percentage*) de la población chilena es urbana?

2. ¿Qué son los *moái*? ¿Dónde están?

3. ¿Qué deporte extremo ofrece el centro de esquí Valle Nevado?

4. ¿Por qué van a Chile científicos de todo el mundo?

5. ¿Cuándo comenzó la producción de vino en Chile?

6. ¿Por qué son apreciados internacionalmente los vinos chilenos?

Conexión Internet Investiga estos temas en **vhlcentral.com**.

1. Busca información sobre Pablo Neruda e Isabel Allende. ¿Dónde y cuándo nacieron? ¿Cuáles son algunas de sus obras (*works*)? ¿Cuáles son algunos de los temas de sus obras?

2. Busca información sobre sitios donde los chilenos y los turistas practican deportes de invierno en Chile. Selecciona un sitio y descríbeselo a tu clase.

 Practice more at **vhlcentral.com**.

La isla de Pascua *Easter Island* holandeses *Dutch* rasgos *features* junto a *beside* Científicos *Scientists* estrellas *stars* siglo *century* aumentando *increasing* complejos sabores *complex flavors*

Las celebraciones

el aniversario (de bodas)	*(wedding) anniversary*
la boda	*wedding*
el cumpleaños	*birthday*
el día de fiesta	*holiday*
la fiesta	*party*
el/la invitado/a	*guest*
la Navidad	*Christmas*
la quinceañera	*young woman celebrating her fifteenth birthday*
la sorpresa	*surprise*
brindar	*to toast (drink)*
celebrar	*to celebrate*
divertirse (e:ie)	*to have fun*
invitar	*to invite*
pasarlo bien/mal	*to have a good/bad time*
regalar	*to give (a gift)*
reírse (e:i)	*to laugh*
relajarse	*to relax*
sonreír (e:i)	*to smile*
sorprender	*to surprise*

Los postres y otras comidas

la botella (de vino)	*bottle (of wine)*
el champán	*champagne*
los dulces	*sweets; candy*
el flan (de caramelo)	*baked (caramel) custard*
la galleta	*cookie*
el helado	*ice cream*
el pastel (de chocolate)	*(chocolate) cake; pie*
el postre	*dessert*

Las relaciones personales

la amistad	*friendship*
el amor	*love*
el divorcio	*divorce*
el estado civil	*marital status*
el matrimonio	*marriage*
la pareja	*(married) couple; partner*
el/la recién casado/a	*newlywed*
casarse (con)	*to get married (to)*
comprometerse (con)	*to get engaged (to)*
divorciarse (de)	*to get divorced (from)*
enamorarse (de)	*to fall in love (with)*
llevarse bien/mal (con)	*to get along well/ badly (with)*
odiar	*to hate*
romper (con)	*to break up (with)*
salir (con)	*to go out (with); to date*
separarse (de)	*to separate (from)*
tener una cita	*to have a date; to have an appointment*
casado/a	*married*
divorciado/a	*divorced*
juntos/as	*together*
separado/a	*separated*
soltero/a	*single*
viudo/a	*widower/widow*

Las etapas de la vida

la adolescencia	*adolescence*
la edad	*age*
las etapas de la vida	*the stages of life*
la juventud	*youth*
la madurez	*maturity; middle age*
la muerte	*death*
el nacimiento	*birth*
la niñez	*childhood*
la vejez	*old age*
cambiar (de)	*to change*
graduarse (de/en)	*to graduate (from/in)*
jubilarse	*to retire (from work)*
nacer	*to be born*

Palabras adicionales

la alegría	*happiness*
el beso	*kiss*
conmigo	*with me*
contigo	*with you*
¡Felicidades!/ ¡Felicitaciones!	*Congratulations!*
¡Feliz cumpleaños!	*Happy birthday!*

Expresiones útiles	*See page 305.*

recursos

LM p. 54 | vhlcentral.com Lección 9

Vocabulary Tools

En el consultorio

10

A PRIMERA VISTA

- ¿Están en una farmacia o en un hospital?
- ¿La mujer es médica o dentista?
- ¿Qué hace ella, una operación o un examen médico?
- ¿Crees que la paciente está nerviosa?

En el consultorio

Más vocabulario

la clínica	clinic
el consultorio	doctor's office
el/la dentista	dentist
el examen médico	physical exam
la farmacia	pharmacy
el hospital	hospital
la operación	operation
la sala de emergencia(s)	emergency room
el cuerpo	body
el oído	(sense of) hearing; inner ear
el accidente	accident
la salud	health
el síntoma	symptom
caerse	to fall (down)
darse con	to bump into; to run into
doler (o:ue)	to hurt
enfermarse	to get sick
estar enfermo/a	to be sick
lastimarse (el pie)	to injure (one's foot)
poner una inyección	to give an injection
recetar	to prescribe
romperse (la pierna)	to break (one's leg)
sacar(se) un diente	to have a tooth removed
sufrir una enfermedad	to suffer an illness
torcerse (o:ue) (el tobillo)	to sprain (one's ankle)
toser	to cough

Variación léxica

gripe	⟷	gripa (Col., Gua., Méx.)
resfriado	⟷	catarro (Cuba, Esp., Gua.)
sala de emergencia(s)	⟷	sala de urgencias (Arg., Col., Esp., Méx.)
romperse	⟷	quebrarse (Arg., Gua.)

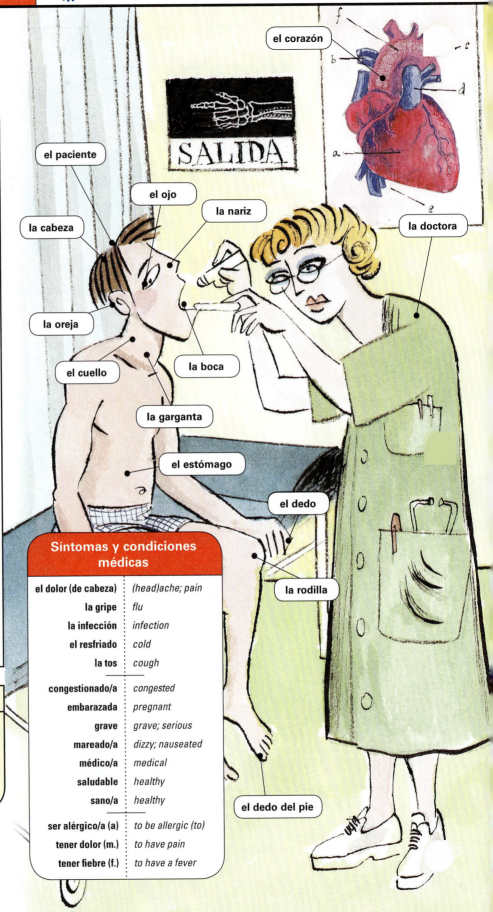

el corazón

el paciente

SALIDA

la doctora

el ojo

la nariz

la cabeza

la oreja

la boca

el cuello

la garganta

el estómago

el dedo

la rodilla

el dedo del pie

Síntomas y condiciones médicas

el dolor (de cabeza)	(head)ache; pain
la gripe	flu
la infección	infection
el resfriado	cold
la tos	cough
congestionado/a	congested
embarazada	pregnant
grave	grave; serious
mareado/a	dizzy; nauseated
médico/a	medical
saludable	healthy
sano/a	healthy
ser alérgico/a (a)	to be allergic (to)
tener dolor (m.)	to have pain
tener fiebre (f.)	to have a fever

Práctica

la radiografía

el hueso

la enfermera

Estornuda.

la paciente

Toma la temperatura.

el brazo

la pierna

el tobillo

La medicina

el antibiótico	*antibiotic*
la aspirina	*aspirin*
el medicamento	*medication*
la pastilla	*pill*
la receta	*prescription*

1 Escuchar Escucha las preguntas y selecciona la respuesta más adecuada.

a. Tengo dolor de cabeza y fiebre.
b. No fui a la clase porque estaba (*I was*) enfermo.
c. Me caí la semana pasada jugando al tenis.
d. Debes ir a la farmacia.
e. Porque tengo gripe.
f. Sí, tengo mucha tos por las noches.
g. Lo llevaron directamente a la sala de emergencia.
h. No sé. Todavía tienen que tomarme la temperatura.

1. _____   3. _____   5. _____   7. _____
2. _____   4. _____   6. _____   8. _____

2 Seleccionar Escucha la conversación entre Daniel y su doctor y selecciona la respuesta que mejor complete cada oración.

1. Daniel cree que tiene ____.
   a. gripe   b. un resfriado   c. la temperatura alta
2. A Daniel le duele la cabeza, estornuda, tose y ____.
   a. se cae   b. tiene fiebre   c. está congestionado
3. El doctor le ____.
   a. pone una inyección   b. toma la temperatura
   c. mira el oído
4. A Daniel no le gustan ____.
   a. las inyecciones   b. los antibióticos   c. las visitas al doctor
5. El doctor dice que Daniel tiene ____.
   a. gripe   b. un resfriado   c. fiebre
6. Después de la consulta Daniel va a ____.
   a. la sala de emergencia   b. la clínica   c. la farmacia

3 Completar Completa las oraciones con una palabra de la misma familia de la palabra subrayada. Usa la forma correcta de cada palabra.

1. Cuando <u>oyes</u> algo, usas el _____.
2. Cuando te <u>enfermas</u>, te sientes _____ y necesitas ir al consultorio para ver a la _____.
3. ¿Alguien _____? Creo que oí un <u>estornudo</u> (*sneeze*).
4. No puedo <u>arrodillarme</u> (*kneel down*) porque me lastimé la _____ en un accidente de coche.
5. ¿Vas al _____ para <u>consultar</u> al médico?
6. Si te rompes un <u>diente</u>, vas al _____.

4 Contestar Mira el dibujo y contesta las preguntas.

1. ¿Qué hace la doctora?
2. ¿Qué hay en la pared (*wall*)?
3. ¿Qué hace la enfermera?
4. ¿Qué hace el paciente?
5. ¿A quién le duele la garganta?
6. ¿Qué tiene la paciente?

5 **Asociaciones** Trabajen en parejas para identificar las partes del cuerpo que ustedes asocian con estas actividades. Sigan el modelo.

> **modelo**
> nadar
> **Estudiante 1:** Usamos los brazos para nadar.
> **Estudiante 2:** Usamos las piernas también.

1. hablar por teléfono
2. tocar el piano
3. correr en el parque
4. escuchar música
5. ver una película

6. toser
7. llevar zapatos
8. comprar perfume
9. estudiar biología
10. comer pollo asado

AYUDA

Remember that in Spanish, parts of the body are usually referred to with an article and not a possessive adjective: **Me duelen los pies.** The indirect object pronoun **me** is used to express the concept of *my*.

6 **Cuestionario** Contesta el cuestionario seleccionando las respuestas que reflejen mejor tus experiencias. Suma (*Add*) los puntos de cada respuesta y anota el resultado. Después, con el resto de la clase, compara y analiza los resultados del cuestionario y comenta lo que dicen de la salud y de los hábitos de todo el grupo.

¿Tienes buena salud?

27–30 puntos	Salud y hábitos excelentes
23–26 puntos	Salud y hábitos buenos
22 puntos o menos	Salud y hábitos problemáticos

1. ¿Con qué frecuencia te enfermas? (resfriados, gripe, etc.)
Cuatro veces por año o más. (1 punto)
Dos o tres veces por año. (2 puntos)
Casi nunca. (3 puntos)

2. ¿Con qué frecuencia tienes dolores de estómago o problemas digestivos?
Con mucha frecuencia. (1 punto)
A veces. (2 puntos)
Casi nunca. (3 puntos)

3. ¿Con qué frecuencia sufres de dolores de cabeza?
Frecuentemente. (1 punto)
A veces. (2 puntos)
Casi nunca. (3 puntos)

4. ¿Comes verduras y frutas?
No, casi nunca como verduras ni frutas. (1 punto)
Sí, a veces. (2 puntos)
Sí, todos los días. (3 puntos)

5. ¿Eres alérgico/a a algo?
Sí, a muchas cosas. (1 punto)
Sí, a algunas cosas. (2 puntos)
No. (3 puntos)

6. ¿Haces ejercicios aeróbicos?
No, casi nunca hago ejercicios aeróbicos. (1 punto)
Sí, a veces. (2 puntos)
Sí, con frecuencia. (3 puntos)

7. ¿Con qué frecuencia te haces un examen médico?
Nunca o casi nunca. (1 punto)
Cada dos años. (2 puntos)
Cada año y/o antes de empezar a practicar un deporte. (3 puntos)

8. ¿Con qué frecuencia vas al dentista?
Nunca voy al dentista. (1 punto)
Sólo cuando me duele un diente. (2 puntos)
Por lo menos una vez por año. (3 puntos)

9. ¿Qué comes normalmente por la mañana?
No como nada por la mañana. (1 punto)
Tomo una bebida dietética. (2 puntos)
Como cereal y fruta. (3 puntos)

10. ¿Con qué frecuencia te sientes mareado/a?
Frecuentemente. (1 punto)
A veces. (2 puntos)
Casi nunca. (3 puntos)

Comunicación

7

¿Qué les pasó? Trabajen en un grupo de dos o tres personas. Hablen de lo que les pasó y de cómo se sienten las personas que aparecen en los dibujos.

1. Adela

2. Francisco

3. Pilar

4. Pedro

5. Cristina

6. Félix

8

Un accidente Cuéntale a un(a) compañero/a de un accidente o una enfermedad que tuviste. Incluye información que conteste estas preguntas.

✔ ¿Qué ocurrió?

✔ ¿Dónde ocurrió?

✔ ¿Cuándo ocurrió?

✔ ¿Cómo ocurrió?

✔ ¿Quién te ayudó y cómo?

✔ ¿Tuviste algún problema después del accidente o después de la enfermedad?

✔ ¿Cuánto tiempo tuviste el problema?

9

Crucigrama Tu profesor(a) les va a dar a ti y a un(a) compañero/a un crucigrama (*crossword*) incompleto. Tú tienes las palabras que necesita tu compañero/a y él/ella tiene las palabras que tú necesitas. Tienen que darse pistas para completarlo. No pueden decir la palabra necesaria; deben utilizar definiciones, ejemplos y frases.

modelo

10 horizontal: La usamos para hablar.

14 vertical: Es el médico que examina los dientes.

¡Qué dolor!

Jimena no se siente bien y tiene que ir al doctor.

PERSONAJES

 ELENA

 JIMENA

 Video: *Fotonovela*

ELENA ¿Cómo te sientes?

JIMENA Me duele un poco la garganta. Pero no tengo fiebre.

ELENA Creo que tienes un resfriado. Te voy a llevar a casa.

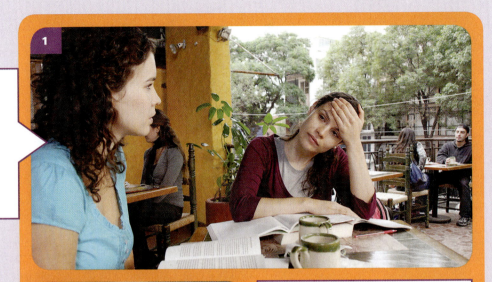

JIMENA Hola, don Diego. Gracias por venir.

DON DIEGO Fui a la farmacia. Aquí están las pastillas para el resfriado. Se debe tomar una cada seis horas con las comidas. Y no se deben tomar más de seis pastillas al día.

ELENA ¿Don Diego ya fue a la farmacia? ¿Cuánto tiempo hace que lo llamaste?

JIMENA Hace media hora. Ay, qué cosas, de niña apenas me enfermaba. No perdí ni un solo día de clases.

ELENA Yo tampoco.

ELENA Nunca tenía resfriados, pero me rompí el brazo dos veces. Mi hermana y yo estábamos paseando en bicicleta y casi me di con un señor que caminaba por la calle. Me caí y me rompí el brazo.

JIMENA ¿Qué es esto?

ELENA Es té de jengibre. Cuando me dolía el estómago, mi mamá siempre me hacía tomarlo. Se dice que es bueno para el dolor de estómago.

JIMENA Pero no me duele el estómago.

(*La Sra. Díaz llama a Jimena.*)

JIMENA Hola, mamá. Don Diego me trajo los medicamentos... ¿Al doctor? ¿Estás segura? Allá nos vemos. (*A Elena*) Mi mamá ya hizo una cita para mí con el Dr. Meléndez.

DON DIEGO

SRA. DÍAZ

DR. MELÉNDEZ

7

SRA. DÍAZ ¿Te pusiste un suéter anoche?

JIMENA No, mamá. Se me olvidó.

SRA. DÍAZ Doctor, esta jovencita salió anoche, se le olvidó ponerse un suéter y parece que le dio un resfriado.

8

DR. MELÉNDEZ Jimena, ¿cuáles son tus síntomas?

JIMENA Toso con frecuencia y me duele la garganta.

DR. MELÉNDEZ ¿Cuánto tiempo hace que tienes estos síntomas?

JIMENA Hace dos días que me duele la garganta.

9

DR. MELÉNDEZ Muy bien. Aquí no tienes infección. No tienes fiebre. Te voy a mandar algo para la garganta. Puedes ir por los medicamentos inmediatamente a la farmacia.

10

SRA. DÍAZ Doctor, ¿cómo está? ¿Es grave?

DR. MELÉNDEZ No, no es nada grave. Jimena, la próxima vez, escucha a tu mamá. ¡Tienes que usar suéter!

recursos

VM
pp. 19–20

vhlcentral.com
Lección 10

Expresiones útiles

Discussing medical conditions

¿Cómo te sientes?
How do you feel?
Me duele un poco la garganta.
My throat hurts a little.
No me duele el estómago.
My stomach doesn't hurt.
De niño/a apenas me enfermaba.
As a child, I rarely got sick.
¡Soy alérgico/a a chile!
I'm allergic to chili powder!

Discussing remedies

Se dice que el té de jengibre es bueno para el dolor de estómago.
They say ginger tea is good for stomachaches.
Aquí están las pastillas para el resfriado.
Here are the pills for your cold.
Se debe tomar una cada seis horas.
You should take one every six hours.

Expressions with hacer

Hace + [*period of time*] **que** + [*present /preterite*]
¿Cuánto tiempo hace que tienes estos síntomas?
How long have you had these symptoms?
Hace dos días que me duele la garganta.
My throat has been hurting for two days.
¿Cuánto tiempo hace que lo llamaste?
How long has it been since you called him?
Hace media hora.
It's been a half hour (since I called).

Additional vocabulary

canela *cinnamon*
miel *honey*
terco *stubborn*

¿Qué pasó?

1 **¿Cierto o falso?** Decide si lo que dicen estas oraciones sobre Jimena es **cierto** o **falso**. Corrige las oraciones falsas.

		Cierto	Falso
1.	Dice que de niña apenas se enfermaba.	○	○
2.	Tiene dolor de garganta y fiebre.	○	○
3.	Olvidó ponerse un suéter anoche.	○	○
4.	Hace tres días que le duele la garganta.	○	○
5.	El doctor le dice que tiene una infección.	○	○

2 **Identificar** Identifica quién puede decir estas oraciones.

1. Como dice tu mamá, tienes que usar suéter.
2. Por pasear en bicicleta me rompí el brazo dos veces.
3. ¿Cuánto tiempo hace que toses y te duele la garganta?
4. Tengo cita con el Dr. Meléndez.
5. Dicen que el té de jengibre es muy bueno para los dolores de estómago.
6. Nunca perdí un día de clases porque apenas me enfermaba.

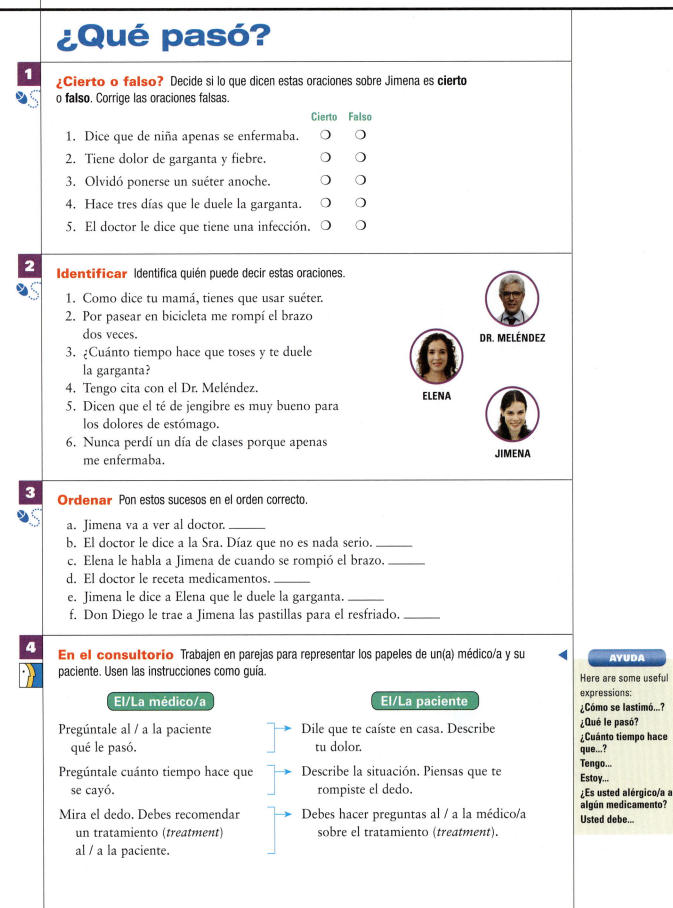

DR. MELÉNDEZ

ELENA

JIMENA

3 **Ordenar** Pon estos sucesos en el orden correcto.

a. Jimena va a ver al doctor. _____
b. El doctor le dice a la Sra. Díaz que no es nada serio. _____
c. Elena le habla a Jimena de cuando se rompió el brazo. _____
d. El doctor le receta medicamentos. _____
e. Jimena le dice a Elena que le duele la garganta. _____
f. Don Diego le trae a Jimena las pastillas para el resfriado. _____

4 **En el consultorio** Trabajen en parejas para representar los papeles de un(a) médico/a y su paciente. Usen las instrucciones como guía.

El/La médico/a

Pregúntale al / a la paciente qué le pasó.

Pregúntale cuánto tiempo hace que se cayó.

Mira el dedo. Debes recomendar un tratamiento (*treatment*) al / a la paciente.

El/La paciente

→ Dile que te caíste en casa. Describe tu dolor.

→ Describe la situación. Piensas que te rompiste el dedo.

→ Debes hacer preguntas al / a la médico/a sobre el tratamiento (*treatment*).

AYUDA

Here are some useful expressions:
¿Cómo se lastimó...?
¿Qué le pasó?
¿Cuánto tiempo hace que...?
Tengo...
Estoy...
¿Es usted alérgico/a a algún medicamento?
Usted debe...

Practice more at **vhlcentral.com**.

Ortografía

 : Audio

El acento y las sílabas fuertes

In Spanish, written accent marks are used on many words. Here is a review of some of the principles governing word stress and the use of written accents.

as-pi-ri-na   **gri-pe**   **to-man**   **an-tes**

In Spanish, when a word ends in a vowel, **-n**, or **-s**, the spoken stress usually falls on the next-to-last syllable. Words of this type are very common and do not need a written accent.

a-sí   **in-glés**   **in-fec-ción**   **hé-ro-e**

When a word ends in a vowel, **-n**, or **-s**, and the spoken stress does *not* fall on the next-to-last syllable, then a written accent is needed.

hos-pi-tal   **na-riz**   **re-ce-tar**   **to-ser**

When a word ends in any consonant *other* than **-n** or **-s**, the spoken stress usually falls on the last syllable. Words of this type are very common and do not need a written accent.

lá-piz   **fút-bol**   **hués-ped**   **sué-ter**

When a word ends in any consonant *other* than **-n** or **-s** and the spoken stress does *not* fall on the last syllable, then a written accent is needed.

far-ma-cia   **bio-lo-gí-a**   **su-cio**   **frí-o**

Diphthongs (two weak vowels or a strong and weak vowel together) are normally pronounced as a single syllable. A written accent is needed when a diphthong is broken into two syllables.

sol   **pan**   **mar**   **tos**

Spanish words of only one syllable do not usually carry a written accent (unless it is to distinguish meaning: **se** and **sé**).

CONSULTA

In Spanish, **a**, **e**, and **o** are considered strong vowels while **i** and **u** are weak vowels. To review this concept, see **Lección 3**, **Pronunciación**, p. 85.

Práctica Busca las palabras que necesitan acento escrito y escribe su forma correcta.

1. sal-mon
2. ins-pec-tor
3. nu-me-ro
4. fa-cil
5. ju-go
6. a-bri-go
7. ra-pi-do
8. sa-ba-do
9. vez
10. me-nu
11. o-pe-ra-cion
12. im-per-me-a-ble
13. a-de-mas
14. re-ga-te-ar
15. an-ti-pa-ti-co
16. far-ma-cia
17. es-qui
18. pen-sion
19. pa-is
20. per-don

El ahorcado Juega al ahorcado (*hangman*) para adivinar las palabras.

1. _ l _ _ _ _ _ a   Vas allí cuando estás enfermo.
2. _ _ _ _ e _ c _ _ _ n   Se usa para poner una vacuna (*vaccination*).
3. _ _ d _ o _ _ _ _ _ _ a   Permite ver los huesos.
4. _ _ _ _ i _ o   Trabaja en un hospital.
5. a _ _ _ _ b _ _ _ _ _ _ _   Es una medicina.

EN DETALLE

Servicios de salud

¿Sabías que en los países hispanos no necesitas pagar por los servicios de salud?
Ésta es una de las diferencias que hay entre países como los Estados Unidos y los países hispanos.

En la mayor parte de estos países, el gobierno ofrece servicios médicos muy baratos o gratuitos° a sus ciudadanos°. Los turistas y extranjeros también pueden tener acceso a los servicios médicos a bajo° costo. La Seguridad Social y organizaciones similares son las responsables de gestionar° estos servicios.

Naturalmente, esto no funciona igual° en todos los países. En Ecuador, México y Perú, la situación varía según las regiones. Los habitantes de las ciudades y pueblos grandes tienen acceso a más servicios médicos, mientras que quienes viven en pueblos remotos sólo cuentan con° pequeñas clínicas.

Por su parte, Costa Rica, Colombia, Cuba y España tienen sistemas de salud muy desarrollados°.

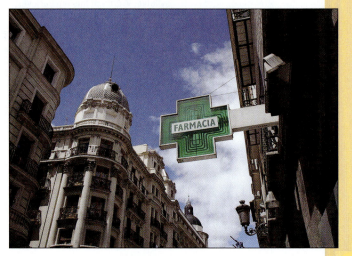
Cruz verde de farmacia en Madrid, España

En España, por ejemplo, la mayoría de la gente tiene acceso a ellos y en muchos casos son completamente gratuitos. Según un informe de la Organización Mundial de la Salud, el sistema de salud español ocupa uno de los primeros diez lugares del mundo. Esto se debe no sólo al buen funcionamiento° del sistema, sino también al nivel de salud general de la población. Impresionante, ¿no?

Consulta médica en la República Dominicana

Las farmacias

Farmacia de guardia: Las farmacias generalmente tienen un horario comercial. Sin embargo°, en cada barrio° hay una farmacia de guardia que abre las veinticuatro horas del día.

Productos farmacéuticos: Todavía hay muchas farmacias tradicionales que están más especializadas en medicinas y productos farmacéuticos. No venden una gran variedad de productos.

Recetas: Muchos medicamentos se venden sin receta médica. Los farmacéuticos aconsejan° a las personas sobre problemas de salud y les dan las medicinas.

Cruz° verde: En muchos países, las farmacias tienen como símbolo una cruz verde. Cuando la cruz verde está encendida°, la farmacia está abierta.

gratuitos *free (of charge)* ciudadanos *citizens* bajo *low*
gestionar *to manage* igual *in the same way* cuentan con *have*
desarrollados *developed* funcionamiento *operation*
Sin embargo *However* barrio *neighborhood* aconsejan *advise*
Cruz *Cross* encendida *lit (up)*

ACTIVIDADES

1 **¿Cierto o falso?** Indica si lo que dicen las oraciones es cierto o falso. Corrige la información falsa.

1. En los países hispanos los gobiernos ofrecen servicios de salud accesibles a sus ciudadanos.
2. En los países hispanos los extranjeros tienen que pagar mucho dinero por los servicios médicos.
3. El sistema de salud español es uno de los mejores del mundo.
4. Las farmacias de guardia abren sólo los sábados y domingos.
5. En los países hispanos las farmacias venden una gran variedad de productos.
6. Los farmacéuticos de los países hispanos aconsejan a los enfermos y venden algunas medicinas sin necesidad de receta.
7. En México y otros países, los pueblos remotos cuentan con grandes centros médicos.
8. Muchas farmacias usan una cruz verde como símbolo.

La salud

el chequeo (Esp., Méx.)	el examen médico
la droguería (Col.)	la farmacia
la herida	*injury; wound*
la píldora	la pastilla
los primeros auxilios	*first aid*
la sangre	*blood*

Remedios caseros° y plantas medicinales

- **Achiote°** En Suramérica se usa para curar inflamaciones de garganta. Las hojas° de achiote se cuecen° en agua, se cuelan° y se hacen gárgaras° con esa agua.

- **Ají** En Perú se usan cataplasmas° de las semillas° de ají para aliviar los dolores reumáticos y la tortícolis°.

- **Azúcar** En Nicaragua y otros países centroamericanos se usa el azúcar para detener° la sangre en pequeñas heridas.

- **Sábila (aloe vera)** En Latinoamérica, el jugo de las hojas de sábila se usa para reducir cicatrices°. Se recomienda aplicarlo sobre la cicatriz dos veces al día, durante varios meses.

Remedios caseros *Home remedies* Achiote *Annatto* hojas *leaves* se cuecen *are cooked* se cuelan *they are drained* gárgaras *gargles* cataplasmas *pastes* semillas *seeds* tortícolis *stiff neck* detener *to stop* cicatrices *scars*

Curanderos° y chamanes

¿Quieres ser doctor(a), juez(a)°, político/a o psicólogo/a? En algunas sociedades de las Américas **los curanderos** y **los chamanes** no tienen que escoger entre estas profesiones porque ellos son mediadores de conflictos y dan consejos a la comunidad. Su opinión es muy respetada.

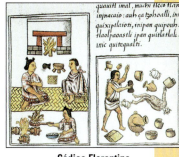

Códice Florentino, México, siglo XVI

Desde las culturas antiguas° de las Américas muchas personas piensan que la salud del cuerpo y de la mente sólo puede existir si hay un equilibrio entre el ser humano y la naturaleza. Los curanderos y los chamanes son quienes cuidan este equilibrio.

Los curanderos se especializan más en enfermedades físicas, mientras que los chamanes están más

Cuzco, Perú

relacionados con los males° de la mente y el alma°. Ambos° usan plantas, masajes y rituales y sus conocimientos se basan en la tradición, la experiencia, la observación y la intuición.

Curanderos *Healers* juez(a) *judge* antiguas *ancient* males *illnesses* alma *soul* Ambos *Both*

¿Cuáles son algunos hospitales importantes del mundo hispano?

Go to **vhlcentral.com** to find more cultural information related to this **Cultura** section.

ACTIVIDADES

2 **Comprensión** Contesta las preguntas.

1. ¿Cómo se les llama a las farmacias en Colombia?
2. ¿Qué parte del achiote se usa para curar la garganta?
3. ¿Cómo se aplica la sábila para reducir cicatrices?
4. En algunas partes de las Américas, ¿quiénes mantienen el equilibrio entre el ser humano y la naturaleza?
5. ¿Qué usan los curanderos y chamanes para curar?

3 **¿Qué haces cuando tienes gripe?** Escribe cuatro oraciones sobre las cosas que haces cuando tienes gripe. Explica si vas al médico, si tomas medicamentos o si sigues alguna dieta especial. Después, comparte tu texto con un(a) compañero/a.

Practice more at **vhlcentral.com**.

10.1 The imperfect tense (S) Tutorial

ANTE TODO In **Lecciones 6–9,** you learned the preterite tense. You will now learn the imperfect, which describes past activities in a different way.

The imperfect of regular verbs

		cantar	beber	escribir
SINGULAR FORMS	yo	cant**aba**	beb**ía**	escrib**ía**
	tú	cant**abas**	beb**ías**	escrib**ías**
	Ud./él/ella	cant**aba**	beb**ía**	escrib**ía**
PLURAL FORMS	nosotros/as	cant**ábamos**	beb**íamos**	escrib**íamos**
	vosotros/as	cant**abais**	beb**íais**	escrib**íais**
	Uds./ellos/ellas	cant**aban**	beb**ían**	escrib**ían**

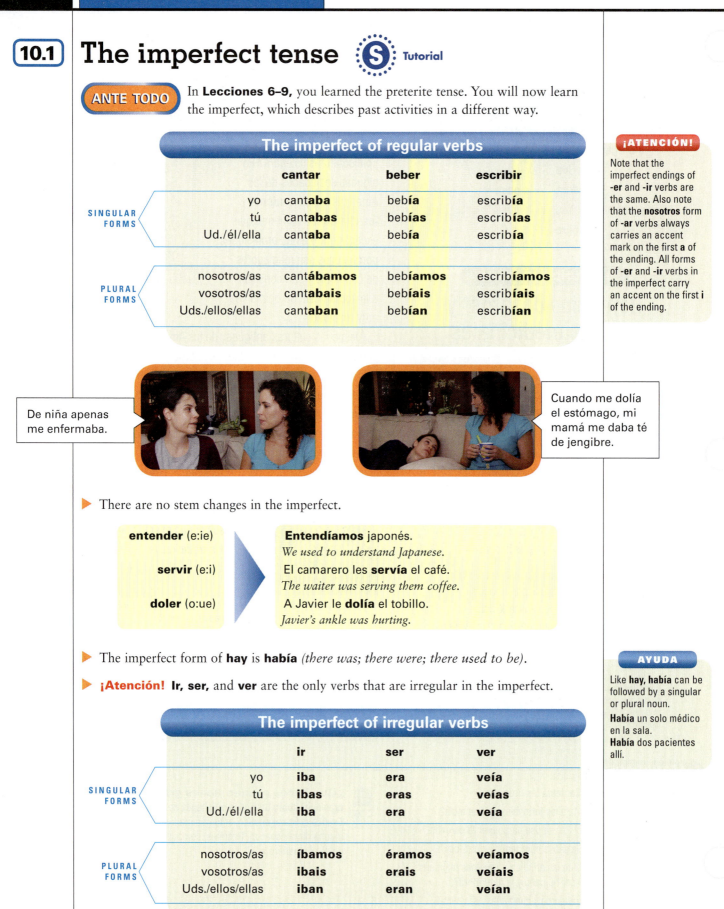

De niña apenas me enfermaba.

Cuando me dolía el estómago, mi mamá me daba té de jengibre.

▶ There are no stem changes in the imperfect.

entender (e:ie)	**Entendíamos** japonés. *We used to understand Japanese.*
servir (e:i)	El camarero les **servía** el café. *The waiter was serving them coffee.*
doler (o:ue)	A Javier le **dolía** el tobillo. *Javier's ankle was hurting.*

▶ The imperfect form of **hay** is **había** (*there was; there were; there used to be*).

▶ **¡Atención!** **Ir, ser,** and **ver** are the only verbs that are irregular in the imperfect.

The imperfect of irregular verbs

		ir	ser	ver
SINGULAR FORMS	yo	**iba**	**era**	**veía**
	tú	**ibas**	**eras**	**veías**
	Ud./él/ella	**iba**	**era**	**veía**
PLURAL FORMS	nosotros/as	**íbamos**	**éramos**	**veíamos**
	vosotros/as	**ibais**	**erais**	**veíais**
	Uds./ellos/ellas	**iban**	**eran**	**veían**

CONSULTA

You will learn more about the contrast between the preterite and the imperfect in **Estructura 10.2**, pp. 346–347.

Uses of the imperfect

▶ As a general rule, the imperfect is used to describe actions that are seen by the speaker as incomplete or "continuing," while the preterite is used to describe actions that have been completed. The imperfect expresses what was happening at a certain time or how things used to be. The preterite, in contrast, expresses a completed action.

—¿Qué te **pasó**?
What happened to you?

—Me **torcí** el tobillo.
I sprained my ankle.

—¿Dónde **vivías** de niño?
Where did you live as a child?

—**Vivía** en San José.
I lived in San José.

▶ These expressions are often used with the imperfect because they express habitual or repeated actions: **de niño/a** (*as a child*), **todos los días** (*every day*), **mientras** (*while*).

Uses of the imperfect

1. **Habitual or repeated actions** . . . .
Íbamos al parque los domingos.
We used to go to the park on Sundays.

2. **Events or actions that were in progress**
Yo **leía** mientras él **estudiaba**.
I was reading while he was studying.

3. **Physical characteristics**. . . . .
Era alto y guapo.
He was tall and handsome.

4. **Mental or emotional states** . . . .
Quería mucho a su familia.
He loved his family very much.

5. **Telling time**. . . . .
Eran las tres y media.
It was 3:30.

6. **Age** . . . .
Los niños **tenían** seis años.
The children were six years old.

¡INTÉNTALO! Indica la forma correcta de cada verbo en el imperfecto.

1. Mis hermanos ____veían____ (ver) televisión todas las tardes.
2. Yo _____ (viajar) en el tren de las 3:30.
3. ¿Dónde _____ (vivir) Samuel de niño?
4. Tú _____ (hablar) con Javier.
5. Leonardo y yo _____ (correr) por el parque.
6. Ustedes _____ (ir) a la clínica.
7. Nadia _____ (bailar) merengue.
8. ¿Cuándo _____ (asistir) tú a clase de español?
9. Yo _____ (ser) muy feliz.
10. Nosotras _____ (comprender) las preguntas.

recursos

WB
pp. 111–112

LM
p. 57

vhlcentral.com
Lección 10

Práctica

1

Completar Primero, completa las oraciones con el imperfecto de los verbos. Luego, pon las oraciones en orden lógico y compáralas con las de un(a) compañero/a.

a. El doctor dijo que no _____ (ser) nada grave. _____

b. El doctor _____ (querer) ver la nariz del niño. _____

c. Su mamá _____ (estar) dibujando cuando Miguelito entró llorando. _____

d. Miguelito _____ (tener) la nariz hinchada (*swollen*). Fueron al hospital. _____

e. Miguelito no _____ (ir) a jugar más. Ahora quería ir a casa a descansar. _____

f. Miguelito y sus amigos _____ (jugar) al béisbol en el patio. _____

g. _____ (Ser) las dos de la tarde. _____

h. Miguelito le dijo a la enfermera que _____ (dolerle) la nariz. _____

2

Transformar Forma oraciones completas para describir lo que hacían Julieta y César. Usa las formas correctas del imperfecto y añade todas las palabras necesarias.

1. Julieta y César / ser / paramédicos

2. trabajar / juntos y / llevarse / muy bien

3. cuando / haber / accidente, / siempre / analizar / situación / con cuidado

4. preocuparse / mucho / por / pacientes

5. si / paciente / tener / mucho / dolor, / ponerle / inyección

3

En la escuela de medicina Usa los verbos de la lista para completar las oraciones con las formas correctas del imperfecto. Algunos verbos se usan más de una vez.

caerse	enfermarse	ir	querer	tener
comprender	estornudar	pensar	sentirse	tomar
doler	hacer	poder	ser	toser

1. Cuando Javier y Victoria _____ estudiantes de medicina, siempre _____ que ir al médico.

2. Cada vez que él _____ un examen, a Javier le _____ mucho la cabeza.

3. Cuando Victoria _____ ejercicios aeróbicos, siempre _____ mareada.

4. Todas las primaveras, Javier _____ mucho porque es alérgico al polen.

5. Victoria también _____ de su bicicleta camino a la escuela.

6. Después de comer en la cafetería, a Victoria siempre le _____ el estómago.

7. Javier _____ ser médico para ayudar a los demás.

8. Pero no _____ por qué él _____ con tanta frecuencia.

9. Cuando Victoria _____ fiebre, no _____ ni leer el termómetro.

10. A Javier _____ los dientes, pero nunca _____ ir al dentista.

11. Victoria _____ mucho cuando _____ congestionada.

12. Javier y Victoria _____ que nunca _____ a graduarse.

Practice more at **vhlcentral.com**.

Comunicación

4

Entrevista Trabajen en parejas. Un(a) estudiante usa estas preguntas para entrevistar a su compañero/a. Luego compartan los resultados de la entrevista con la clase.

1. Cuando eras estudiante de primaria, ¿te gustaban tus profesores/as?
2. ¿Veías mucha televisión cuando eras niño/a?
3. Cuando tenías diez años, ¿cuál era tu programa de televisión favorito?
4. Cuando eras niño/a, ¿qué hacía tu familia durante las vacaciones?
5. ¿Cuántos años tenías en 2010?
6. Cuando estabas en el quinto año escolar, ¿qué hacías con tus amigos/as?
7. Cuando tenías once años, ¿cuál era tu grupo musical favorito?
8. Antes de tomar esta clase, ¿sabías hablar español?

5

Describir En parejas, túrnense para describir cómo eran sus vidas cuando eran niños. Pueden usar las sugerencias de la lista u otras ideas. Luego informen a la clase sobre la vida de su compañero/a.

NOTA CULTURAL

El Parque Nacional Tortuguero está en la costa del Caribe, al norte de la ciudad de Limón, en Costa Rica. Varias especies de tortuga (*turtle*) van a las playas del parque para poner (*lay*) sus huevos. Esto ocurre de noche, y hay guías que llevan pequeños grupos de turistas a observar este fenómeno biológico.

> **modelo**
>
> De niña, mi familia y yo siempre íbamos a Tortuguero. Tomábamos un barco desde Limón, y por las noches mirábamos las tortugas (*turtles*) en la playa. Algunas veces teníamos suerte, porque las tortugas venían a poner (*lay*) huevos. Otras veces, volvíamos al hotel sin ver ninguna tortuga.

- las vacaciones
- ocasiones especiales
- qué hacías durante el verano
- celebraciones con tus amigos/as
- celebraciones con tu familia

- cómo era tu escuela
- cómo eran tus amigos/as
- los viajes que hacías
- a qué jugabas
- qué hacías cuando te sentías enfermo/a

Síntesis

6

En el consultorio Tu profesor(a) te va a dar una lista incompleta con los pacientes que fueron al consultorio del doctor Donoso ayer. En parejas, conversen para completar sus listas y saber a qué hora llegaron las personas al consultorio y cuáles eran sus problemas.

10.2   # The preterite and the imperfect   **Tutorial**

ANTE TODO   Now that you have learned the forms of the preterite and the imperfect, you will learn more about how they are used. The preterite and the imperfect are not interchangeable. In Spanish, the choice between these two tenses depends on the context and on the point of view of the speaker.

> Me rompí el brazo cuando estaba paseando en bicicleta.

> Tenía dolor de cabeza, pero me tomé una aspirina y se me fue.

COMPARE & CONTRAST

Use the preterite to...	Use the imperfect to...
1. Express actions that are viewed by the speaker as completed	**1.** Describe an ongoing past action with no reference to its beginning or end
Sandra **se rompió** la pierna. *Sandra broke her leg.*	Sandra **esperaba** al doctor. *Sandra was waiting for the doctor.*
Fueron a Buenos Aires ayer. *They went to Buenos Aires yesterday.*	El médico **se preocupaba** por sus pacientes. *The doctor worried about his patients.*
2. Express the beginning or end of a past action	**2.** Express habitual past actions and events
La película **empezó** a las nueve. *The movie began at nine o'clock.*	Cuando **era** joven, **jugaba** al tenis. *When I was young, I used to play tennis.*
Ayer **terminé** el proyecto para la clase de química. *Yesterday I finished the project for chemistry class.*	De niño, Eduardo **se enfermaba** con mucha frecuencia. *As a child, Eduardo used to get sick very frequently.*
3. Narrate a series of past actions or events	**3.** Describe physical and emotional states or characteristics
La doctora me **miró** los oídos, me **hizo** unas preguntas y **escribió** la receta. *The doctor looked in my ears, asked me some questions, and wrote the prescription.*	La chica **quería** descansar. **Se sentía** mal y **tenía** dolor de cabeza. *The girl wanted to rest. She felt ill and had a headache.*
Me di con la mesa, **me caí** y **me lastimé** el pie. *I bumped into the table, I fell, and I injured my foot.*	Ellos **eran** altos y **tenían** ojos verdes. *They were tall and had green eyes.*
	Estábamos felices de ver a la familia. *We were happy to see our family.*

AYUDA

These words and expressions, as well as similar ones, commonly occur with the preterite: **ayer, anteayer, una vez, dos veces, tres veces, el año pasado, de repente**.

They usually imply that an action has happened at a specific point in time. For a review, see **Estructura 6.3**, p. 207.

AYUDA

These words and expressions, as well as similar ones, commonly occur with the imperfect: **de niño/a, todos los días, mientras, siempre, con frecuencia, todas las semanas**.

They usually express habitual or repeated actions in the past.

▶ The preterite and the imperfect often appear in the same sentence. In such cases, the imperfect describes what *was happening*, while the preterite describes the action that "interrupted" the ongoing activity.

> **Miraba** la tele cuando **sonó** el teléfono.
> *I was watching TV when the phone rang.*

> Felicia **leía** el periódico cuando **llegó** Ramiro.
> *Felicia was reading the newspaper when Ramiro arrived.*

▶ You will also see the preterite and the imperfect together in narratives such as fiction, news, and the retelling of events. The imperfect provides background information, such as time, weather, and location, while the preterite indicates the specific events that occurred.

> **Eran** las dos de la mañana y el detective ya no **podía** mantenerse despierto. **Se bajó** lentamente del coche, **estiró** las piernas y **levantó** los brazos hacia el cielo oscuro.
> *It was two in the morning, and the detective could no longer stay awake. He slowly stepped out of the car, stretched his legs, and raised his arms toward the dark sky.*

> La luna **estaba** llena y no **había** en el cielo ni una sola nube. De repente, el detective **escuchó** un grito espeluznante proveniente del parque.
> *The moon was full and there wasn't a single cloud in the sky. Suddenly, the detective heard a piercing scream coming from the park.*

Un médico colombiano desarrolló una vacuna contra la malaria

En 1986, el doctor colombiano Manuel Elkin Patarroyo creó la primera vacuna sintética para combatir la malaria. Esta enfermedad parecía haberse erradicado hacía décadas en muchas partes del mundo. Sin embargo, justo cuando Patarroyo terminó de elaborar la inmunización, los casos de malaria empezaban a aumentar de nuevo. En mayo de 1993, el doctor colombiano cedió la patente de la vacuna a la Organización Mundial de la Salud en nombre de Colombia. Los grandes laboratorios farmacéuticos presionaron a la OMS porque querían la vacuna. Las presiones no tuvieron éxito y, en 1995, el doctor Patarroyo y la OMS pactaron continuar con el acuerdo inicial: la vacuna seguía siendo propiedad de la OMS.

¡INTÉNTALO! Elige el pretérito o el imperfecto para completar la historia. Explica por qué se usa ese tiempo verbal en cada ocasión.

1. ___Eran___ (Fueron/Eran) las doce.
2. _____ (Hubo/Había) mucha gente en la calle.
3. A las doce y media, Tomás y yo _____ (entramos/entrábamos) en el restaurante Tárcoles.
4. Todos los días yo _____ (almorcé/almorzaba) con Tomás al mediodía.
5. El camarero _____ (llegó/llegaba) inmediatamente con el menú.
6. Nosotros _____ (empezamos/empezábamos) a leerlo.
7. Yo _____ (pedí/pedía) el pescado.
8. De repente, el camarero _____ (volvió/volvía) a nuestra mesa.
9. Y nos _____ (dio/daba) una mala noticia.
10. Desafortunadamente, no _____ (tuvieron/tenían) más pescado.
11. Por eso Tomás y yo _____ (decidimos/decidíamos) comer en otro lugar.
12. _____ (Llovió/Llovía) mucho cuando _____ (salimos/salíamos) del restaurante.
13. Así que _____ (regresamos/regresábamos) al restaurante Tárcoles.
14. Esta vez, _____ (pedí/pedía) arroz con pollo.

Práctica

1 **En el periódico** Completa esta noticia con las formas correctas del pretérito o el imperfecto.

Un accidente trágico

Ayer temprano por la mañana (1)_____ (h a b e r) u n trágico accidente en el centro de San José cuando el conductor de un autobús no (2)_____ (ver) venir un carro. La mujer que (3)_____ (manejar) el carro (4)_____ (morir) al instante y los paramédicos (5)_____ (tener) que llevar al pasajero al hospital porque (6)_____ (sufrir) varias fracturas. El conductor del autobús (7)_____ (decir)

que no (8)_____ (ver) el carro hasta el último momento porque (9)_____ (estar) muy nublado y (10)_____ (llover). Él (11)_____ (intentar) (*to attempt*) dar un viraje brusco (*to swerve*), pero (12)_____ (perder) el control del autobús y no (13)_____ (poder) evitar (*to avoid*) el accidente. Según nos informaron, no (14)_____ (lastimarse) ningún pasajero del autobús.

AYUDA

Reading Spanish-language newspapers is a good way to practice verb tenses. You will find that both the imperfect and the preterite occur with great regularity. Many newsstands carry international papers, and many Spanish-language newspapers (such as Spain's *El País*, Mexico's *Reforma*, and Argentina's *Clarín*) are on the Web.

2 **Seleccionar** Utiliza el tiempo verbal adecuado, según el contexto.

1. La semana pasada, Manolo y Aurora _____ (querer) dar una fiesta. _____ (Decidir) invitar a seis amigos y servirles mucha comida.

2. Manolo y Aurora _____ (estar) preparando la comida cuando Elena _____ (llamar). Como siempre, _____ (tener) que estudiar para un examen.

3. A las seis, _____ (volver) a sonar el teléfono. Su amigo Francisco tampoco _____ (poder) ir a la fiesta, porque _____ (tener) fiebre. Manolo y Aurora _____ (sentirse) muy tristes, pero _____ (tener) que preparar la comida.

4. Después de otros quince minutos, _____ (sonar) el teléfono. Sus amigos, los señores Vega, _____ (estar) en camino (*en route*) al hospital: a su hijo le _____ (doler) mucho el estómago. Sólo dos de los amigos _____ (poder) ir a la cena.

5. Por supuesto, _____ (ir) a tener demasiada comida. Finalmente, cinco minutos antes de las ocho, _____ (llamar) Ramón y Javier. Ellos _____ (pensar) que la fiesta _____ (ser) la próxima semana.

6. Tristes, Manolo y Aurora _____ (sentarse) a comer solos. Mientras _____ (comer), pronto _____ (llegar) a la conclusión de que _____ (ser) mejor estar solos: ¡La comida _____ (estar) malísima!

3 **Completar** Completa las frases de una manera lógica. Usa el pretérito o el imperfecto. En parejas, comparen sus respuestas.

1. De niño/a, yo...
2. Yo conducía el auto mientras...
3. Anoche mi novio/a...
4. Ayer el/la profesor(a)...
5. La semana pasada un(a) amigo/a...
6. Con frecuencia mis padres...
7. Esta mañana en la cafetería...
8. Hablábamos con el doctor cuando...

Comunicación

4

Entrevista Usa estas preguntas para entrevistar a un(a) compañero/a acerca de su primer(a) novio/a. Si quieres, puedes añadir otras preguntas.

1. ¿Quién fue tu primer(a) novio/a?
2. ¿Cuántos años tenías cuando lo/la conociste?
3. ¿Cómo era él/ella?
4. ¿Qué le gustaba hacer? ¿Tenían ustedes los mismos pasatiempos?
5. ¿Por cuánto tiempo salieron ustedes?
6. ¿Adónde iban cuando salían?
7. ¿Pensaban casarse?
8. ¿Cuándo y por qué rompieron?

5

La sala de emergencias En parejas, miren la lista e inventen qué les pasó a estas personas que están en la sala de emergencias.

> **modelo**
>
> Eran las tres de la tarde. Como todos los días, Pablo jugaba al fútbol con sus amigos. Estaba muy contento. De repente, se cayó y se rompió el brazo. Entonces fue a la sala de emergencias.

Paciente	Edad	Hora	Estado
1. Pablo Romero	9 años	15:20	hueso roto (el brazo)
2. Estela Rodríguez	45 años	15:25	tobillo torcido
3. Lupe Quintana	29 años	15:37	embarazada, dolores
4. Manuel López	52 años	15:45	infección de garganta
5. Marta Díaz	3 años	16:00	congestión, fiebre
6. Roberto Salazar	32 años	16:06	dolor de oído
7. Marco Brito	18 años	16:18	daño en el cuello, posible fractura
8. Ana María Ortiz	66 años	16:29	reacción alérgica a un medicamento

6

Situación Anoche alguien robó (*stole*) el examen de la **Lección 10** de la oficina de tu profesor(a) y tú tienes que averiguar quién lo hizo. Pregúntales a tres compañeros dónde estaban, con quién estaban y qué hicieron entre las ocho y las doce de la noche.

Síntesis

7

La primera vez En grupos, cuéntense cómo fue la primera vez que les pusieron una inyección, se rompieron un hueso, pasaron la noche en un hospital, estuvieron mareados/as, etc. Incluyan estos datos en su conversación: una descripción del tiempo que hacía, sus edades, qué pasó y cómo se sentían.

10.3   Constructions with se   Ⓢ Tutorial

ANTE TODO   In **Lección 7,** you learned how to use **se** as the third person reflexive pronoun (**Él <u>se</u> despierta. Ellos <u>se</u> visten. Ella <u>se</u> baña.**). **Se** can also be used to form constructions in which the person performing the action is not expressed or is de-emphasized.

Impersonal constructions with se

▶ In Spanish, verbs that are not reflexive can be used with **se** to form impersonal constructions. These are statements in which the person performing the action is not defined.

> **Se habla** español en Costa Rica.   **Se puede leer** en la sala de espera.
> *Spanish is spoken in Costa Rica.*   *You can read in the waiting room.*
>
> **Se hacen** operaciones aquí.   **Se necesitan** medicinas enseguida.
> *They perform operations here.*   *They need medicine right away.*

▶ **¡Atención!** Note that the third person singular verb form is used with singular nouns and the third person plural form is used with plural nouns.

> **Se vende** ropa.   **Se venden** camisas.

▶ You often see the impersonal **se** in signs, advertisements, and directions.

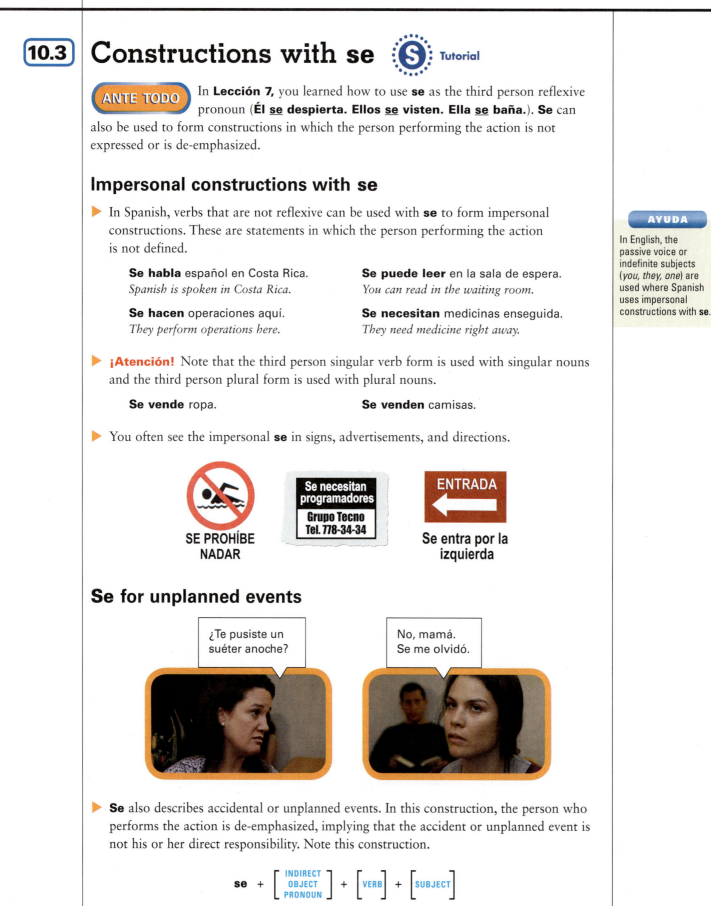

SE PROHÍBE NADAR

Se necesitan programadores
Grupo Tecno
Tel. 778-34-34

ENTRADA
Se entra por la izquierda

Se for unplanned events

¿Te pusiste un suéter anoche?

No, mamá. Se me olvidó.

▶ **Se** also describes accidental or unplanned events. In this construction, the person who performs the action is de-emphasized, implying that the accident or unplanned event is not his or her direct responsibility. Note this construction.

$$\textbf{se} \ + \ \begin{bmatrix} \text{INDIRECT} \\ \text{OBJECT} \\ \text{PRONOUN} \end{bmatrix} \ + \ \begin{bmatrix} \text{VERB} \end{bmatrix} \ + \ \begin{bmatrix} \text{SUBJECT} \end{bmatrix}$$

| **Se** | me | cayó | la pluma. |

▶ In this type of construction, what would normally be the direct object of the sentence becomes the subject, and it agrees with the verb, not with the indirect object pronoun.

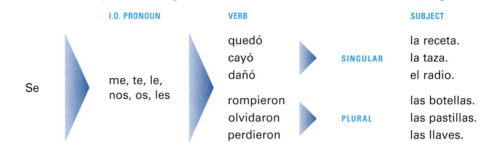

I.O. PRONOUN	VERB		SUBJECT
Se	me, te, le, nos, os, les	quedó cayó dañó	SINGULAR	la receta. la taza. el radio.
		rompieron olvidaron perdieron	PLURAL	las botellas. las pastillas. las llaves.

▶ These verbs are the ones most frequently used with **se** to describe unplanned events.

Verbs commonly used with se

caer	*to fall; to drop*	perder (e:ie)	*to lose*
dañar	*to damage; to break down*	quedar	*to be left behind*
olvidar	*to forget*	romper	*to break*

Se me perdió el teléfono de la farmacia.
I lost the pharmacy's phone number.

Se nos olvidaron los pasajes.
We forgot the tickets.

▶ **¡Atención!** While Spanish has a verb for *to fall* (**caer**), there is no direct translation for *to drop*. **Dejar caer** (*To let fall*) or a **se** construction is often used to mean *to drop*.

El médico **dejó caer** la aspirina.
The doctor dropped the aspirin.

A mí **se me cayeron** los cuadernos.
I dropped the notebooks.

CONSULTA

For an explanation of prepositional pronouns, refer to **Estructura 9.4**, p. 318.

▶ To clarify or emphasize who the person involved in the action is, this construction commonly begins with the preposition **a** + [*noun*] or **a** + [*prepositional pronoun*].

Al paciente se le perdió la receta.
The patient lost his prescription.

A ustedes se les quedaron los libros en casa.
You left the books at home.

¡INTÉNTALO! Completa las oraciones con **se** impersonal y los verbos en presente.

A

1. __Se enseñan__ (enseñar) cinco lenguas en esta universidad.
2. _____ (comer) muy bien en Las Delicias.
3. _____ (vender) muchas camisetas allí.
4. _____ (servir) platos exquisitos cada noche.

Completa las oraciones con **se** y los verbos en pretérito.

B

1. __Se me rompieron__ (*I broke*) las gafas.
2. _____ (*You* (fam., sing.) *dropped*) las pastillas.
3. _____ (*They lost*) la receta.
4. _____ (*You* (form., sing.) *left*) aquí la radiografía.

Práctica

1 **¿Cierto o falso?** Lee estas oraciones sobre la vida en 1901. Indica si lo que dice cada oración es **cierto** o **falso**. Luego corrige las oraciones falsas.

1. Se veía mucha televisión.
2. Se escribían muchos libros.
3. Se viajaba mucho en tren.
4. Se montaba a caballo.
5. Se mandaba correo electrónico.
6. Se preparaban comidas en casa.
7. Se llevaban minifaldas.
8. Se pasaba mucho tiempo con la familia.

2 **Traducir** Traduce estos letreros (*signs*) y anuncios al español.

1. Nurses needed
2. Eating and drinking prohibited
3. Programmers sought
4. English is spoken
5. Computers sold
6. No talking
7. Teacher needed
8. Books sold
9. Do not enter
10. Spanish is spoken

3 **¿Qué pasó?** Mira los dibujos e indica lo que pasó en cada uno.

1. camarero / pastel

2. Sr. Álvarez / espejo

3. Arturo / tarea

4. Sra. Domínguez / llaves

5. Carla y Lupe / botellas de vino

6. Juana / platos

Comunicación

4

¿Distraído/a yo? Trabajen en parejas y usen estas preguntas para averiguar cuál de los/las dos es más distraído/a (*absentminded*).

¿Alguna vez…
1. se te olvidó invitar a alguien a una fiesta o comida? ¿A quién?
2. se te quedó algo importante en la casa? ¿Qué?
3. se te perdió algo importante durante un viaje? ¿Qué?
4. se te rompió algo muy caro? ¿Qué?

¿Sabes...
5. si se permite el ingreso (*admission*) de perros al parque cercano a la universidad?
6. si en el supermercado se aceptan cheques?
7. dónde se arreglan zapatos y botas?
8. qué se sirve en la cafetería de la universidad los lunes?

5

Opiniones En parejas, terminen cada oración con ideas originales. Después, comparen los resultados con la clase para ver qué pareja tuvo las mejores ideas.

1. No se tiene que dejar propina cuando…
2. Antes de viajar, se debe…
3. Si se come bien, …
4. Para tener una vida sana, se debe...
5. Se sirve la mejor comida en…
6. Se hablan muchas lenguas en…

Síntesis

6

Anuncios En grupos, preparen dos anuncios de televisión para presentar a la clase. Usen el imperfecto y por lo menos dos construcciones con **se** en cada uno.

> **modelo**
>
> Se me cayeron unos libros en el pie y me dolía mucho. Pero ahora no, gracias a SuperAspirina 500. ¡Dos pastillas y se me fue el dolor! Se puede comprar SuperAspirina 500 en todas las farmacias Recetamax.

10.4 Adverbs ⓢ Tutorial

ANTE TODO   Adverbs are words that describe how, when, and where actions take place. They can modify verbs, adjectives, and even other adverbs. In previous lessons, you have already learned many Spanish adverbs, such as the ones below.

aquí	hoy	nunca
ayer	mal	siempre
bien	muy	temprano

▶ The most common adverbs end in **-mente**, equivalent to the English ending *-ly*.

verdaderamente *truly, really*   **generalmente** *generally*   **simplemente** *simply*

▶ To form these adverbs, add **-mente** to the feminine form of the adjective. If the adjective does not have a special feminine form, just add **-mente** to the standard form. **¡Atención!** Adjectives do not lose their accents when adding **-mente**.

ADJECTIVE	FEMININE FORM	SUFFIX	ADVERB
seguro	segura	-mente	seguramente
fabuloso	fabulosa	-mente	fabulosamente
enorme		-mente	enormemente
fácil		-mente	fácilmente

▶ Adverbs that end in **-mente** generally follow the verb, while adverbs that modify an adjective or another adverb precede the word they modify.

Maira dibuja **maravillosamente**.
Maira draws wonderfully.

Sergio está **casi siempre** ocupado.
Sergio is almost always busy.

Common adverbs and adverbial expressions

a menudo	*often*	**así**	*like this; so*	**menos**	*less*
a tiempo	*on time*	**bastante**	*enough; rather*	**muchas veces**	*a lot; many times*
a veces	*sometimes*	**casi**	*almost*		
además (de)	*furthermore; besides*	**con frecuencia**	*frequently*	**poco**	*little*
				por lo menos	*at least*
apenas	*hardly; scarcely*	**de vez en cuando**	*from time to time*	**pronto**	*soon*
		despacio	*slowly*	**rápido**	*quickly*

¡ATENCIÓN!

When a sentence contains two or more adverbs in sequence, the suffix **-mente** is dropped from all but the last adverb.
Ex: **El médico nos habló simple y abiertamente.** *The doctor spoke to us simply and openly.*

¡ATENCIÓN!

Rápido functions as an adjective (**Ella tiene una computadora rápida.**) as well as an adverb (**Ellas corren rápido.**). Note that as an adverb, **rápido** does not need to agree with any other word in the sentence. You can also use the adverb **rápidamente** (**Ella corre rápidamente.**).

recursos

WB pp. 119–120

LM p. 60

ⓢ vhlcentral.com
Lección 10

¡INTÉNTALO!   Transforma los adjetivos en adverbios.

1. alegre _alegremente_
2. constante _____
3. gradual _____
4. perfecto _____

5. real _____
6. frecuente _____
7. tranquilo _____
8. regular _____

9. maravilloso _____
10. normal _____
11. básico _____
12. afortunado _____

Práctica

1

Escoger Completa la historia con los adverbios adecuados.

1. La cita era a las dos, pero llegamos _____. (menos, nunca, tarde)
2. El problema fue que _____ se nos dañó el despertador. (aquí, ayer, despacio)
3. La recepcionista no se enojó porque sabe que normalmente llego _____. (a veces, a tiempo, poco)
4. _____ el doctor estaba listo. (Por lo menos, Muchas veces, Casi)
5. _____ tuvimos que esperar cinco minutos. (Así, Además, Apenas)
6. El doctor dijo que nuestra hija Irene necesitaba cambiar su rutina diaria _____. (temprano, menos, inmediatamente)
7. El doctor nos explicó _____ las recomendaciones del Cirujano General (*Surgeon General*) sobre la salud de los jóvenes. (de vez en cuando, bien, apenas)
8. _____ nos dijo que Irene estaba bien, pero tenía que hacer más ejercicio y comer mejor. (Bastante, Afortunadamente, A menudo)

Comunicación

2

Aspirina Lee el anuncio y responde a las preguntas con un(a) compañero/a.

No hay tiempo para el dolor de cabeza.

Si tienes prisa, o simplemente quieres que tu dolor de cabeza se vaya muy pronto, piensa en Capalivia. Se asimila mejor y actúa rápidamente. Ya no se puede perder tiempo por un dolor de cabeza.

ASPIRINA masticable

1. ¿Cuáles son los adverbios que aparecen en el anuncio?
2. Según el anuncio, ¿cuáles son las ventajas (*advantages*) de este tipo de aspirina?
3. ¿Tienen ustedes dolores de cabeza? ¿Qué toman para curarlos?
4. ¿Qué medicamentos ven con frecuencia en los anuncios de televisión? Escriban descripciones de varios de estos anuncios. Usen adverbios en sus descripciones.

Recapitulación

 Diagnostics

Completa estas actividades para repasar los conceptos de gramática que aprendiste en esta lección.

1 **Completar** Completa el cuadro con la forma correcta del imperfecto. **24 pts.**

yo/Ud./él/ella	tú	nosotros	Uds./ellos/ellas
era			
	cantabas		
		veníamos	
			querían

2 **Adverbios** Escoge el adverbio correcto de la lista para completar estas oraciones. Lee con cuidado las oraciones; los adverbios sólo se usan una vez. No vas a usar uno de los adverbios. **16 pts.**

a menudo	apenas	fácilmente
a tiempo	casi	maravillosamente
además	despacio	por lo menos

1. Pablito se cae _____; un promedio (*average*) de cuatro veces por semana.

2. No me duele nada y no sufro de ninguna enfermedad; me siento _____ bien.

3. —Doctor, ¿cómo supo que tuve una operación de garganta? —Muy _____, lo leí en su historial médico (*medical history*).

4. ¿Le duele mucho la espalda (*back*)? Entonces tiene que levantarse _____.

5. Ya te sientes mucho mejor, ¿verdad? Mañana puedes volver al trabajo; tu temperatura es _____ normal.

6. Es importante hacer ejercicio con regularidad, _____ tres veces a la semana.

7. El examen médico no comenzó ni tarde ni temprano. Comenzó _____, a las tres de la tarde.

8. Parece que ya te estás curando del resfriado. _____ estás congestionada.

RESUMEN GRAMATICAL

10.1 The imperfect tense *pp. 342–343*

The imperfect of regular verbs

cantar	beber	escribir
cantaba	bebía	escribía
cantabas	bebías	escribías
cantaba	bebía	escribía
cantábamos	bebíamos	escribíamos
cantabais	bebíais	escribíais
cantaban	bebían	escribían

▶ There are no stem changes in the imperfect:
entender (e:ie) → entendía; servir (e:i) → servía;
doler (o:ue) → dolía

▶ The imperfect of **hay** is **había**.

▶ Only three verbs are irregular in the imperfect.
ir: iba, ibas, iba, íbamos, ibais, iban
ser: era, eras, era, éramos, erais, eran
ver: veía, veías, veía, veíamos, veíais, veían

10.2 The preterite and the imperfect *pp. 346–347*

Preterite	Imperfect
1. Completed actions	1. Ongoing past action
Fueron a Buenos Aires ayer.	Usted **miraba** el fútbol.
2. Beginning or end of past action	2. Habitual past actions
La película **empezó** a las nueve.	Todos los domingos yo **visitaba** a mi abuela.
3. Series of past actions or events	3. Description of states or characteristics
Me caí y **me lastimé** el pie.	Ella **era** alta. **Quería** descansar.

10.3 Constructions with se *pp. 350–351*

Impersonal constructions with se

Se	prohíbe fumar.
	habla español.
	hablan varios idiomas.

3 **Un accidente** Escoge el imperfecto o el pretérito según el contexto para completar esta conversación. `20 pts.`

NURIA Hola, Felipe. ¿Estás bien? ¿Qué es eso? ¿(1) (Te lastimaste/Te lastimabas) el pie?

FELIPE Ayer (2) (tuve/tenía) un pequeño accidente.

NURIA Cuéntame. ¿Cómo (3) (pasó/pasaba)?

FELIPE Bueno, (4) (fueron/eran) las cinco de la tarde y (5) (llovió/llovía) mucho cuando (6) (salí/salía) de la casa en mi bicicleta. No (7) (vi/veía) a una chica que (8) (caminó/caminaba) en mi dirección, y los dos (9) (nos caímos/nos caíamos) al suelo (*ground*).

NURIA Y la chica, ¿está bien ella?

FELIPE Sí. Cuando llegamos al hospital, ella sólo (10) (tuvo/tenía) dolor de cabeza.

Se for unplanned events		
Se	me, te, le, nos, os, les	cayó la taza.
		dañó el radio.
		rompieron las botellas.
		olvidaron las llaves.

10.4 Adverbs *p. 354*

Formation of adverbs
fácil → **fá**cilmente
seguro → segur**a**mente
verdadero → verdader**a**mente

4 **Oraciones** Escribe oraciones con **se** a partir de los elementos dados (*given*). Usa el tiempo especificado entre paréntesis y añade pronombres cuando sea necesario. `10 pts.`

> **modelo**
> Carlos / quedar / la tarea en casa (pretérito)
> *A Carlos se le quedó la tarea en casa.*

1. en la farmacia / vender / medicamentos (presente)
2. ¿(tú) / olvidar / las llaves / otra vez? (pretérito)
3. (yo) / dañar / la computadora (pretérito)
4. en esta clase / prohibir / hablar inglés (presente)
5. ellos / romper / las gafas / en el accidente (pretérito)

5 **En la consulta** Escribe al menos cinco oraciones sobre tu última visita al médico. Incluye cinco verbos en pretérito y cinco en imperfecto. Habla de qué te pasó, cómo te sentías, cómo era el/la doctor(a), qué te dijo, etc. Usa tu imaginación. `30 pts.`

6 **Refrán** Completa el refrán con las palabras que faltan. `¡4 puntos EXTRA!`

❝ Lo que _____ (*well*) se aprende, nunca _____ pierde. ❞

Audio: Reading
Additional Reading

Lectura

Antes de leer

Estrategia

Activating background knowledge

Using what you already know about a particular subject will often help you better understand a reading selection. For example, if you read an article about a recent medical discovery, you might think about what you already know about health in order to understand unfamiliar words or concepts.

Examinar el texto

Utiliza las estrategias de lectura que tú consideras más efectivas para hacer algunas observaciones preliminares acerca del texto. Después trabajen en parejas para comparar sus observaciones acerca del texto. Luego contesten estas preguntas:

- Analicen el formato del texto: ¿Qué tipo de texto es? ¿Dónde creen que se publicó este artículo?
- ¿Quiénes son Carla Baron y Tomás Monterrey?
- Miren la foto del libro. ¿Qué sugiere el título del libro sobre su contenido?

Conocimiento previo

Ahora piensen en su conocimiento previo° sobre el cuidado de la salud en los viajes. Consideren estas preguntas:

- ¿Viajaron alguna vez a otro estado o a otro país?
- ¿Tuvieron problemas durante sus viajes con el agua, la comida o el clima del lugar?
- ¿Olvidaron poner en su maleta algún medicamento que después necesitaron?
- Imaginen que su compañero/a se va de viaje. Díganle por lo menos cinco cosas que debe hacer para prevenir cualquier problema de salud.

conocimiento previo *background knowledge*

Libro de la semana

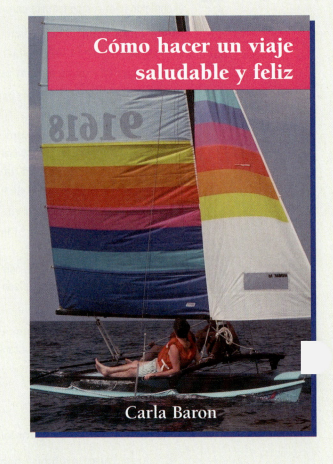

Cómo hacer un viaje saludable y feliz

Carla Baron

Después de leer

Correspondencias

Busca las correspondencias entre los problemas y las recomendaciones.

Problemas

1. el agua _____
2. el sol _____
3. la comida _____
4. la identificación _____
5. el clima _____

Recomendaciones

a. Hay que adaptarse a los ingredientes desconocidos (*unknown*).
b. Toma sólo productos purificados (*purified*).
c. Es importante llevar ropa adecuada cuando viajas.
d. Lleva loción o crema con alta protección solar.
e. Lleva tu pasaporte.

Entrevista a Carla Baron
por Tomás Monterrey

Tomás: ¿Por qué escribió su libro *Cómo hacer un viaje saludable y feliz*?

Carla: Me encanta viajar, conocer otras culturas y escribir. Mi primer viaje lo hice cuando era estudiante universitaria. Todavía recuerdo el día en que llegamos a San Juan, Puerto Rico. Era el panorama ideal para unas vacaciones maravillosas, pero al llegar a la habitación del hotel, bebí mucha agua de la llave° y luego pedí un jugo de frutas con mucho hielo°. El clima en San Juan es tropical y yo tenía mucha sed y calor. Los síntomas llegaron en menos de media hora: pasé dos días con dolor de estómago y corriendo al cuarto de baño cada diez minutos. Desde entonces, siempre que viajo sólo bebo agua mineral y llevo un pequeño bolso con medicinas necesarias, como pastillas para el dolor y también bloqueador solar, una crema repelente de mosquitos y un desinfectante.

Tomás: ¿Son reales° las situaciones que se narran en su libro?

Carla: Sí, son reales y son mis propias° historias°. A menudo los autores crean caricaturas divertidas de un turista en dificultades. ¡En mi libro la turista en dificultades soy yo!

Tomás: ¿Qué recomendaciones puede encontrar el lector en su libro?

Carla: Bueno, mi libro es anecdótico y humorístico, pero el tema de la salud se trata° de manera seria. En general, se dan recomendaciones sobre ropa adecuada para cada sitio, consejos para protegerse del sol, y comidas y bebidas adecuadas para el turista que viaja al Caribe o Suramérica.

Tomás: ¿Tiene algún consejo para las personas que se enferman cuando viajan?

Carla: Muchas veces los turistas toman el avión sin saber nada acerca del país que van a visitar. Ponen toda su ropa en la maleta, toman el pasaporte, la cámara fotográfica y ¡a volar°! Es necesario tomar precauciones porque nuestro cuerpo necesita adaptarse al clima, al sol, a la humedad, al agua y a la comida. Se trata de° viajar, admirar las maravillas del mundo y regresar a casa con hermosos recuerdos. En resumen, el secreto es "prevenir en vez de° curar".

llave *faucet* **hielo** *ice* **reales** *true* **propias** *own* **historias** *stories* **se trata** *is treated* **¡a volar!** *Off they go!* **Se trata de** *It's a question of* **en vez de** *instead of*

Seleccionar

Selecciona la respuesta correcta.

1. El tema principal de este libro es _____.
   a. Puerto Rico   b. la salud y el agua   c. otras culturas
   d. el cuidado de la salud en los viajes

2. Las situaciones narradas en el libro son _____.
   a. autobiográficas   b. inventadas   c. ficticias
   d. imaginarias

3. ¿Qué recomendaciones no vas a encontrar en este libro? _____
   a. cómo vestirse adecuadamente
   b. cómo prevenir las quemaduras solares
   c. consejos sobre la comida y la bebida
   d. cómo dar propina en los países del Caribe o de Suramérica

4. En opinión de la señorita Baron, _____.
   a. es bueno tomar agua de la llave y beber jugo de frutas con mucho hielo
   b. es mejor tomar solamente agua embotellada (*bottled*)
   c. los minerales son buenos para el dolor abdominal
   d. es importante visitar el cuarto de baño cada diez minutos

5. ¿Cuál de estos productos no lleva la autora cuando viaja a otros países? _____
   a. desinfectante
   b. crema repelente
   c. detergente
   d. pastillas medicinales

Escritura

Estrategia

Mastering the simple past tenses

In Spanish, when you write about events that occurred in the past you will need to know when to use the preterite and when to use the imperfect tense. A good understanding of the uses of each tense will make it much easier to determine which one to use as you write.

Look at the summary of the uses of the preterite and the imperfect and write your own example sentence for each of the rules described.

Preterite vs. imperfect

Preterite

1. Completed actions
   _____
   _____

2. Beginning or end of past actions
   _____
   _____

3. Series of past actions
   _____
   _____

Imperfect

1. Ongoing past actions
   _____
   _____

2. Habitual past actions
   _____
   _____

3. Mental, physical, and emotional states and characteristics in the past
   _____
   _____

Get together with a few classmates to compare your example sentences. Then use these sentences and the chart as a guide to help you decide which tense to use as you are writing a story or other type of narration bout the past.

Tema

Escribir una historia 🔵S

Escribe una historia acerca de una experiencia tuya° (o de otra persona) con una enfermedad, accidente o problema médico. Tu historia puede ser real o imaginaria y puede tratarse de un incidente divertido, humorístico o desastroso. Incluye todos los detalles relevantes. Consulta la lista de sugerencias° con detalles que puedes incluir.

▶ Descripción del/de la paciente
   nombre y apellidos
   edad
   características físicas
   historial médico°

▶ Descripción de los síntomas
   enfermedades
   accidente
   problemas médicos

▶ Descripción del tratamiento°
   tratamientos
   recetas
   operaciones

tuya *of yours* **sugerencias** *suggestions* **historial médico** *medical history*
tratamiento *treatment*

Escuchar 🅢 Audio

Estrategia

Listening for specific information

You can listen for specific information effectively once you identify the subject of a conversation and use your background knowledge to predict what kinds of information you might hear.

🎧 To practice this strategy, you will listen to a paragraph from a letter Marta wrote to a friend about her fifteenth birthday celebration. Before you listen to the paragraph, use what you know about this type of party to predict the content of the letter. What kinds of details might Marta include in her description of the celebration? Now listen to the paragraph and jot down the specific information Marta relates. Then compare these details to the predictions you made about the letter.

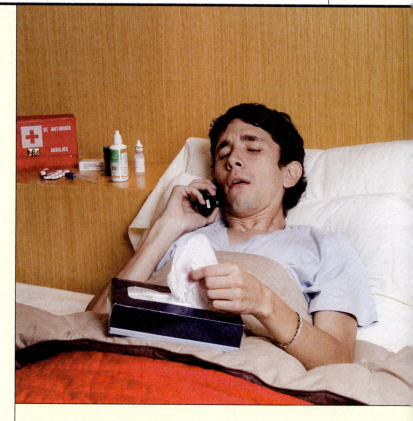

Preparación

Mira la foto. ¿Con quién crees que está conversando Carlos Peña? ¿De qué están hablando?

Ahora escucha 🎧 ꙮ🅢

Ahora escucha la conversación de la señorita Méndez y Carlos Peña. Marca las oraciones donde se mencionan los síntomas de Carlos.

1. _____ Tiene infección en los ojos.
2. _____ Se lastimó el dedo.
3. _____ No puede dormir.
4. _____ Siente dolor en los huesos.
5. _____ Está mareado.
6. _____ Está congestionado.
7. _____ Le duele el estómago.
8. _____ Le duele la cabeza.
9. _____ Es alérgico a la aspirina.
10. _____ Tiene tos.
11. _____ Le duele la garganta.
12. _____ Se rompió la pierna.
13. _____ Tiene dolor de oído.
14. _____ Tiene frío.

Comprensión

Preguntas ꙮ🅢

1. ¿Tiene fiebre Carlos?
2. ¿Cuánto tiempo hace que le duele la garganta a Carlos?
3. ¿Qué tiene que hacer el médico antes de recetarle algo a Carlos?
4. ¿A qué hora es su cita con el médico?
5. Después de darle una cita con el médico, ¿qué otra información le pide a Carlos la señorita del consultorio?
6. En tu opinión, ¿qué tiene Carlos? ¿Gripe? ¿Un resfriado? ¿Alergias? Explica tu opinión.

Diálogo ꙮ🅢

Con un(a) compañero/a, escribe el diálogo entre el Dr. Aguilar y Carlos Peña en el consultorio del médico. Usa la información del diálogo telefónico para pensar en lo que dice el médico mientras examina a Carlos. Imagina cómo responde Carlos y qué preguntas le hace al médico. ¿Cuál es el diagnóstico del médico?

Practice more at **vhlcentral.com**.

En pantalla

El objetivo de esta original y divertida campaña es informar y sensibilizar° a la sociedad sobre la enfermedad del Parkinson y el sufrimiento que ocasiona° a los que la padecen°. Además de darse a conocer° y enfrentarse a° la indiferencia, con esta campaña también se pretende° recaudar fondos°, ya que la Asociación Parkinson Alicante se ha visto afectada por la crisis económica española, disminuyendo así el número de ayudas recibidas.

1

Hemos decidido inventarnos una causa para el Parkinson.

Vocabulario útil	
aullar	*to howl*
hombre lobo	*werewolf*
lucha	*fight, battle*
manada	*pack (of wolves)*
subvenciones	*subsidies*
tiembla	*trembles, shakes*

Preparación

¿Conoces alguna ONG (organización no gubernamental)? ¿Cuál? ¿Qué cosas se hacen en esa organización para ayudar a los demás? Utiliza construcciones con **se**.

2

Tal vez la gente pueda creerse que ser hombre lobo provoque Parkinson.

Escoger

Elige la opción correcta.

1. Las _____ a la asociación estaban fallando.
   a. subvenciones   b. peticiones
2. La asociación decidió inventar una _____ para el Parkinson.
   a. pastilla   b. causa
3. Michael J. Fox hizo el papel de un _____ y tiene Parkinson.
   a. hombre lobo   b. hombre araña
4. La forma para llegar a todo el mundo es _____ lo más fuerte (*loud*) posible.
   a. cantar   b. aullar

3

Queremos que la gente conozca la asociación y nos ayude en esta lucha.

Una campaña

En parejas, creen una campaña para transformar una organización, real o ficticia. Utilicen el imperfecto y construcciones con **se**.

sensibilizar *to raise awareness* ocasiona *causes* la padecen *suffer from it* darse a conocer *spreading the word* enfrentarse a *to fight against* se pretende *the hope is to* recaudar fondos *to raise money*

S Video: TV Clip

Argentina tiene una gran tradición médica influenciada desde el siglo XIX por la medicina francesa. Tres de los cinco premios Nobel de esta nación están relacionados con investigaciones médicas que han hecho° grandes aportes° al avance de las ciencias de la salud. Además, existen otros adelantos° de médicos argentinos que han hecho historia. Entre ellos se cuentan el *bypass* coronario, desarrollado° por el cirujano° René Favaloro en 1967, y la técnica de cirugía cardiovascular sin circulación extracorpórea° desarrollada en 1978 por Federico Benetti, quien es considerado uno de los padres de la cirugía cardíaca moderna.

Vocabulario útil

la cita previa	*previous appointment*
la guardia	*emergency room*
Me di un golpe.	*I got hit.*
la práctica	*rotation (hands-on medical experience)*

Preparación

¿Qué haces si tienes un pequeño accidente o quieres hacer una consulta? ¿Visitas a tu médico general o vas al hospital? ¿Debes pedir un turno (*appointment*)?

¿Cierto o falso?

Indica si las oraciones son **ciertas** o **falsas**.

1. Silvina tuvo un accidente en su automóvil.
2. Silvina fue a la guardia del hospital.
3. La guardia del hospital está abierta sólo durante el día y es necesario tener cita previa.
4. Los entrevistados (*interviewees*) tienen enfermedades graves.
5. En Argentina, los médicos reciben la certificación cuando terminan la práctica.

La salud

¿Le podría° pedir que me explique qué es la guardia?

Nuestro hospital público es gratuito para todas las personas.

... la carrera de medicina comienza con el primer año de la universidad.

 Video: *Flash cultura*

Practice more at **vhlcentral.com**.

recursos

VM
pp. 97–98

vhlcentral.com
Lección 10

han hecho *have done* aportes *contributions* adelantos *advances* desarrollado *developed* cirujano *surgeon* extracorpórea *out-of-body* podría *could*

Video: *Panorama cultural*
Interactive map

Costa Rica

El país en cifras

▶ **Área:** 51.100 km² (19.730 millas²),
aproximadamente el área de Virginia Occidental°

▶ **Población:** 4.755.000

Costa Rica es el país de Centroamérica con la población más homogénea. El 94% de sus habitantes es blanco y mestizo°. Más del 50% de la población es de ascendencia° española y un alto porcentaje tiene sus orígenes en otros países europeos.

▶ **Capital:** San José —1.515.000

▶ **Ciudades principales:** Alajuela, Cartago, Puntarenas, Heredia

▶ **Moneda:** colón costarricense

▶ **Idioma:** español (oficial)

Bandera de Costa Rica

Costarricenses célebres

▶ **Carmen Lyra,** escritora (1888–1949)

▶ **Chavela Vargas,** cantante (1919–2012)

▶ **Óscar Arias Sánchez,** ex presidente de Costa Rica (1941–)

▶ **Laura Chinchilla Miranda,** ex presidenta de Costa Rica (1959–)

▶ **Claudia Poll,** nadadora° olímpica (1972–)

Óscar Arias recibió el Premio Nobel de la Paz en 1987.

Virginia Occidental *West Virginia* mestizo *of indigenous and white parentage* ascendencia *descent* nadadora *swimmer* ejército *army* gastos *expenditures* invertir *to invest* cuartel *barracks*

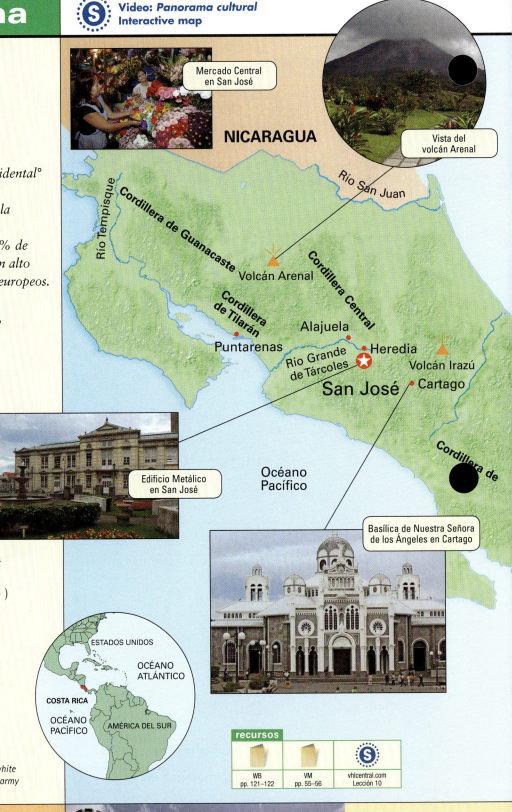
Mercado Central en San José

Vista del volcán Arenal

NICARAGUA

Río Tempisque
Cordillera de Guanacaste
Río San Juan
Volcán Arenal
Cordillera Central
Cordillera de Tilarán
Alajuela
Puntarenas
Río Grande de Tárcoles
Heredia
Volcán Irazú
San José
Cartago
Cordillera de

Edificio Metálico en San José

Océano Pacífico

Basílica de Nuestra Señora de los Ángeles en Cartago

ESTADOS UNIDOS
OCÉANO ATLÁNTICO
COSTA RICA
OCÉANO PACÍFICO
AMÉRICA DEL SUR

recursos

WB
pp. 121–122

VM
pp. 55–56

vhlcentral.com
Lección 10

¡Increíble pero cierto!

Costa Rica no tiene ejército°. Sin gastos° militares, el gobierno puede invertir° más dinero en la educación y las artes. En la foto aparece el Museo Nacional de Costa Rica, antiguo cuartel° del ejército.

MUSEO NACIONAL DE COST...

Lugares • Los parques nacionales

El sistema de parques nacionales de Costa Rica ocupa aproximadamente el 12% de su territorio y fue establecido° para la protección de su biodiversidad. En los parques, los ecoturistas pueden admirar montañas, cataratas° y una gran variedad de plantas exóticas. Algunos ofrecen también la oportunidad de ver quetzales°, monos°, jaguares, armadillos y mariposas° en su hábitat natural.

Mar Caribe

Economía • Las plantaciones de café

Costa Rica fue el primer país centroamericano en desarrollar° la industria del café. En el siglo° XIX, los costarricenses empezaron a exportar esta semilla a Inglaterra°, lo que significó una contribución importante a la economía de la nación. Actualmente, más de 50.000 costarricenses trabajan en el cultivo del café. Este producto representa cerca del 15% de sus exportaciones anuales.

• Limón

Sociedad • Una nación progresista

Costa Rica es un país progresista. Tiene un nivel de alfabetización° del 96%, uno de los más altos de Latinoamérica. En 1871, esta nación centroamericana abolió la pena de muerte° y en 1948 eliminó el ejército e hizo obligatoria y gratuita° la educación para todos sus ciudadanos.

Talamanca

PANAMÁ

¿Qué aprendiste? Contesta las preguntas con oraciones completas.

1. ¿Cómo se llama la capital de Costa Rica?

2. ¿Quién es Claudia Poll?

3. ¿Qué porcentaje del territorio de Costa Rica ocupan los parques nacionales?

4. ¿Para qué se establecieron los parques nacionales?

5. ¿Qué pueden ver los turistas en los parques nacionales?

6. ¿Cuántos costarricenses trabajan en las plantaciones de café hoy día?

7. ¿Cuándo eliminó Costa Rica la pena de muerte?

Parque Morazán
en San José

Conexión Internet Investiga estos temas en **vhlcentral.com**.

Practice more at
vhlcentral.com.

1. Busca información sobre Óscar Arias Sánchez. ¿Quién es? ¿Por qué se le considera (*is he considered*) un costarricense célebre?

2. Busca información sobre los artistas de Costa Rica. ¿Qué artista, escritor o cantante te interesa más? ¿Por qué?

establecido *established* cataratas *waterfalls* quetzales *type of tropical bird* monos *monkeys* mariposas *butterflies* en desarrollar *to develop* siglo *century* Inglaterra *England* nivel de alfabetización *literacy rate* pena de muerte *death penalty* gratuita *free*

El cuerpo

la boca	mouth
el brazo	arm
la cabeza	head
el corazón	heart
el cuello	neck
el cuerpo	body
el dedo	finger
el dedo del pie	toe
el estómago	stomach
la garganta	throat
el hueso	bone
la nariz	nose
el oído	(sense of) hearing; inner ear
el ojo	eye
la oreja	(outer) ear
el pie	foot
la pierna	leg
la rodilla	knee
el tobillo	ankle

La salud

el accidente	accident
el antibiótico	antibiotic
la aspirina	aspirin
la clínica	clinic
el consultorio	doctor's office
el/la dentista	dentist
el/la doctor(a)	doctor
el dolor (de cabeza)	(head)ache; pain
el/la enfermero/a	nurse
el examen médico	physical exam
la farmacia	pharmacy
la gripe	flu
el hospital	hospital
la infección	infection
el medicamento	medication
la medicina	medicine
la operación	operation
el/la paciente	patient
la pastilla	pill
la radiografía	X-ray
la receta	prescription
el resfriado	cold (illness)
la sala de emergencia(s)	emergency room
la salud	health
el síntoma	symptom
la tos	cough

Verbos

caerse	to fall (down)
dañar	to damage; to break down
darse con	to bump into; to run into
doler (o:ue)	to hurt
enfermarse	to get sick
estar enfermo/a	to be sick
estornudar	to sneeze
lastimarse (el pie)	to injure (one's foot)
olvidar	to forget
poner una inyección	to give an injection
prohibir	to prohibit
recetar	to prescribe
romper	to break
romperse (la pierna)	to break (one's leg)
sacar(se) un diente	to have a tooth removed
ser alérgico/a (a)	to be allergic (to)
sufrir una enfermedad	to suffer an illness
tener dolor (m.)	to have pain
tener fiebre (f.)	to have a fever
tomar la temperatura	to take someone's temperature
torcerse (o:ue) (el tobillo)	to sprain (one's ankle)
toser	to cough

Adjetivos

congestionado/a	congested
embarazada	pregnant
grave	grave; serious
mareado/a	dizzy; nauseated
médico/a	medical
saludable	healthy
sano/a	healthy

Adverbios

a menudo	often
a tiempo	on time
a veces	sometimes
además (de)	furthermore; besides
apenas	hardly; scarcely
así	like this; so
bastante	enough; rather
casi	almost
con frecuencia	frequently
de niño/a	as a child
de vez en cuando	from time to time
despacio	slowly
menos	less
muchas veces	a lot; many times
poco	little
por lo menos	at least
pronto	soon
rápido	quickly
todos los días	every day

Conjunción

mientras	while

Expresiones útiles	See page 337.

Vocabulary Tools

recursos

LM
p. 60

vhlcentral.com
Lección 10

La tecnología

11

Communicative Goals

You will learn how to:

- Talk about using technology and electronics
- Use common expressions on the telephone
- Talk about car trouble

A PRIMERA VISTA
- ¿Qué hacen las chicas?
- ¿Crees que usan sus teléfonos con frecuencia?
- ¿Son unas chicas saludables?
- ¿Qué partes del cuerpo se ven en la foto?

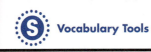

La tecnología

Más vocabulario

la cámara digital/de video	digital/video camera
el canal	(TV) channel
el cargador	charger
el correo de voz	voice mail
el estéreo	stereo
el reproductor de CD	CD player
la aplicación	app
el archivo	file
la arroba	@ symbol
el blog	blog
el buscador	browser
la conexión inalámbrica	wireless connection
la dirección electrónica	e-mail address
Internet	Internet
el mensaje de texto	text message
la página principal	home page
el programa de computación	software
la red	network; Web
el sitio web	website
apagar	to turn off
borrar	to erase
chatear	to chat
descargar	to download
escanear	to scan
funcionar	to work
grabar	to record
guardar	to save
imprimir	to print
llamar	to call
navegar (en Internet)	to surf (the Internet)
poner, prender	to turn on
sonar (o:ue)	to ring
descompuesto/a	not working; out of order
lento/a	slow
lleno/a	full

Variación léxica

computadora ⟷ ordenador (*Esp.*), computador (*Col.*)

descargar ⟷ bajar (*Arg., Col., Esp., Ven.*)

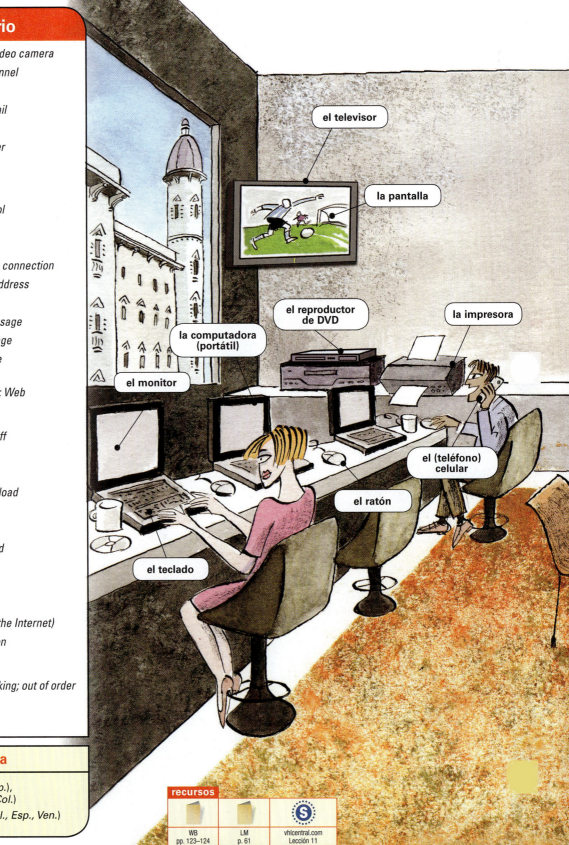

el televisor

la pantalla

el reproductor de DVD

la impresora

la computadora (portátil)

el monitor

el (teléfono) celular

el ratón

el teclado

Práctica

1 Escuchar Escucha la conversación entre dos amigas. Después completa las oraciones.

1. María y Ana están en _____.
   a. una tienda   b. un cibercafé   c. un restaurante
2. A María le encantan _____.
   a. los celulares   b. las cámaras digitales   c. los cibercafés
3. Ana y María _____ las fotos.
   a. escanean   b. borran   c. imprimen
4. María quiere tomar un café y _____.
   a. poner la computadora b. sacar fotos digitales
   c. navegar en Internet
5. Ana paga por el café y _____.
   a. el uso de Internet b. la impresora   c. la cámara

2 ¿Cierto o falso? Escucha las oraciones e indica si lo que dice cada una es **cierto** o **falso**, según el dibujo.

1. _____   5. _____
2. _____   6. _____
3. _____   7. _____
4. _____   8. _____

3 Oraciones Escribe oraciones usando estos elementos. Usa el pretérito y añade las palabras necesarias.

1. yo / descargar / fotos / Internet
2. tú / apagar / televisor / diez / noche
3. Daniel y su esposa / comprar / computadora portátil / ayer
4. Sara y yo / ir / cibercafé / para / navegar en Internet
5. Jaime / decidir / comprar / reproductor de MP3
6. teléfono celular / sonar / pero / yo / no contestar

4 Preguntas Mira el dibujo y contesta las preguntas.

1. ¿Qué tipo de café es?
2. ¿Cuántas impresoras hay? ¿Cuántos ratones?
3. ¿Por qué vinieron estas personas al café?
4. ¿Qué hace el camarero?
5. ¿Qué hace la mujer en la computadora? ¿Y el hombre?
6. ¿Qué máquinas están cerca del televisor?
7. ¿Dónde hay un cibercafé en tu comunidad?
8. ¿Por qué puedes tú necesitar un cibercafé?

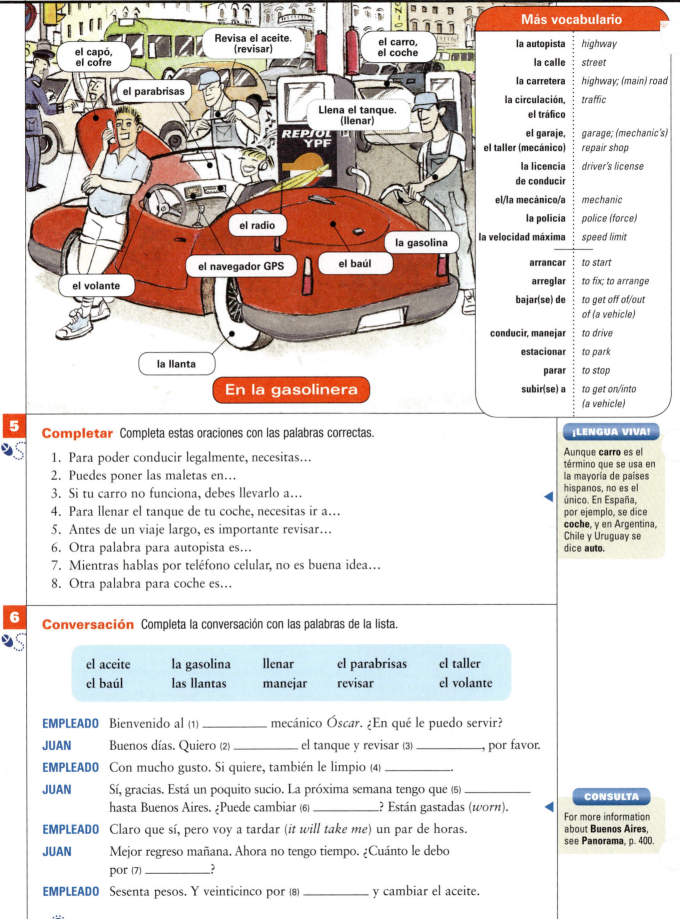

Más vocabulario

la autopista	highway
la calle	street
la carretera	highway; (main) road
la circulación, el tráfico	traffic
el garaje, el taller (mecánico)	garage; (mechanic's) repair shop
la licencia de conducir	driver's license
el/la mecánico/a	mechanic
la policía	police (force)
la velocidad máxima	speed limit
arrancar	to start
arreglar	to fix; to arrange
bajar(se) de	to get off of/out of (a vehicle)
conducir, manejar	to drive
estacionar	to park
parar	to stop
subir(se) a	to get on/into (a vehicle)

Labels in illustration: el capó, el cofre; Revisa el aceite. (revisar); el carro, el coche; el parabrisas; Llena el tanque. (llenar); el radio; la gasolina; el navegador GPS; el baúl; el volante; la llanta; **En la gasolinera**

5 Completar Completa estas oraciones con las palabras correctas.

1. Para poder conducir legalmente, necesitas…
2. Puedes poner las maletas en…
3. Si tu carro no funciona, debes llevarlo a…
4. Para llenar el tanque de tu coche, necesitas ir a…
5. Antes de un viaje largo, es importante revisar…
6. Otra palabra para autopista es…
7. Mientras hablas por teléfono celular, no es buena idea…
8. Otra palabra para coche es…

¡LENGUA VIVA!

Aunque **carro** es el término que se usa en la mayoría de países hispanos, no es el único. En España, por ejemplo, se dice **coche**, y en Argentina, Chile y Uruguay se dice **auto**.

6 Conversación Completa la conversación con las palabras de la lista.

el aceite	la gasolina	llenar	el parabrisas	el taller
el baúl	las llantas	manejar	revisar	el volante

EMPLEADO Bienvenido al (1) _____ mecánico *Óscar*. ¿En qué le puedo servir?

JUAN Buenos días. Quiero (2) _____ el tanque y revisar (3) _____, por favor.

EMPLEADO Con mucho gusto. Si quiere, también le limpio (4) _____.

JUAN Sí, gracias. Está un poquito sucio. La próxima semana tengo que (5) _____ hasta Buenos Aires. ¿Puede cambiar (6) _____? Están gastadas (*worn*).

EMPLEADO Claro que sí, pero voy a tardar (*it will take me*) un par de horas.

JUAN Mejor regreso mañana. Ahora no tengo tiempo. ¿Cuánto le debo por (7) _____?

EMPLEADO Sesenta pesos. Y veinticinco por (8) _____ y cambiar el aceite.

CONSULTA

For more information about **Buenos Aires**, see **Panorama**, p. 400.

Practice more at **vhlcentral.com**.

Comunicación

7

Preguntas Trabajen en parejas y túrnense para contestar estas preguntas. Después compartan sus respuestas con la clase.

1. a. ¿Tienes un teléfono celular? ¿Para qué lo usas?
   b. ¿Qué utilizas más: el teléfono o el correo electrónico? ¿Por qué?
   c. En tu opinión, ¿cuáles son las ventajas (*advantages*) y desventajas de los diferentes modos de comunicación?

2. a. ¿Con qué frecuencia usas la computadora?
   b. ¿Para qué usas Internet?
   ▶ c. ¿Tienes tu propio blog? ¿Cómo es?

3. a. ¿Miras la televisión con frecuencia? ¿Qué programas ves?
   b. ¿Dónde miras tus programas favoritos, en la tele o en la computadora?
   c. ¿Ves películas en la computadora? ¿Cuál es tu película favorita de todos los tiempos (*of all time*)?
   d. ¿A través de (*By*) qué medio escuchas música? ¿Radio, estéreo, reproductor de MP3 o computadora?

4. a. ¿Tienes licencia de conducir?
   b. ¿Tienes carro? Descríbelo.

> **NOTA CULTURAL**
>
> Algunos sitios web utilizan códigos para identificar su país de origen. Éstos son los códigos para algunos países hispanohablantes:
>
> **Argentina** .ar
> **Colombia** .co
> **España** .es
> **México** .mx
> **Venezuela** .ve

8

Postal En parejas, lean la tarjeta postal. Después contesten las preguntas.

19 julio de 1979

Hola, Paco:

¡Saludos! Estamos de viaje por unas semanas. La Costa del Sol es muy bonita. No hemos encontrado (we haven't found) a tus amigos porque nunca están en casa cuando llamamos. El teléfono suena y suena y nadie contesta. Vamos a seguir llamando.

Sacamos muchas fotos muy divertidas. Cuando regresemos y las revelemos (get them developed), te las voy a enseñar. Las playas son preciosas. Hasta ahora el único problema fue que la oficina en la cual reservamos un carro perdió nuestros papeles y tuvimos que esperar mucho tiempo.

También tuvimos un pequeño problema con el hotel. La agencia de viajes nos reservó una habitación en un hotel que está muy lejos de todo. No podemos cambiarla, pero no me importa mucho. A pesar de eso, estamos contentos.

Tu hermana, Gabriela

EUROPA 12
ESPAÑA

Francisco Jiménez
San Lorenzo 3250
Rosario, Argentina 2000

1. ¿Cuáles son los problemas que ocurren en el viaje de Gabriela?
2. Con la tecnología de hoy, ¿existen los mismos problemas cuando se viaja? ¿Por qué?
3. Hagan una comparación entre la tecnología de los años 70 y 80 y la de hoy.
4. Imaginen que la hija de Gabriela escribe un mensaje electrónico sobre el mismo tema con fecha de hoy. Escriban ese mensaje, incorporando la tecnología actual (teléfonos celulares, Internet, cámaras digitales, etc.). Inventen nuevos problemas.

En el taller

El coche de Miguel está descompuesto y Maru tiene problemas con su computadora.

 Video: *Fotonovela*

MIGUEL ¿Cómo lo ves?

JORGE Creo que puedo arreglarlo. ¿Me pasas la llave?

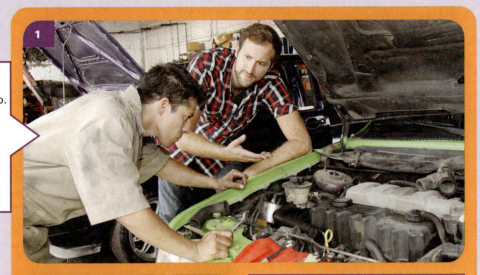

JORGE ¿Y dónde está Maru?

MIGUEL Acaba de enviarme un mensaje de texto: "Última noticia sobre la computadora portátil: todavía está descompuesta. Moni intenta arreglarla. Voy para allá".

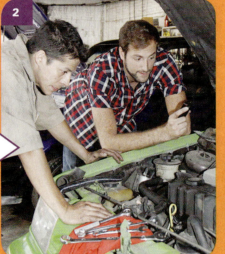

MARU Buenos días, Jorge.

JORGE ¡Qué gusto verte, Maru! ¿Cómo está la computadora?

MARU Mi amiga Mónica recuperó muchos archivos, pero muchos otros se borraron.

JORGE ¿Está descompuesta tu computadora?

MIGUEL No, la mía no, la suya. Una amiga la está ayudando.

JORGE Un mal día para la tecnología, ¿no?

MIGUEL Ella está preparando un proyecto para ver si puede hacer sus prácticas profesionales en el Museo de Antropología.

JORGE ¿Y todo está en la computadora?

MIGUEL Y claro.

MARU Estamos en una triste situación. Yo necesito una computadora nueva, y Miguel necesita otro coche.

JORGE Y un televisor nuevo para mí, por favor.

MARU

7

MARU ¿Qué vamos a hacer, Miguel?

MIGUEL Tranquila, cariño. Por eso tenemos amigos como Jorge y Mónica. Nos ayudamos los unos a los otros.

8

JORGE ¿No te sientes afortunada, Maru? No te preocupes. Sube.

MIGUEL ¡Por fin!

MARU Gracias, Jorge. Eres el mejor mecánico de la ciudad.

9

MIGUEL ¿Cuánto te debo por el trabajo?

JORGE Hombre, no es nada. Guárdalo para el coche nuevo. Eso sí, recomiéndame con tus amigos.

MIGUEL Gracias, Jorge.

10

JORGE No manejes en carretera. Revisa el aceite cada 1.500 kilómetros y asegúrate de llenarle el tanque... No manejes con el cofre abierto. Nos vemos.

Expresiones útiles

Giving instructions to a friend

¿Me pasas la llave?
Can you pass me the wrench?
No lo manejes en carretera.
Don't drive it on the highway.
Revisa el aceite cada 1.500 kilómetros.
Check the oil every 1,500 kilometers.
Asegúrate de llenar el tanque.
Make sure to fill up the tank.
No manejes con el cofre abierto.
Don't drive with the hood open.
Recomiéndame con tus amigos.
Recommend me to your friends.

Taking a phone call

Aló./Bueno./Diga.
Hello.
¿Quién habla?/¿De parte de quién?
Who is speaking/calling?
Con él/ella habla.
Speaking.
¿Puedo dejar un recado?
May I leave a message?

Reassuring someone

Tranquilo/a, cariño.
Relax, sweetie.
Nos ayudamos los unos a los otros.
We help each other out.
No te preocupes.
Don't worry.

Additional vocabulary

entregar *to hand in*
el intento *attempt*
la noticia *news*
el proyecto *project*
recuperar *to recover*

¿Qué pasó?

1

Seleccionar Selecciona las respuestas que completan correctamente estas oraciones.

1. Jorge intenta arreglar _____.
   a. la computadora de Maru   b. el coche de Miguel   c. el teléfono celular de Felipe
2. Maru dice que se borraron muchos _____ de su computadora.
   a. archivos   b. sitios web   c. mensajes de texto
3. Jorge dice que necesita un _____.
   a. navegador GPS   b. reproductor de DVD   c. televisor
4. Maru dice que Jorge es el mejor _____.
   a. mecánico de la ciudad   b. amigo del mundo   c. compañero de la clase
5. Jorge le dice a Miguel que no maneje su coche en _____.
   a. el tráfico   b. el centro de la ciudad   c. la carretera

2

Identificar Identifica quién puede decir estas oraciones.

1. Cómprate un coche nuevo y recomiéndame con tus amigos.
2. El mensaje de texto de Maru dice que su computadora todavía está descompuesta.
3. Mi amiga Mónica me ayudó a recuperar muchos archivos, pero necesito una computadora nueva.
4. No conduzcas con el cofre abierto y recuerda que el tanque debe estar lleno.
5. Muchos de los archivos de mi computadora se borraron.

MARU

MIGUEL

JORGE

3

Problema mecánico Trabajen en parejas para representar los papeles de un(a) mecánico/a y un(a) cliente/a que está llamando al taller porque su carro está descompuesto. Usen las instrucciones como guía.

Mecánico/a	Cliente/a
Contesta el teléfono con un saludo y el nombre del taller.	→ Saluda y explica que tu carro está descompuesto.
Pregunta qué tipo de problema tiene exactamente.	→ Explica que tu carro no arranca cuando hace frío.
Di que debe traer el carro al taller.	→ Pregunta cuándo puedes llevarlo.
Ofrece una hora para revisar el carro.	→ Acepta la hora que ofrece el/la mecánico/a.

Ahora cambien los papeles y representen otra conversación. Ustedes son un(a) técnico/a y un(a) cliente/a. Usen estas ideas:

el celular no guarda mensajes	la impresora imprime muy lentamente
la computadora no descarga fotos	el reproductor de DVD está descompuesto

Ortografía

 Audio

La acentuación de palabras similares

Although accent marks usually indicate which syllable in a word is stressed, they are also used to distinguish between words that have the same or similar spellings.

Él maneja **el** coche.   **Sí**, voy **si** quieres.

Although one-syllable words do not usually carry written accents, some *do* have accent marks to distinguish them from words that have the same spelling but different meanings.

Sé cocinar.   **Se** baña.   ¿Tomas **té**?   **Te** duermes.

Sé (*I know*) and **té** (*tea*) have accent marks to distinguish them from the pronouns **se** and **te**.

---

para **mí**   **mi** cámara   **Tú** lees.   **tu** estéreo

Mí (*Me*) and **tú** (*you*) have accent marks to distinguish them from the possessive adjectives **mi** and **tu**.

¿**Por qué** vas?   Voy **porque** quiero.

Several words of more than one syllable also have accent marks to distinguish them from words that have the same or similar spellings.

Éste es rápido.   **Este** tren es rápido.

Demonstrative pronouns may have accent marks to distinguish them from demonstrative adjectives.

¿**Cuándo** fuiste?   Fui **cuando** me llamó.
¿**Dónde** trabajas?   Voy al taller **donde** trabajo.

Adverbs have accent marks when they are used to convey a question.

Práctica Marca los acentos en las palabras que los necesitan.

ANA Alo, soy Ana. ¿Que tal?

JUAN Hola, pero... ¿por que me llamas tan tarde?

ANA Porque mañana tienes que llevarme a la universidad. Mi auto esta dañado.

JUAN ¿Como se daño?

ANA Se daño el sabado. Un vecino (*neighbor*) choco con (*crashed into*) el.

Crucigrama Utiliza las siguientes pistas (*clues*) para completar el crucigrama. ¡Ojo con los acentos!

Horizontales

1. Él _____ levanta.
4. No voy _____ no puedo.
7. Tú _____ acuestas.
9. ¿ _____ es el examen?
10. Quiero este video y _____.

Verticales

2. ¿Cómo _____ usted?
3. Eres _____ mi hermano.
5. ¿ _____ tal?
6. Me gusta _____ suéter.
8. Navego _____ la red.

recursos

LM
p. 62

vhlcentral.com
Lección 11

EN DETALLE

Las redes sociales

¿Cómo te comunicas con tu familia y con tus amigos? Al igual que° en los Estados Unidos, en los países hispanohablantes las redes sociales han tenido° un gran impacto en los últimos años. Los usos básicos de los teléfonos celulares ya no son las llamadas° y los mensajes de texto, sino el contacto entre amigos y familiares por medio de° redes sociales y de aplicaciones como Facebook, Twitter, Tuenti o Instagram.

La mayoría de los hispanos tiene un perfil° en Facebook o en Twitter, pero el método de comunicación más popular en los países hispanohablantes es Whatsapp. Por medio de esta aplicación de mensajería los usuarios° pueden crear grupos y enviarse° un número ilimitado de imágenes, videos y mensajes de texto y de audio. Su popularidad se debe a que es una forma rápida y prácticamente gratuita° de comunicarse.

Hoy en día, los teléfonos inteligentes y los contratos telefónicos son más asequibles°, por lo que la mayoría de los hispanos disfruta de estos celulares y de sus ventajas tecnológicas. Gracias a las redes sociales y a las aplicaciones, las personas pueden estar en constante comunicación con sus seres queridos° más lejanos°. La inevitable pregunta es: ¿Qué ocurre con los seres queridos que están cerca? La influencia que tienen las redes sociales en las relaciones humanas es cada vez un tema más polémico.

El español en las redes sociales

- El español es la tercera lengua más utilizada en las redes sociales.

- El español es la segunda lengua más usada en Twitter, con un crecimiento° de más de 800% en los últimos diez años.

- Facebook tiene 80 millones de usuarios hispanohablantes.

- Sólo en España, Whatsapp tiene 20 millones de usuarios que usan la aplicación un promedio° de 150 veces al día.

Al igual que *Like* **han tenido** *have had* **llamadas** *calls* **por medio de** *through* **perfil** *profile* **usuarios** *users* **enviarse** *send each other* **gratuita** *free* **asequibles** *affordable* **seres queridos** *loved ones* **lejanos** *distant* **crecimiento** *growth* **promedio** *average*

ACTIVIDADES

1 **¿Cierto o falso?** Indica si lo que dicen estas oraciones es **cierto** o **falso**. Corrige la información falsa.

1. Los hispanos prefieren las llamadas para comunicarse con sus familias y con sus amigos.

2. Twitter no se usa en Latinoamérica.

3. Whatsapp es un método de comunicación muy común en los países hispanos.

4. Whatsapp permite enviar fotos a los contactos del celular.

5. Pocos hispanos pueden comprar un teléfono inteligente.

6. Una ventaja de las redes sociales es el contacto con las personas que están lejos.

7. El español es la segunda lengua más utilizada en las redes sociales.

8. Los españoles visitan constantemente la aplicación de Whatsapp.

ASÍ SE DICE

La tecnología

los audífonos (Méx., Col.), los auriculares (Arg.), los cascos (Esp.)	*headset; earphones*
el móvil (Esp.)	el celular
el manos libres (Amér. S.)	*hands-free system*
la memoria	*memory*
mensajear (Méx.)	enviar y recibir mensajes de texto

EL MUNDO HISPANO

Las bicimotos

- **Argentina** El *ciclomotor* se usa mayormente° para repartir a domicilio° comidas y medicinas.

- **Perú** La *motito* se usa mucho para el reparto a domicilio de pan fresco todos los días.

- **México** La *Vespa* se usa para evitar° el tráfico en grandes ciudades.

- **España** La población usa el *Vespino* para ir y volver al trabajo cada día.

- **Puerto Rico** Una *scooter* es el medio de transporte favorito en las zonas rurales.

- **República Dominicana** Las *moto-taxis* son el medio de transporte más económico, ¡pero no olvides el casco°!

mayormente *mainly* repartir a domicilio *home delivery of*
evitar *to avoid* casco *helmet*

PERFIL

Los mensajes de texto

¿Qué tienen en común un **mensaje de texto** y un telegrama?: la necesidad de decir lo máximo en el menor espacio posible —y rápidamente—. Así como los abuelos se las arreglaron° para hacer más baratos sus telegramas, que se cobraban° por número de palabras, ahora los jóvenes buscan ahorrar° espacio, tiempo y dinero, en sus mensajes de texto. Esta economía del lenguaje dio origen al **lenguaje chat**,

una forma de escritura muy creativa y compacta. Olvídate de la gramática, la puntuación y la ortografía: es tan flexible que evoluciona° todos los días con el uso que cada quien° le da, aunque° hay muchas palabras y expresiones ya establecidas°. Fácilmente encontrarás° abreviaturas (**xq?**, "¿Por qué?"; **tkm**, "Te quiero mucho."), sustitución de sonidos por números (**a2**, "Adiós."; **5mntrios**, "Sin comentarios."), símbolos (**ad+**, "además") y omisión de vocales y acentos (**tb**, "también"; **k tl?**, "¿Qué tal?"). Ahora que lo sabes, si un amigo te envía: **cont xfa, m dbs $!**°, puedes responderle: **ntp, ns vms + trd**°.

se las arreglaron *they managed to* se cobraban *were charged* ahorrar *to save*
evoluciona *evolves* cada quien *each person* aunque *although* establecidas *fixed*
encontrarás *you will find* cont xfa, m dbs $! Contesta, por favor, ¡me debes dinero!
ntp, ns vms +trd No te preocupes, nos vemos más tarde.

Conexión Internet

¿Qué sitios web son populares entre los jóvenes hispanos?	Go to **vhlcentral.com** to find more cultural information related to this **Cultura** section.

ACTIVIDADES

2 **Comprensión** Responde a las preguntas.

1. ¿Cuáles son tres formas de decir *headset*?
2. ¿Para qué se usan las bicimotos en Argentina?
3. ¿Qué dio origen al "lenguaje chat"?
4. ¿Es importante escribir los acentos en los mensajes de texto?

3 **¿Cómo te comunicas?** Escribe un párrafo breve en donde expliques qué utilizas para comunicarte con tus amigos/as (correo electrónico, redes sociales, teléfono, etc.) y de qué hablan cuando se llaman por teléfono.

Practice more at **vhlcentral.com**.

11.1 Familiar commands Tutorial

ANTE TODO In Spanish, the command forms are used to give orders or advice. You use **tú** commands (**mandatos familiares**) when you want to give an order or advice to someone you normally address with the familiar **tú**.

Affirmative tú commands

Infinitive	Present tense él/ella form	Affirmative tú command
hablar	habla	**habla** (tú)
guardar	guarda	**guarda** (tú)
prender	prende	**prende** (tú)
volver	vuelve	**vuelve** (tú)
pedir	pide	**pide** (tú)
imprimir	imprime	**imprime** (tú)

▶ Affirmative **tú** commands usually have the same form as the **él/ella** form of the present indicative.

Guarda el documento antes de cerrarlo.
Save the document before closing it.

Imprime tu tarea para la clase de inglés.
Print your homework for English class.

▶ The following verbs have irregular affirmative **tú** commands.

Irregular affirmative tú commands

decir	**di**	salir	**sal**
hacer	**haz**	ser	**sé**
ir	**ve**	tener	**ten**
poner	**pon**	venir	**ven**

¡**Sal** ahora mismo!
Leave at once!

Haz los ejercicios.
Do the exercises.

▶ Since **ir** and **ver** have the same **tú** command (**ve**), context will determine the meaning.

Ve al cibercafé con Yolanda.
Go to the cybercafé with Yolanda.

Ve ese programa... es muy interesante.
See that program... it's very interesting.

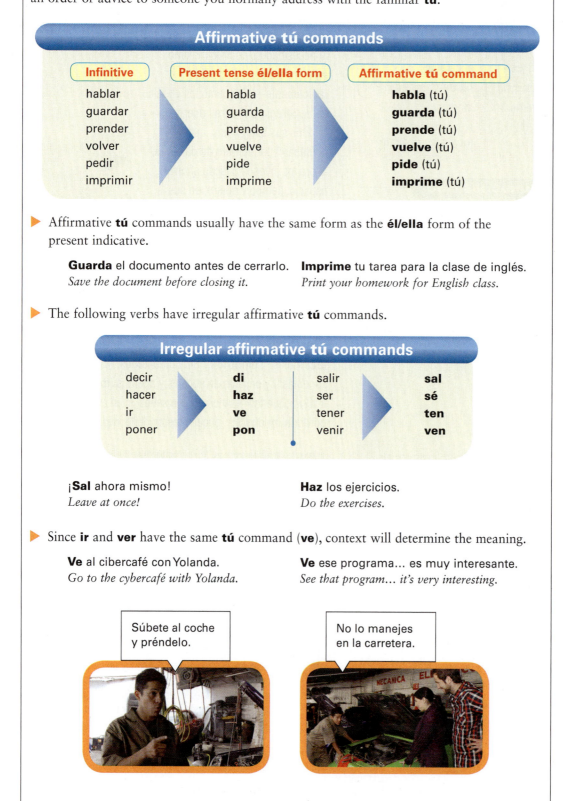

Súbete al coche y préndelo.

No lo manejes en la carretera.

▶ The negative **tú** commands are formed by dropping the final **-o** of the **yo** form of the present tense. For **-ar** verbs, add **-es**. For **-er** and **-ir** verbs, add **-as**.

Negative tú commands

Infinitive	Present tense yo form	Negative tú command
hablar	hablo	**no hables** (tú)
guardar	guardo	**no guardes** (tú)
prender	prendo	**no prendas** (tú)
volver	vuelvo	**no vuelvas** (tú)
pedir	pido	**no pidas** (tú)

Héctor, **no pares** el carro aquí.
Héctor, don't stop the car here.

No prendas la computadora todavía.
Don't turn on the computer yet.

▶ Verbs with irregular **yo** forms maintain the same irregularity in their negative **tú** commands. These verbs include **conducir, conocer, decir, hacer, ofrecer, oír, poner, salir, tener, traducir, traer, venir,** and **ver**.

No pongas el disco en la computadora.
Don't put the disk in the computer.

No conduzcas tan rápido.
Don't drive so fast.

▶ Note also that stem-changing verbs keep their stem changes in negative **tú** commands.

No p**ie**rdas tu celular.
Don't lose your cell phone.

No v**ue**lvas a esa gasolinera.
Don't go back to that gas station.

No rep**i**tas las instrucciones.
Don't repeat the instructions.

▶ Verbs ending in **-car**, **-gar**, and **-zar** have a spelling change in the negative **tú** commands.

sa**car**	c → **qu**	no sa**qu**es	
apa**gar**	g → **gu**	no apa**gu**es	
almor**zar**	z → **c**	no almuer**c**es	

▶ The following verbs have irregular negative **tú** commands.

Irregular negative tú commands

dar	**no des**
estar	**no estés**
ir	**no vayas**
saber	**no sepas**
ser	**no seas**

¡ATENCIÓN!

In affirmative commands, reflexive, indirect, and direct object pronouns are always attached to the end of the verb. In negative commands, these pronouns always precede the verb.

Bórralos./No los borres.

Escríbeles un mensaje electrónico./**No les escribas** un mensaje electrónico.

• • •

When a pronoun is attached to an affirmative command that has two or more syllables, an accent mark is added to maintain the original stress:

borra → bórralos

prende → préndela

imprime → imprímelo

¡INTÉNTALO! Indica los mandatos familiares afirmativos y negativos de estos verbos.

1. correr   _____Corre_____ más rápido.   No _____corras_____ más rápido.
2. llenar   _____ el tanque.   No _____ el tanque.
3. salir   _____ ahora.   No _____ ahora.
4. descargar   _____ ese documento.   No _____ ese documento.
5. levantarse   _____ temprano.   No _____ temprano.
6. hacerlo   _____ ya.   No _____ ahora.

Práctica

1 **Completar** Tu mejor amigo no entiende nada de tecnología y te pide ayuda. Completa los comentarios de tu amigo con el mandato de cada verbo.

1. No _____ en una hora. _____ ahora mismo. (venir)
2. _____ tu tarea después. No la _____ ahora. (hacer)
3. No _____ a la tienda a comprar papel para la impresora. _____ a la cafetería a comprarme algo de comer. (ir)
4. No _____ que no puedes abrir un archivo. _____ que el programa de computación funciona sin problemas. (decirme)
5. _____ generoso con tu tiempo y no _____ antipático si no entiendo fácilmente. (ser)
6. _____ mucha paciencia y no _____ prisa. (tener)
7. _____ tu teléfono celular, pero no _____ la computadora. (apagar)

2 **Cambiar** Pedro y Marina no pueden ponerse de acuerdo (*agree*) cuando viajan en su carro. Cuando Pedro dice que algo es necesario, Marina expresa una opinión diferente. Usa la información entre paréntesis para formar las órdenes que Marina le da a Pedro.

> **modelo**
>
> **Pedro:** Necesito revisar el aceite del carro. (seguir hasta el próximo pueblo)
> **Marina:** No revises el aceite del carro. Sigue hasta el próximo pueblo.

1. Necesito conducir más rápido. (parar el carro)
2. Necesito poner el radio. (hablarme)
3. Necesito almorzar ahora. (comer más tarde)
4. Necesito sacar los discos compactos. (manejar con cuidado)
5. Necesito estacionar el carro en esta calle. (pensar en otra opción)
6. Necesito volver a esa gasolinera. (arreglar el carro en un taller)
7. Necesito leer el mapa. (pedirle ayuda a aquella señora)
8. Necesito dormir en el carro. (acostarse en una cama)

3 **Problemas** Tú y tu compañero/a trabajan en el centro de computadoras de la universidad. Muchos estudiantes están llamando con problemas. Denles órdenes para ayudarlos a resolverlos.

> **modelo**
>
> **Problema:** No veo nada en la pantalla.
> **Tu respuesta:** Prende la pantalla de tu computadora.

| apagar... | descargar... | grabar... | imprimir... | prender... |
| borrar... | funcionar... | guardar... | navegar... | volver... |

1. No me gusta este programa de computación.
2. Tengo miedo de perder mi documento.
3. Prefiero leer este sitio web en papel.
4. Mi correo electrónico funciona muy lentamente.
5. Busco información sobre los gauchos de Argentina.
6. Tengo demasiados archivos en mi computadora.
7. Mi computadora se congeló (*froze*).
8. Quiero ver las fotos del cumpleaños de mi hermana.

NOTA CULTURAL

Los gauchos (*nomadic cowboys*), conocidos por su habilidad (*skill*) para montar a caballo y utilizar el lazo, viven en la Región Pampeana, una llanura muy extensa ubicada en el centro de Argentina y dedicada a la agricultura (*agriculture*).

Comunicación

4

Órdenes Intercambia mandatos negativos y afirmativos con tu compañero/a. Debes seguir las órdenes que él o ella te da o reaccionar apropiadamente.

modelo

Estudiante 1: Dame todo tu dinero.
Estudiante 2: No, no quiero dártelo. Muéstrame tu cuaderno.
Estudiante 1: Aquí está.
Estudiante 2: Ve a la pizarra y escribe tu nombre.
Estudiante 1: No quiero. Hazlo tú.

5

Anuncios Miren este anuncio. Luego, en grupos pequeños, preparen tres anuncios adicionales para tres escuelas que compiten (*compete*) con ésta.

INFORMÁTICA ARGENTINA

Toma nuestros cursos y aprende a usar la computadora

abre y lee tus archivos

imprime tus documentos

entra al campo de la tecnología

¡Ponte en contacto con nosotros llamando al 11-4-129-1508 HOY!

Síntesis

6

¡Tanto que hacer! Tu profesor(a) te va a dar una lista de diligencias (*errands*). Algunas las hiciste tú y algunas las hizo tu compañero/a. Las diligencias que ya hicieron tienen esta marca ✔. Pero quedan cuatro diligencias por hacer. Dale órdenes a tu compañero/a y él/ella responde para confirmar si hay que hacerla o si ya la hizo.

modelo

Estudiante 1: Llena el tanque.
Estudiante 2: Ya llené el tanque. / ¡Ay, no! Tenemos que llenar el tanque.

11.2 Por and para ⓢ Tutorial

ANTE TODO Unlike English, Spanish has two words that mean *for*: **por** and **para**. These two prepositions are not interchangeable. Study the following charts to see how they are used.

▶ **Por** and **para** are most commonly used to describe aspects of movement, time, and action, but in different circumstances.

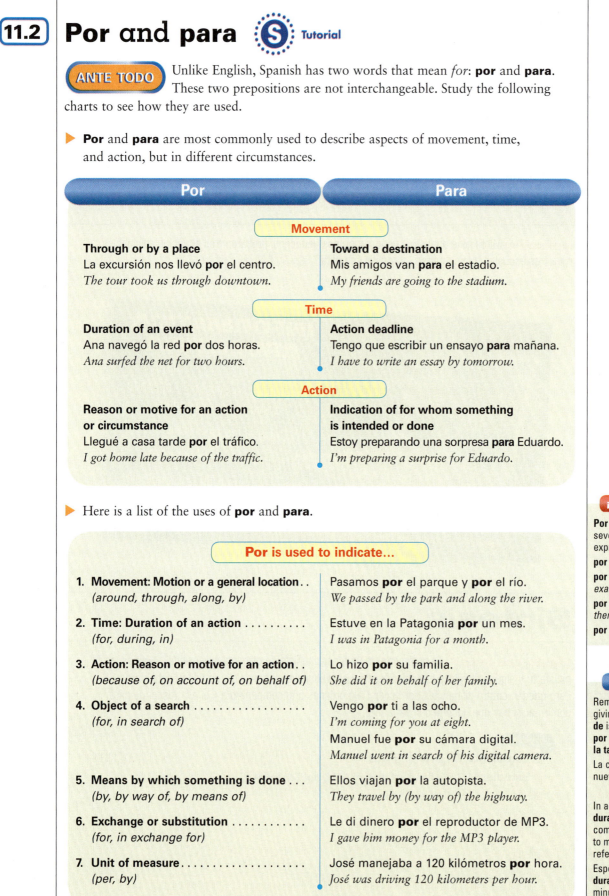

Por	Para
Movement	
Through or by a place	**Toward a destination**
La excursión nos llevó **por** el centro.	Mis amigos van **para** el estadio.
The tour took us through downtown.	*My friends are going to the stadium.*
Time	
Duration of an event	**Action deadline**
Ana navegó la red **por** dos horas.	Tengo que escribir un ensayo **para** mañana.
Ana surfed the net for two hours.	*I have to write an essay by tomorrow.*
Action	
Reason or motive for an action or circumstance	**Indication of for whom something is intended or done**
Llegué a casa tarde **por** el tráfico.	Estoy preparando una sorpresa **para** Eduardo.
I got home late because of the traffic.	*I'm preparing a surprise for Eduardo.*

▶ Here is a list of the uses of **por** and **para**.

Por is used to indicate...

1. **Movement: Motion or a general location..** (around, through, along, by)
   Pasamos **por** el parque y **por** el río.
   We passed by the park and along the river.

2. **Time: Duration of an action ....** (for, during, in)
   Estuve en la Patagonia **por** un mes.
   I was in Patagonia for a month.

3. **Action: Reason or motive for an action..** (because of, on account of, on behalf of)
   Lo hizo **por** su familia.
   She did it on behalf of her family.

4. **Object of a search ....** (for, in search of)
   Vengo **por** ti a las ocho.
   I'm coming for you at eight.
   Manuel fue **por** su cámara digital.
   Manuel went in search of his digital camera.

5. **Means by which something is done ...** (by, by way of, by means of)
   Ellos viajan **por** la autopista.
   They travel by (by way of) the highway.

6. **Exchange or substitution ....** (for, in exchange for)
   Le di dinero **por** el reproductor de MP3.
   I gave him money for the MP3 player.

7. **Unit of measure...................** (per, by)
   José manejaba a 120 kilómetros **por** hora.
   José was driving 120 kilometers per hour.

¡ATENCIÓN!

Por is also used in several idiomatic expressions, including:
por aquí *around here*
por ejemplo *for example*
por eso *that's why; therefore*
por fin *finally*

AYUDA

Remember that when giving an exact time, **de** is used instead of **por** before **la mañana, la tarde,** or **la noche.**
La clase empieza a las nueve **de** la mañana.

• • •

In addition to **por**, **durante** is also commonly used to mean *for* when referring to time.
Esperé al mecánico **durante** cincuenta minutos.

> ### Para is used to indicate...

1. **Movement: Destination** . . . .
   (*toward, in the direction of*)

   Salimos **para** Córdoba el sábado.
   We are leaving for Córdoba on Saturday.

2. **Time: Deadline or a specific time
   in the future** . . . .
   (*by, for*)

   Él va a arreglar el carro **para** el viernes.
   He will fix the car by Friday.

3. **Action: Purpose or goal** + [*infinitive*] . . . .
   (*in order to*)

   Juan estudia **para** (ser) mecánico.
   Juan is studying to be a mechanic.

4. **Purpose** + [*noun*] . . . .
   (*for, used for*)

   Es una llanta **para** el carro.
   It's a tire for the car.

5. **The recipient of something** . . . .
   (*for*)

   Compré una impresora **para** mi hijo.
   I bought a printer for my son.

6. **Comparison with others or an opinion**. .
   (*for, considering*)

   Para un joven, es demasiado serio.
   For a young person, he is too serious.

   Para mí, esta lección no es difícil.
   For me, this lesson isn't difficult.

7. **In the employment of** . . . .
   (*for*)

   Sara trabaja **para** Telecom Argentina.
   Sara works for Telecom Argentina.

▶ In many cases it is grammatically correct to use either **por** or **para** in a sentence. The meaning of the sentence is different, however, depending on which preposition is used.

Caminé **por** el parque.
I walked through the park.

Caminé **para** el parque.
I walked to (toward) the park.

Trabajó **por** su padre.
He worked for (in place of) his father.

Trabajó **para** su padre.
He worked for his father('s company).

¡INTÉNTALO! Completa estas oraciones con las preposiciones **por** o **para**.

1. Fuimos al cibercafé __por__ la tarde.
2. Necesitas un navegador GPS _____ encontrar la casa de Luis.
3. Entraron _____ la puerta.
4. Quiero un pasaje _____ Buenos Aires.
5. _____ arrancar el carro, necesito la llave.
6. Arreglé el televisor _____ mi amigo.
7. Estuvieron nerviosos _____ el examen.
8. ¿No hay una gasolinera _____ aquí?
9. El reproductor de MP3 es _____ usted.
10. Juan está enfermo. Tengo que trabajar _____ él.
11. Estuvimos en Canadá _____ dos meses.
12. _____ mí, el español es fácil.
13. Tengo que estudiar la lección _____ el lunes.
14. Voy a ir _____ la carretera.
15. Compré dulces _____ mi novia.
16. Compramos el auto _____ un buen precio.

recursos

WB pp. 127–128

LM p. 64

vhlcentral.com
Lección 11

Práctica

1 **Completar** Completa este párrafo con las preposiciones **por** o **para**.

El mes pasado mi esposo y yo hicimos un viaje a Buenos Aires y sólo pagamos dos mil dólares (1)_____ los pasajes. Estuvimos en Buenos Aires (2)_____ una semana y paseamos por toda la ciudad. Durante el día caminamos (3)_____ la plaza San Martín, el microcentro y el barrio de La Boca, donde viven muchos artistas. (4)_____ la noche fuimos a una tanguería, que es una especie de teatro, (5)_____ mirar a la gente bailar tango. Dos días después decidimos hacer una excursión (6)_____ las pampas (7)_____ ver el paisaje y un rodeo con gauchos. Alquilamos (*We rented*) un carro y manejamos (8)_____ todas partes y pasamos unos días muy agradables. El último día que estuvimos en Buenos Aires fuimos a Galerías Pacífico (9)_____ comprar recuerdos (*souvenirs*) (10)_____ nuestros hijos y nietos. Compramos tantos regalos que tuvimos que pagar impuestos (*duties*) en la aduana al regresar.

2 **Oraciones** Crea oraciones originales con los elementos de las columnas. Une los elementos usando **por** o **para**.

> **modelo**
>
> Fuimos a Mar del Plata por razones de salud para visitar a un especialista.

(no) fue al mercado	por/para	comprar frutas	por/para	¿?
(no) fuimos a las montañas	por/para	tres días	por/para	¿?
(no) fuiste a Mar del Plata	por/para	razones de salud	por/para	¿?
(no) fueron a Buenos Aires	por/para	tomar el sol	por/para	¿?

NOTA CULTURAL

Mar del Plata es un centro turístico en la costa de Argentina. La ciudad es conocida como "la perla del Atlántico" y todos los años muchos turistas visitan sus playas y casinos.

3 **Describir** Usa **por** o **para** y el tiempo presente para describir estos dibujos.

TALLER JUÁREZ

LA ESTANCIA

1. _____

2. _____

3. _____

100 Km/h

PARQUE

4. _____

5. _____

6. _____

Comunicación

4

Descripciones Usa **por** o **para** y completa estas frases de manera lógica. Luego, compara tus respuestas con las de un(a) compañero/a.

1. En casa, hablo con mis amigos...
2. Mi padre/madre trabaja...
3. Ayer fui al taller...
4. Los miércoles tengo clases...
5. A veces voy a la biblioteca...

6. Esta noche tengo que estudiar...
7. Necesito... dólares...
8. Compré un regalo...
9. Mi mejor amigo/a estudia...
10. Necesito hacer la tarea...

5

Situación En parejas, dramaticen esta situación. Utilicen muchos ejemplos de **por** y **para.**

Hijo/a		Padre/Madre
Pídele dinero a tu padre/madre.	→	Pregúntale a tu hijo/a para qué lo necesita.
Dile que quieres comprar un carro.	→	Pregúntale por qué necesita un carro.
Explica tres razones por las que necesitas un carro.	→	Explica por qué sus razones son buenas o malas.
Dile que por no tener un carro tu vida es muy difícil.	→	Decide si vas a darle el dinero y explica por qué.

Síntesis

6

Una subasta (*auction*) Cada estudiante debe traer a la clase un objeto o una foto del objeto para vender. En grupos, túrnense para ser el/la vendedor(a) y los postores (*bidders*). Para empezar, el/la vendedor(a) describe el objeto y explica para qué se usa y por qué alguien debe comprarlo.

modelo

Vendedora: Aquí tengo un reproductor de CD. Pueden usarlo para escuchar su música favorita o para escuchar canciones en español. Sólo hace un año que lo compré y todavía funciona perfectamente. ¿Quién ofrece $ 1.500 para empezar?

Postor(a) 1: Pero los reproductores de CD son anticuados. Te doy $ 20.

Vendedora: Ah, pero éste es muy especial porque viene con el CD que grabé cuando quería ser cantante de ópera.

Postor(a) 2: Ah, ¡entonces te doy $ 100!

11.3 **Reciprocal reflexives** Tutorial

ANTE TODO In **Lección 7**, you learned that reflexive verbs indicate that the subject of a sentence does the action to itself. Reciprocal reflexives, on the other hand, express a shared or reciprocal action between two or more people or things. In this context, the pronoun means *(to) each other* or *(to) one another*.

Luis y Marta **se** miran en el espejo.
Luis and Marta look at themselves in the mirror.

Luis y Marta **se** miran.
Luis and Marta look at each other.

▶ Only the plural forms of the reflexive pronouns (**nos**, **os**, **se**) are used to express reciprocal actions because the action must involve more than one person or thing.

Cuando **nos vimos** en la calle, **nos abrazamos**.
When we saw each other on the street, we hugged (one another).

Ustedes **se** van a **encontrar** en el cibercafé, ¿no?
You are meeting (each other) at the cybercafé, right?

Nos ayudamos cuando usamos la computadora.
We help each other when we use the computer.

Las amigas **se saludaron** y **se besaron**.
The friends greeted each other and kissed (one another).

¡ATENCIÓN!

Here is a list of common verbs that can express reciprocal actions:
abrazar(se) *to hug; to embrace (each other)*
ayudar(se) *to help (each other)*
besar(se) *to kiss (each other)*
encontrar(se) *to meet (each other); to run into (each other)*
saludar(se) *to greet (each other)*

¡INTÉNTALO! Indica el reflexivo recíproco adecuado de estos verbos en el presente o el pretérito.

presente

1. (escribir) Los novios _se escriben_.
   Nosotros _____.
   Ana y Ernesto _____.
2. (escuchar) Mis tíos _____.
   Nosotros _____.
   Ellos _____.
3. (ver) Nosotros _____.
   Fernando y Tomás _____.
   Ustedes _____.
4. (llamar) Ellas _____.
   Mis hermanos _____.
   Pepa y yo _____.

pretérito

1. (saludar) Nicolás y tú _se saludaron_.
   Nuestros vecinos _____.
   Nosotros _____.
2. (hablar) Los amigos _____.
   Elena y yo _____.
   Ustedes _____.
3. (conocer) Alberto y yo _____.
   Ustedes _____.
   Ellos _____.
4. (encontrar) Ana y Javier _____.
   Los primos _____.
   Mi hermana y yo _____.

recursos

WB
pp. 129–130

LM
p. 65

vhlcentral.com
Lección 11

Práctica y Comunicación

1

Un amor recíproco Describe a Laura y a Elián usando los verbos recíprocos.

> **modelo**
>
> Laura veía a Elián todos los días. Elián veía a Laura todos los días.
> *Laura y Elián se veían todos los días.*

1. Laura conocía bien a Elián. Elián conocía bien a Laura.

2. Laura miraba a Elián con amor. Elián la miraba con amor también.

3. Laura entendía bien a Elián. Elián entendía bien a Laura.

4. Laura hablaba con Elián todas las noches por teléfono. Elián hablaba con Laura todas las noches por teléfono.

5. Laura ayudaba a Elián con sus problemas. Elián la ayudaba también con sus problemas.

2

Describir Mira los dibujos y describe lo que estas personas hicieron.

1. Las hermanas _____ .

2. Ellos _____ .

3. Gilberto y Mercedes _____ / _____ / _____ .

4. Tú y yo _____ / _____ .

3

Preguntas En parejas, túrnense para hacerse estas preguntas.

1. ¿Se vieron tú y tu mejor amigo/a ayer? ¿Cuándo se ven ustedes normalmente?
2. ¿Dónde se encuentran tú y tus amigos?
3. ¿Se ayudan tú y tu mejor amigo/a con sus problemas?
4. ¿Se entienden bien tus compañeros de clase?
5. ¿Dónde se conocieron tú y tu mejor amigo/a? ¿Cuánto tiempo hace que se conocen ustedes?
6. ¿Cuándo se dan regalos tú y tu novio/a?
7. ¿Se escriben tú y tus amigos mensajes de texto o prefieren llamarse por teléfono?
8. ¿Siempre se llevan bien tú y tu compañero/a de cuarto? Explica.

11.4 Stressed possessive adjectives and pronouns Tutorial

ANTE TODO Spanish has two types of possessive adjectives: the unstressed (or short) forms you learned in **Lección 3** and the stressed (or long) forms. The stressed forms are used for emphasis or to express *of mine*, *of yours*, and so on.

Stressed possessive adjectives

Masculine singular	Feminine singular	Masculine plural	Feminine plural	
mío	mía	míos	mías	*my; (of) mine*
tuyo	tuya	tuyos	tuyas	*your; (of) yours* (fam.)
suyo	suya	suyos	suyas	*your; (of) yours* (form.); *his; (of) his; her; (of) hers; its*
nuestro	nuestra	nuestros	nuestras	*our; (of) ours*
vuestro	vuestra	vuestros	vuestras	*your; (of) yours* (fam.)
suyo	suya	suyos	suyas	*your; (of) yours; their; (of) theirs*

▶ **¡Atención!** Used with **un/una**, these possessives are similar in meaning to the English expression *of mine/yours/etc.*

Juancho es **un** amigo **mío**.
Juancho is a friend of mine.

Ella es **una** compañera **nuestra**.
She is a classmate of ours.

▶ Stressed possessive adjectives agree in gender and number with the nouns they modify. While unstressed possessive adjectives are placed before the noun, stressed possessive adjectives are placed after the noun they modify.

su impresora
her printer

la impresora **suya**
her printer

nuestros televisores
our television sets

los televisores **nuestros**
our television sets

▶ A definite article, an indefinite article, or a demonstrative adjective usually precedes a noun modified by a stressed possessive adjective.

Me encantan {
unos discos compactos **tuyos**. *I love some of your CDs.*
los discos compactos **tuyos**. *I love your CDs.*
estos discos compactos **tuyos**. *I love these CDs of yours.*

▶ Since **suyo, suya, suyos,** and **suyas** have more than one meaning, you can avoid confusion by using the construction: [*article*] + [*noun*] + **de** + [*subject pronoun*].

el teclado **suyo**

el teclado **de él/ella/usted**
el teclado **de ustedes/ellos/ellas**

CONSULTA

This is the same construction you learned in **Lección 3** for clarifying **su** and **sus**. To review unstressed possessive adjectives, see **Estructura 3.2**, p. 93.

Possessive pronouns

▶ Possessive pronouns are used to replace a noun + [*possessive adjective*]. In Spanish, the possessive pronouns have the same forms as the stressed possessive adjectives, but they are preceded by a definite article.

la cámara **nuestra**	**la nuestra**
el navegador GPS **tuyo**	**el tuyo**
los archivos **suyos**	**los suyos**

▶ A possessive pronoun agrees in number and gender with the noun it replaces.

—Aquí está **mi coche**. ¿Dónde está **el tuyo**?
Here's my car. Where is yours?

—**El mío** está en el taller de mi hermano.
Mine is at my brother's garage.

—¿Tienes **las revistas** de Carlos?
Do you have Carlos' magazines?

—No, pero tengo **las nuestras**.
No, but I have ours.

¿También está descompuesta tu computadora?

No, la mía no, la suya.

recursos

WB
pp. 131–132

LM
p. 66

Ⓢ
vhlcentral.com
Lección 11

¡INTÉNTALO!   Indica las formas tónicas (*stressed*) de estos adjetivos posesivos y los pronombres posesivos correspondientes.

	adjetivos	pronombres
1. su cámara digital	la cámara digital suya	la suya
2. mi televisor	_____	_____
3. nuestros discos compactos	_____	_____
4. tus aplicaciones	_____	_____
5. su monitor	_____	_____
6. mis videos	_____	_____
7. nuestra impresora	_____	_____
8. tu estéreo	_____	_____
9. nuestro blog	_____	_____
10. mi computadora	_____	_____

Práctica

1

Oraciones Forma oraciones con estas palabras. Usa el presente y haz los cambios necesarios.

1. un / amiga / suyo / vivir / Mendoza
2. ¿me / prestar / calculadora / tuyo?
3. el / coche / suyo / nunca / funcionar / bien
4. no / nos / interesar / problemas / suyo
5. yo / querer / cámara digital / mío / ahora mismo
6. un / amigos / nuestro / manejar / como / loco

2

¿Es suyo? Un policía ha capturado (*has captured*) al hombre que robó (*robbed*) en tu casa. Ahora quiere saber qué cosas son tuyas. Túrnate con un(a) compañero/a para hacer el papel del policía y usa las pistas (*clues*) para contestar las preguntas.

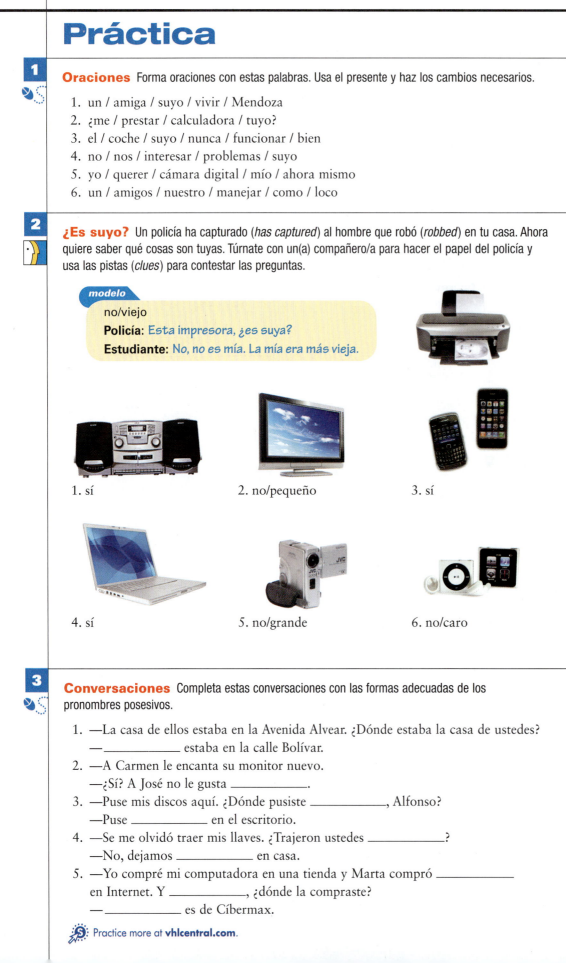

> **modelo**
>
> no/viejo
>
> **Policía:** Esta impresora, ¿es suya?
> **Estudiante:** No, no es mía. La mía era más vieja.

1. sí   2. no/pequeño   3. sí

4. sí   5. no/grande   6. no/caro

3

Conversaciones Completa estas conversaciones con las formas adecuadas de los pronombres posesivos.

1. —La casa de ellos estaba en la Avenida Alvear. ¿Dónde estaba la casa de ustedes?
   —_____ estaba en la calle Bolívar.
2. —A Carmen le encanta su monitor nuevo.
   —¿Sí? A José no le gusta _____.
3. —Puse mis discos aquí. ¿Dónde pusiste _____, Alfonso?
   —Puse _____ en el escritorio.
4. —Se me olvidó traer mis llaves. ¿Trajeron ustedes _____?
   —No, dejamos _____ en casa.
5. —Yo compré mi computadora en una tienda y Marta compró _____ en Internet. Y _____, ¿dónde la compraste?
   —_____ es de Cíbermax.

Comunicación

4 **Vendedores competitivos** Trabajen en grupos de tres. Uno/a de ustedes va a una tienda a comprar un aparato tecnológico (reproductor de MP3, computadora portátil, monitor, etc.). Los/Las otros/as dos son empleados/as de dos marcas rivales y compiten para convencer al/a la cliente/a de que compre su producto. Usen los adjetivos posesivos y túrnense para comprar y vender. ¿Quién es el/la mejor vendedor/a?

> **modelo**
>
> **Estudiante 1:** Buenos días, quiero comprar un reproductor de MP3.
> **Estudiante 2:** Tengo lo que necesita. El mío, tiene capacidad para 500 canciones.
> **Estudiante 3:** El tuyo es muy viejo, con el mío también puedes ver videos…

5 **Comparar** Trabajen en parejas. Intenta (*Try to*) convencer a tu compañero/a de que algo que tú tienes es mejor que lo que él/ella tiene. Pueden hablar de sus carros, reproductores de MP3, teléfonos celulares, clases, horarios o trabajos.

> **modelo**
>
> **Estudiante 1:** Mi computadora tiene una pantalla de quince
> pulgadas (*inches*). ¿Y la tuya?
> **Estudiante 2:** La mía es mejor porque tiene una pantalla de
> diecisiete pulgadas.
> **Estudiante 1:** Pues la mía…

Síntesis

6 **Inventos locos** En grupos pequeños, imaginen que construyeron un aparato tecnológico revolucionario. Dibujen su invento y descríbanlo contestando estas preguntas. Incluyan todos los detalles que crean (*that you believe*) necesarios. Luego, compártanlo con la clase. Utilicen los posesivos, **por** y **para** y el vocabulario de **Contextos**.

> **modelo**
>
> Nuestro aparato se usa para cocinar huevos y funciona
> de una manera muy fácil…

- ¿Para qué se usa?
- ¿Cómo es?
- ¿Cuánto cuesta?

- ¿Qué personas van a comprar
  este aparato?

Recapitulación

 Diagnostics

Completa estas actividades para repasar los conceptos de gramática que aprendiste en esta lección.

1 **Completar** Completa la tabla con las formas de los mandatos familiares. `16 pts.`

Infinitivo	Mandato	
	Afirmativo	**Negativo**
comer	come	no comas
hacer		
sacar		
venir		
ir		

2 **Por y para** Completa el diálogo con **por** o **para**. `20 pts.`

MARIO Hola, yo trabajo (1) _____ el periódico de la universidad. ¿Puedo hacerte unas preguntas?

INÉS Sí, claro.

MARIO ¿Navegas mucho (2) _____ la red?

INÉS Sí, todos los días me conecto a Internet (3) _____ leer mi correo y navego (4) _____ una hora. También me gusta hablar (5) _____ *Skype* con mis amigos. Es muy bueno y, (6) _____ mí, es divertido.

MARIO ¿Y qué piensas sobre hacer la tarea en la computadora?

INÉS En general, me parece bien, pero (7) _____ ejemplo, anoche hice unos ejercicios (8) _____ la clase de álgebra y al final me dolieron los ojos. (9) _____ eso a veces prefiero hacer la tarea a mano.

MARIO Muy bien. Muchas gracias (10) _____ tu tiempo.

3 **Posesivos** Completa las oraciones y confirma de quién son las cosas. `12 pts.`

1. —¿Éste es mi video? —Sí, es el _____ (*fam.*).
2. —¿Ésta es la cámara de tu papá? —Sí, es la _____.
3. —¿Ese teléfono es de Pilar? —Sí, es el _____.
4. —¿Éstos son los cargadores de ustedes? —No, no son _____.
5. —¿Ésta es tu computadora portátil? —No, no es _____.
6. —¿Ésas son mis fotos? —Sí, son las _____ (*form.*).

RESUMEN GRAMATICAL

11.1 Familiar commands   *pp. 378–379*

tú commands		
Infinitive	**Affirmative**	**Negative**
guardar	**guarda**	no guard**es**
volver	**vuelve**	no vuelv**as**
imprimir	**imprime**	no imprim**as**

▶ Irregular **tú** command forms

dar → **no des**	saber → **no sepas**
decir → **di**	salir → **sal**
estar → **no estés**	ser → **sé, no seas**
hacer → **haz**	tener → **ten**
ir → **ve, no vayas**	venir → **ven**
poner → **pon**	

▶ Verbs ending in **-car**, **-gar**, **-zar** have a spelling change in the negative **tú** commands:

sacar → no sa**qu**es
apagar → no apa**gu**es
almorzar → no almuer**c**es

11.2 Por and para   *pp. 382–383*

▶ Uses of **por**:

motion or general location; duration; reason or motive; object of a search; means by which something is done; exchange or substitution; unit of measure

▶ Uses of **para**:

destination; deadline; purpose or goal; recipient of something; comparison or opinion; in the employment of

11.3 Reciprocal reflexives   *p. 386*

▶ Reciprocal reflexives express a shared or reciprocal action between two or more people or things. Only the plural forms (**nos, os, se**) are used.

Cuando **nos vimos** en la calle, **nos abrazamos**.

▶ Common verbs that can express reciprocal actions:

abrazar(se), ayudar(se), besar(se), conocer(se), encontrar(se), escribir(se), escuchar(se), hablar(se), llamar(se), mirar(se), saludar(se), ver(se)

4 **Ángel y diablito** A Juan le gusta pedir consejos a su ángel y a su diablito imaginarios. Completa las respuestas con mandatos familiares desde las dos perspectivas. **16 pts.**

1. Estoy manejando. ¿Voy más rápido?

   Á No, no _____ más rápido.

   D Sí, _____ más rápido.

2. Es el reproductor de MP3 de mi hermana. ¿Lo pongo en mi mochila?

   Á No, no _____ en tu mochila.

   D Sí, _____ en tu mochila.

3. Necesito estirar (*to stretch*) las piernas. ¿Doy un paseo?

   Á Sí, _____ un paseo.

   D No, no _____ un paseo.

4. Mi amigo necesita imprimir algo. ¿Apago la impresora?

   Á No, no _____ la impresora.

   D Sí, _____ la impresora.

11.4 Stressed possessive adjectives and pronouns

pp. 388–389

Stressed possessive adjectives

Masculine	Feminine
mío(s)	mía(s)
tuyo(s)	tuya(s)
suyo(s)	suya(s)
nuestro(s)	nuestra(s)
vuestro(s)	vuestra(s)
suyo(s)	suya(s)

la impresora **suya** → **la suya**

las llaves **mías** → **las mías**

---

5 **Oraciones** Forma oraciones para expresar acciones recíprocas con el tiempo indicado. **12 pts.**

> **modelo**
>
> tú y yo / conocer / bien (presente) *Tú y yo nos conocemos bien.*

1. José y Paco / llamar / una vez por semana (imperfecto)

2. mi novia y yo / ver / todos los días (presente)

3. los compañeros de clase / ayudar / con la tarea (pretérito)

4. tú y tu mamá / escribir / por correo electrónico / cada semana (imperfecto)

5. mis hermanas y yo / entender / perfectamente (presente)

6. los profesores / saludar / con mucho respeto (pretérito)

6 **La tecnología** Escribe al menos seis oraciones diciéndole a un(a) amigo/a qué hacer para tener "una buena relación" con la tecnología. Usa mandatos familiares afirmativos y negativos. **24 pts.**

7 **Saber compartir** Completa la expresión con los dos pronombres posesivos que faltan. **¡4 puntos EXTRA!**

" Lo que° es _____ es _____. **"**

Lo que *What*

Practice more at **vhlcentral.com**.

Lectura

Antes de leer

Estrategia

Recognizing borrowed words

One way languages grow is by borrowing words from each other. English words that relate to technology often are borrowed by Spanish and other languages throughout the world. Sometimes the words are modified slightly to fit the sounds of the languages that borrow them. When reading in Spanish, you can often increase your understanding by looking for words borrowed from English or other languages you know.

Examinar el texto

Observa la tira cómica°. ¿De qué trata°? ¿Cómo lo sabes?

Buscar

Esta lectura contiene una palabra tomada° del inglés. Trabaja con un(a) compañero/a para encontrarla.

_____

Repasa° las palabras nuevas relacionadas con la tecnología que aprendiste en **Contextos** y expande la lista de palabras tomadas del inglés.

_____   _____

_____   _____

_____   _____

Sobre el autor

Juan Matías Loiseau (1974–). Más conocido como Tute, este artista nació en Buenos Aires, Argentina. Estudió diseño gráfico, humorismo y cine. Sus tiras cómicas se publican en Estados Unidos, Francia y toda Latinoamérica.

tira cómica *comic strip* ¿De qué trata? *What is it about?*
tomada *taken* Repasa *Review*

Después de leer

Comprensión

Indica si las oraciones son **ciertas** o **falsas**. Corrige las falsas.

Cierto   Falso

_____ _____ 1. Hay tres personajes en la tira cómica: un usuario de teléfono, un amigo y un empleado de la empresa (*company*) telefónica.

_____ _____ 2. El nuevo servicio de teléfono incluye las llamadas telefónicas únicamente.

_____ _____ 3. El empleado duerme en su casa.

_____ _____ 4. El contrato de teléfono dura (*lasts*) un año.

_____ _____ 5. El usuario y el amigo están trabajando (*working*).

Preguntas

Responde a estas preguntas con oraciones completas. Usa el pretérito y el imperfecto.

1. ¿Al usuario le gustaba usar el teléfono celular todo el tiempo?
   _____

2. ¿Por qué el usuario decidió tirar el teléfono al mar?
   _____

3. Según el amigo, ¿para qué tenía el usuario que tirar el teléfono celular al mar?
   _____

4. ¿Qué ocurrió cuando el usuario tiró el teléfono?
   _____

5. ¿Qué le dijo el empleado al usuario cuando salió del mar?
   _____

Conversar

En grupos pequeños, hablen de estos temas.

1. ¿Se sienten identificados/as con el usuario de teléfono de la tira cómica? ¿Por qué?

2. ¿Cuáles son los aspectos positivos y los negativos de tener teléfono celular?

3. ¿Cuál es para ustedes el límite que debe tener la tecnología en nuestras vidas?

te viene *comes with* tipo *guy, dude* te avisa *alerts you* escuchás *listen (Arg.)*
distraídos *careless* piso *floor* bolsa de dormir *sleeping bag* darle de baja *to suspend*
harto *fed up* revolear *throw it away with energy (S. America)* bien hecho *well done*
llamada perdida *missed call*

Escritura

Estrategia

Listing key words

Once you have determined the purpose for a piece of writing and identified your audience, it is helpful to make a list of key words you can use while writing. If you were to write a description of your campus, for example, you would probably need a list of prepositions that describe location, such as **al lado de** and **detrás de**. Likewise, a list of descriptive adjectives would be useful to you if you were writing about the people and places of your childhood.

By preparing a list of potential words ahead of time, you will find it easier to avoid using the dictionary while writing your first draft. You will probably also learn a few new words in Spanish while preparing your list of key words.

Listing useful vocabulary is also a valuable organizational strategy, since the act of brainstorming key words will help you to form ideas about your topic. In addition, a list of key words can help you avoid redundancy when you write.

If you were going to help someone write a personal ad, what words would be most helpful to you? Jot a few of them down and compare your list with a partner's. Did you choose the same words? Would you choose any different or additional words, based on what your partner wrote?

1. _____
2. _____
3. _____
4. _____
5. _____
6. _____

Tema

Escribir instrucciones

Un(a) amigo/a tuyo/a quiere escribir un anuncio personal en un sitio web para citas románticas. Tú tienes experiencia con esto y vas a decirle qué debe y no debe decir en su perfil°.

Escríbele un mensaje electrónico en el que le explicas claramente° cómo hacerlo.

Cuando escribas tu mensaje, considera esta información:

▶ el nombre del sitio web

▶ mandatos afirmativos que describen en detalle lo que tu amigo/a debe escribir

▶ una descripción física, sus pasatiempos, sus actividades favoritas y otras cosas originales como el tipo de carro que tiene o su signo del zodiaco

▶ su dirección electrónica, su número de teléfono celular, etc.

▶ mandatos negativos sobre cosas que tu amigo/a no debe escribir en el anuncio

perfil *profile* **claramente** *clearly*

Escuchar Ⓢ Audio

Preparación

Mira la foto de Ricardo Moreno. ¿Puedes imaginarte qué tipo de discurso vas a oír?

Ahora escucha 🎧 Ⓢ

Mientras escuchas a Ricardo Moreno, responde a las preguntas.

1. ¿Qué tipo de discurso es?
   a. las noticias° por radio o televisión
   b. una conversación entre amigos
   c. un anuncio comercial
   d. una reseña° de una película

2. ¿De qué habla?
   a. del tiempo   c. de un producto o servicio
   b. de su vida   d. de algo que oyó o vio

3. ¿Cuál es el propósito°?
   a. informar   c. relacionarse con alguien
   b. vender   d. dar opiniones

Comprensión

Identificar Ⓢ

Indica si esta información está incluida en el discurso; si está incluida, escribe los detalles que escuchaste.

	Sí	No
1. El anuncio describe un servicio. _____	○	○
2. Explica cómo está de salud. _____	○	○
3. Informa sobre la variedad de productos. _____	○	○
4. Pide tu opinión. _____	○	○
5. Explica por qué es la mejor tienda. _____	○	○
6. Informa sobre el tiempo para mañana. _____	○	○
7. Informa dónde se puede conseguir el servicio. _____	○	○
8. Informa sobre las noticias del mundo. _____	○	○

Haz un anuncio Ⓢ

Con tres o cuatro compañeros, hagan un anuncio comercial de algún producto. No se olviden de dar toda la información necesaria. Después presenten su anuncio a la clase. Entre todos, decidan cuál es el mejor anuncio.

noticias *news* reseña *review* propósito *purpose*

En pantalla

No sólo del fútbol y el béisbol viven los aficionados hispanos; también del automovilismo°. En Argentina es el segundo deporte más popular después del fútbol. En la Fórmula 1, la leyenda del argentino Juan Manuel Fangio aún sigue viva. España tiene circuitos importantes, como Jerez y Montmeló, y pilotos reconocidos como Fernando Alonso y Pedro de la Rosa. En México encontramos la tradicional Copa Turmex y las *NASCAR Corona Series*, y pilotos como Adrián Fernández y Esteban Gutiérrez. En NASCAR, el colombiano Juan Pablo Montoya y el cubanoamericano Aric Almirola han hecho un buen papel°.

Vocabulario útil

¿Cómo quedó?	*How does it look?*
cuénteme	*tell me*
la llama	*flame; llama (the animal)*
malinterpretar	*misunderstand*
veamos	*let's see*

Preparación

¿Alguna vez le pediste a alguien que hiciera algo y te malinterpretó o se lo pediste a la persona equivocada?

Ordenar

Ordena cronológicamente estas oraciones.

a. El dueño del taller malinterpretó el pedido.

b. El cliente se sorprendió cuando lo vio y se le cayó el casco (*helmet*).

c. Pensó que el cliente no se refería a (*didn't refer to*) las llamas de fuego sino a los animales.

d. El cliente pidió que pintaran (*painted*) su carro con llamas.

e. El dueño estaba muy orgulloso (*proud*) cuando le mostró al cliente cómo quedó el carro.

¿Cómo terminó?

En parejas, imaginen el final de la historia. ¿Cómo se sentían el cliente y el dueño del taller? ¿Qué ocurrió después? ¿Encontraron una solución? Usen el pretérito y el imperfecto.

automovilismo *car racing*   han hecho un buen papel *have done a good job*

Anuncio de Davivienda

Don Álex, lo estábamos esperando.

Cuénteme. ¿Cómo quedó mi carro?

Quedó espectacular [...] Llamas por arriba, por los lados...

 Video: TV Clip

Practice more at **vhlcentral.com**.

Hoy día, en cualquier ciudad grande latinoamericana puedes encontrar **un cibercafé**. Allí uno puede disfrutar de° un refresco o un café mientras navega en Internet, escribe mensajes electrónicos o chatea. De hecho°, el negocio° del cibercafé está mucho más desarrollado° en Latinoamérica que en los Estados Unidos. En una ciudad hispana, es común ver varios en una misma cuadra°. Los cibercafés ofrecen servicios especializados que permiten su coexistencia. Por ejemplo, mientras que el cibercafé Videomax atrae° a los niños con videojuegos, el Conécta-T ofrece servicio de chat con cámara para jóvenes, y el Mundo° Ejecutivo atrae a profesionales, todos en la misma calle.

Vocabulario útil

comunidad indígena	indigenous community
localizados	located
usuarios	users

Preparación

¿Con qué frecuencia navegas en Internet? ¿Dónde lo haces, en tu casa o en un lugar público?

Elegir

Indica cuál de las dos opciones resume mejor este episodio.

a. En Cuzco, Internet es un elemento importante para las comunidades indígenas que quieren vender sus productos en otros países. Con Internet inalámbrica, estas comunidades chatean con clientes en otros países.

b. En Cuzco, la comunidad y los turistas usan la tecnología de los celulares e Internet para comunicarse con sus familias o vender productos. Para navegar en Internet, se pueden visitar las cabinas de Internet o ir a la Plaza de Armas con una computadora portátil.

disfrutar de *enjoy* De hecho *In fact* negocio *business* desarrollado *developed* cuadra *(city) block* atrae *attracts* Mundo *World*

Maravillas de la tecnología

... los cibercafés se conocen comúnmente como "cabinas de Internet" y están localizados por todo el país.

... el primer *hotspot* de Cuzco [...] permite a los usuarios navegar de manera inalámbrica...

Puedo usar Internet en medio de la plaza y nadie me molesta.

 Video: *Flash cultura*

Practice more at **vhlcentral.com**.

recursos
VM pp. 99–100 / vhlcentral.com Lección 11

Argentina

El país en cifras

▶ **Área:** 2.780.400 km² (1.074.000 millas²)
Argentina es el país de habla española más grande del mundo. Su territorio es dos veces el tamaño° de Alaska.

▶ **Población:** 43.024.000

▶ **Capital:** Buenos Aires (y su área metropolitana) —13.528.000
En el gran Buenos Aires vive más del treinta por ciento de la población total del país. La ciudad es conocida° como el "París de Suramérica" por su estilo parisino°.

Buenos Aires

▶ **Ciudades principales:**
Córdoba —1.493.000, Rosario — 1.231.000, Mendoza —917.000

▶ **Moneda:** peso argentino

▶ **Idiomas:** español (oficial), lenguas indígenas

Bandera de Argentina

Argentinos célebres

▶ **Jorge Luis Borges,** escritor (1899–1986)
▶ **María Eva Duarte de Perón ("Evita"),** primera dama° (1919–1952)
▶ **Mercedes Sosa,** cantante (1935–2009)
▶ **Leandro "Gato" Barbieri,** saxofonista (1932–)
▶ **Adolfo Pérez Esquivel,** activista (1931–), Premio Nobel de la Paz en 1980

tamaño *size* conocida *known* parisino *Parisian* primera dama *First Lady*
anchas *wide* mide *it measures* campo *field*

Gaucho de las pampas

BOLIVIA

PARAGUAY

Las cataratas del Iguazú

San Miguel de Tucumán

La Cordillera de los Andes

Córdoba

URUGUAY

Río Paraná

▲ Aconcagua

Mendoza

Rosario

CHILE

Buenos Aires

La Pampa

Mar del Plata

Océano Atlántico

San Carlos de Bariloche

Monte Fitz Roy (Chaltén)

Patagonia

Vista de San Carlos de Bariloche

Tierra del Fuego

ESTADOS UNIDOS

OCÉANO ATLÁNTICO

OCÉANO PACÍFICO

AMÉRICA DEL SUR

ARGENTINA

recursos		
WB pp. 133–134	VM pp. 57–58	vhlcentral.com Lección 11

¡Increíble pero cierto!

La Avenida 9 de Julio en Buenos Aires es una de las calles más anchas° del mundo. De lado a lado mide° cerca de 140 metros, lo que es equivalente a un campo° y medio de fútbol. Su nombre conmemora el Día de la Independencia de Argentina.

BRASIL

Historia • Inmigración europea

Se dice que Argentina es el país más "europeo" de toda Latinoamérica. Después del año 1880, inmigrantes italianos, alemanes, españoles e ingleses llegaron para establecerse en esta nación. Esta diversidad cultural ha dejado° una profunda huella° en la música, el cine y la arquitectura argentinos.

Artes • El tango

El tango es uno de los símbolos culturales más importantes de Argentina. Este género° musical es una mezcla de ritmos de origen africano, italiano y español, y se originó a finales del siglo XIX entre los porteños°. Poco después se hizo popular entre el resto de los argentinos y su fama llegó hasta París. Como baile, el tango en un principio° era provocativo y violento, pero se hizo más romántico durante los años 30. Hoy día, este estilo musical tiene adeptos° en muchas partes del mundo°.

Lugares • Las cataratas del Iguazú

Las famosas cataratas° del Iguazú se encuentran entre las fronteras de Argentina, Paraguay y Brasil, al norte de Buenos Aires. Cerca de ellas confluyen° los ríos Iguazú y Paraná. Estas extensas caídas de agua tienen hasta 80 metros (262 pies) de altura° y en época° de lluvias llegan a medir 4 kilómetros (2,5 millas) de ancho. Situadas en el Parque Nacional Iguazú, las cataratas son un destino° turístico muy visitado.

¿Qué aprendiste? Responde a cada pregunta con una oración completa.

1. ¿Qué porcentaje de la población de Argentina vive en el gran Buenos Aires?

2. ¿Quién era Mercedes Sosa?

3. Se dice que Argentina es el país más europeo de Latinoamérica. ¿Por qué?

4. ¿Qué tipo de baile es uno de los símbolos culturales más importantes de Argentina?

5. ¿Dónde y cuándo se originó el tango?

6. ¿Cómo era el baile del tango originalmente?

7. ¿En qué parque nacional están las cataratas del Iguazú?

Artesano en Buenos Aires

Conexión Internet Investiga estos temas en **vhlcentral.com**.

1. Busca información sobre el tango. ¿Te gustan los ritmos y sonidos del tango? ¿Por qué? ¿Se baila el tango en tu comunidad?

2. ¿Quiénes fueron Juan y Eva Perón y qué importancia tienen en la historia de Argentina?

Practice more at **vhlcentral.com**.

ha dejado *has left* huella *mark* género *genre* porteños *people of Buenos Aires* en un principio *at first* adeptos *followers* mundo *world* cataratas *waterfalls* confluyen *converge* altura *height* época *season* destino *destination*

La tecnología

la aplicación	app
la cámara digital/ de video	digital/video camera
el canal	(TV) channel
el cargador	charger
el cibercafé	cybercafé
el control remoto	remote control
el correo de voz	voice mail
el disco compacto	CD
el estéreo	stereo
el radio	radio (set)
el reproductor de CD	CD player
el reproductor de MP3	MP3 player
el (teléfono) celular	(cell) phone
el televisor	television set
apagar	to turn off
funcionar	to work
llamar	to call
poner, prender	to turn on
sonar (o:ue)	to ring
descompuesto/a	not working; out of order
lento/a	slow
lleno/a	full

Verbos

abrazar(se)	to hug; to embrace (each other)
ayudar(se)	to help (each other)
besar(se)	to kiss (each other)
encontrar(se) (o:ue)	to meet (each other); to run into (each other)
saludar(se)	to greet (each other)

La computadora

el archivo	file
la arroba	@ symbol
el blog	blog
el buscador	browser
la computadora (portátil)	(portable) computer; (laptop)
la conexión inalámbrica	wireless connection
la dirección electrónica	e-mail address
la impresora	printer
Internet	Internet
el mensaje de texto	text message
el monitor	(computer) monitor
la página principal	home page
la pantalla	screen
el programa de computación	software
el ratón	mouse
la red	network; Web
el reproductor de DVD	DVD player
el sitio web	website
el teclado	keyboard
borrar	to erase
chatear	to chat
descargar	to download
escanear	to scan
grabar	to record
guardar	to save
imprimir	to print
navegar (en Internet)	to surf (the Internet)

El carro

la autopista	highway
el baúl	trunk
la calle	street
la carretera	highway; (main) road
el capó, el cofre	hood
el carro, el coche	car
la circulación, el tráfico	traffic
el garaje, el taller (mecánico)	garage; (mechanic's) repair shop
la gasolina	gasoline
la gasolinera	gas station
la licencia de conducir	driver's license
la llanta	tire
el/la mecánico/a	mechanic
el navegador GPS	GPS
el parabrisas	windshield
la policía	police (force)
la velocidad máxima	speed limit
el volante	steering wheel
arrancar	to start
arreglar	to fix; to arrange
bajar(se) de	to get off of/out of (a vehicle)
conducir, manejar	to drive
estacionar	to park
llenar (el tanque)	to fill (the tank)
parar	to stop
revisar (el aceite)	to check (the oil)
subir(se) a	to get on/into (a vehicle)

Otras palabras y expresiones

por aquí	around here
por ejemplo	for example
por eso	that's why; therefore
por fin	finally

Por and **para**	See pages 382–383.
Stressed possessive adjectives and pronouns	See pages 388–389.
Expresiones útiles	See page 373.

Vocabulary Tools

La vivienda

Communicative Goals

You will learn how to:

• **Welcome people to your home**
• **Describe your house or apartment**
• **Talk about household chores**
• **Give instructions**

A PRIMERA VISTA
• ¿Están los chicos en casa?
• ¿Viven en una casa o en un apartamento?
• ¿Ya comieron o van a comer?
• ¿Están de buen humor o de mal humor?

La vivienda

el altillo

el dormitorio

la cómoda

el armario

el cuadro/
la pintura

Hace la cama.
(hacer)

la almohada

la manta

la sala

las cortinas

la lámpara

la mesita

el sofá

Pasa la aspiradora.
(pasar)

la alfombra

Más vocabulario

las afueras	suburbs; outskirts
el alquiler	rent (payment)
el ama (m., f.) de casa	housekeeper; caretaker
el barrio	neighborhood
el edificio de apartamentos	apartment building
el/la vecino/a	neighbor
la vivienda	housing
el balcón	balcony
la entrada	entrance
la escalera	stairs
el garaje	garage
el jardín	garden; yard
el patio	patio; yard
el pasillo	hallway
el sótano	basement
la cafetera	coffee maker
el electrodoméstico	electrical appliance
el horno (de microondas)	(microwave) oven
la lavadora	washing machine
la luz	light; electricity
la secadora	clothes dryer
la tostadora	toaster
el cartel	poster
la mesita de noche	night stand
los muebles	furniture
alquilar	to rent
mudarse	to move (from one house to another)

Los quehaceres domésticos

arreglar	to straighten up
barrer el suelo	to sweep the floor
cocinar	to cook
ensuciar	to get (something) dirty
hacer quehaceres domésticos	to do household chores
lavar (el suelo, los platos)	to wash (the floor, the dishes)
limpiar la casa	to clean the house
planchar la ropa	to iron the clothes
quitar la mesa	to clear the table
quitar el polvo	to dust

Variación léxica

dormitorio ←→ alcoba (*Arg.*); aposento (*Rep. Dom.*); recámara (*Méx.*)

apartamento ←→ departamento (*Arg., Chile, Méx.*); piso (*Esp.*)

lavar los platos ←→ lavar/fregar los trastes (*Amér. C., Rep. Dom.*)

la oficina

el sillón

la pared

el estante

Sacude los muebles.
(sacudir)

la cocina

el refrigerador

el congelador

la cocina, la estufa

el horno

el lavaplatos

Saca la basura.
(sacar)

Práctica

1 **Escuchar** 🎧 Escucha la conversación y completa las oraciones.

1. Pedro va a limpiar primero _____.
2. Paula va a comenzar en _____.
3. Pedro va a _____ en el sótano.
4. Pedro también va a limpiar _____.
5. Ellos están limpiando la casa porque

   _____.

2 **Respuestas** 🎧 Escucha las preguntas y selecciona la respuesta más adecuada. Una respuesta no se va a usar.

____ a. Sí, la alfombra estaba muy sucia.
____ b. No, porque todavía se están mudando.
____ c. Sí, sacudí la mesa y el estante.
____ d. Sí, puse el pollo en el horno.
____ e. Hice la cama, pero no limpié los muebles.
____ f. Sí, después de sacarla de la secadora.

3 **Escoger** Escoge la letra de la respuesta correcta.

1. Cuando quieres tener una lámpara y un despertador
   cerca de tu cama, puedes ponerlos en _____.
   a. el barrio   b. el cuadro   c. la mesita de noche
2. Si no quieres vivir en el centro de la ciudad, puedes
   mudarte _____.
   a. al alquiler   b. a las afueras   c. a la vivienda
3. Guardamos (*We keep*) los pantalones, las camisas y
   los zapatos en _____.
   a. la secadora   b. el armario   c. el patio
4. Para subir de la planta baja al primer piso, usas _____.
   a. la entrada   b. el cartel   c. la escalera
5. Ponemos cuadros y pinturas en _____.
   a. las paredes   b. los quehaceres   c. los jardines

4 **Definiciones** En parejas, identifiquen cada cosa que se describe. Luego inventen sus propias descripciones de algunas palabras y expresiones de **Contextos**.

> **modelo**
> **Estudiante 1:** Es donde pones los libros.
> **Estudiante 2:** el estante

1. Es donde pones la cabeza cuando duermes.
2. Es el quehacer doméstico que haces después de comer.
3. Algunos de ellos son las cómodas y los sillones.
4. Son las personas que viven en tu barrio.
5. _____
6. _____

la taza

el vaso

la copa

la cuchara

Pone la mesa. (poner)

la servilleta

el plato

el tenedor

el cuchillo

el comedor

---

5 **Completar** Completa estas frases con las palabras más adecuadas.

1. Para tomar vino necesitas…
2. Para comer una ensalada necesitas…
3. Para tomar café necesitas…
4. Para poner la comida en la mesa necesitas…
5. Para limpiarte la boca después de comer necesitas…
6. Para cortar (*to cut*) un bistec necesitas…
7. Para tomar agua necesitas…
8. Para tomar sopa necesitas…

---

6 **Los quehaceres** Trabajen en grupos para indicar quién hace estos quehaceres domésticos en sus casas. Luego contesten las preguntas.

barrer el suelo	lavar los platos	planchar la ropa
cocinar	lavar la ropa	sacar la basura
hacer las camas	pasar la aspiradora	sacudir los muebles

modelo

Estudiante 1: ¿Quién pasa la aspiradora en tu casa?

Estudiante 2: Mi hermano y yo pasamos la aspiradora.

1. ¿Quién hace más quehaceres, tú o tus compañeros/as?
2. ¿Quiénes hacen la mayoría de los quehaceres, los hombres o las mujeres?
3. ¿Piensas que debes hacer más quehaceres? ¿Por qué?

Practice more at **vhlcentral.com**.

Comunicación

7

La vida doméstica En parejas, describan las habitaciones que ven en estas fotos. Identifiquen y describan cinco muebles o adornos (*accessories*) de cada foto y digan dos quehaceres que se pueden hacer en cada habitación.

8

Mi apartamento Dibuja el plano (*floor plan*) de un apartamento amueblado (*furnished*) imaginario y escribe los nombres de las habitaciones y de los muebles. En parejas, siéntense espalda contra espalda (*sit back to back*). Uno/a de ustedes describe su apartamento mientras su compañero/a lo dibuja según la descripción. Cuando terminen, miren el segundo dibujo. ¿Es similar al dibujo original? Hablen de los cambios que se necesitan hacer para mejorar el dibujo. Repitan la actividad intercambiando papeles.

CONSULTA

To review bathroom-related vocabulary, see **Lección 7, Contextos,** p. 226.

9

¡Corre, corre! Tu profesor(a) va a darte una serie incompleta de dibujos que forman una historia. Tú y tu compañero/a tienen dos series diferentes. Descríbanse los dibujos para completar la historia.

> *modelo*
> **Estudiante 1:** Marta quita la mesa.
> **Estudiante 2:** Francisco...

Los quehaceres

Jimena y Felipe deben limpiar el apartamento para poder ir de viaje con Marissa.

 Video: *Fotonovela*

PERSONAJES   JIMENA   FELIPE

1

SR. DÍAZ Quieren ir a Yucatán con Marissa, ¿verdad?

SRA. DÍAZ Entonces, les sugiero que arreglen este apartamento. Regresamos más tarde.

SR. DÍAZ Les aconsejo que preparen la cena para las 8:30.

2

MARISSA ¿Qué pasa?

JIMENA Nuestros papás quieren que Felipe y yo arreglemos toda la casa.

FELIPE Y que, además, preparemos la cena.

MARISSA ¡Pues, yo les ayudo!

(*Don Diego llega a ayudar a los chicos.*)

FELIPE Tenemos que limpiar la casa hoy.

JIMENA ¿Nos ayuda, don Diego?

DON DIEGO Claro. Recomiendo que se organicen en equipos para limpiar.

3

MARISSA Mis padres siempre quieren que mis hermanos y yo ayudemos con los quehaceres. No me molesta ayudar. Pero odio limpiar el baño.

JIMENA Lo que más odio yo es sacar la basura.

5

6

4

JUAN CARLOS Hola, Jimena. ¿Está Felipe? (*a Felipe*) Te olvidaste del partido de fútbol.

FELIPE Juan Carlos, ¿verdad que mi papá te considera como de la familia?

JUAN CARLOS Sí.

MARISSA Yo lleno el lavaplatos... después de vaciarlo.

DON DIEGO Juan Carlos, ¿por qué no terminas de pasar la aspiradora? Y Felipe, tú limpia el polvo. ¡Ya casi acaban!

SRA. DÍAZ

SR. DÍAZ

MARISSA

JUAN CARLOS

DON DIEGO

(*Los chicos preparan la cena y ponen la mesa.*)

JUAN CARLOS ¿Dónde están los tenedores?

JIMENA Allá.

JUAN CARLOS ¿Y las servilletas?

MARISSA Aquí están.

FELIPE La sala está tan limpia. Le pasamos la aspiradora al sillón y a las cortinas. ¡Y también a las almohadas!

JIMENA Yucatán, ¡ya casi llegamos!

(*Papá y mamá regresan a casa.*)

SRA. DÍAZ ¡Qué bonita está la casa!

SR. DÍAZ Buen trabajo, muchachos. ¿Qué hay para cenar?

JIMENA Quesadillas. Vengan.

SRA. DÍAZ Don Diego, quédese a cenar con nosotros. Venga.

SR. DÍAZ Sí, don Diego. Pase.

DON DIEGO Gracias.

Expresiones útiles

Making recommendations

Le(s) sugiero que arregle(n) este apartamento.
I suggest you tidy up this apartment.
Le(s) aconsejo que prepare(n) la cena para las ocho y media.
I recommend that you have dinner ready for eight thirty.

Organizing work

Recomiendo que se organicen en equipos para limpiar.
I recommend that you divide yourselves into teams to clean.
Yo lleno el lavaplatos... después de vaciarlo.
I'll fill the dishwasher... after I empty it.
¿Por qué no terminas de pasar la aspiradora?
Why don't you finish vacuuming?
¡Ya casi acaban!
You're almost finished!
Felipe, tú quita el polvo.
Felipe, you dust.

Making polite requests

Don Diego, quédese a cenar con nosotros.
Don Diego, stay and have dinner with us.
Venga.
Come on.
Don Diego, pase.
Don Diego, come in.

Additional vocabulary

el plumero *duster*

recursos

VM
pp. 23–24

vhlcentral.com
Lección 12

¿Qué pasó?

1 **¿Cierto o falso?** Indica si lo que dicen estas oraciones es **cierto** o **falso**. Corrige las oraciones falsas.

	Cierto	Falso
1. Felipe y Jimena tienen que preparar el desayuno.	○	○
2. Don Diego ayuda a los chicos organizando los quehaceres domésticos.	○	○
3. Jimena le dice a Juan Carlos dónde están los tenedores.	○	○
4. A Marissa no le molesta limpiar el baño.	○	○
5. Juan Carlos termina de lavar los platos.	○	○

2 **Identificar** Identifica quién puede decir estas oraciones.

1. Yo les ayudo, no me molesta hacer quehaceres domésticos.
2. No me gusta sacar la basura, pero es necesario hacerlo.
3. Es importante que termines de pasar la aspiradora, Juan Carlos.
4. ¡La casa está muy limpia! ¡Qué bueno que pasamos la aspiradora!
5. ¡Buen trabajo, chicos! ¿Qué vamos a cenar?

JIMENA   DON DIEGO   FELIPE   SR. DÍAZ   MARISSA

3 **Completar** Los chicos y don Diego están haciendo los quehaceres. Adivina en qué cuarto está cada uno de ellos.

1. Jimena limpia el congelador. Jimena está en _____.
2. Don Diego limpia el escritorio. Don Diego está en _____.
3. Felipe pasa la aspiradora debajo de la mesa y las sillas. Felipe está en _____.
4. Juan Carlos sacude el sillón. Juan Carlos está en _____.
5. Marissa hace la cama. Marissa está en _____.

4 **Mi casa** Dibuja el plano de una casa o de un apartamento. Puede ser el plano de la casa o del apartamento donde vives o de donde te gustaría (*you would like*) vivir. Después, trabajen en parejas y describan lo que se hace en cuatro de las habitaciones. Para terminar, pídanse (*ask for*) ayuda para hacer dos quehaceres domésticos. Pueden usar estas frases en su conversación.

Quiero mostrarte...	Al fondo hay...
Ésta es (la cocina).	Quiero que me ayudes a (sacar la basura).
Allí yo (preparo la comida).	Por favor, ayúdame con...

Practice more at **vhlcentral.com.**

Ortografía 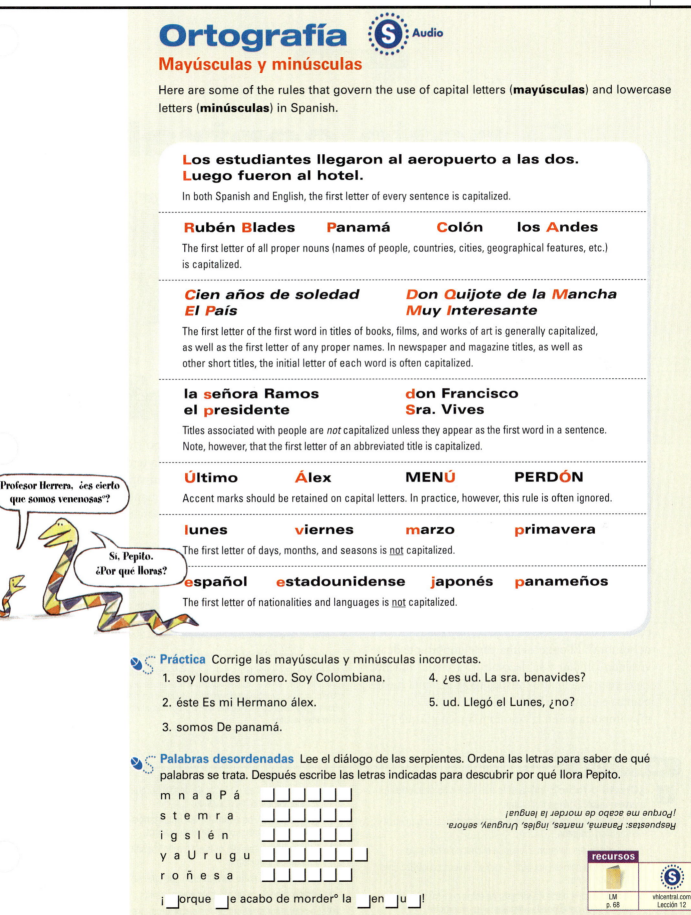 **S** Audio

Mayúsculas y minúsculas

Here are some of the rules that govern the use of capital letters (**mayúsculas**) and lowercase letters (**minúsculas**) in Spanish.

Los estudiantes llegaron al aeropuerto a las dos.
Luego fueron al hotel.

In both Spanish and English, the first letter of every sentence is capitalized.

Rubén Blades   **Panamá**   **Colón**   **los Andes**

The first letter of all proper nouns (names of people, countries, cities, geographical features, etc.) is capitalized.

Cien años de soledad   *Don Quijote de la Mancha*
El País   *Muy Interesante*

The first letter of the first word in titles of books, films, and works of art is generally capitalized, as well as the first letter of any proper names. In newspaper and magazine titles, as well as other short titles, the initial letter of each word is often capitalized.

la señora Ramos   **don Francisco**
el presidente   **Sra. Vives**

Titles associated with people are *not* capitalized unless they appear as the first word in a sentence. Note, however, that the first letter of an abbreviated title is capitalized.

Último   **Álex**   **MENÚ**   **PERDÓN**

Accent marks should be retained on capital letters. In practice, however, this rule is often ignored.

lunes   **viernes**   **marzo**   **primavera**

The first letter of days, months, and seasons is <u>not</u> capitalized.

español   **estadounidense**   **japonés**   **panameños**

The first letter of nationalities and languages is <u>not</u> capitalized.

Profesor Herrera, ¿es cierto que somos venenosas°?

Sí, Pepito.
¿Por qué lloras?

S **Práctica** Corrige las mayúsculas y minúsculas incorrectas.

1. soy lourdes romero. Soy Colombiana.
2. éste Es mi Hermano álex.
3. somos De panamá.
4. ¿es ud. La sra. benavides?
5. ud. Llegó el Lunes, ¿no?

S **Palabras desordenadas** Lee el diálogo de las serpientes. Ordena las letras para saber de qué palabras se trata. Después escribe las letras indicadas para descubrir por qué llora Pepito.

m n a a P á   _ _ _ _ _ _ _
s t e m r a   _ _ _ _ _ _ _
i g s l é n   _ _ _ _ _ _
y a U r u g u   _ _ _ _ _ _ _
r o ñ e s a   _ _ _ _ _ _

¡ _ orque _ e acabo de morder° la _ en _ u _ !

¡Porque me acabo de morder la lengua!
Respuestas: Panamá, martes, inglés, Uruguay, señora.

venenosas *venomous* morder *to bite*

recursos

LM p. 68

vhlcentral.com Lección 12

EN DETALLE

El patio central

En las tardes cálidas° de Oaxaca, México; Córdoba, España, o Popayán, Colombia, es un placer sentarse en **el patio central** de una casa y tomar un refresco disfrutando de° una buena conversación. De influencia árabe, esta característica arquitectónica° fue traída° a las Américas por los españoles. En la época° colonial, se construyeron casas, palacios, monasterios, hospitales y escuelas con patio central. Éste es un espacio privado e íntimo en donde se puede disfrutar del sol y de la brisa° estando aislado° de la calle.

El centro del patio es un espacio abierto. Alrededor de° él, separado por columnas, hay un pasillo cubierto°. Así, en el patio hay zonas de sol y de sombra°. El patio es una parte importante de la vivienda familiar y su decoración se cuida° mucho. En el centro del patio muchas veces hay una fuente°, plantas e incluso árboles°. El agua es un elemento muy importante en la cultura islámica porque simboliza la purificación del cuerpo y del alma°. Por esta razón y para disminuir° la temperatura, el agua en estas construcciones es muy importante. El agua y la vegetación ayudan a mantener la temperatura fresca y el patio proporciona° luz y ventilación a todas las habitaciones.

La distribución

Las casas con patio central eran usualmente las viviendas de familias adineradas°. Son casas de dos o tres pisos. Los cuartos de la planta baja son las áreas comunes: cocina, comedor, sala, etc., y tienen puertas al patio. En los pisos superiores están las habitaciones privadas de la familia.

cálidas *hot* **disfrutando de** *enjoying* **arquitectónica** *architectural* **traída** *brought* **época** *era* **brisa** *breeze* **aislado** *isolated* **Alrededor de** *Surrounding* **cubierto** *covered* **sombra** *shade* **se cuida** *is looked after* **fuente** *fountain* **árboles** *trees* **alma** *soul* **disminuir** *lower* **proporciona** *provides* **adineradas** *wealthy*

ACTIVIDADES

1 **¿Cierto o falso?** Indica si lo que dicen las oraciones es cierto o falso. Corrige las falsas.

1. Los patios centrales de Latinoamérica tienen su origen en la tradición indígena.
2. Los españoles llevaron a América el concepto del patio.
3. En la época colonial las casas eran las únicas construcciones con patio central.
4. El patio es una parte importante en estas construcciones, y es por eso que se le presta atención a su decoración.

5. El patio central es un lugar de descanso que da luz y ventilación a las habitaciones.
6. Las fuentes en los patios tienen importancia por razones culturales y porque bajan la temperatura.
7. En la cultura española el agua simboliza salud y bienestar del cuerpo y del alma.
8. Las casas con patio central eran para personas adineradas.
9. Los cuartos de la planta baja son privados.
10. Los dormitorios están en los pisos superiores.

ASÍ SE DICE

La vivienda

el ático, el desván	el altillo
la cobija (Col., Méx.), la frazada (Arg., Cuba, Ven.)	la manta
el escaparate (Cuba, Ven.), el ropero (Méx.)	el armario
el fregadero	kitchen sink
el frigidaire (Perú); el frigorífico (Esp.), la nevera	el refrigerador
el lavavajillas (Arg., Esp., Méx.)	el lavaplatos

EL MUNDO HISPANO

Los muebles

- **Mecedora°** La mecedora es un mueble típico de Latinoamérica, especialmente de la zona del Caribe. A las personas les gusta relajarse mientras se mecen° en el patio.

- **Mesa camilla** Era un mueble popular en España hasta hace algunos años. Es una mesa con un bastidor° en la parte inferior° para poner un brasero°. En invierno, las personas se sentaban alrededor de la mesa camilla para conversar, jugar a las cartas o tomar café.

- **Hamaca** Se cree que los taínos hicieron las primeras hamacas con fibras vegetales. Su uso es muy popular en toda Latinoamérica para dormir y descansar.

Mecedora *Rocking chair* se mecen *they rock themselves* bastidor *frame* inferior *bottom* brasero *container for hot coals*

PERFIL

Las islas flotantes del lago Titicaca

Bolivia y Perú comparten el **lago Titicaca**, donde viven **los uros**, uno de los pueblos indígenas más antiguos de América. Hace muchos años, los uros fueron a vivir al lago escapando de **los incas**. Hoy en día, siguen viviendo allí en **islas flotantes** que ellos mismos hacen con unos juncos° llamados **totora**. Primero tejen° grandes plataformas. Luego, con el mismo material, construyen sus casas sobre las plataformas. La totora es resistente, pero con el tiempo el agua la pudre°. Los habitantes de las islas necesitan renovar continuamente las plataformas y las casas. Sus muebles y sus barcos también están hechos° de juncos. Los uros viven de la pesca y del turismo; en las islas hay unas tiendas donde venden artesanías° hechas con totora.

juncos *reeds* tejen *they weave* la pudre *rots it* hechos *made* artesanías *handcrafts*

Conexión Internet

¿Cómo son las casas modernas en los países hispanos?

Go to **vhlcentral.com** to find more cultural information related to this **Cultura** section.

ACTIVIDADES

2 Comprensión Responde a las preguntas.
1. Tu amigo mexicano te dice: "La **cobija** azul está en el **ropero**". ¿Qué quiere decir?
2. ¿Quiénes hicieron las primeras hamacas? ¿Qué material usaron?
3. ¿Qué grupo indígena vive en el lago Titicaca?
4. ¿Qué pueden comprar los turistas en las islas flotantes del lago Titicaca?

3 Viviendas tradicionales Escribe cuatro oraciones sobre una vivienda tradicional que conoces. Explica en qué lugar se encuentra, de qué materiales está hecha y cómo es.

Practice more at **vhlcentral.com**.

12.1 Relative pronouns **Tutorial**

ANTE TODO In both English and Spanish, relative pronouns are used to combine two sentences or clauses that share a common element, such as a noun or pronoun. Study this diagram.

> Mis padres me regalaron **la aspiradora**.
> *My parents gave me the vacuum cleaner.*

> **La aspiradora** funciona muy bien.
> *The vacuum cleaner works really well.*

> La aspiradora **que** mis padres me regalaron funciona muy bien.
> *The vacuum cleaner that my parents gave me works really well.*

> **Lourdes** es muy inteligente.
> *Lourdes is very intelligent.*

> **Lourdes** estudia español.
> *Lourdes is studying Spanish.*

> Lourdes, **quien** estudia español, es muy inteligente.
> *Lourdes, who studies Spanish, is very intelligent.*

Eso fue todo lo que dijimos.

Mi papá se lleva bien con Juan Carlos, quien es como mi hermano.

▶ Spanish has three frequently used relative pronouns. **¡Atención!** Even though interrogative words (**qué**, **quién**, etc.) always carry an accent, relative pronouns never carry a written accent.

que	*that; which; who*
quien(es)	*who; whom; that*
lo que	*that which; what*

▶ **Que** is the most frequently used relative pronoun. It can refer to things or to people. Unlike its English counterpart, *that*, **que** is never omitted.

> ¿Dónde está la cafetera **que** compré?
> *Where is the coffee maker (that) I bought?*

> El hombre **que** limpia es Pedro.
> *The man who is cleaning is Pedro.*

▶ The relative pronoun **quien** refers only to people, and is often used after a preposition or the personal **a**. **Quien** has only two forms: **quien** (singular) and **quienes** (plural).

> ¿Son las chicas **de quienes** me hablaste la semana pasada?
> *Are they the girls (that) you told me about last week?*

> Eva, **a quien** conocí anoche, es mi nueva vecina.
> *Eva, whom I met last night, is my new neighbor.*

¡LENGUA VIVA!

In English, it is generally recommended that *who(m)* be used to refer to people, and that *that* and *which* be used to refer to things. In Spanish, however, it is perfectly acceptable to use **que** when referring to people.

▶ **Quien(es)** is occasionally used instead of **que** in clauses set off by commas.

Lola, **quien** es cubana, es médica.
Lola, who is Cuban, is a doctor.

Su tía, **que** es alemana, ya llegó.
His aunt, who is German, already arrived.

▶ Unlike **que** and **quien(es)**, **lo que** doesn't refer to a specific noun. It refers to an idea, a situation, or a past event and means *what, that which,* or *the thing that.*

Lo que me molesta es el calor.
What bothers me is the heat.

Lo que quiero es una casa.
What I want is a house.

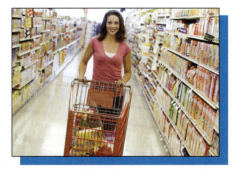

Este supermercado tiene todo **lo que** necesito.

A Samuel no le gustó **lo que** le dijo Violeta.

¡INTÉNTALO!   Completa estas oraciones con pronombres relativos.

1. Voy a utilizar los platos ____que____ me regaló mi abuela.
2. Ana comparte un apartamento con la chica a _____ conocimos en la fiesta de Jorge.
3. Esta oficina tiene todo _____ necesitamos.
4. Puedes estudiar en el dormitorio _____ está a la derecha de la cocina.
5. Los señores _____ viven en esa casa acaban de llegar de Centroamérica.
6. Los niños a _____ viste en nuestro jardín son mis sobrinos.
7. La piscina _____ ves desde la ventana es la piscina de mis vecinos.
8. Úrsula, _____ ayudó a mamá a limpiar el refrigerador, es muy simpática.
9. El hombre de _____ hablo es mi padre.
10. _____ te dijo Pablo no es cierto.
11. Tengo que sacudir los muebles _____ están en el altillo una vez al mes.
12. No entiendo por qué no lavaste los vasos _____ te dije.
13. La mujer a _____ saludaste vive en las afueras.
14. ¿Sabes _____ necesita este dormitorio? ¡Unas cortinas!
15. No quiero volver a hacer _____ hice ayer.
16. No me gusta vivir con personas a _____ no conozco.

recursos

WB
pp. 137–138

LM
p. 69

vhlcentral.com
Lección 12

Práctica

1

Combinar Combina elementos de la columna A y la columna B para formar oraciones lógicas.

A	B
1. Ése es el hombre _____.	a. con quien bailaba es mi vecina
2. Rubén Blades, _____.	b. que te compró Cecilia
3. No traje _____.	c. quien es de Panamá, es un cantante muy bueno
4. ¿Te gusta la manta _____?	d. que arregló mi lavadora
5. ¿Cómo se llama el programa _____?	e. lo que necesito para la clase de matemáticas
6. La mujer _____.	f. que comiste en el restaurante
	g. que escuchaste en la radio anoche

NOTA CULTURAL

Rubén Blades es un cantante, compositor y actor panameño muy famoso. Este versátil abogado fue también Ministro de Turismo en su país (2004–2009) y fue nombrado Embajador contra el racismo por las Naciones Unidas en el 2000.

2

Completar Completa la historia sobre la casa que Jaime y Tina quieren comprar, usando los pronombres relativos **que, quien, quienes** o **lo que**.

1. Jaime y Tina son los chicos a _____ conocí la semana pasada.
2. Quieren comprar una casa _____ está en las afueras de la ciudad.
3. Es una casa _____ era de una artista famosa.
4. La artista, a _____ yo conocía, murió el año pasado y no tenía hijos.
5. Ahora se vende la casa con todos los muebles _____ ella tenía.
6. La sala tiene una alfombra _____ ella trajo de Kuwait.
7. La casa tiene muchos estantes, _____ a Tina le encanta.

3

Oraciones Javier y Ana acaban de casarse y han comprado (*they have bought*) una casa y muchas otras cosas. Combina sus declaraciones para formar una sola oración con los pronombres relativos **que, quien(es)** y **lo que**.

modelo

Vamos a usar los vasos nuevos mañana. Los pusimos en el comedor.

Mañana vamos a usar los vasos nuevos que pusimos en el comedor.

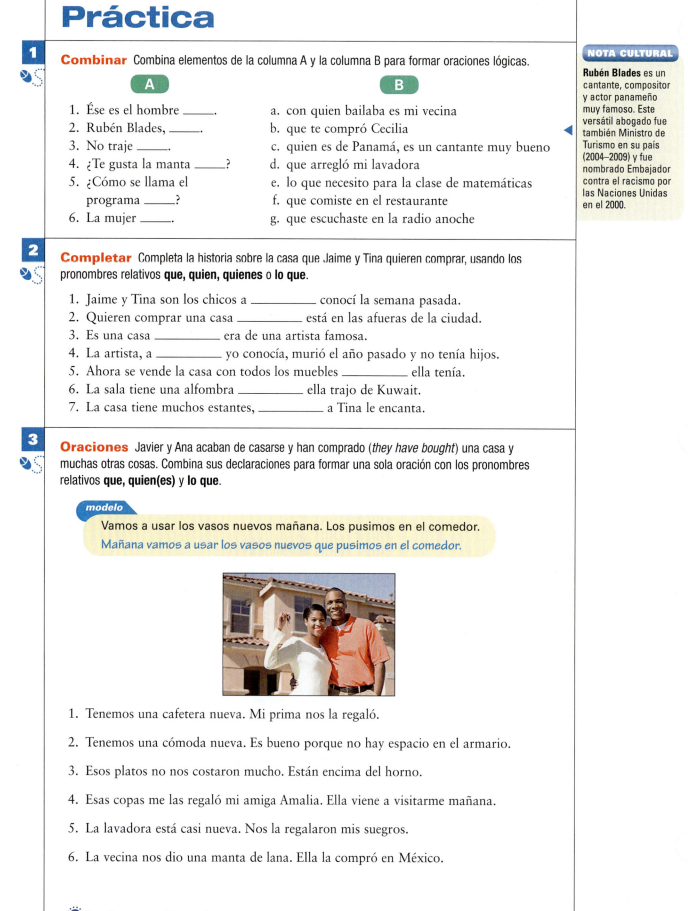

1. Tenemos una cafetera nueva. Mi prima nos la regaló.

2. Tenemos una cómoda nueva. Es bueno porque no hay espacio en el armario.

3. Esos platos no nos costaron mucho. Están encima del horno.

4. Esas copas me las regaló mi amiga Amalia. Ella viene a visitarme mañana.

5. La lavadora está casi nueva. Nos la regalaron mis suegros.

6. La vecina nos dio una manta de lana. Ella la compró en México.

Comunicación

4

Entrevista En parejas, túrnense para hacerse estas preguntas.

1. ¿Qué es lo que más te gusta de vivir en las afueras o en la ciudad?
2. ¿Cómo son las personas que viven en tu barrio?
3. ¿Cuál es el quehacer doméstico que pagarías (*you would pay*) por no hacer?
4. ¿Quién es la persona que hace los quehaceres domésticos en tu casa?
5. ¿Hay vecinos que te caen bien? ¿Quiénes?
6. ¿De qué vecino es el coche que más te gusta?
7. ¿Cuál es el barrio de tu ciudad que más te gusta y por qué?
8. ¿Quién es la persona a quien le pedirías (*you would ask*) que te ayude con los quehaceres?
9. ¿Cuál es el lugar de la casa donde te sientes más cómodo/a? ¿Por qué?
10. ¿Qué es lo que más te gusta de tu barrio?
11. ¿Qué hace el vecino que más llama la atención?
12. ¿Qué es lo que menos te gusta de tu barrio?

5

Adivinanza En grupos, túrnense para describir distintas partes de una vivienda usando pronombres relativos. Los demás compañeros tienen que hacer preguntas hasta que adivinen (*they guess*) la palabra.

modelo

Estudiante 1: Es lo que tenemos en el dormitorio.
Estudiante 2: ¿Es el mueble que usamos para dormir?
Estudiante 1: No. Es lo que usamos para guardar la ropa.
Estudiante 3: Lo sé. Es la cómoda.

Síntesis

6

Definir En parejas, definan las palabras. Usen los pronombres relativos **que, quien(es)** y **lo que**. Luego compartan sus definiciones con la clase.

alquiler	flan	patio	tenedor
amigos	guantes	postre	termómetro
aspiradora	jabón	sillón	vaso
enfermera	manta	sótano	vecino

AYUDA

Remember that **de**, followed by the name of a material, means *made of*.

Es de algodón.
It's made of cotton.

• • •

Es un tipo de means *It's a kind/sort of…*

Es un tipo de flor.
It's a kind of flower.

modelo

lavadora Es lo que se usa para lavar la ropa.
pastel Es un postre que comes en tu cumpleaños.

12.2   Formal (**usted/ustedes**) commands   S Tutorial

ANTE TODO   As you learned in **Lección 11**, the command forms are used to give orders or advice. Formal commands are used with people you address as **usted** or **ustedes**. Observe these examples, then study the chart.

Hable con ellos, don Francisco.
Talk with them, Don Francisco.

Coma frutas y verduras.
Eat fruits and vegetables.

Laven los platos ahora mismo.
Wash the dishes right now.

Beban menos té y café.
Drink less tea and coffee.

> **AYUDA**
>
> By learning formal commands, it will be easier for you to learn the subjunctive forms that are presented in **Estructura 12.3**, p. 422.

Formal commands (**Ud.** and **Uds.**)

Infinitive	Present tense yo form	Ud. command	Uds. command
limpiar	limpi**o**	limpi**e**	limpi**en**
barrer	barr**o**	barr**a**	barr**an**
sacudir	sacud**o**	sacud**a**	sacud**an**
decir (e:i)	dig**o**	dig**a**	dig**an**
pensar (e:ie)	piens**o**	piens**e**	piens**en**
volver (o:ue)	vuelv**o**	vuelv**a**	vuelv**an**
servir (e:i)	sirv**o**	sirv**a**	sirv**an**

▶ The **usted** and **ustedes** commands, like the negative **tú** commands, are formed by dropping the final **-o** of the **yo** form of the present tense. For **-ar** verbs, add **-e** or **-en**. For **-er** and **-ir** verbs, add **-a** or **-an**.

Don Diego, quédese a cenar con nosotros.

No se preocupen, yo los ayudo.

▶ Verbs with irregular **yo** forms maintain the same irregularity in their formal commands. These verbs include **conducir, conocer, decir, hacer, ofrecer, oír, poner, salir, tener, traducir, traer, venir,** and **ver**.

Oiga, don Manolo...
Listen, Don Manolo...

¡Salga inmediatamente!
Leave immediately!

Ponga la mesa, por favor.
Set the table, please.

Hagan la cama antes de salir.
Make the bed before leaving.

▶ Note also that verbs maintain their stem changes in **usted** and **ustedes** commands.

     e:ie   o:ue   e:i

No **pierda** la llave.   **Vuelva** temprano, joven.   **Sirva** la sopa, por favor.
Cierren la puerta.   **Duerman** bien, chicos.   **Repitan** las frases.

▶ Verbs ending in **-car**, **-gar**, and **-zar** have a spelling change in the command forms.

sa**car**	**c** → **qu**	sa**qu**e, sa**qu**en
ju**gar**	**g** → **gu**	jue**gu**e, jue**gu**en
almor**zar**	**z** → **c**	almuer**c**e, almuer**c**en

▶ These verbs have irregular formal commands.

Infinitive	Ud. command	Uds. command
dar	**dé**	**den**
estar	**esté**	**estén**
ir	**vaya**	**vayan**
saber	**sepa**	**sepan**
ser	**sea**	**sean**

▶ To make a formal command negative, simply place **no** before the verb.

No ponga las maletas en la cama.   **No ensucien** los sillones.
Don't put the suitcases on the bed.   *Don't dirty the armchairs.*

▶ In affirmative commands, reflexive, indirect, and direct object pronouns are always attached to the end of the verb.

Siénten**se**, por favor.   Acuésten**se** ahora.
Síga**me**, Laura.   Póngan**las** en el suelo, por favor.

▶ **¡Atención!** When a pronoun is attached to an affirmative command that has two or more syllables, an accent mark is added to maintain the original stress.

limpie ⟶ **límpielo**   lean ⟶ **léanlo**
diga ⟶ **dígamelo**   sacudan ⟶ **sacúdanlos**

▶ In negative commands, these pronouns always precede the verb.

No **se** preocupe.   No **los** ensucien.
No **me lo** dé.   No **nos las** traigan.

▶ **Usted** and **ustedes** can be used with the command forms to strike a more formal tone. In such instances, they follow the command form.

Muéstrele usted la foto a su amigo.   **Tomen ustedes** esta mesa.
Show the photo to your friend.   *Take this table.*

¡INTÉNTALO! Indica los mandatos (*commands*) afirmativos y negativos correspondientes.

1. escucharlo (Ud.) ___*Escúchelo*___. ___*No lo escuche*___.
2. decírmelo (Uds.) _____. _____.
3. salir (Ud.) _____. _____.
4. servírnoslo (Uds.) _____. _____.
5. barrerla (Ud.) _____. _____.
6. hacerlo (Ud.) _____. _____.

Práctica

1 **Completar** La señora González quiere mudarse de casa. Ayúdala a organizarse. Indica el mandato formal de cada verbo.

1. _____ los anuncios del periódico y _____. (Leer, guardarlos)

2. _____ personalmente y _____ las casas usted misma. (Ir, ver)

3. Decida qué casa quiere y _____ al agente. _____ un contrato de alquiler. (llamar, Pedirle)

4. _____ un camión (*truck*) para ese día y _____ la hora exacta de llegada. (Contratar, preguntarles)

5. El día de la mudanza (*On moving day*) _____ tranquila. _____ a revisar su lista para completar todo lo que tiene que hacer. (estar, Volver)

6. Primero, _____ a todos en casa que usted va a estar ocupada. No _____ que usted va a hacerlo todo. (decirles, decirles)

7. _____ tiempo para hacer las maletas tranquilamente. No _____ las maletas a los niños más grandes. (Sacar, hacerles)

8. No _____. _____ que todo va a salir bien. (preocuparse, Saber)

2 **¿Qué dicen?** Mira los dibujos y escribe un mandato lógico para cada uno. Usa palabras que aprendiste en **Contextos**.

1. _____

2. _____

3. _____

4. _____

5. _____

6. _____

Comunicación

3

Solucionar Trabajen en parejas. Un(a) estudiante presenta los problemas de la columna A y el/la otro/a los de la columna B. Usen mandatos formales y túrnense para ofrecer soluciones.

> **modelo**
>
> **Estudiante 1:** Vilma se torció un tobillo jugando al tenis. Es la tercera vez.
> **Estudiante 2:** *No juegue más al tenis. / Vaya a ver a un especialista.*

A	**B**
1. Se me perdió el libro de español con todas mis notas.	1. Mis hijas no se levantan temprano. Siempre llegan tarde a la escuela.
2. A Vicente se le cayó la botella de vino para la cena.	2. A mi abuela le robaron (*stole*) las maletas. Era su primer día de vacaciones.
3. ¿Cómo? ¿Se le olvidó traer el traje de baño a la playa?	3. Nuestra casa es demasiado pequeña para nuestra familia.
4. Se nos quedaron los pasaportes en la casa. El avión sale en una hora.	4. Me preocupo constantemente por Roberto. Trabaja demasiado.

4

Conversaciones En parejas, escojan dos situaciones y preparen conversaciones para presentar a la clase. Usen mandatos formales.

> **modelo**
>
> **Lupita:** Señor Ramírez, siento mucho llegar tan tarde. Mi niño se enfermó. ¿Qué debo hacer?
> **Sr. Ramírez:** *No se preocupe. Siéntese y descanse un poco.*

NOTA CULTURAL

El 31 de diciembre de 1999, los Estados Unidos cedió el control del **Canal de Panamá** al gobierno de Panamá, terminando así con casi cien años de administración estadounidense.

SITUACIÓN 1 Profesor Rosado, no vine la semana pasada porque el equipo jugaba en Boquete. ¿Qué debo hacer para ponerme al día (*catch up*)?

SITUACIÓN 2 Los invitados de la boda llegan a las cuatro de la tarde, las mesas están sin poner y el champán sin servir. Son las tres de la tarde y los camareros apenas están llegando. ¿Qué deben hacer los camareros?

SITUACIÓN 3 Mi novio es un poco aburrido. No le gustan ni el cine, ni los deportes, ni salir a comer. Tampoco habla mucho. ¿Qué puedo hacer?

▶ **SITUACIÓN 4** Tengo que preparar una presentación para mañana sobre el Canal de Panamá. ¿Por dónde comienzo?

Síntesis

5

Presentar En grupos, preparen un anuncio de televisión para presentar a la clase. El anuncio debe tratar de un detergente, un electrodoméstico o una agencia inmobiliaria (*real estate agency*). Usen mandatos, los pronombres relativos (**que, quien(es)** o **lo que**) y el **se** impersonal.

> **modelo**
>
> *Compre el lavaplatos Destellos. Tiene todo lo que usted desea. Es el lavaplatos que mejor funciona. Venga a verlo ahora mismo… No pierda ni un minuto más. Se aceptan tarjetas de crédito.*

12.3 # The present subjunctive (S) Tutorial

ANTE TODO With the exception of commands, all the verb forms you have been using have been in the indicative mood. The indicative is used to state facts and to express actions or states that the speaker considers to be real and definite. In contrast, the subjunctive mood expresses the speaker's attitudes toward events, as well as actions or states the speaker views as uncertain or hypothetical.

> Por favor, quiten los platos de la mesa.

> Les aconsejo que preparen la cena.

▶ The present subjunctive is formed very much like **usted**, **ustedes**, and *negative* **tú** commands. From the **yo** form of the present indicative, drop the **-o** ending, and replace it with the subjunctive endings.

INFINITIVE	PRESENT INDICATIVE	VERB STEM	PRESENT SUBJUNCTIVE
hablar	**hablo**	**habl-**	**hable**
comer	**como**	**com-**	**coma**
escribir	**escribo**	**escrib-**	**escriba**

▶ The present subjunctive endings are:

-ar verbs			-er and -ir verbs	
-e	-emos		-a	-amos
-es	-éis		-as	-áis
-e	-en		-a	-an

Present subjunctive of regular verbs

		hablar	comer	escribir
SINGULAR FORMS	yo	habl**e**	com**a**	escrib**a**
	tú	habl**es**	com**as**	escrib**as**
	Ud./él/ella	habl**e**	com**a**	escrib**a**
PLURAL FORMS	nosotros/as	habl**emos**	com**amos**	escrib**amos**
	vosotros/as	habl**éis**	com**áis**	escrib**áis**
	Uds./ellos/ellas	habl**en**	com**an**	escrib**an**

▶ Verbs with irregular **yo** forms show the same irregularity in all forms of the present subjunctive.

Infinitive	Present indicative	Verb stem	Present subjunctive
conducir	conduzco	**conduzc-**	**conduzca**
conocer	conozco	**conozc-**	**conozca**
decir	digo	**dig-**	**diga**
hacer	hago	**hag-**	**haga**
ofrecer	ofrezco	**ofrezc-**	**ofrezca**
oír	oigo	**oig-**	**oiga**
parecer	parezco	**parezc-**	**parezca**
poner	pongo	**pong-**	**ponga**
tener	tengo	**teng-**	**tenga**
traducir	traduzco	**traduzc-**	**traduzca**
traer	traigo	**traig-**	**traiga**
venir	vengo	**veng-**	**venga**
ver	veo	**ve-**	**vea**

▶ To maintain the **c, g,** and **z** sounds, verbs ending in **-car, -gar,** and **-zar** have a spelling change in all forms of the present subjunctive.

sacar:	sa**qu**e, sa**qu**es, sa**qu**e, sa**qu**emos, sa**qu**éis, sa**qu**en
jugar:	jue**gu**e, jue**gu**es, jue**gu**e, ju**gu**emos, ju**gu**éis, jue**gu**en
almorzar:	almuer**c**e, almuer**c**es, almuer**c**e, almor**c**emos, almor**c**éis, almuer**c**en

Present subjunctive of stem-changing verbs

AYUDA

Note that stem-changing verbs and verbs that have a spelling change have the same ending as regular verbs in the present subjunctive.

▶ **-Ar** and **-er** stem-changing verbs have the same stem changes in the subjunctive as they do in the present indicative.

pensar (e:ie):	p**ie**nse, p**ie**nses, p**ie**nse, pensemos, penséis, p**ie**nsen
mostrar (o:ue):	m**ue**stre, m**ue**stres, m**ue**stre, mostremos, mostréis, m**ue**stren
entender (e:ie):	ent**ie**nda, ent**ie**ndas, ent**ie**nda, entendamos, entendáis, ent**ie**ndan
volver (o:ue):	v**ue**lva, v**ue**lvas, v**ue**lva, volvamos, volváis, v**ue**lvan

▶ **-Ir** stem-changing verbs have the same stem changes in the subjunctive as they do in the present indicative, but in addition, the **nosotros/as** and **vosotros/as** forms undergo a stem change. The unstressed **e** changes to **i**, while the unstressed **o** changes to **u**.

pedir (e:i):	p**i**da, p**i**das, p**i**da, p**i**damos, p**i**dáis, p**i**dan
sentir (e:ie):	s**ie**nta, s**ie**ntas, s**ie**nta, s**i**ntamos, s**i**ntáis, s**ie**ntan
dormir (o:ue):	d**ue**rma, d**ue**rmas, d**ue**rma, d**u**rmamos, d**u**rmáis, d**ue**rman

Irregular verbs in the present subjunctive

▶ These five verbs are irregular in the present subjunctive.

Irregular verbs in the present subjunctive						
		dar	**estar**	**ir**	**saber**	**ser**
SINGULAR FORMS	yo	dé	esté	vaya	sepa	sea
	tú	des	estés	vayas	sepas	seas
	Ud./él/ella	dé	esté	vaya	sepa	sea
PLURAL FORMS	nosotros/as	demos	estemos	vayamos	sepamos	seamos
	vosotros/as	deis	estéis	vayáis	sepáis	seáis
	Uds./ellos/ellas	den	estén	vayan	sepan	sean

▶ **¡Atención!** The subjunctive form of **hay** (*there is, there are*) is also irregular: **haya**.

General uses of the subjunctive

▶ The subjunctive is mainly used to express: 1) will and influence, 2) emotion, 3) doubt, disbelief, and denial, and 4) indefiniteness and nonexistence.

▶ The subjunctive is most often used in sentences that consist of a main clause and a subordinate clause. The main clause contains a verb or expression that triggers the use of the subjunctive. The conjunction **que** connects the subordinate clause to the main clause.

Main clause	Connector	Subordinate clause
Es muy importante	que	**vayas** al hotel ahora mismo.

▶ These impersonal expressions are always followed by clauses in the subjunctive:

Es bueno que...	**Es mejor que...**	**Es malo que...**
It's good that...	*It's better that...*	*It's bad that...*
Es importante que...	**Es necesario que...**	**Es urgente que...**
It's important that...	*It's necessary that...*	*It's urgent that...*

¡INTÉNTALO!   Indica el presente de subjuntivo de estos verbos.

1. (alquilar, beber, vivir)   que yo *alquile, beba, viva*
2. (estudiar, aprender, asistir)   que tú _____
3. (encontrar, poder, tener)   que él _____
4. (hacer, pedir, dormir)   que nosotras _____
5. (dar, hablar, escribir)   que ellos _____
6. (pagar, empezar, buscar)   que ustedes _____
7. (ser, ir, saber)   que yo _____
8. (estar, dar, oír)   que tú _____

recursos

WB
pp. 141–142

LM
p. 71

vhlcentral.com
Lección 12

Práctica y Comunicación

1

Completar Completa las oraciones con el presente de subjuntivo de los verbos entre paréntesis. Luego empareja las oraciones del primer grupo con las del segundo grupo.

A

1. Es mejor que _____ en casa. (nosotros, cenar) _____

2. Es importante que _____ las casas colgadas de Cuenca. (tú, visitar) _____
3. Señora, es urgente que le _____ el diente. Tiene una infección. (yo, sacar) _____
4. Es malo que Ana les _____ tantos dulces a los niños. (dar) _____
5. Es necesario que _____ a la una de la tarde. (ustedes, llegar) _____
6. Es importante que _____ temprano. (nosotros, acostarse) _____

NOTA CULTURAL

Las casas colgadas (*hanging*) de Cuenca, España, son muy famosas. Situadas en un acantilado (*cliff*), forman parte del paisaje de la ciudad.

B

a. Es importante que _____ más verduras. (ellos, comer)
b. No, es mejor que _____ a comer. (nosotros, salir)
c. Y yo creo que es bueno que _____ a Madrid después. (yo, ir)
d. En mi opinión, no es necesario que _____ tanto. (nosotros, dormir)
e. ¿Ah, sí? ¿Es necesario que me _____ un antibiótico también? (yo, tomar)
f. Para llegar a tiempo, es necesario que _____ temprano. (nosotros, almorzar)

2

Minidiálogos En parejas, completen los minidiálogos con expresiones impersonales de una manera lógica.

> **modelo**
>
> **Miguelito:** Mamá, no quiero arreglar mi cuarto.
> **Sra. Casas:** *Es necesario que lo arregles. Y es importante que sacudas los muebles también.*

1. **MIGUELITO** Mamá, no quiero estudiar. Quiero salir a jugar con mis amigos.
   SRA. CASAS _____

2. **MIGUELITO** Mamá, es que no me gustan las verduras. Prefiero comer pasteles.
   SRA. CASAS _____

3. **MIGUELITO** ¿Tengo que poner la mesa, mamá?
   SRA. CASAS _____

4. **MIGUELITO** No me siento bien, mamá. Me duele todo el cuerpo y tengo fiebre.
   SRA. CASAS _____

3

Entrevista Trabajen en parejas. Entrevístense usando estas preguntas. Expliquen sus respuestas.

1. ¿Es importante que las personas sepan una segunda lengua? ¿Por qué?
2. ¿Es urgente que los norteamericanos aprendan otras lenguas?
3. Si un(a) norteamericano/a quiere aprender francés, ¿es mejor que lo aprenda en Francia?
4. ¿Es necesario que una persona sepa decir "te amo" en la lengua nativa de su pareja?
5. ¿Es importante que un cantante de ópera entienda italiano?

12.4 Subjunctive with verbs of will and influence

 Tutorial

ANTE TODO You will now learn how to use the subjunctive with verbs and expressions of will and influence.

Quiero que tengas dientes más blancos.

Dentabrit BLANQUEADOR

¡ATENCIÓN!

In English, verbs or expressions of will and influence often use a construction with an infinitive, such as *I want you to go.* This is not the case in Spanish, where the subjunctive would be used in a subordinate clause.

▶ Verbs of will and influence are often used when someone wants to affect the actions or behavior of other people.

Enrique **quiere** que salgamos a cenar.	Paola **prefiere** que cenemos en casa.
Enrique wants us to go out to dinner.	*Paola prefers that we have dinner at home.*

▶ Here is a list of widely used verbs of will and influence.

Verbs of will and influence

aconsejar	*to advise*	**pedir** (e:i)	*to ask (for)*
desear	*to wish; to desire*	**preferir** (e:ie)	*to prefer*
importar	*to be important; to matter*	**prohibir**	*to prohibit*
		querer (e:ie)	*to want*
insistir (en)	*to insist (on)*	**recomendar** (e:ie)	*to recommend*
mandar	*to order*	**rogar** (o:ue)	*to beg*
necesitar	*to need*	**sugerir** (e:ie)	*to suggest*

▶ Some impersonal expressions, such as **es necesario que, es importante que, es mejor que,** and **es urgente que,** are considered expressions of will or influence.

▶ When the main clause contains an expression of will or influence, the subjunctive is required in the subordinate clause, provided that the two clauses have different subjects.

Main clause	Connector	Subordinate clause
VERB OF WILL		SUBJUNCTIVE
Mi mamá **prefiere**	que	yo **saque** la basura.

Les sugiero que arreglen este apartamento.

Recomiendo que se organicen en equipos.

▶ Indirect object pronouns are often used with the verbs **aconsejar, importar, mandar, pedir, prohibir, recomendar, rogar,** and **sugerir.**

Te aconsejo que estudies.
I advise you to study.

Le sugiero que vaya a casa.
I suggest that he go home.

Les recomiendo que barran el suelo.
I recommend that you sweep the floor.

Le ruego que no venga.
I'm begging you not to come.

▶ Note that all the forms of **prohibir** in the present tense carry a written accent, except for the **nosotros/as** form: **prohíbo, prohíbes, prohíbe, prohibimos, prohibís, prohíben.**

Ella les **prohíbe** que miren la televisión.
She prohibits them from watching TV.

Nos **prohíben** que nademos en la piscina.
They prohibit us from swimming in the swimming pool.

▶ The infinitive is used with words or expressions of will and influence if there is no change of subject in the sentence.

No quiero **sacudir** los muebles.
I don't want to dust the furniture.

Paco prefiere **descansar.**
Paco prefers to rest.

Es importante **sacar** la basura.
It's important to take out the trash.

No es necesario **quitar** la mesa.
It's not necessary to clear the table.

¡INTÉNTALO!   Completa cada oración con la forma correcta del verbo entre paréntesis.

1. Te sugiero que _____*vayas*_____ (ir) con ella al supermercado.
2. Él necesita que yo le _____ (prestar) dinero.
3. No queremos que tú _____ (hacer) nada especial para nosotros.
4. Mis papás quieren que yo _____ (limpiar) mi cuarto.
5. Nos piden que la _____ (ayudar) a preparar la comida.
6. Quieren que tú _____ (sacar) la basura todos los días.
7. Quiero _____ (descansar) esta noche.
8. Es importante que ustedes _____ (limpiar) los estantes.
9. Su tía les manda que _____ (poner) la mesa.
10. Te aconsejo que no _____ (salir) con él.
11. Mi tío insiste en que mi prima _____ (hacer) la cama.
12. Prefiero _____ (ir) al cine.
13. Es necesario _____ (estudiar).
14. Recomiendo que ustedes _____ (pasar) la aspiradora.

recursos

WB
pp. 143–144

LM
p. 72

vhlcentral.com
Lección 12

Práctica

1 **Completar** Completa el diálogo con verbos de la lista.

cocina	haga	quiere	sea
comas	ponga	saber	ser
diga	prohíbe	sé	vaya

IRENE Tengo problemas con Vilma. Sé que debo hablar con ella. ¿Qué me recomiendas que le (1)_____?

JULIA Pues, necesito (2)_____ más antes de darte consejos.

IRENE Bueno, para empezar me (3)_____ que traiga dulces a la casa.

JULIA Pero chica, tiene razón. Es mejor que tú no (4)_____ cosas dulces.

IRENE Sí, ya lo sé. Pero quiero que (5)_____ más flexible. Además, insiste en que yo (6)_____ todo en la casa.

JULIA Yo (7)_____ que Vilma (8)_____ y hace los quehaceres todos los días.

IRENE Sí, pero siempre que hay fiesta me pide que (9)_____ los cubiertos (*silverware*) y las copas en la mesa y que (10)_____ al sótano por las servilletas y los platos. ¡Es lo que más odio: ir al sótano!

JULIA Mujer, ¡Vilma sólo (11)_____ que ayudes en la casa!

2 **Aconsejar** En parejas, lean lo que dice cada persona. Luego den consejos lógicos usando verbos como **aconsejar**, **recomendar** y **prohibir**. Sus consejos deben ser diferentes de lo que la persona quiere hacer.

> **modelo**
>
> **Isabel:** Quiero conseguir un comedor con los muebles más caros del mundo.
>
> **Consejo:** *Te aconsejamos que consigas unos muebles menos caros.*

1. **DAVID** Pienso poner el cuadro del lago de Maracaibo en la cocina.
2. **SARA** Voy en bicicleta a comprar unas copas de cristal.
3. **SR. ALARCÓN** Insisto en comenzar a arreglar el jardín en marzo.
4. **SRA. VILLA** Quiero ver las tazas y los platos de la tienda El Ama de Casa Feliz.
5. **DOLORES** Voy a poner servilletas de tela (*cloth*) para los cuarenta invitados.
6. **SR. PARDO** Pienso poner todos mis muebles nuevos en el altillo.
7. **SRA. GONZÁLEZ** Hay una fiesta en casa esta noche, pero no quiero limpiarla.
8. **CARLITOS** Hoy no tengo ganas de hacer las camas ni de quitar la mesa.

NOTA CULTURAL

En el **lago de Maracaibo,** en Venezuela, hay casas suspendidas sobre el agua que se llaman **palafitos.** Este tipo de construcciones les recordó a los conquistadores la ciudad de Venecia, Italia, de donde viene el nombre "Venezuela", que significa "pequeña Venecia".

3 **Preguntas** En parejas, túrnense para contestar las preguntas. Usen el subjuntivo.

1. ¿Te dan consejos tus amigos/as? ¿Qué te aconsejan? ¿Aceptas sus consejos? ¿Por qué?

2. ¿Qué te sugieren tus profesores que hagas antes de terminar los cursos que tomas?

3. ¿Insisten tus amigos/as en que salgas mucho con ellos?

4. ¿Qué quieres que te regalen tu familia y tus amigos/as en tu cumpleaños?

5. ¿Qué le recomiendas tú a un(a) amigo/a que no quiere salir los sábados con su novio/a?

6. ¿Qué les aconsejas a los nuevos estudiantes de tu universidad?

Practice more at **vhlcentral.com**.

Comunicación

4

Inventar En parejas, preparen una lista de seis personas famosas. Un(a) estudiante da el nombre de una persona famosa y el/la otro/a le da un consejo.

> **modelo**
>
> **Estudiante 1:** Judge Judy.
> **Estudiante 2:** Le recomiendo que sea más simpática con la gente.
> **Estudiante 2:** Bradley Cooper.
> **Estudiante 1:** Le aconsejo que haga más películas.

5

Hablar En parejas, miren la ilustración. Imaginen que Gerardo es su hermano y necesita ayuda para arreglar su casa y resolver sus problemas románticos y económicos. Usen expresiones impersonales y verbos como **aconsejar**, **sugerir** y **recomendar**.

> **modelo**
>
> Es mejor que arregles el apartamento más a menudo.
> Te aconsejo que no dejes para mañana lo que puedes hacer hoy.

Síntesis

6

La doctora Salvamórez Hernán tiene problemas con su novia y le escribe a la doctora Salvamórez, columnista del periódico *Panamá y su gente*. Ella responde a las cartas de personas con problemas románticos. En parejas, lean el mensaje de Hernán y después usen el subjuntivo para escribir los consejos de la doctora.

> Estimada doctora Salvamórez:
>
> Mi novia nunca quiere que yo salga de casa. No le molesta que vengan mis amigos a visitarme. Pero insiste en que nosotros sólo miremos los programas de televisión que ella quiere. Necesita saber dónde estoy en cada momento, y yo necesito que ella me dé un poco de independencia. ¿Qué hago?
>
> Hernán

SUBJECT
↓
Javier
CONJUGATED FORM
empiezo
Main clause
Dudan

Recapitulación

Diagnostics

Completa estas actividades para repasar los conceptos de gramática que aprendiste en esta lección.

1 **Completar** Completa el cuadro con la forma correspondiente del presente de subjuntivo. `24 pts.`

yo/él/ella	tú	nosotros/as	Uds./ellos/ellas
limpie			
	vengas		
		queramos	
			ofrezcan

2 **El apartamento ideal** Completa este folleto (*brochure*) informativo con la forma correcta del presente de subjuntivo. `16 pts.`

¿Eres joven y buscas tu primera vivienda? Te ofrezco estos consejos:

- Te sugiero que primero (tú) (1) _____ (escribir) una lista de las cosas que quieres en un apartamento.

- Quiero que después (2) _____ (pensar) muy bien cuáles son tus prioridades. Es necesario que cada persona (3) _____ (tener) sus prioridades claras, porque el hogar (*home*) perfecto no existe.

- Antes de decidir en qué área quieren vivir, les aconsejo a ti y a tu futuro/a compañero/a de apartamento que (4) _____ (salir) a ver la ciudad y que (5) _____ (conocer) los distintos barrios y las afueras.

- Pidan que el agente les (6) _____ (mostrar) todas las partes de cada casa.

- Finalmente, como consumidores, es importante que nosotros (7) _____ (saber) bien nuestros derechos (*rights*); por eso, deben insistir en que todos los puntos del contrato (8) _____ (estar) muy claros antes de firmarlo (*signing it*).

¡Buena suerte!

RESUMEN GRAMATICAL

12.1 **Relative pronouns** *pp. 414–415*

Relative pronouns	
que	*that; which; who*
quien(es)	*who; whom; that*
lo que	*that which; what*

12.2 **Formal commands** *pp. 418–419*

Formal commands (**Ud.** and **Uds.**)		
Infinitive	Present tense **yo** form	**Ud(s).** command
limpiar	limpi**o**	limpi**e(n)**
barrer	barr**o**	barr**a(n)**
sacudir	sacud**o**	sacud**a(n)**

▶ Verbs with stem changes or irregular **yo** forms maintain the same irregularity in the formal commands:

hacer: yo ha**go** ➔ Ha**ga**n la cama.

Irregular formal commands	
dar	dé (Ud.); den (Uds.)
estar	esté(n)
ir	vaya(n)
saber	sepa(n)
ser	sea(n)

12.3 **The present subjunctive** *pp. 422–424*

Present subjunctive of regular verbs		
hablar	comer	escribir
habl**e**	com**a**	escrib**a**
habl**es**	com**as**	escrib**as**
habl**e**	com**a**	escrib**a**
habl**emos**	com**amos**	escrib**amos**
habl**éis**	com**áis**	escrib**áis**
habl**en**	com**an**	escrib**an**

Irregular verbs in the present subjunctive		
dar		dé, des, dé, demos, deis, den
estar	est- +	-é, -és, -é, -emos, -éis, -én
ir	vay- +	
saber	sep- +	-a, -as, -a, -amos, -áis, -an
ser	se- +	

12.4 **Subjunctive with verbs of will and influence**
pp. 426–427

▶ Verbs of will and influence: **aconsejar, desear, importar, insistir** (en), **mandar, necesitar, pedir** (e:i), **preferir** (e:ie), **prohibir, querer** (e:ie), **recomendar** (e:ie), **rogar** (o:ue), **sugerir** (e:ie)

3 **Relativos** Completa las oraciones con **lo que**, **que** o **quien**. **16 pts.**

1. Me encanta la alfombra _____ está en el comedor.
2. Mi amiga Tere, con _____ trabajo, me regaló ese cuadro.
3. Todas las cosas _____ tenemos vienen de la casa de mis abuelos.
4. Hija, no compres más cosas. _____ debes hacer ahora es organizarlo todo.
5. La agencia de decoración de _____ le hablé se llama Casabella.
6. Esas flores las dejaron en la puerta mis nuevos vecinos, a _____ aún (*yet*) no conozco.
7. Leonor no compró nada, porque _____ le gustaba era muy caro.
8. Mi amigo Aldo, a _____ visité ayer, es un cocinero excelente.

4 **Preparando la casa** Martín y Ángela van a hacer un curso de verano en Costa Rica y una vecina va a cuidarles (*take care of*) la casa mientras ellos no están. Completa las instrucciones de la vecina con mandatos formales. Usa cada verbo una sola vez y agrega pronombres de objeto directo o indirecto si es necesario. **20 pts.**

arreglar	dejar	hacer	pedir	sacudir
barrer	ensuciar	limpiar	poner	tener

Primero, (1) _____ ustedes las maletas. Las cosas que no se llevan a Costa Rica, (2) _____ en el altillo. Ángela, (3) _____ las habitaciones y Martín, (4) _____ usted la cocina y el baño. Después, los dos (5) _____ el suelo y (6) _____ los muebles de toda la casa. Ángela, no (7) _____ sus joyas (*jewelry*) en el apartamento. (8) _____ cuidado ¡y no (9) _____ nada antes de irse! Por último, (10) _____ a alguien que recoja (*pick up*) su correo.

5 **Los quehaceres** A tu compañero/a de cuarto no le gusta ayudar con los quehaceres. Escribe al menos seis oraciones dándole consejos para hacer más divertidos los quehaceres. **24 pts.**

> **modelo**
> *Te sugiero que pongas música mientras lavas los platos…*

6 **El circo** Completa esta famosa frase que tiene su origen en el circo (*circus*). **¡4 puntos EXTRA!**

❝ ¡_____ (Pasar) ustedes y _____ (ver)! El espectáculo va a comenzar. ❞

 Practice more at **vhlcentral.com.**

Lectura

Antes de leer

Estrategia

Locating the main parts of a sentence

Did you know that a text written in Spanish is an average of 15% longer than the same text written in English? Since the Spanish language tends to use more words to express ideas, you will often encounter long sentences when reading in Spanish. Of course, the length of sentences varies with genre and with authors' individual styles. To help you understand long sentences, identify the main parts of the sentence before trying to read it in its entirety. First locate the main verb of the sentence, along with its subject, ignoring any words or phrases set off by commas. Then reread the sentence, adding details like direct and indirect objects, transitional words, and prepositional phrases.

Examinar el texto

Mira el formato de la lectura. ¿Qué tipo de documento es? ¿Qué cognados encuentras en la lectura? ¿Qué te dicen sobre el tema de la selección?

¿Probable o improbable?

Mira brevemente el texto e indica si estas oraciones son probables o improbables.

1. Este folleto° es de interés turístico.
2. Describe un edificio moderno cubano.
3. Incluye algunas explicaciones de arquitectura.
4. Espera atraer° a visitantes al lugar.

Oraciones largas

Mira el texto y busca algunas oraciones largas. Con un(a) compañero/a, identifiquen las partes principales de la oración y después examinen las descripciones adicionales. ¿Qué significan las oraciones?

Bienvenidos al
Palacio de las Garzas

El palacio está abierto de martes a domingo. Para más información, llame al teléfono 507-226-7000. También puede solicitar° un folleto a la casilla° 3467, Ciudad de Panamá, Panamá.

Después de leer

Ordenar

Pon estos eventos en el orden cronológico adecuado.

_____ El palacio se convirtió en residencia presidencial.

_____ Durante diferentes épocas°, maestros, médicos y banqueros ejercieron su profesión en el palacio.

_____ El Dr. Belisario Porras ocupó el palacio por primera vez.

_____ Los españoles construyeron el palacio.

_____ Se renovó el palacio.

_____ Los turistas pueden visitar el palacio de martes a domingo.

---

folleto *brochure* **atraer** *to attract* **épocas** *time periods*

 Practice more at **vhlcentral.com**.

El Palacio de las Garzas° es la residencia oficial del Presidente de Panamá desde 1903. Fue construido en 1673 para ser la casa de un gobernador español. Con el paso de los años fue almacén, escuela, hospital, aduana, banco y por último, palacio presidencial.

En la actualidad el edificio tiene tres pisos, pero los planos originales muestran una construcción de un piso con un gran patio en el centro. La restauración del palacio comenzó en el año 1922 y los trabajos fueron realizados por el arquitecto Villanueva-Meyer y el pintor Roberto Lewis. El palacio, un monumento al estilo colonial, todavía conserva su elegancia y buen gusto, y es una de las principales atracciones turísticas del barrio Casco Viejo°.

Planta baja

EL PATIO DE LAS GARZAS

Una antigua puerta de hierro° recibe a los visitantes. El patio interior todavía conserva los elementos originales de la construcción: piso de mármol°, columnas cubiertas° de nácar° y una magnífica fuente° de agua en el centro. Aquí están las nueve garzas que le dan el nombre al palacio y que representan las nueve provincias de Panamá.

Primer piso

EL SALÓN AMARILLO

Aquí el turista puede visitar una galería de cuarenta y un retratos° de gobernadores y personajes ilustres de Panamá. La principal atracción de este salón es el sillón presidencial, que se usa especialmente cuando hay cambio de presidente. Otros atractivos de esta área son el comedor Los Tamarindos, que se destaca° por la elegancia de sus muebles y sus lámparas de cristal, y el Patio Andaluz, con sus coloridos mosaicos que representan la unión de la cultura indígena y la española.

EL SALÓN DR. BELISARIO PORRAS

Este elegante y majestuoso salón es uno de los lugares más importantes del Palacio de las Garzas. Lleva su nombre en honor al Dr. Belisario Porras, quien fue tres veces presidente de Panamá (1912–1916, 1918–1920 y 1920–1924).

Segundo piso

Es el área residencial del palacio y el visitante no tiene acceso a ella. Los armarios, las cómodas y los espejos de la alcoba fueron comprados en Italia y Francia por el presidente Porras, mientras que las alfombras, cortinas y frazadas° son originarias de España.

solicitar *request* **casilla** *post office box* **Garzas** *Herons* **Casco Viejo** *Old Quarter*
hierro *iron* **mármol** *marble* **cubiertas** *covered* **nácar** *mother-of-pearl*
fuente *fountain* **retratos** *portraits* **se destaca** *stands out* **frazadas** *blankets*

Preguntas

Contesta las preguntas.

1. ¿Qué sala es notable por sus muebles elegantes y sus lámparas de cristal?
2. ¿En qué parte del palacio se encuentra la residencia del presidente?
3. ¿Dónde empiezan los turistas su visita al palacio?
4. ¿En qué lugar se representa artísticamente la rica herencia cultural de Panamá?
5. ¿Qué salón honra la memoria de un gran panameño?
6. ¿Qué partes del palacio te gustaría (*would you like*) visitar? ¿Por qué? Explica tu respuesta.

Conversación

En grupos de tres o cuatro estudiantes, hablen sobre lo siguiente:

1. ¿Qué tiene en común el Palacio de las Garzas con otras residencias presidenciales u otras casas muy grandes?
2. ¿Te gustaría vivir en el Palacio de las Garzas? ¿Por qué?
3. Imagina que puedes diseñar tu palacio ideal. Describe los planos para cada piso del palacio.

Escritura

Estrategia

Using linking words

You can make your writing sound more sophisticated by using linking words to connect simple sentences or ideas and create more complex sentences. Consider these passages, which illustrate this effect:

Without linking words

En la actualidad el edificio tiene tres pisos. Los planos originales muestran una construcción de un piso con un gran patio en el centro. La restauración del palacio comenzó en el año 1922. Los trabajos fueron realizados por el arquitecto Villanueva-Meyer y el pintor Roberto Lewis.

With linking words

En la actualidad el edificio tiene tres pisos, pero los planos originales muestran una construcción de un piso con un gran patio en el centro. La restauración del palacio comenzó en el año 1922 y los trabajos fueron realizados por el arquitecto Villanueva-Meyer y el pintor Roberto Lewis.

Linking words

cuando	*when*
mientras	*while*
o	*or*
pero	*but*
porque	*because*
pues	*since*
que	*that; who; which*
quien(es)	*who*
sino	*but (rather)*
y	*and*

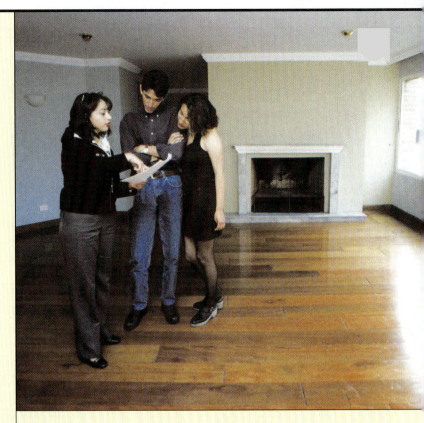

Tema

Escribir un contrato de arrendamiento°

Eres el/la administrador(a)° de un edificio de apartamentos. Prepara un contrato de arrendamiento para los nuevos inquilinos°. El contrato debe incluir estos detalles:

▶ la dirección° del apartamento y del/de la administrador(a)

▶ las fechas del contrato

▶ el precio del alquiler y el día que se debe pagar

▶ el precio del depósito

▶ información y reglas° acerca de:
    la basura
    el correo
    los animales domésticos
    el ruido°
    los servicios de electricidad y agua
    el uso de electrodomésticos

▶ otros aspectos importantes de la vida comunitaria

contrato de arrendamiento *lease* administrador(a) *manager* inquilinos *tenants*
dirección *address* reglas *rules* ruido *noise*

Escuchar 🅢 Audio

Estrategia

Using visual cues

Visual cues like illustrations and headings provide useful clues about what you will hear.

🎧 To practice this strategy, you will listen to a passage related to the following photo. Jot down the clues the photo gives you as you listen.

Preparación

Mira el dibujo. ¿Qué pistas te da para comprender la conversación que vas a escuchar? ¿Qué significa *bienes raíces*?

Ahora escucha 🎧 ●🅢

Mira los anuncios de esta página y escucha la conversación entre el señor Núñez, Adriana y Felipe. Luego indica si cada descripción se refiere a la casa ideal de Adriana y Felipe, a la casa del anuncio o al apartamento del anuncio.

Oraciones	La casa ideal	La casa del anuncio	El apartamento del anuncio
Es barato.	___	___	___
Tiene cuatro dormitorios.	___	___	___
Tiene una oficina.	___	___	___
Tiene un balcón.	___	___	___
Tiene una cocina moderna.	___	___	___
Tiene un jardín muy grande.	___	___	___
Tiene un patio.	___	___	___

18G

Bienes raíces

Se vende.
4 dormitorios,
3 baños, cocina
moderna, jardín
con árboles frutales.
B/. 225.000

Se alquila.
2 dormitorios,
1 baño.
Balcón.
Urbanización
Las Brisas. B/. 525

Comprensión

Preguntas ●🅢

1. ¿Cuál es la relación entre el señor Núñez, Adriana y Felipe? ¿Cómo lo sabes?

2. ¿Qué diferencia de opinión hay entre Adriana y Felipe sobre dónde quieren vivir?

3. Usa la información de los dibujos y la conversación para entender lo que dice Adriana al final. ¿Qué significa "todo a su debido tiempo"?

Conversación ●🅢

En parejas, túrnense para hacer y contestar las preguntas.

1. ¿Qué tienen en común el apartamento y la casa del anuncio con el lugar donde tú vives?

2. ¿Qué piensas de la recomendación del señor Núñez?

3. ¿Qué tipo de sugerencias te da tu familia sobre dónde vivir?

4. ¿Dónde prefieres vivir tú, en un apartamento o en una casa? Explica por qué.

🔊 Practice more at **vhlcentral.com**.

En pantalla

La crisis económica que vive España desde el año 2008 ha repercutido° notablemente en el estilo de vida de los españoles, y sobre todo en la cesta de la compra°, la que se ha visto reducida a productos básicos y de bajo precio. Con este anuncio, la cadena° de supermercados Carrefour promueve° que es posible ahorrar° y mantener el estilo al mismo tiempo, sin tener que prescindir de° productos de calidad a buen precio. Carrefour utiliza el humor y el optimismo ante el duro° tema de la crisis, haciendo que el cliente se sienta identificado y valorado.

Vocabulario útil	
conjunto	*outfit*
cuidar	*to take care of*
prêt-à-porter (*Fr.*)	*ready-to-wear*
suavizante	*fabric softener*

Preparación

¿Lavas tu propia ropa? ¿Tienes lavadora y secadora en casa? ¿Utilizas algún producto especial, como suavizante? ¿Qué importancia tiene para ti el cuidado de la ropa?

Ordenar

Pon en orden lo que ves en el anuncio de televisión. No vas a usar dos elementos.

_____ a. medias		_____ e. cortinas	
_____ b. alfombra		_____ f. secadoras	
_____ c. copas		_____ g. maquillaje	
_____ d. tazas		_____ h. cuadros	

Consejos

En parejas, preparen una lista de un mínimo de seis consejos para economizar en los siguientes quehaceres domésticos u otros. Utilicen el imperativo y el subjuntivo. Compartan sus consejos con la clase.

- lavar ropa
- cocinar
- limpiar la casa
- lavar los platos

ha repercutido *has had an effect* cesta de la compra *shopping basket* cadena *chain* promueve *promotes* ahorrar *to save (money)* prescindir de *to do without* duro *tough* bajamos *we lower* viene bien *is just right*

La Asociación de mujeres que [...] quieren cuidar su ropa...

Le dicen "no" a la crisis y "sí" a Carrefour.

Porque bajamos° los precios [...], Carrefour te viene bien°.

Video: TV Clip

Practice more at **vhlcentral.com.**

En el sur de la Ciudad de México hay una construcción que fusiona° el funcionalismo con elementos de la cultura mexicana. Es la casa y estudio° en que el muralista Diego Rivera y su esposa, Frida Kahlo, vivieron desde 1934. El creador fue el destacado° arquitecto y pintor mexicano Juan O'Gorman, amigo de la pareja. Como Frida y Diego necesitaban cada uno un lugar tranquilo para trabajar, O'Gorman hizo dos casas, cada una con un taller°, conectadas por un puente° en la parte superior°. En 1981, años después de la muerte de los artistas, se creó ahí el Museo Casa Estudio Diego Rivera y Frida Kahlo. Este museo busca conservar, investigar y difundir° la obra° de estos dos mexicanos, como lo hace el Museo Casa de Frida Kahlo, que vas a ver a continuación.

Vocabulario útil

jardinero	*gardener*
muros	*walls*
la silla de ruedas	*wheelchair*
las valiosas obras	*valuable works*

Preparación

Imagina que eres un(a) artista, ¿cómo sería (*would be*) tu casa? ¿Sería muy diferente de la casa en donde vives ahora?

¿Cierto o falso?

Indica si lo que dicen estas oraciones es **cierto** o **falso**.
1. La casa de Frida Kahlo está en el centro de México, D.F.
2. La casa de Frida se transformó en un museo en los años 50.
3. Frida Kahlo vivió sola en su casa.
4. Entre las obras que se exhiben está el cuadro (*painting*) *Las dos Fridas*.
5. El jardinero actual (*current*) jamás conoció ni a Frida ni a Diego.
6. En el museo se exhiben la silla de ruedas y los aparatos ortopédicos de Frida.

fusiona *fuses* estudio *studio* destacado *prominent* taller *art studio* puente *bridge* parte superior *top* difundir *to spread* obra *work*

La casa de Frida

El hogar en que nació la pintora Frida Kahlo en 1907 se caracteriza por su arquitectura típicamente mexicana...

Esta casa tiene varios detalles que revelan el amor de esta mexicana por la cultura de su país, por ejemplo, la cocina.

Uno de los espacios más atractivos de esta casa es este estudio que Diego instaló...

 Video: *Flash cultura*

 Practice more at **vhlcentral.com**.

recursos — VM pp. 101–102 — vhlcentral.com Lección 12

Panamá

El país en cifras

▶ **Área:** 75.420 km² (29.119 millas²), *aproximadamente el área de Carolina del Sur*

▶ **Población:** 3.608.000

▶ **Capital:** La Ciudad de Panamá —1.346.000

▶ **Ciudades principales:**
Colón, David

▶ **Moneda:** balboa; es equivalente al dólar estadounidense.

En Panamá circulan los billetes de dólar estadounidense. El país centroamericano, sin embargo, acuña° su propia moneda. "El peso" es una moneda grande equivalente a cincuenta centavos°. La moneda de cinco centavos es llamada frecuentemente "real".

▶ **Idiomas:** español (oficial), lenguas indígenas, inglés
Muchos panameños son bilingües. La lengua materna del 14% de los panameños es el inglés.

Bandera de Panamá

Panameños célebres

▶ **Mariano Rivera,** beisbolista (1969–)

▶ **Mireya Moscoso,** política (1946–)

▶ **Rubén Blades,** músico y político (1948–)

▶ **Danilo Pérez,** pianista (1966–)

▶ **Jorge Cham,** caricaturista (1976–)

acuña *mints* centavos *cents*
peaje *toll* promedio *average*

recursos
WB pp. 145–146
VM pp. 59–60
vhlcentral.com Lección 12

Un turista disfruta del bosque tropical colgado de un cable.

Mujer kuna lavando una mola

COSTA RICA
Lago Gatún
Canal de Panamá
Bocas del Toro
Mar Caribe
Colón
Islas San Blas
Cordillera de San Blas
Río Chepo
Serranía de Tabasará
Ciudad de Panamá
David
Río Cobre
Isla del Rey
Océano Pacífico
Golfo de Panamá
Isla de Coiba

ESTADOS UNIDOS
OCÉANO ATLÁNTICO
PANAMÁ
AMÉRICA DEL SUR

Ruinas de un fuerte panameño

¡Increíble pero cierto!

¿Conocías estos datos sobre el Canal de Panamá?
• Gracias al Canal de Panamá, el viaje en barco de Nueva York a Tokio es 3.000 millas más corto.
• Su construcción costó 639 millones de dólares.
• Hoy lo usan en promedio° 39 barcos al día.
• El peaje° promedio cuesta 54.000 dólares.

Tokio
Nueva York
PANAMÁ

Lugares • El Canal de Panamá

El Canal de Panamá conecta el océano Pacífico con el océano Atlántico. La construcción de este cauce° artificial empezó en 1903 y concluyó diez años después. Es una de las principales fuentes° de ingresos° del país, gracias al dinero que aportan los más de 14.000 buques° que transitan anualmente por esta ruta y a las actividades comerciales que se han desarrollado° en torno a° ella.

Artes • La mola

La mola es una forma de arte textil de los kunas, una tribu indígena que vive principalmente en las islas San Blas. Esta pieza artesanal se confecciona con fragmentos de tela° de colores vivos. Algunos de sus diseños son abstractos, inspirados en las formas del coral, y otros son geométricos, como en las molas más tradicionales. Antiguamente, estos tejidos se usaban sólo como ropa, pero hoy día también sirven para decorar las casas.

Naturaleza • El mar

Panamá, cuyo° nombre significa "lugar de muchos peces°", es un país muy frecuentado por los aficionados del buceo y la pesca. El territorio panameño cuenta con una gran variedad de playas en los dos lados del istmo°, con el mar Caribe a un lado y el océano Pacífico al otro. Algunas zonas costeras están destinadas al turismo. Otras están protegidas por la diversidad de su fauna marina, en la que abundan los arrecifes° de coral, como el Parque Nacional Marino Isla Bastimentos.

¿Qué aprendiste? Contesta cada pregunta con una oración completa.

1. ¿Cuál es la lengua materna del catorce por ciento de los panameños?
2. ¿A qué unidad monetaria (*monetary unit*) es equivalente el balboa?
3. ¿Qué océanos une el Canal de Panamá?
4. ¿Quién es Mariano Rivera?
5. ¿Qué son las molas?
6. ¿Cómo son los diseños de las molas?
7. ¿Para qué se usan las molas?
8. ¿Cómo son las playas de Panamá?
9. ¿Qué significa "Panamá"?

COLOMBIA

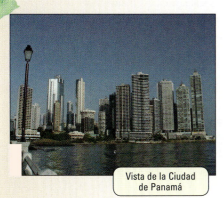

Vista de la Ciudad
de Panamá

Conexión Internet Investiga estos temas en **vhlcentral.com**.

1. Investiga la historia de las relaciones entre Panamá y los Estados Unidos y la decisión de devolver (*give back*) el Canal de Panamá. ¿Estás de acuerdo con la decisión? Explica tu opinión.
2. Investiga sobre los kunas u otro grupo indígena de Panamá. ¿En qué partes del país viven? ¿Qué lenguas hablan? ¿Cómo es su cultura?

Practice more at **vhlcentral.com**.

cauce *channel* fuentes *sources* ingresos *income* buques *ships* han desarrollado *have developed* en torno a *around* tela *fabric* cuyo *whose* peces *fish* istmo *isthmus* arrecifes *reefs*

Las viviendas

las afueras	suburbs; outskirts
el alquiler	rent (payment)
el ama (*m., f.*) de casa	housekeeper; caretaker
el barrio	neighborhood
el edificio de apartamentos	apartment building
el/la vecino/a	neighbor
la vivienda	housing
alquilar	to rent
mudarse	to move (from one house to another)

Los cuartos y otros lugares

el altillo	attic
el balcón	balcony
la cocina	kitchen
el comedor	dining room
el dormitorio	bedroom
la entrada	entrance
la escalera	stairs
el garaje	garage
el jardín	garden; yard
la oficina	office
el pasillo	hallway
el patio	patio; yard
la sala	living room
el sótano	basement

Los muebles y otras cosas

la alfombra	carpet; rug
la almohada	pillow
el armario	closet
el cartel	poster
la cómoda	chest of drawers
las cortinas	curtains
el cuadro	picture
el estante	bookcase; bookshelves
la lámpara	lamp
la luz	light; electricity
la manta	blanket
la mesita	end table
la mesita de noche	night stand
los muebles	furniture
la pared	wall
la pintura	painting; picture
el sillón	armchair
el sofá	sofa

Los electrodomésticos

la cafetera	coffee maker
la cocina, la estufa	stove
el congelador	freezer
el electrodoméstico	electric appliance
el horno (de microondas)	(microwave) oven
la lavadora	washing machine
el lavaplatos	dishwasher
el refrigerador	refrigerator
la secadora	clothes dryer
la tostadora	toaster

La mesa

la copa	wineglass
la cuchara	(table or large) spoon
el cuchillo	knife
el plato	plate
la servilleta	napkin
la taza	cup
el tenedor	fork
el vaso	glass

Los quehaceres domésticos

arreglar	to straighten up
barrer el suelo	to sweep the floor
cocinar	to cook
ensuciar	to get (something) dirty
hacer la cama	to make the bed
hacer quehaceres domésticos	to do household chores
lavar (el suelo, los platos)	to wash (the floor, the dishes)
limpiar la casa	to clean the house
pasar la aspiradora	to vacuum
planchar la ropa	to iron the clothes
poner la mesa	to set the table
quitar la mesa	to clear the table
quitar el polvo	to dust
sacar la basura	to take out the trash
sacudir los muebles	to dust the furniture

Verbos y expresiones verbales

aconsejar	to advise
insistir (en)	to insist (on)
mandar	to order
recomendar (e:ie)	to recommend
rogar (o:ue)	to beg
sugerir (e:ie)	to suggest
Es bueno que…	It's good that…
Es importante que…	It's important that…
Es malo que…	It's bad that…
Es mejor que…	It's better that…
Es necesario que…	It's necessary that…
Es urgente que…	It's urgent that…

Relative pronouns	See page 414.
Expresiones útiles	See page 409.

 Vocabulary Tools

Plan de escritura

1 **Ideas y organización**

Begin by organizing your writing materials. If you prefer to write by hand, you may want to have a few spare pens and pencils on hand, as well as an eraser or correction fluid. If you prefer to use a word-processing program, make sure you know how to type Spanish accent marks, the **tilde**, and Spanish punctuation marks. Then make a list of the resources you can consult while writing. Finally, make a list of the basic ideas you want to cover. Beside each idea, jot down a few Spanish words and phrases you may want to use while writing.

2 **Primer borrador**

Write your first draft, using the resources and ideas you gathered in **Ideas y organización.**

3 **Comentario**

Exchange papers with a classmate and comment on each other's work, using these questions as a guide. Begin by mentioning what you like about your classmate's writing.

a. How can your classmate make his or her writing clearer, more logical, or more organized?

b. What suggestions do you have for making the writing more interesting or complete?

c. Do you see any spelling or grammatical errors?

4 **Redacción**

Revise your first draft, keeping in mind your classmate's comments. Also, incorporate any new information you may have. Before handing in the final version, review your work using these guidelines:

a. Make sure each verb agrees with its subject. Then check the gender and number of each article, noun, and adjective.

b. Check your spelling and punctuation.

c. Consult your **Anotaciones para mejorar la escritura** (see description below) to avoid repetition of previous errors.

5 **Evaluación y progreso**

You may want to share what you've written with a classmate, a small group, or the entire class. After your instructor has returned your paper, review the comments and corrections. On a separate sheet of paper, write the heading **Anotaciones para mejorar** (*Notes for improving*) **la escritura** and list your most common errors. Place this list and your corrected document in your writing portfolio (**Carpeta de trabajos**) and consult it from time to time to gauge your progress.

Spanish Terms for Direction Lines and Classroom Use

Below is a list of useful terms that you might hear your instructor say in class. It also includes Spanish terms that appear in the direction lines of your textbook.

En las instrucciones *In direction lines*

Cambia/Cambien...	*Change...*
Camina/Caminen por la clase.	*Walk around the classroom.*
Ciertas o falsas	*True or false*
Cierto o falso	*True or false*
Circula/Circulen por la clase.	*Walk around the classroom.*
Completa las oraciones de una manera lógica.	*Complete the sentences logically.*
Con un(a) compañero/a...	*With a classmate...*
Contesta las preguntas.	*Answer the questions.*
Corrige las oraciones falsas.	*Correct the false statements.*
Cuenta/Cuenten...	*Tell...*
Di/Digan...	*Say...*
Discute/Discutan...	*Discuss...*
En grupos...	*In groups...*
En parejas...	*In pairs...*
Entrevista...	*Interview...*
Escúchala	*Listen to it*
Forma oraciones completas.	*Create/Make complete sentences.*
Háganse preguntas.	*Ask each other questions.*
Haz el papel de...	*Play the role of...*
Haz los cambios necesarios.	*Make the necessary changes.*
Indica/Indiquen si las oraciones...	*Indicate if the sentences...*
Intercambia/Intercambien...	*Exchange...*
Lee/Lean en voz alta.	*Read aloud.*
Pon/Pongan...	*Put...*
... que mejor completa...	*...that best completes...*
Reúnete...	*Get together...*
... se da/dan como ejemplo.	*...is/are given as a model.*
Toma nota...	*Take note...*
Tomen apuntes.	*Take notes.*
Túrnense...	*Take turns...*

Palabras útiles *Useful words*

la adivinanza	*riddle*
el anuncio	*advertisement/ad*
los apuntes	*notes*
el borrador	*draft*
la canción	*song*
la concordancia	*agreement*
el contenido	*contents*
el cortometraje	*short film*
eficaz	*efficient; effective*
la encuesta	*survey*
el equipo	*team*
el esquema	*outline*
el folleto	*brochure*
las frases	*phrases*
la hoja de actividades	*activity sheet/handout*
la hoja de papel	*piece of paper*
la información errónea	*incorrect information*
el/la lector(a)	*reader*
la lectura	*reading*
las oraciones	*sentences*
la ortografía	*spelling*
el papel	*role*
el párrafo	*paragraph*
el paso	*step*
la(s) persona(s) descrita(s)	*the person (people) described*
la pista	*clue*
por ejemplo	*for example*
el propósito	*purpose*
los recursos	*resources*
el reportaje	*report*
los resultados	*results*
según	*according to*
siguiente	*following*
la sugerencia	*suggestion*
el sustantivo	*noun*
el tema	*topic*
último	*last*
el último recurso	*last resort*

Verbos útiles — *Useful verbs*

adivinar	to guess
anotar	to jot down
añadir	to add
apoyar	to support
averiguar	to find out
cambiar	to change
combinar	to combine
compartir	to share
comprobar (o:ue)	to check
contestar	to answer
corregir (e:i)	to correct
crear	to create
devolver (o:ue)	to return
doblar	to fold
dramatizar	to act out
elegir (e:i)	to choose/select
emparejar	to match
entrevistar	to interview
escoger	to choose
identificar	to identify
incluir	to include
informar	to report
intentar	to try
intercambiar	to exchange
investigar	to research
marcar	to mark
preguntar	to ask
recordar (o:ue)	to remember
responder	to answer
revisar	to revise
seguir (e:i)	to follow
seleccionar	to select
subrayar	to underline
traducir	to translate
tratar de	to be about

Expresiones útiles — *Useful expressions*

Ahora mismo.	Right away.
¿Cómo no?	But of course.
¿Cómo se dice _____ en español?	How do you say _____ in Spanish?
¿Cómo se escribe _____?	How do you spell _____?
¿Comprende(n)?	Do you understand?
Con gusto.	With pleasure.
Con permiso.	Excuse me.
De acuerdo.	Okay.
De nada.	You're welcome.
¿De veras?	Really?
¿En qué página estamos?	What page are we on?
¿En serio?	Seriously?
Enseguida.	Right away.
hoy día	nowadays
Más despacio, por favor.	Slower, please.
Muchas gracias.	Thanks a lot.
No entiendo.	I don't understand.
No hay de qué.	Don't mention it.
No importa.	No problem./It doesn't matter.
¡No me digas!	You don't say!
No sé.	I don't know.
¡Ojalá!	Hopefully!
Perdone.	Pardon me.
Por favor.	Please.
Por supuesto.	Of course.
¡Qué bien!	Great!
¡Qué gracioso!	How funny!
¡Qué pena!	What a shame/pity!
¿Qué significa _____?	What does _____ mean?
Repite, por favor.	Please repeat.
Tengo una pregunta.	I have a question.
¿Tiene(n) alguna pregunta?	Do you have any questions?
Vaya(n) a la página dos.	Go to page 2.

Glossary of Grammatical Terms

ADJECTIVE A word that modifies, or describes, a noun or pronoun.

muchos libros	un hombre **rico**
many books	*a **rich** man*
las mujeres **altas**	
*the **tall** women*	

Demonstrative adjective An adjective that specifies which noun a speaker is referring to.

esta fiesta	**ese** chico
this party	*that boy*
aquellas flores	
those flowers	

Possessive adjective An adjective that indicates ownership or possession.

mi mejor vestido	Éste es **mi** hermano.
my best dress	*This is **my** brother.*

Stressed possessive adjective A possessive adjective that emphasizes the owner or possessor.

Es un libro **mío**.
*It's **my** book./It's a book **of mine**.*

Es amiga **tuya**; yo no la conozco.
*She's a friend **of yours**; I don't know her.*

ADVERB A word that modifies, or describes, a verb, adjective, or other adverb.

Pancho escribe **rápidamente**.
*Pancho writes **quickly**.*

Este cuadro es **muy** bonito.
*This picture is **very** pretty.*

ARTICLE A word that points out a noun in either a specific or a non-specific way.

Definite article An article that points out a noun in a specific way.

el libro	**la** maleta
the book	*the suitcase*
los diccionarios	**las** palabras
the dictionaries	*the words*

Indefinite article An article that points out a noun in a general, non-specific way.

un lápiz	**una** computadora
a pencil	*a computer*
unos pájaros	**unas** escuelas
some birds	*some schools*

CLAUSE A group of words that contains both a conjugated verb and a subject, either expressed or implied.

Main (or Independent) clause A clause that can stand alone as a complete sentence.

Pienso ir a cenar pronto.
I plan to go to dinner soon.

Subordinate (or Dependent) clause A clause that does not express a complete thought and therefore cannot stand alone as a sentence.

Trabajo en la cafetería **porque necesito dinero para la escuela**.
*I work in the cafeteria **because I need money for school**.*

COMPARATIVE A construction used with an adjective or adverb to express a comparison between two people, places, or things.

Este programa es **más interesante** que el otro.
*This program is **more interesting than** the other one.*

Tomás no es **tan alto como** Alberto.
*Tomás is not **as tall as** Alberto.*

CONJUGATION A set of the forms of a verb for a specific tense or mood or the process by which these verb forms are presented.

Preterite conjugation of **cantar**:

cant**é**	cant**amos**
cant**aste**	cant**asteis**
cant**ó**	cant**aron**

CONJUNCTION A word used to connect words, clauses, or phrases.

Susana es de Cuba **y** Pedro es de España.
*Susana is from Cuba **and** Pedro is from Spain.*

No quiero estudiar **pero** tengo que hacerlo.
*I don't want to study, **but** I have to.*

CONTRACTION The joining of two words into one. The only contractions in Spanish are **al** and **del**.

Mi hermano fue **al** concierto ayer.
*My brother went **to the** concert yesterday.*

Saqué dinero **del** banco.
*I took money **from the** bank.*

DIRECT OBJECT A noun or pronoun that directly receives the action of the verb.

Tomás lee **el libro**.   La pagó ayer.
*Tomás reads **the book**.*   *She paid **it** yesterday.*

GENDER The grammatical categorizing of certain kinds of words, such as nouns and pronouns, as masculine, feminine, or neuter.

Masculine
articles el, un
pronouns él, lo, mío, éste, ése, aquél
adjective simpático

Feminine
articles la, una
pronouns ella, la, mía, ésta, ésa, aquélla
adjective simpática

IMPERSONAL EXPRESSION A third-person expression with no expressed or specific subject.

Es muy importante.   Llueve mucho.
It's very important.   *It's raining hard.*

Aquí **se habla** español.
*Spanish **is spoken** here.*

INDIRECT OBJECT A noun or pronoun that receives the action of the verb indirectly; the object, often a living being, to or for whom an action is performed.

Eduardo **le** dio un libro **a Linda**.
*Eduardo gave a book **to Linda**.*

La profesora **me** puso una C en el examen.
*The professor gave **me** a C on the test.*

INFINITIVE The basic form of a verb. Infinitives in Spanish end in **-ar**, **-er**, or **-ir**.

hablar   correr   abrir
to speak   *to run*   *to open*

INTERROGATIVE An adjective, adverb, or pronoun used to ask a question.

¿**Quién** habla?   ¿**Cuántos** compraste?
Who is speaking?   *How many did you buy?*

¿**Qué** piensas hacer hoy?
What do you plan to do today?

INVERSION Changing the word order of a sentence, often to form a question.

Statement: Elena pagó la cuenta del restaurante.

Inversion: ¿Pagó Elena la cuenta del restaurante?

MOOD A grammatical distinction of verbs that indicates whether the verb is intended to make a statement or command or to express a doubt, emotion, or condition contrary to fact.

Imperative mood Verb forms used to make commands.

Di la verdad.   **Caminen** ustedes conmigo.
Tell the truth.   *Walk with me.*

¡**Comamos** ahora!
Let's eat now!

Indicative mood Verb forms used to state facts, actions, and states considered to be real.

Sé que **tienes** el dinero.
*I know that **you have** the money.*

Subjunctive mood Verb forms used principally in subordinate (dependent) clauses to express wishes, desires, emotions, doubts, and certain conditions, such as contrary-to-fact situations.

Prefieren que **hables** en español.
*They prefer that **you speak** in Spanish.*

Dudo que Luis **tenga** el dinero necesario.
*I doubt that Luis **has** the necessary money.*

NOUN A word that identifies people, animals, places, things, and ideas.

hombre	gato
man	*cat*
México	casa
Mexico	*house*
libertad	libro
freedom	*book*

NUMBER A grammatical term that refers to singular or plural. Nouns in Spanish and English have number. Other parts of a sentence, such as adjectives, articles, and verbs, can also have number.

Singular	Plural
una cosa *a thing*	**unas** cosas *some things*
el profesor *the professor*	**los** profesores *the professors*

NUMBERS Words that represent amounts.

Cardinal numbers Words that show specific amounts.

cinco minutos
five minutes

el año **dos mil veintitrés**
the year 2023

Ordinal numbers Words that indicate the order of a noun in a series.

el **cuarto** jugador	la **décima** hora
*the **fourth** player*	*the **tenth** hour*

PAST PARTICIPLE A past form of the verb used in compound tenses. The past participle may also be used as an adjective, but it must then agree in number and gender with the word it modifies.

Han **buscado** por todas partes.
*They have **searched** everywhere.*

Yo no había **estudiado** para el examen.
*I hadn't **studied** for the exam.*

Hay una **ventana abierta** en la sala.
*There is an **open window** in the living room.*

PERSON The form of the verb or pronoun that indicates the speaker, the one spoken to, or the one spoken about. In Spanish, as in English, there are three persons: first, second, and third.

Person	Singular	Plural
1st	**yo** *I*	**nosotros/as** *we*
2nd	**tú, Ud.** *you*	**vosotros/as, Uds.** *you*
3rd	**él, ella** *he, she*	**ellos, ellas** *they*

PREPOSITION A word or words that describe(s) the relationship, most often in time or space, between two other words.

Anita es **de** California.
*Anita is **from** California.*

La chaqueta está **en** el carro.
*The jacket is **in** the car.*

Marta se peinó **antes de** salir.
*Marta combed her hair **before** going out.*

PRESENT PARTICIPLE In English, a verb form that ends in *-ing*. In Spanish, the present participle ends in **-ndo**, and is often used with **estar** to form a progressive tense.

Mi hermana está **hablando** por teléfono ahora mismo.
*My sister is **talking** on the phone right now.*

PRONOUN A word that takes the place of a noun or nouns.

Demonstrative pronoun A pronoun that takes the place of a specific noun.

Quiero **ésta**.
*I want **this one**.*

¿Vas a comprar **ése**?
*Are you going to buy **that one**?*

Juan prefirió **aquéllos**.
*Juan preferred **those** (over there).*

Object pronoun A pronoun that functions as a direct or indirect object of the verb.

Te digo la verdad.
*I'm telling **you** the truth.*

Me lo trajo Juan.
*Juan brought **it** to **me**.*

Reflexive pronoun A pronoun that indicates that the action of a verb is performed by the subject on itself. These pronouns are often expressed in English with *-self: myself, yourself*, etc.

Yo **me bañé** antes de salir.
***I bathed (myself)** before going out.*

Elena **se acostó** a las once y media.
*Elena **went to bed** at eleven-thirty.*

Relative pronoun A pronoun that connects a subordinate clause to a main clause.

El chico **que** nos escribió viene de visita mañana.
*The boy **who** wrote us is coming to visit tomorrow.*

Ya sé **lo que** tenemos que hacer.
*I already know **what** we have to do.*

Subject pronoun A pronoun that replaces the name or title of a person or thing, and acts as the subject of a verb.

Tú debes estudiar más.
***You** should study more.*

Él llegó primero.
***He** arrived first.*

SUBJECT A noun or pronoun that performs the action of a verb and is often implied by the verb.

María va al supermercado.
***María** goes to the supermarket.*

(**Ellos**) Trabajan mucho.
***They** work hard.*

Esos **libros** son muy caros.
*Those **books** are very expensive.*

SUPERLATIVE A word or construction used with an adjective or adverb to express the highest or lowest degree of a specific quality among three or more people, places, or things.

De todas mis clases, ésta es la **más interesante**.
*Of all my classes, this is the **most interesting**.*

Raúl es el **menos simpático** de los chicos.
*Raúl is the **least likeable** of the boys.*

TENSE A set of verb forms that indicates the time of an action or state: past, present, or future.

Compound tense A two-word tense made up of an auxiliary verb and a present or past participle. In Spanish, **estar** and **haber** are auxiliary verbs.

En este momento, **estoy estudiando**.
*At this time, **I am studying**.*

El paquete no **ha llegado** todavía.
*The package **has not arrived** yet.*

Simple tense A tense expressed by a single verb form.

María **estaba** enferma anoche.
*María **was** sick last night.*

Juana **hablará** con su mamá mañana.
*Juana **will speak** with her mom tomorrow.*

VERB A word that expresses actions or states of being.

Auxiliary verb A verb used with a present or past participle to form a compound tense. **Haber** is the most commonly used auxiliary verb in Spanish.

Los chicos **han** visto los elefantes.
*The children **have** seen the elephants.*

Espero que **hayas** comido.
*I hope you **have** eaten.*

Reflexive verb A verb that describes an action performed by the subject on itself and is always used with a reflexive pronoun.

Me compré un carro nuevo.
*I bought **myself** a new car.*

Pedro y Adela **se levantan** muy temprano.
*Pedro and Adela **get (themselves) up** very early.*

Spelling change verb A verb that undergoes a predictable change in spelling, in order to reflect its actual pronunciation in the various conjugations.

practicar	c→qu	practico	practiqué
dirigir	g→j	dirigí	dirijo
almorzar	z→c	almorzó	almorcé

Stem-changing verb A verb whose stem vowel undergoes one or more predictable changes in the various conjugations.

entender (e:ie)	entiendo
pedir (e:i)	piden
dormir (o:ue, u)	duermo, durmieron

Verb Conjugation Tables

The verb lists

The list of verbs below, and the model-verb tables that start on page A-11 show you how to conjugate the verbs taught in **VISTAS**. Each verb in the list is followed by a model verb conjugated according to the same pattern. The number in parentheses indicates where in the verb tables you can find the conjugated forms of the model verb. If you want to find out how to conjugate **divertirse**, for example, look up number 33, **sentir**, the model for verbs that follow the e:ie stem-change pattern.

How to use the verb tables

In the tables you will find the infinitive, present and past participles, and all the simple forms of each model verb. The formation of the compound tenses of any verb can be inferred from the table of compound tenses, pages A-11–12, either by combining the past participle of the verb with a conjugated form of **haber** or by combining the present participle with a conjugated form of **estar.**

---

abrazar (z:c) like cruzar (37)

abrir like vivir (3) *except* past participle is **abierto**

aburrir(se) like vivir (3)

acabar like hablar (1)

acampar like hablar (1)

acompañar like hablar (1)

aconsejar like hablar (1)

acordarse (o:ue) like contar (24)

acostarse (o:ue) like contar (24)

adelgazar (z:c) like cruzar (37)

afeitarse like hablar (1)

ahorrar like hablar (1)

alegrarse like hablar (1)

aliviar like hablar (1)

almorzar (o:ue) like contar (24) *except* (z:c)

alquilar like hablar (1)

andar like hablar (1) *except* preterite stem is **anduv-**

anunciar like hablar (1)

apagar (g:gu) like llegar (41)

aplaudir like vivir (3)

apreciar like hablar (1)

aprender like comer (2)

apurarse like hablar (1)

arrancar (c:qu) like tocar (44)

arreglar like hablar (1)

asistir like vivir (3)

aumentar like hablar (1)

ayudar(se) like hablar (1)

bailar like hablar (1)

bajar(se) like hablar (1)

bañarse like hablar (1)

barrer like comer (2)

beber like comer (2)

besar(se) like hablar (1)

borrar like hablar (1)

brindar like hablar (1)

bucear like hablar (1)

buscar (c:qu) like tocar (44)

caber (4)

caer(se) (5)

calentarse (e:ie) like pensar (30)

calzar (z:c) like cruzar (37)

cambiar like hablar (1)

caminar like hablar (1)

cantar like hablar (1)

casarse like hablar (1)

cazar (z:c) like cruzar (37)

celebrar like hablar (1)

cenar like hablar (1)

cepillarse like hablar (1)

cerrar (e:ie) like pensar (30)

chatear like hablar (1)

cobrar like hablar (1)

cocinar like hablar (1)

comenzar (e:ie) (z:c) like empezar (26)

comer (2)

compartir like vivir (3)

comprar like hablar (1)

comprender like comer (2)

comprometerse like comer (2)

comunicarse (c:qu) like tocar (44)

conducir (c:zc) (6)

confirmar like hablar (1)

conocer (c:zc) (35)

conseguir (e:i) (g:gu) like seguir (32)

conservar like hablar (1)

consumir like vivir (3)

contaminar like hablar (1)

contar (o:ue) (24)

contestar like hablar (1)

contratar like hablar (1)

controlar like hablar (1)

conversar like hablar (1)

correr like comer (2)

costar (o:ue) like contar (24)

creer (y) (36)

cruzar (z:c) (37)

cuidar like hablar (1)

dañar like hablar (1)

dar (7)

deber like comer (2)

decidir like vivir (3)

decir (e:i) (8)

declarar like hablar (1)

dejar like hablar (1)

depositar like hablar (1)

desarrollar like hablar (1)

desayunar like hablar (1)

descansar like hablar (1)

descargar like llegar (41)

describir like vivir (3) *except* past participle is descrito

descubrir like vivir (3) *except* past participle is descubierto

desear like hablar (1)

despedir(se) (e:i) like pedir (29)

despertarse (e:ie) like pensar (30)

destruir (y) (38)

dibujar like hablar (1)

dirigir (g:j) like vivir (3) *except* (g:j)

disfrutar like hablar (1)

divertirse (e:ie) like sentir (33)

divorciarse like hablar (1)

doblar like hablar (1)

doler (o:ue) like volver (34) *except* past participle is regular

dormir(se) (o:ue) (25)

ducharse like hablar (1)

dudar like hablar (1)

durar like hablar (1)

echar like hablar (1)

elegir (e:i) like pedir (29) *except* (g:j)

emitir like vivir (3)
empezar (e:ie) (z:c) (26)
enamorarse like hablar (1)
encantar like hablar (1)
encontrar(se) (o:ue) like contar (24)
enfermarse like hablar (1)
engordar like hablar (1)
enojarse like hablar (1)
enseñar like hablar (1)
ensuciar like hablar (1)
entender (e:ie) (27)
entrenarse like hablar (1)
entrevistar like hablar (1)
enviar (envío) (39)
escalar like hablar (1)
escanear like hablar (1)
escoger (g:j) like proteger (43)
escribir like vivir (3) *except* past participle is escrito
escuchar like hablar (1)
esculpir like vivir (3)
esperar like hablar (1)
esquiar (esquío) like enviar (39)
establecer (c:zc) like conocer (35)
estacionar like hablar (1)
estar (9)
estornudar like hablar (1)
estudiar like hablar (1)
evitar like hablar (1)
explicar (c:qu) like tocar (44)
faltar like hablar (1)
fascinar like hablar (1)
firmar like hablar (1)
fumar like hablar (1)
funcionar like hablar (1)
ganar like hablar (1)
gastar like hablar (1)
grabar like hablar (1)
graduarse (gradúo) (40)
guardar like hablar (1)
gustar like hablar (1)
haber (hay) (10)
hablar (1)
hacer (11)
importar like hablar (1)
imprimir like vivir (3)
indicar (c:qu) like tocar (44)
informar like hablar (1)
insistir like vivir (3)
interesar like hablar (1)

invertir (e:ie) like sentir (33)
invitar like hablar (1)
ir(se) (12)
jubilarse like hablar (1)
jugar (u:ue) (g:gu) (28)
lastimarse like hablar (1)
lavar(se) like hablar (1)
leer (y) like creer (36)
levantar(se) like hablar (1)
limpiar like hablar (1)
llamar(se) like hablar (1)
llegar (g:gu) (41)
llenar like hablar (1)
llevar(se) like hablar (1)
llover (o:ue) like volver (34) *except* past participle is regular
luchar like hablar (1)
mandar like hablar (1)
manejar like hablar (1)
mantener(se) (e:ie) like tener (20)
maquillarse like hablar (1)
mejorar like hablar (1)
merendar (e:ie) like pensar (30)
mirar like hablar (1)
molestar like hablar (1)
montar like hablar (1)
morir (o:ue) like dormir (25) *except* past participle is muerto
mostrar (o:ue) like contar (24)
mudarse like hablar (1)
nacer (c:zc) like conocer (35)
nadar like hablar (1)
navegar (g:gu) like llegar (41)
necesitar like hablar (1)
negar (e:ie) like pensar (30) *except* (g:gu)
nevar (e:ie) like pensar (30)
obedecer (c:zc) like conocer (35)
obtener (e:ie) like tener (20)
ocurrir like vivir (3)
odiar like hablar (1)
ofrecer (c:zc) like conocer (35)
oír (13)
olvidar like hablar (1)
pagar (g:gu) like llegar (41)
parar like hablar (1)

parecer (c:zc) like conocer (35)
pasar like hablar (1)
pasear like hablar (1)
patinar like hablar (1)
pedir (e:i) (29)
peinarse like hablar (1)
pensar (e:ie) (30)
perder (e:ie) like entender (27)
pescar (c:qu) like tocar (44)
pintar like hablar (1)
planchar like hablar (1)
poder (o:ue) (14)
poner(se) (15)
practicar (c:qu) like tocar (44)
preferir (e:ie) like sentir (33)
preguntar like hablar (1)
prender like comer (2)
preocuparse like hablar (1)
preparar like hablar (1)
presentar like hablar (1)
prestar like hablar (1)
probar(se) (o:ue) like contar (24)
prohibir (prohíbo) (42)
proteger (g:j) (43)
publicar (c:qu) like tocar (44)
quedar(se) like hablar (1)
querer (e:ie) (16)
quitar(se) like hablar (1)
recetar like hablar (1)
recibir like vivir (3)
reciclar like hablar (1)
recoger (g:j) like proteger (43)
recomendar (e:ie) like pensar (30)
recordar (o:ue) like contar (24)
reducir (c:zc) like conducir (6)
regalar like hablar (1)
regatear like hablar (1)
regresar like hablar (1)
reír(se) (e:i) (31)
relajarse like hablar (1)
renunciar like hablar (1)
repetir (e:i) like pedir (29)
resolver (o:ue) like volver (34)
respirar like hablar (1)
revisar like hablar (1)

rogar (o:ue) like contar (24) *except* (g:gu)
romper(se) like comer (2) *except* past participle is roto
saber (17)
sacar (c:qu) like tocar (44)
sacudir like vivir (3)
salir (18)
saludar(se) like hablar (1)
secar(se) (c:qu) like tocar (44)
seguir (e:i) (32)
sentarse (e:ie) like pensar (30)
sentir(se) (e:ie) (33)
separarse like hablar (1)
ser (19)
servir (e:i) like pedir (29)
solicitar like hablar (1)
sonar (o:ue) like contar (24)
sonreír (e:i) like reír(se) (31)
sorprender like comer (2)
subir like vivir (3)
sudar like hablar (1)
sufrir like vivir (3)
sugerir (e:ie) like sentir (33)
suponer like poner (15)
temer like comer (2)
tener (e:ie) (20)
terminar like hablar (1)
tocar (c:qu) (44)
tomar like hablar (1)
torcerse (o:ue) like volver (34) *except* (c:z) and past participle is regular; e.g., yo tuerzo
toser like comer (2)
trabajar like hablar (1)
traducir (c:zc) like conducir (6)
traer (21)
transmitir like vivir (3)
tratar like hablar (1)
usar like hablar (1)
vender like comer (2)
venir (e:ie) (22)
ver (23)
vestirse (e:i) like pedir (29)
viajar like hablar (1)
visitar like hablar (1)
vivir (3)
volver (o:ue) (34)
votar like hablar (1)

Regular verbs: simple tenses

| Infinitive | INDICATIVE | | | | | SUBJUNCTIVE | | IMPERATIVE |
	Present	Imperfect	Preterite	Future	Conditional	Present	Past	
1 hablar	hablo	hablaba	hablé	hablaré	hablaría	hable	hablara	
	hablas	hablabas	hablaste	hablarás	hablarías	hables	hablaras	habla tú (no hables)
Participles:	habla	hablaba	habló	hablará	hablaría	hable	hablara	hable Ud.
hablando	hablamos	hablábamos	hablamos	hablaremos	hablaríamos	hablemos	habláramos	hablemos
hablado	habláis	hablabais	hablasteis	hablaréis	hablaríais	habléis	hablarais	hablad (no habléis)
	hablan	hablaban	hablaron	hablarán	hablarían	hablen	hablaran	hablen Uds.
2 comer	como	comía	comí	comeré	comería	coma	comiera	
	comes	comías	comiste	comerás	comerías	comas	comieras	come tú (no comas)
Participles:	come	comía	comió	comerá	comería	coma	comiera	coma Ud.
comiendo	comemos	comíamos	comimos	comeremos	comeríamos	comamos	comiéramos	comamos
comido	coméis	comíais	comisteis	comeréis	comeríais	comáis	comierais	comed (no comáis)
	comen	comían	comieron	comerán	comerían	coman	comieran	coman Uds.
3 vivir	vivo	vivía	viví	viviré	viviría	viva	viviera	
	vives	vivías	viviste	vivirás	vivirías	vivas	vivieras	vive tú (no vivas)
Participles:	vive	vivía	vivió	vivirá	viviría	viva	viviera	viva Ud.
viviendo	vivimos	vivíamos	vivimos	viviremos	viviríamos	vivamos	viviéramos	vivamos
vivido	vivís	vivíais	vivisteis	viviréis	viviríais	viváis	vivierais	vivid (no viváis)
	viven	vivían	vivieron	vivirán	vivirían	vivan	vivieran	vivan Uds.

All verbs: compound tenses

PERFECT TENSES

INDICATIVE

Present Perfect		Past Perfect		Future Perfect		Conditional Perfect	
he	hablado	había	hablado	habré	hablado	habría	hablado
has	comido	habías	comido	habrás	comido	habrías	comido
ha	vivido	había	vivido	habrá	vivido	habría	vivido
hemos		habíamos		habremos		habríamos	
habéis		habíais		habréis		habríais	
han		habían		habrán		habrían	

SUBJUNCTIVE

Present Perfect		Past Perfect	
haya	hablado	hubiera	hablado
hayas	comido	hubieras	comido
haya	vivido	hubiera	vivido
hayamos		hubiéramos	
hayáis		hubierais	
hayan		hubieran	

PROGRESSIVE TENSES

	INDICATIVE				SUBJUNCTIVE	
	Present Progressive	Past Progressive	Future Progressive	Conditional Progressive	Present Progressive	Past Progressive
	estoy estás está estamos estáis están	estaba estabas estaba estábamos estabais estaban	estaré estarás estará estaremos estaréis estarán	estaría estarías estaría estaríamos estaríais estarían	esté estés esté estemos estéis estén	estuviera estuvieras estuviera estuviéramos estuvierais estuvieran

(hablando comiendo viviendo)

Irregular verbs

Infinitive	INDICATIVE					SUBJUNCTIVE		IMPERATIVE
	Present	Imperfect	Preterite	Future	Conditional	Present	Past	
4 caber	**quepo** cabes cabe cabemos cabéis caben	cabía cabías cabía cabíamos cabíais cabían	**cupe** **cupiste** **cupo** **cupimos** **cupisteis** **cupieron**	**cabré** **cabrás** **cabrá** **cabremos** **cabréis** **cabrán**	**cabría** **cabrías** **cabría** **cabríamos** **cabríais** **cabrían**	**quepa** **quepas** **quepa** **quepamos** **quepáis** **quepan**	**cupiera** **cupieras** **cupiera** **cupiéramos** **cupierais** **cupieran**	cabe tú (no **quepas**) **quepa** Ud. **quepamos** cabed (no **quepáis**) **quepan** Uds.
Participles: cabiendo cabido								
5 caer(se)	**caigo** caes cae caemos caéis caen	caía caías caía caíamos caíais caían	caí **caíste** **cayó** **caímos** **caísteis** **cayeron**	caeré caerás caerá caeremos caeréis caerán	caería caerías caería caeríamos caeríais caerían	**caiga** **caigas** **caiga** **caigamos** **caigáis** **caigan**	**cayera** **cayeras** **cayera** **cayéramos** **cayerais** **cayeran**	cae tú (no **caigas**) **caiga** Ud. **caigamos** caed (no **caigáis**) **caigan** Uds.
Participles: cayendo caído								
6 conducir (c:zc)	**conduzco** conduces conduce conducimos conducís conducen	conducía conducías conducía conducíamos conducíais conducían	**conduje** **condujiste** **condujo** **condujimos** **condujisteis** **condujeron**	conduciré conducirás conducirá conduciremos conduciréis conducirán	conduciría conducirías conduciría conduciríamos conduciríais conducirían	**conduzca** **conduzcas** **conduzca** **conduzcamos** **conduzcáis** **conduzcan**	**condujera** **condujeras** **condujera** **condujéramos** **condujerais** **condujeran**	conduce tú (no **conduzcas**) **conduzca** Ud. **conduzcamos** conducid (no **conduzcáis**) **conduzcan** Uds.
Participles: conduciendo conducido								

	INDICATIVE					SUBJUNCTIVE		IMPERATIVE
Infinitive	Present	Imperfect	Preterite	Future	Conditional	Present	Past	

7 dar
Participles: dando, dado

	Present	Imperfect	Preterite	Future	Conditional	Present	Past	IMPERATIVE
	doy	daba	di	daré	daría	dé	diera	
	das	dabas	diste	darás	darías	des	dieras	da tú (no des)
	da	daba	dio	dará	daría	dé	diera	dé Ud.
	damos	dábamos	dimos	daremos	daríamos	demos	diéramos	demos
	dais	dabais	disteis	daréis	daríais	deis	dierais	dad (no deis)
	dan	daban	dieron	darán	darían	den	dieran	den Uds.

8 decir (e:i)
Participles: diciendo, dicho

	Present	Imperfect	Preterite	Future	Conditional	Present	Past	IMPERATIVE
	digo	decía	dije	diré	diría	diga	dijera	
	dices	decías	dijiste	dirás	dirías	digas	dijeras	di tú (no digas)
	dice	decía	dijo	dirá	diría	diga	dijera	diga Ud.
	decimos	decíamos	dijimos	diremos	diríamos	digamos	dijéramos	digamos
	decís	decíais	dijisteis	diréis	diríais	digáis	dijerais	decid (no digáis)
	dicen	decían	dijeron	dirán	dirían	digan	dijeran	digan Uds.

9 estar
Participles: estando, estado

	Present	Imperfect	Preterite	Future	Conditional	Present	Past	IMPERATIVE
	estoy	estaba	estuve	estaré	estaría	esté	estuviera	
	estás	estabas	estuviste	estarás	estarías	estés	estuvieras	está tú (no estés)
	está	estaba	estuvo	estará	estaría	esté	estuviera	esté Ud.
	estamos	estábamos	estuvimos	estaremos	estaríamos	estemos	estuviéramos	estemos
	estáis	estabais	estuvisteis	estaréis	estaríais	estéis	estuvierais	estad (no estéis)
	están	estaban	estuvieron	estarán	estarían	estén	estuvieran	estén Uds.

10 haber
Participles: habiendo, habido

	Present	Imperfect	Preterite	Future	Conditional	Present	Past	IMPERATIVE
	he	había	hube	habré	habría	haya	hubiera	
	has	habías	hubiste	habrás	habrías	hayas	hubieras	
	ha	había	hubo	habrá	habría	haya	hubiera	
	hemos	habíamos	hubimos	habremos	habríamos	hayamos	hubiéramos	
	habéis	habíais	hubisteis	habréis	habríais	hayáis	hubierais	
	han	habían	hubieron	habrán	habrían	hayan	hubieran	

11 hacer
Participles: haciendo, hecho

	Present	Imperfect	Preterite	Future	Conditional	Present	Past	IMPERATIVE
	hago	hacía	hice	haré	haría	haga	hiciera	
	haces	hacías	hiciste	harás	harías	hagas	hicieras	haz tú (no hagas)
	hace	hacía	hizo	hará	haría	haga	hiciera	haga Ud.
	hacemos	hacíamos	hicimos	haremos	haríamos	hagamos	hiciéramos	hagamos
	hacéis	hacíais	hicisteis	haréis	haríais	hagáis	hicierais	haced (no hagáis)
	hacen	hacían	hicieron	harán	harían	hagan	hicieran	hagan Uds.

12 ir
Participles: yendo, ido

	Present	Imperfect	Preterite	Future	Conditional	Present	Past	IMPERATIVE
	voy	iba	fui	iré	iría	vaya	fuera	
	vas	ibas	fuiste	irás	irías	vayas	fueras	ve tú (no vayas)
	va	iba	fue	irá	iría	vaya	fuera	vaya Ud.
	vamos	íbamos	fuimos	iremos	iríamos	vayamos	fuéramos	vamos
	vais	ibais	fuisteis	iréis	iríais	vayáis	fuerais	id (no vayáis)
	van	iban	fueron	irán	irían	vayan	fueran	vayan Uds.

13 oír (y)
Participles: oyendo, oído

	Present	Imperfect	Preterite	Future	Conditional	Present	Past	IMPERATIVE
	oigo	oía	oí	oiré	oiría	oiga	oyera	
	oyes	oías	oíste	oirás	oirías	oigas	oyeras	oye tú (no oigas)
	oye	oía	oyó	oirá	oiría	oiga	oyera	oiga Ud.
	oímos	oíamos	oímos	oiremos	oiríamos	oigamos	oyéramos	oigamos
	oís	oíais	oísteis	oiréis	oiríais	oigáis	oyerais	oíd (no oigáis)
	oyen	oían	oyeron	oirán	oirían	oigan	oyeran	oigan Uds.

14 poder (o:ue)
Participles: pudiendo, podido

Infinitive	INDICATIVE Present	Imperfect	Preterite	Future	Conditional	SUBJUNCTIVE Present	Past	IMPERATIVE
	puedo	podía	pude	podré	podría	pueda	pudiera	
	puedes	podías	pudiste	podrás	podrías	puedas	pudieras	puede tú (no puedas)
	puede	podía	pudo	podrá	podría	pueda	pudiera	pueda Ud.
	podemos	podíamos	pudimos	podremos	podríamos	podamos	pudiéramos	podamos
	podéis	podíais	pudisteis	podréis	podríais	podáis	pudierais	poded (no podáis)
	pueden	podían	pudieron	podrán	podrían	puedan	pudieran	puedan Uds.

15 poner
Participles: poniendo, puesto

Infinitive	INDICATIVE Present	Imperfect	Preterite	Future	Conditional	SUBJUNCTIVE Present	Past	IMPERATIVE
	pongo	ponía	puse	pondré	pondría	ponga	pusiera	
	pones	ponías	pusiste	pondrás	pondrías	pongas	pusieras	pon tú (no pongas)
	pone	ponía	puso	pondrá	pondría	ponga	pusiera	ponga Ud.
	ponemos	poníamos	pusimos	pondremos	pondríamos	pongamos	pusiéramos	pongamos
	ponéis	poníais	pusisteis	pondréis	pondríais	pongáis	pusierais	poned (no pongáis)
	ponen	ponían	pusieron	pondrán	pondrían	pongan	pusieran	pongan Uds.

16 querer (e:ie)
Participles: queriendo, querido

Infinitive	INDICATIVE Present	Imperfect	Preterite	Future	Conditional	SUBJUNCTIVE Present	Past	IMPERATIVE
	quiero	quería	quise	querré	querría	quiera	quisiera	
	quieres	querías	quisiste	querrás	querrías	quieras	quisieras	quiere tú (no quieras)
	quiere	quería	quiso	querrá	querría	quiera	quisiera	quiera Ud.
	queremos	queríamos	quisimos	querremos	querríamos	queramos	quisiéramos	queramos
	queréis	queríais	quisisteis	querréis	querríais	queráis	quisierais	quered (no queráis)
	quieren	querían	quisieron	querrán	querrían	quieran	quisieran	quieran Uds.

17 saber
Participles: sabiendo, sabido

Infinitive	INDICATIVE Present	Imperfect	Preterite	Future	Conditional	SUBJUNCTIVE Present	Past	IMPERATIVE
	sé	sabía	supe	sabré	sabría	sepa	supiera	
	sabes	sabías	supiste	sabrás	sabrías	sepas	supieras	sabe tú (no sepas)
	sabe	sabía	supo	sabrá	sabría	sepa	supiera	sepa Ud.
	sabemos	sabíamos	supimos	sabremos	sabríamos	sepamos	supiéramos	sepamos
	sabéis	sabíais	supisteis	sabréis	sabríais	sepáis	supierais	sabed (no sepáis)
	saben	sabían	supieron	sabrán	sabrían	sepan	supieran	sepan Uds.

18 salir
Participles: saliendo, salido

Infinitive	INDICATIVE Present	Imperfect	Preterite	Future	Conditional	SUBJUNCTIVE Present	Past	IMPERATIVE
	salgo	salía	salí	saldré	saldría	salga	saliera	
	sales	salías	saliste	saldrás	saldrías	salgas	salieras	sal tú (no salgas)
	sale	salía	salió	saldrá	saldría	salga	saliera	salga Ud.
	salimos	salíamos	salimos	saldremos	saldríamos	salgamos	saliéramos	salgamos
	salís	salíais	salisteis	saldréis	saldríais	salgáis	salierais	salid (no salgáis)
	salen	salían	salieron	saldrán	saldrían	salgan	salieran	salgan Uds.

19 ser
Participles: siendo, sido

Infinitive	INDICATIVE Present	Imperfect	Preterite	Future	Conditional	SUBJUNCTIVE Present	Past	IMPERATIVE
	soy	era	fui	seré	sería	sea	fuera	
	eres	eras	fuiste	serás	serías	seas	fueras	sé tú (no seas)
	es	era	fue	será	sería	sea	fuera	sea Ud.
	somos	éramos	fuimos	seremos	seríamos	seamos	fuéramos	seamos
	sois	erais	fuisteis	seréis	seríais	seáis	fuerais	sed (no seáis)
	son	eran	fueron	serán	serían	sean	fueran	sean Uds.

20 tener (e:ie)
Participles: teniendo, tenido

Infinitive	INDICATIVE Present	Imperfect	Preterite	Future	Conditional	SUBJUNCTIVE Present	Past	IMPERATIVE
	tengo	tenía	tuve	tendré	tendría	tenga	tuviera	
	tienes	tenías	tuviste	tendrás	tendrías	tengas	tuvieras	ten tú (no tengas)
	tiene	tenía	tuvo	tendrá	tendría	tenga	tuviera	tenga Ud.
	tenemos	teníamos	tuvimos	tendremos	tendríamos	tengamos	tuviéramos	tengamos
	tenéis	teníais	tuvisteis	tendréis	tendríais	tengáis	tuvierais	tened (no tengáis)
	tienen	tenían	tuvieron	tendrán	tendrían	tengan	tuvieran	tengan Uds.

(Top table: verbs 21–23)

		INDICATIVE					SUBJUNCTIVE		IMPERATIVE
Infinitive	Present	Imperfect	Preterite	Future	Conditional	Present	Past	
21 traer	traigo	traía	traje	traeré	traería	traiga	trajera	
	traes	traías	trajiste	traerás	traerías	traigas	trajeras	trae tú (no traigas)
	trae	traía	trajo	traerá	traería	traiga	trajera	traiga Ud.
Participles:	traemos	traíamos	trajimos	traeremos	traeríamos	traigamos	trajéramos	traigamos
trayendo	traéis	traíais	trajisteis	traeréis	traeríais	traigáis	trajerais	traed (no traigáis)
traído	traen	traían	trajeron	traerán	traerían	traigan	trajeran	traigan Uds.
22 venir (e:ie)	vengo	venía	vine	vendré	vendría	venga	viniera	
	vienes	venías	viniste	vendrás	vendrías	vengas	vinieras	ven tú (no vengas)
	viene	venía	vino	vendrá	vendría	venga	viniera	venga Ud.
Participles:	venimos	veníamos	vinimos	vendremos	vendríamos	vengamos	viniéramos	vengamos
viniendo	venís	veníais	vinisteis	vendréis	vendríais	vengáis	vinierais	venid (no vengáis)
venido	vienen	venían	vinieron	vendrán	vendrían	vengan	vinieran	vengan Uds.
23 ver	veo	veía	vi	veré	vería	vea	viera	
	ves	veías	viste	verás	verías	veas	vieras	ve tú (no veas)
	ve	veía	vio	verá	vería	vea	viera	vea Ud.
Participles:	vemos	veíamos	vimos	veremos	veríamos	veamos	viéramos	veamos
viendo	veis	veíais	visteis	veréis	veríais	veáis	vierais	ved (no veáis)
visto	ven	veían	vieron	verán	verían	vean	vieran	vean Uds.

Stem-changing verbs

		INDICATIVE					SUBJUNCTIVE		IMPERATIVE
Infinitive	Present	Imperfect	Preterite	Future	Conditional	Present	Past	
24 contar (o:ue)	cuento	contaba	conté	contaré	contaría	cuente	contara	
	cuentas	contabas	contaste	contarás	contarías	cuentes	contaras	cuenta tú (no cuentes)
	cuenta	contaba	contó	contará	contaría	cuente	contara	cuente Ud.
Participles:	contamos	contábamos	contamos	contaremos	contaríamos	contemos	contáramos	contemos
contando	contáis	contabais	contasteis	contaréis	contaríais	contéis	contarais	contad (no contéis)
contado	cuentan	contaban	contaron	contarán	contarían	cuenten	contaran	cuenten Uds.
25 dormir (o:ue)	duermo	dormía	dormí	dormiré	dormiría	duerma	durmiera	
	duermes	dormías	dormiste	dormirás	dormirías	duermas	durmieras	duerme tú (no duermas)
	duerme	dormía	durmió	dormirá	dormiría	duerma	durmiera	duerma Ud.
Participles:	dormimos	dormíamos	dormimos	dormiremos	dormiríamos	durmamos	durmiéramos	durmamos
durmiendo	dormís	dormíais	dormisteis	dormiréis	dormiríais	durmáis	durmierais	dormid (no durmáis)
dormido	duermen	dormían	durmieron	dormirán	dormirían	duerman	durmieran	duerman Uds.
26 empezar (e:ie) (z:c)	empiezo	empezaba	empecé	empezaré	empezaría	empiece	empezara	
	empiezas	empezabas	empezaste	empezarás	empezarías	empieces	empezaras	empieza tú (no empieces)
	empieza	empezaba	empezó	empezará	empezaría	empiece	empezara	empiece Ud.
Participles:	empezamos	empezábamos	empezamos	empezaremos	empezaríamos	empecemos	empezáramos	empecemos
empezando	empezáis	empezabais	empezasteis	empezaréis	empezaríais	empecéis	empezarais	empezad (no empecéis)
empezado	empiezan	empezaban	empezaron	empezarán	empezarían	empiecen	empezaran	empiecen Uds.

	INDICATIVE					SUBJUNCTIVE		IMPERATIVE
Infinitive	Present	Imperfect	Preterite	Future	Conditional	Present	Past	
27 entender (e:ie) Participles: entendiendo entendido	entiendo	entendía	entendí	entenderé	entendería	entienda	entendiera	
	entiendes	entendías	entendiste	entenderás	entenderías	entiendas	entendieras	entiende tú (no entiendas)
	entiende	entendía	entendió	entenderá	entendería	entienda	entendiera	entienda Ud.
	entendemos	entendíamos	entendimos	entenderemos	entenderíamos	entendamos	entendiéramos	entendamos
	entendéis	entendíais	entendisteis	entenderéis	entenderíais	entendáis	entendierais	entended (no entendáis)
	entienden	entendían	entendieron	entenderán	entenderían	entiendan	entendieran	entiendan Uds.
28 jugar (u:ue) (g:gu) Participles: jugando jugado	juego	jugaba	jugué	jugaré	jugaría	juegue	jugara	
	juegas	jugabas	jugaste	jugarás	jugarías	juegues	jugaras	juega tú (no juegues)
	juega	jugaba	jugó	jugará	jugaría	juegue	jugara	juegue Ud.
	jugamos	jugábamos	jugamos	jugaremos	jugaríamos	juguemos	jugáramos	juguemos
	jugáis	jugabais	jugasteis	jugaréis	jugaríais	juguéis	jugarais	jugad (no juguéis)
	juegan	jugaban	jugaron	jugarán	jugarían	jueguen	jugaran	jueguen Uds.
29 pedir (e:i) Participles: pidiendo pedido	pido	pedía	pedí	pediré	pediría	pida	pidiera	
	pides	pedías	pediste	pedirás	pedirías	pidas	pidieras	pide tú (no pidas)
	pide	pedía	pidió	pedirá	pediría	pida	pidiera	pida Ud.
	pedimos	pedíamos	pedimos	pediremos	pediríamos	pidamos	pidiéramos	pidamos
	pedís	pedíais	pedisteis	pediréis	pediríais	pidáis	pidierais	pedid (no pidáis)
	piden	pedían	pidieron	pedirán	pedirían	pidan	pidieran	pidan Uds.
30 pensar (e:ie) Participles: pensando pensado	pienso	pensaba	pensé	pensaré	pensaría	piense	pensara	
	piensas	pensabas	pensaste	pensarás	pensarías	pienses	pensaras	piensa tú (no pienses)
	piensa	pensaba	pensó	pensará	pensaría	piense	pensara	piense Ud.
	pensamos	pensábamos	pensamos	pensaremos	pensaríamos	pensemos	pensáramos	pensemos
	pensáis	pensabais	pensasteis	pensaréis	pensaríais	penséis	pensarais	pensad (no penséis)
	piensan	pensaban	pensaron	pensarán	pensarían	piensen	pensaran	piensen Uds.
31 reír(se) (e:i) Participles: riendo reído	río	reía	reí	reiré	reiría	ría	riera	
	ríes	reías	reíste	reirás	reirías	rías	rieras	ríe tú (no rías)
	ríe	reía	rió	reirá	reiría	ría	riera	ría Ud.
	reímos	reíamos	reímos	reiremos	reiríamos	riamos	riéramos	riamos
	reís	reíais	reísteis	reiréis	reiríais	riáis	rierais	reíd (no riáis)
	ríen	reían	rieron	reirán	reirían	rían	rieran	rían Uds.
32 seguir (e:i) (gu:g) Participles: siguiendo seguido	sigo	seguía	seguí	seguiré	seguiría	siga	siguiera	
	sigues	seguías	seguiste	seguirás	seguirías	sigas	siguieras	sigue tú (no sigas)
	sigue	seguía	siguió	seguirá	seguiría	siga	siguiera	siga Ud.
	seguimos	seguíamos	seguimos	seguiremos	seguiríamos	sigamos	siguiéramos	sigamos
	seguís	seguíais	seguisteis	seguiréis	seguiríais	sigáis	siguierais	seguid (no sigáis)
	siguen	seguían	siguieron	seguirán	seguirían	sigan	siguieran	sigan Uds.
33 sentir (e:ie) Participles: sintiendo sentido	siento	sentía	sentí	sentiré	sentiría	sienta	sintiera	
	sientes	sentías	sentiste	sentirás	sentirías	sientas	sintieras	siente tú (no sientas)
	siente	sentía	sintió	sentirá	sentiría	sienta	sintiera	sienta Ud.
	sentimos	sentíamos	sentimos	sentiremos	sentiríamos	sintamos	sintiéramos	sintamos
	sentís	sentíais	sentisteis	sentiréis	sentiríais	sintáis	sintierais	sentid (no sintáis)
	sienten	sentían	sintieron	sentirán	sentirían	sientan	sintieran	sientan Uds.

Infinitive	INDICATIVE					SUBJUNCTIVE		IMPERATIVE
	Present	Imperfect	Preterite	Future	Conditional	Present	Past	
34 volver (o:ue)	**vuelvo**	volvía	volví	volveré	volvería	**vuelva**	volviera	
	vuelves	volvías	volviste	volverás	volverías	**vuelvas**	volvieras	**vuelve** tú (no **vuelvas**)
	vuelve	volvía	volvió	volverá	volvería	**vuelva**	volviera	**vuelva** Ud.
Participles:	volvemos	volvíamos	volvimos	volveremos	volveríamos	volvamos	volviéramos	volvamos
volviendo	volvéis	volvíais	volvisteis	volveréis	volveríais	volváis	volvierais	volved (no volváis)
vuelto	**vuelven**	volvían	volvieron	volverán	volverían	**vuelvan**	volvieran	**vuelvan** Uds.

Verbs with spelling changes only

Infinitive	INDICATIVE					SUBJUNCTIVE		IMPERATIVE
	Present	Imperfect	Preterite	Future	Conditional	Present	Past	
35 conocer (c:zc)	**conozco**	conocía	conocí	conoceré	conocería	**conozca**	conociera	
	conoces	conocías	conociste	conocerás	conocerías	**conozcas**	conocieras	conoce tú (no **conozcas**)
	conoce	conocía	conoció	conocerá	conocería	**conozca**	conociera	**conozca** Ud.
Participles:	conocemos	conocíamos	conocimos	conoceremos	conoceríamos	**conozcamos**	conociéramos	**conozcamos**
conociendo	conocéis	conocíais	conocisteis	conoceréis	conoceríais	**conozcáis**	conocierais	conoced (no **conozcáis**)
conocido	conocen	conocían	conocieron	conocerán	conocerían	**conozcan**	conocieran	**conozcan** Uds.
36 creer (y)	creo	creía	**creí**	creeré	creería	crea	**creyera**	
	crees	creías	**creíste**	creerás	creerías	creas	**creyeras**	cree tú (no creas)
	cree	creía	**creyó**	creerá	creería	crea	**creyera**	crea Ud.
Participles:	creemos	creíamos	**creímos**	creeremos	creeríamos	creamos	**creyéramos**	creamos
creyendo	creéis	creíais	**creísteis**	creeréis	creeríais	creáis	**creyerais**	creed (no creáis)
creído	creen	creían	**creyeron**	creerán	creerían	crean	**creyeran**	crean Uds.
37 cruzar (z:c)	cruzo	cruzaba	**crucé**	cruzaré	cruzaría	**cruce**	cruzara	
	cruzas	cruzabas	cruzaste	cruzarás	cruzarías	**cruces**	cruzaras	cruza tú (no **cruces**)
	cruza	cruzaba	cruzó	cruzará	cruzaría	**cruce**	cruzara	**cruce** Ud.
Participles:	cruzamos	cruzábamos	cruzamos	cruzaremos	cruzaríamos	**crucemos**	cruzáramos	**crucemos**
cruzando	cruzáis	cruzabais	cruzasteis	cruzaréis	cruzaríais	**crucéis**	cruzarais	cruzad (no **crucéis**)
cruzado	cruzan	cruzaban	cruzaron	cruzarán	cruzarían	**crucen**	cruzaran	**crucen** Uds.
38 destruir (y)	**destruyo**	destruía	destruí	destruiré	destruiría	**destruya**	**destruyera**	
	destruyes	destruías	destruiste	destruirás	destruirías	**destruyas**	**destruyeras**	**destruye** tú (no **destruyas**)
	destruye	destruía	**destruyó**	destruirá	destruiría	**destruya**	**destruyera**	**destruya** Ud.
Participles:	destruimos	destruíamos	destruimos	destruiremos	destruiríamos	**destruyamos**	**destruyéramos**	**destruyamos**
destruyendo	destruís	destruíais	destruisteis	destruiréis	destruiríais	**destruyáis**	**destruyerais**	destruid (no destruyáis)
destruido	**destruyen**	destruían	**destruyeron**	destruirán	destruirían	**destruyan**	**destruyeran**	**destruyan** Uds.
39 enviar (envío)	**envío**	enviaba	envié	enviaré	enviaría	**envíe**	enviara	
	envías	enviabas	enviaste	enviarás	enviarías	**envíes**	enviaras	**envía** tú (no **envíes**)
	envía	enviaba	envió	enviará	enviaría	**envíe**	enviara	**envíe** Ud.
Participles:	enviamos	enviábamos	enviamos	enviaremos	enviaríamos	**enviemos**	enviáramos	enviemos
enviando	enviáis	enviabais	enviasteis	enviaréis	enviaríais	**enviéis**	enviarais	enviad (no **enviéis**)
enviado	**envían**	enviaban	enviaron	enviarán	enviarían	**envíen**	enviaran	**envíen** Uds.

40. graduarse (gradúo)
Participles: graduando, graduado

	INDICATIVE					SUBJUNCTIVE		IMPERATIVE
	Present	Imperfect	Preterite	Future	Conditional	Present	Past	
	gradúo	graduaba	gradué	graduaré	graduaría	gradúe	graduara	
	gradúas	graduabas	graduaste	graduarás	graduarías	gradúes	graduaras	gradúa tú (no gradúes)
	gradúa	graduaba	graduó	graduará	graduaría	gradúe	graduara	gradúe Ud.
	graduamos	graduábamos	graduamos	graduaremos	graduaríamos	graduemos	graduáramos	graduemos
	graduáis	graduabais	graduasteis	graduaréis	graduaríais	graduéis	graduarais	graduad (no graduéis)
	gradúan	graduaban	graduaron	graduarán	graduarían	gradúen	graduaran	gradúen Uds.

41. llegar (g:gu)
Participles: llegando, llegado

	INDICATIVE					SUBJUNCTIVE		IMPERATIVE
	Present	Imperfect	Preterite	Future	Conditional	Present	Past	
	llego	llegaba	llegué	llegaré	llegaría	llegue	llegara	
	llegas	llegabas	llegaste	llegarás	llegarías	llegues	llegaras	llega tú (no llegues)
	llega	llegaba	llegó	llegará	llegaría	llegue	llegara	llegue Ud.
	llegamos	llegábamos	llegamos	llegaremos	llegaríamos	lleguemos	llegáramos	lleguemos
	llegáis	llegabais	llegasteis	llegaréis	llegaríais	lleguéis	llegarais	llegad (no lleguéis)
	llegan	llegaban	llegaron	llegarán	llegarían	lleguen	llegaran	lleguen Uds.

42. prohibir (prohíbo)
Participles: prohibiendo, prohibido

	INDICATIVE					SUBJUNCTIVE		IMPERATIVE
	Present	Imperfect	Preterite	Future	Conditional	Present	Past	
	prohíbo	prohibía	prohibí	prohibiré	prohibiría	prohíba	prohibiera	
	prohíbes	prohibías	prohibiste	prohibirás	prohibirías	prohíbas	prohibieras	prohíbe tú (no prohíbas)
	prohíbe	prohibía	prohibió	prohibirá	prohibiría	prohíba	prohibiera	prohíba Ud.
	prohibimos	prohibíamos	prohibimos	prohibiremos	prohibiríamos	prohibamos	prohibiéramos	prohibamos
	prohibís	prohibíais	prohibisteis	prohibiréis	prohibiríais	prohibáis	prohibierais	prohibid (no prohibáis)
	prohíben	prohibían	prohibieron	prohibirán	prohibirían	prohíban	prohibieran	prohíban Uds.

43. proteger (g:j)
Participles: protegiendo, protegido

	INDICATIVE					SUBJUNCTIVE		IMPERATIVE
	Present	Imperfect	Preterite	Future	Conditional	Present	Past	
	protejo	protegía	protegí	protegeré	protegería	proteja	protegiera	
	proteges	protegías	protegiste	protegerás	protegerías	protejas	protegieras	protege tú (no protejas)
	protege	protegía	protegió	protegerá	protegería	proteja	protegiera	proteja Ud.
	protegemos	protegíamos	protegimos	protegeremos	protegeríamos	protejamos	protegiéramos	protejamos
	protegéis	protegíais	protegisteis	protegeréis	protegeríais	protejáis	protegierais	proteged (no protejáis)
	protegen	protegían	protegieron	protegerán	protegerían	protejan	protegieran	protejan Uds.

44. tocar (c:qu)
Participles: tocando, tocado

	INDICATIVE					SUBJUNCTIVE		IMPERATIVE
	Present	Imperfect	Preterite	Future	Conditional	Present	Past	
	toco	tocaba	toqué	tocaré	tocaría	toque	tocara	
	tocas	tocabas	tocaste	tocarás	tocarías	toques	tocaras	toca tú (no toques)
	toca	tocaba	tocó	tocará	tocaría	toque	tocara	toque Ud.
	tocamos	tocábamos	tocamos	tocaremos	tocaríamos	toquemos	tocáramos	toquemos
	tocáis	tocabais	tocasteis	tocaréis	tocaríais	toquéis	tocarais	tocad (no toquéis)
	tocan	tocaban	tocaron	tocarán	tocarían	toquen	tocaran	toquen Uds.

Guide to Vocabulary

Note on alphabetization

For purposes of alphabetization, **ch** and **ll** are not treated as separate letters, but **ñ** follows **n**. Therefore, in this glossary you will find that **año**, for example, appears after **anuncio**.

Abbreviations used in this glossary

adj.	adjective	*form.*	formal	*pl.*	plural
adv.	adverb	*indef.*	indefinite	*poss.*	possessive
art.	article	*interj.*	interjection	*prep.*	preposition
conj.	conjunction	*i.o.*	indirect object	*pron.*	pronoun
def.	definite	*m.*	masculine	*ref.*	reflexive
d.o.	direct object	*n.*	noun	*sing.*	singular
f.	feminine	*obj.*	object	*sub.*	subject
fam.	familiar	*p.p.*	past participle	*v.*	verb

Spanish-English

A

a *prep.* at; to 1
  ¿A qué hora...? At what time...? 1
  a bordo aboard
  a dieta on a diet 15
  a la derecha de to the right of 2
  a la izquierda de to the left of 2
  a la plancha grilled 8
  a la(s) + *time* at + *time* 1
  a menos que *conj.* unless 13
  a menudo *adv.* often 10
  a nombre de in the name of 5
  a plazos in installments 14
  A sus órdenes. At your service.
  a tiempo *adv.* on time 10
  a veces *adv.* sometimes 10
  a ver let's see
abeja *f.* bee
abierto/a *adj.* open 5, 14
abogado/a *m., f.* lawyer 16
abrazar(se) *v.* to hug; to embrace (each other) 11
abrazo *m.* hug
abrigo *m.* coat 6
abril *m.* April 5
abrir *v.* to open 3
abuelo/a *m., f.* grandfather/grandmother 3
abuelos *pl.* grandparents 3
aburrido/a *adj.* bored; boring 5
aburrir *v.* to bore 7
aburrirse *v.* to get bored 17
acabar de (+ *inf.*) *v.* to have just done something 6
acampar *v.* to camp 5
accidente *m.* accident 10
acción *f.* action 17
  de acción action (genre) 17

aceite *m.* oil 8
aceptar: ¡Acepto casarme contigo! I'll marry you! 17
acompañar *v.* to accompany 14
aconsejar *v.* to advise 12
acontecimiento *m.* event 18
acordarse (de) (o:ue) *v.* to remember 7
acostarse (o:ue) *v.* to go to bed 7
activo/a *adj.* active 15
actor *m.* actor 16
actriz *f.* actress 16
actualidades *f., pl.* news; current events 18
adelgazar *v.* to lose weight; to slim down 15
además (de) *adv.* furthermore; besides 10
adicional *adj.* additional
adiós *m.* goodbye 1
adjetivo *m.* adjective
administración de empresas *f.* business administration 2
adolescencia *f.* adolescence 9
¿adónde? *adv.* where (to)? (destination) 2
aduana *f.* customs
aeróbico/a *adj.* aerobic 15
aeropuerto *m.* airport 5
afectado/a *adj.* affected 13
afeitarse *v.* to shave 7
aficionado/a *m., f.* fan 4
afirmativo/a *adj.* affirmative
afuera *adv.* outside 5
afueras *f., pl.* suburbs; outskirts 12
agencia de viajes *f.* travel agency 5
agente de viajes *m., f.* travel agent 5
agosto *m.* August 5
agradable *adj.* pleasant

agua *f.* water 8
  agua mineral mineral water 8
aguantar *v.* to endure, to hold up 14
ahora *adv.* now 2
  ahora mismo right now 5
ahorrar *v.* to save (money) 14
ahorros *m., pl.* savings 14
aire *m.* air 13
ajo *m.* garlic 8
al (*contraction of* **a + el**) 4
  al aire libre open-air 6
  al contado in cash 14
  (al) este (to the) east 14
  al lado de next to; beside 2
  (al) norte (to the) north 14
  (al) oeste (to the) west 14
  (al) sur (to the) south 14
alcoba *f.* bedroom
alcohol *m.* alcohol 15
alcohólico/a *adj.* alcoholic 15
alegrarse (de) *v.* to be happy 13
alegre *adj.* happy; joyful 5
alegría *f.* happiness 9
alemán, alemana *adj.* German 3
alérgico/a *adj.* allergic 10
alfombra *f.* carpet; rug 12
algo *pron.* something; anything 7
algodón *m.* cotton 6
alguien *pron.* someone; somebody; anyone 7
algún, alguno/a(s) *adj.* any; some 7
alimento *m.* food
  alimentación *f.* diet
aliviar *v.* to reduce 15
  aliviar el estrés/la tensión to reduce stress/tension 15
allá *adv.* over there 2
allí *adv.* there 2
alma *f.* soul 9
almacén *m.* department store 6

almohada *f.* pillow 12
almorzar (o:ue) *v.* to have lunch 4
almuerzo *m.* lunch 4, 8
aló *interj.* hello (*on the telephone*) 11
alquilar *v.* to rent 12
alquiler *m.* rent (payment) 12
altar *m.* altar 9
altillo *m.* attic 12
alto/a *adj.* tall 3
aluminio *m.* aluminum 13
ama de casa *m., f.* housekeeper; caretaker 12
amable *adj.* nice; friendly 5
amarillo/a *adj.* yellow 6
amigo/a *m., f.* friend 3
amistad *f.* friendship 9
amor *m.* love 9
    amor a primera vista love at first sight 9
anaranjado/a *adj.* orange 6
ándale *interj.* come on 14
andar *v.* **en patineta** to skateboard 4
ángel *m.* angel 9
anillo *m.* ring 17
animal *m.* animal 13
aniversario (de bodas) *m.* (wedding) anniversary 9
anoche *adv.* last night 6
anteayer *adv.* the day before yesterday 6
antes *adv.* before 7
    antes (de) que *conj.* before 13
    antes de *prep.* before 7
antibiótico *m.* antibiotic 10
antipático/a *adj.* unpleasant 3
anunciar *v.* to announce; to advertise 18
anuncio *m.* advertisement 16
año *m.* year 5
    año pasado last year 6
apagar *v.* to turn off 11
aparato *m.* appliance
apartamento *m.* apartment 12
apellido *m.* last name 3
apenas *adv.* hardly; scarcely 10
aplaudir *v.* to applaud 17
aplicación *f.* app 11
apreciar *v.* to appreciate 17
aprender (a + inf.) *v.* to learn 3
apurarse *v.* to hurry; to rush 15
aquel, aquella *adj.* that (over there) 6
aquél, aquélla *pron.* that (over there) 6
aquello *neuter, pron.* that; that thing; that fact 6
aquellos/as *pl. adj.* those (over there) 6
aquéllos/as *pl. pron.* those (ones) (over there) 6
aquí *adv.* here 1
    Aquí está(n)... Here is/are... 5
árbol *m.* tree 13

archivo *m.* file 11
arete *m.* earring 6
argentino/a *adj.* Argentine 3
armario *m.* closet 12
arqueología *f.* archeology 2
arqueólogo/a *m., f.* archeologist 16
arquitecto/a *m., f.* architect 16
arrancar *v.* to start (*a car*) 11
arreglar *v.* to fix; to arrange 11; to neaten; to straighten up 12
arreglarse *v.* to get ready 7; to fix oneself (*clothes, hair, etc. to go out*) 7
arroba *f.* @ symbol 11
arroz *m.* rice 8
arte *m.* art 2
artes *f., pl.* arts 17
artesanía *f.* craftsmanship; crafts 17
artículo *m.* article 18
artista *m., f.* artist 3
artístico/a *adj.* artistic 17
arveja *f.* pea 8
asado/a *adj.* roast 8
ascenso *m.* promotion 16
ascensor *m.* elevator 5
así *adv.* like this; so (*in such a way*) 10
asistir (a) *v.* to attend 3
aspiradora *f.* vacuum cleaner 12
aspirante *m., f.* candidate; applicant 16
aspirina *f.* aspirin 10
atún *m.* tuna 8
aumentar *v.* to grow; to get bigger 13
aumentar *v.* **de peso** to gain weight 15
aumento *m.* increase
    aumento de sueldo pay raise 16
aunque although
autobús *m.* bus 1
automático/a *adj.* automatic
auto(móvil) *m.* auto(mobile) 5
autopista *f.* highway 11
ave *f.* bird 13
avenida *f.* avenue
aventura *f.* adventure 17
    de aventuras adventure (genre) 17
avergonzado/a *adj.* embarrassed 5
avión *m.* airplane 5
¡Ay! *interj.* Oh!
    ¡Ay, qué dolor! Oh, what pain!
ayer *adv.* yesterday 6
ayudar(se) *v.* to help (each other) 11
azúcar *m.* sugar 8
azul *adj. m., f.* blue 6

B

bailar *v.* to dance 2
bailarín/bailarina *m., f.* dancer 17
baile *m.* dance 17
bajar(se) de *v.* to get off of/out of (a vehicle) 11
bajo/a *adj.* short (*in height*) 3
balcón *m.* balcony 12
balde *m.* bucket 5
ballena *f.* whale 13
baloncesto *m.* basketball 4
banana *f.* banana 8
banco *m.* bank 14
banda *f.* band 17
bandera *f.* flag
bañarse *v.* to bathe; to take a bath 7
baño *m.* bathroom 7
barato/a *adj.* cheap 6
barco *m.* boat 5
barrer *v.* to sweep 12
    barrer el suelo *v.* to sweep the floor 12
barrio *m.* neighborhood 12
bastante *adv.* enough; rather 10
basura *f.* trash 12
baúl *m.* trunk 11
beber *v.* to drink 3
bebida *f.* drink 8
    bebida alcohólica *f.* alcoholic beverage 15
béisbol *m.* baseball 4
bellas artes *f., pl.* fine arts 17
belleza *f.* beauty 14
beneficio *m.* benefit 16
besar(se) *v.* to kiss (each other) 11
beso *m.* kiss 9
biblioteca *f.* library 2
bicicleta *f.* bicycle 4
bien *adv.* well 1
bienestar *m.* well-being 15
bienvenido(s)/a(s) *adj.* welcome 1
billete *m.* paper money; ticket
billón *m.* trillion
biología *f.* biology 2
bisabuelo/a *m., f.* great-grandfather/great-grandmother 3
bistec *m.* steak 8
blanco/a *adj.* white 6
blog *m.* blog 11
(blue)jeans *m., pl.* jeans 6
blusa *f.* blouse 6
boca *f.* mouth 10
boda *f.* wedding 9
boleto *m.* ticket 2, 17
bolsa *f.* purse, bag 6
bombero/a *m., f.* firefighter 16
bonito/a *adj.* pretty 3
borrador *m.* eraser 2
borrar *v.* to erase 11
bosque *m.* forest 13
    bosque tropical tropical forest; rain forest 13

bota *f.* boot 6
botella *f.* bottle 9
  botella de vino bottle of wine 9
botones *m., f. sing.* bellhop 5
brazo *m.* arm 10
brindar *v.* to toast (*drink*) 9
bucear *v.* to scuba dive 4
buen, bueno/a *adj.* good 3, 6
  buena forma good shape (*physical*) 15
  Buenas noches. Good evening; Good night. 1
  Buenas tardes. Good afternoon. 1
  Bueno. Hello. (*on telephone*) 11
  Buenos días. Good morning. 1
bulevar *m.* boulevard
buscador *m.* browser 11
buscar *v.* to look for 2
buzón *m.* mailbox 14

C

caballero *m.* gentleman, sir 8
caballo *m.* horse 5
cabe: no cabe duda de there's no doubt 13
cabeza *f.* head 10
cada *adj. m., f.* each 6
caerse *v.* to fall (down) 10
café *m.* café 4; *adj. m., f.* brown 6; *m.* coffee 8
cafeína *f.* caffeine 15
cafetera *f.* coffee maker 12
cafetería *f.* cafeteria 2
caído/a *p.p.* fallen 14
caja *f.* cash register 6
cajero/a *m., f.* cashier
  cajero automático *m.* ATM 14
calavera de azúcar *f.* skull made out of sugar 9
calcetín (calcetines) *m.* sock(s) 6
calculadora *f.* calculator 2
calentamiento global *m.* global warming 13
calentarse (e:ie) *v.* to warm up 15
calidad *f.* quality 6
calle *f.* street 11
calor *m.* heat
caloría *f.* calorie 15
calzar *v.* to take size... shoes 6
cama *f.* bed 5
cámara de video *f.* video camera 11
cámara digital *f.* digital camera 11
camarero/a *m., f.* waiter/waitress 8
camarón *m.* shrimp 8
cambiar (de) *v.* to change 9
cambio: de cambio in change 2
cambio *m.* **climático** climate change 13

cambio *m.* **de moneda** currency exchange
caminar *v.* to walk 2
camino *m.* road
camión *m.* truck; bus
camisa *f.* shirt 6
camiseta *f.* t-shirt 6
campo *m.* countryside 5
canadiense *adj.* Canadian 3
canal *m.* (TV) channel 11; 17
canción *f.* song 17
candidato/a *m., f.* candidate 18
canela *f.* cinnamon 10
cansado/a *adj.* tired 5
cantante *m., f.* singer 17
cantar *v.* to sing 2
capital *f.* capital city
capó *m.* hood 11
cara *f.* face 7
caramelo *m.* caramel 9
cargador *m.* charger 11
carne *f.* meat 8
  carne de res *f.* beef 8
carnicería *f.* butcher shop 14
caro/a *adj.* expensive 6
carpintero/a *m., f.* carpenter 16
carrera *f.* career 16
carretera *f.* highway; (main) road 11
carro *m.* car; automobile 11
carta *f.* letter 4; (playing) card 5
cartel *m.* poster 12
cartera *f.* wallet 4, 6
cartero *m.* mail carrier 14
casa *f.* house; home 2
casado/a *adj.* married 9
casarse (con) *v.* to get married (to) 9
casi *adv.* almost 10
catorce fourteen 1
cazar *v.* to hunt 13
cebolla *f.* onion 8
cederrón *m.* CD-ROM
celebrar *v.* to celebrate 9
cementerio *m.* cemetery 9
cena *f.* dinner 8
cenar *v.* to have dinner 2
centro *m.* downtown 4
  centro comercial shopping mall 6
cepillarse los dientes/el pelo *v.* to brush one's teeth/one's hair 7
cerámica *f.* pottery 17
cerca de *prep.* near 2
cerdo *m.* pork 8
cereales *m., pl.* cereal; grains 8
cero *m.* zero 1
cerrado/a *adj.* closed 5
cerrar (e:ie) *v.* to close 4
cerveza *f.* beer 8
césped *m.* grass
ceviche *m.* marinated fish dish 8
  ceviche de camarón *m.* lemon-marinated shrimp 8
  chaleco *m.* vest
champán *m.* champagne 9
champiñón *m.* mushroom 8

champú *m.* shampoo 7
chaqueta *f.* jacket 6
chatear *v.* to chat 11
chau *fam. interj.* bye 1
cheque *m.* (bank) check 14
  cheque (de viajero) *m.* (traveler's) check 14
chévere *adj., fam.* terrific
chico/a *m., f.* boy/girl 1
chino/a *adj.* Chinese 3
chocar (con) *v.* to run into
chocolate *m.* chocolate 9
choque *m.* collision 18
chuleta *f.* chop (food) 8
  chuleta de cerdo *f.* pork chop 8
cibercafé *m.* cybercafé 11
ciclismo *m.* cycling 4
cielo *m.* sky 13
cien(to) one hundred 2
ciencias *f., pl.* sciences 2
  ciencias ambientales environmental science 2
  de ciencia ficción *f.* science fiction (genre) 17
científico/a *m., f.* scientist 16
cierto/a *adj.* certain 13
  es cierto it's certain 13
  no es cierto it's not certain 13
cima *f.* top, peak 15
cinco five 1
cincuenta fifty 2
cine *m.* movie theater 4
cinta *f.* (audio)tape
cinta caminadora *f.* treadmill 15
cinturón *m.* belt 6
circulación *f.* traffic 11
cita *f.* date; appointment 9
ciudad *f.* city
ciudadano/a *m., f.* citizen 18
Claro (que sí). *fam.* Of course.
clase *f.* class 2
  clase de ejercicios aeróbicos *f.* aerobics class 15
clásico/a *adj.* classical 17
cliente/a *m., f.* customer 6
clínica *f.* clinic 10
cobrar *v.* to cash (a check) 14
coche *m.* car; automobile 11
cocina *f.* kitchen; stove 9, 12
cocinar *v.* to cook 12
cocinero/a *m., f.* cook, chef 16
cofre *m.* hood 14
cola *f.* line 14
colesterol *m.* cholesterol 15
color *m.* color 6
comedia *f.* comedy; play 17
comedor *m.* dining room 12
comenzar (e:ie) *v.* to begin 4
comer *v.* to eat 3
comercial *adj.* commercial; business-related 16
comida *f.* food; meal 4, 8
como like; as 8
¿cómo? what?; how? 1, 2
  ¿Cómo es...? What's... like?

¿Cómo está usted? *form.* How are you? 1
¿Cómo estás? *fam.* How are you? 1
¿Cómo se llama usted? *(form.)* What's your name? 1
¿Cómo te llamas? *fam.* What's your name? 1
cómoda *f.* chest of drawers 12
cómodo/a *adj.* comfortable 5
compañero/a de clase *m., f.* classmate 2
compañero/a de cuarto *m., f.* roommate 2
compañía *f.* company; firm 16
compartir *v.* to share 3
compositor(a) *m., f.* composer 17
comprar *v.* to buy 2
compras *f., pl.* purchases
   ir de compras to go shopping 5
comprender *v.* to understand 3
comprobar *v.* to check
comprometerse (con) *v.* to get engaged (to) 9
computación *f.* computer science 2
computadora *f.* computer 1
computadora portátil *f.* portable computer; laptop 11
comunicación *f.* communication 18
comunicarse (con) *v.* to communicate (with) 18
comunidad *f.* community 1
con *prep.* with 2
   Con él/ella habla. Speaking. *(on telephone)* 11
   con frecuencia *adv.* frequently 10
   Con permiso. Pardon me; Excuse me. 1
   con tal (de) que *conj.* provided (that) 13
concierto *m.* concert 17
concordar *v.* to agree
concurso *m.* game show; contest 17
conducir *v.* to drive 6, 11
conductor(a) *m., f.* driver 1
conexión *f.* **inalámbrica** wireless connection 11
confirmar *v.* to confirm 5
confirmar *v.* **una reservación** *f.* to confirm a reservation 5
confundido/a *adj.* confused 5
congelador *m.* freezer 12
congestionado/a *adj.* congested; stuffed-up 10
conmigo *pron.* with me 4, 9
conocer *v.* to know; to be acquainted with 6
conocido/a *adj.; p.p.* known
conseguir (e:i) *v.* to get; to obtain 4
consejero/a *m., f.* counselor; advisor 16
consejo *m.* advice
conservación *f.* conservation 13
conservar *v.* to conserve 13
construir *v.* to build
consultorio *m.* doctor's office 10
consumir *v.* to consume 15

contabilidad *f.* accounting 2
contador(a) *m., f.* accountant 16
contaminación *f.* pollution 13
   contaminación del aire/del agua air/water pollution 13
contaminado/a *adj.* polluted 13
contaminar *v.* to pollute 13
contar (o:ue) *v.* to count; to tell 4
contento/a *adj.* content 5
contestadora *f.* answering machine
contestar *v.* to answer 2
contigo *fam. pron.* with you 5, 9
contratar *v.* to hire 16
control *m.* **remoto** remote control 11
controlar *v.* to control 13
conversación *f.* conversation 1
conversar *v.* to converse, to chat 2
copa *f.* wineglass; goblet 12
corazón *m.* heart 10
corbata *f.* tie 6
corredor(a) *m., f.* **de bolsa** stockbroker 16
correo *m.* mail; post office 14
   correo de voz *m.* voice mail 11
   correo electrónico *m.* e-mail 4
correr *v.* to run 3
cortesía *f.* courtesy
cortinas *f., pl.* curtains 12
corto/a *adj.* short *(in length)* 6
cosa *f.* thing 1
costar (o:ue) *v.* to cost 6
costarricense *adj.* Costa Rican 3
cráter *m.* crater 13
creer *v.* to believe 3, 13
   creer (en) *v.* to believe (in) 3
   no creer *v.* not to believe 13
creído/a *adj., p.p.* believed 14
crema de afeitar *f.* shaving cream 5, 7
crimen *m.* crime; murder 18
cruzar *v.* to cross 14
cuaderno *m.* notebook 1
cuadra *f.* (city) block 14
¿cuál(es)? which?; which one(s)? 2
   ¿Cuál es la fecha de hoy? What is today's date? 5
cuadro *m.* picture 12
cuando *conj.* when 7; 13
¿cuándo? when? 2
¿cuánto(s)/a(s)? how much/how many? 1, 2
   ¿Cuánto cuesta...? How much does... cost? 6
   ¿Cuántos años tienes? How old are you?
cuarenta forty 2
cuarto de baño *m.* bathroom 7
cuarto *m.* room 2; 7
cuarto/a *adj.* fourth 5
   menos cuarto quarter to (time) 1
   y cuarto quarter after (time) 1
cuatro four 1
cuatrocientos/as four hundred 2
cubano/a *adj.* Cuban 3
cubiertos *m., pl.* silverware

cubierto/a *p.p.* covered
cubrir *v.* to cover
cuchara *f.* (table or large) spoon 12
cuchillo *m.* knife 12
cuello *m.* neck 10
cuenta *f.* bill 8; account 14
   cuenta corriente *f.* checking account 14
   cuenta de ahorros *f.* savings account 14
cuento *m.* short story 17
cuerpo *m.* body 10
cuidado *m.* care
cuidar *v.* to take care of 13
cultura *f.* culture 2, 17
cumpleaños *m., sing.* birthday 9
cumplir años *v.* to have a birthday
cuñado/a *m., f.* brother-in-law/ sister-in-law 3
currículum *m.* résumé 16
curso *m.* course 2

D

danza *f.* dance 17
dañar *v.* to damage; to break down 10
dar *v.* to give 6
   dar un consejo *v.* to give advice
   darse con *v.* to bump into; to run into (something) 10
   darse prisa *v.* to hurry; to rush 15
de *prep.* of; from 1
   ¿De dónde eres? *fam.* Where are you from? 1
   ¿De dónde es usted? *form.* Where are you from? 1
   ¿De parte de quién? Who is speaking/calling? *(on telephone)* 11
   ¿de quién...? whose...? *(sing.)* 1
   ¿de quiénes...? whose...? *(pl.)* 1
   de algodón (made) of cotton 6
   de aluminio (made) of aluminum 13
   de buen humor in a good mood 5
   de compras shopping 5
   de cuadros plaid 6
   de excursión hiking 4
   de hecho in fact
   de ida y vuelta roundtrip 5
   de la mañana in the morning; A.M. 1
   de la noche in the evening; at night; P.M. 1
   de la tarde in the afternoon; in the early evening; P.M. 1
   de lana (made) of wool 6
   de lunares polka-dotted 6
   de mal humor in a bad mood 5
   de moda in fashion 6
   De nada. You're welcome. 1
   de niño/a as a child 10
   de parte de on behalf of 11

de plástico (made) of plastic 13
de rayas striped 6
de repente suddenly 6
de seda (made) of silk 6
de vaqueros western (genre) 17
de vez en cuando from time to time 10
de vidrio (made) of glass 13
debajo de *prep.* below; under 2
deber (+ *inf.*) *v.* should; must; ought to 3
deber *m.* responsibility; obligation 18
debido a due to (the fact that)
débil *adj.* weak 15
decidir (+ *inf.*) *v.* to decide 3
décimo/a *adj.* tenth 5
decir (e:i) *v.* **(que)** to say (that); to tell (that) 4
decir la respuesta to say the answer 4
decir la verdad to tell the truth 4
decir mentiras to tell lies 4
declarar *v.* to declare; to say 18
dedo *m.* finger 10
dedo del pie *m.* toe 10
deforestación *f.* deforestation 13
dejar *v.* to let; to quit; to leave behind 16
dejar de (+ *inf.*) *v.* to stop (*doing something*) 13
dejar una propina *v.* to leave a tip
del (*contraction of* **de + el**) of the; from the 1
delante de *prep.* in front of 2
delgado/a *adj.* thin; slender 3
delicioso/a *adj.* delicious 8
demás *adj.* the rest
demasiado *adv.* too much 6
dentista *m., f.* dentist 10
dentro de (diez años) within (ten years) 16; inside
dependiente/a *m., f.* clerk 6
deporte *m.* sport 4
deportista *m.* sports person
deportivo/a *adj.* sports-related 4
depositar *v.* to deposit 14
derecha *f.* right 2
a la derecha de to the right of 2
derecho *adv.* straight (ahead) 14
derechos *m., pl.* rights 18
desarrollar *v.* to develop 13
desastre (natural) *m.* (natural) disaster 18
desayunar *v.* to have breakfast 2
desayuno *m.* breakfast 8
descafeinado/a *adj.* decaffeinated 15
descansar *v.* to rest 2
descargar *v.* to download 11
descompuesto/a *adj.* not working; out of order 11
describir *v.* to describe 3
descrito/a *p.p.* described 14
descubierto/a *p.p.* discovered 14

descubrir *v.* to discover 13
desde *prep.* from 6
desear *v.* to wish; to desire 2
desempleo *m.* unemployment 18
desierto *m.* desert 13
desigualdad *f.* inequality 18
desordenado/a *adj.* disorderly 5
despacio *adv.* slowly 10
despedida *f.* farewell; goodbye
despedir (e:i) *v.* to fire 16
despedirse (de) (e:i) *v.* to say goodbye (to) 18
despejado/a *adj.* clear (*weather*)
despertador *m.* alarm clock 7
despertarse (e:ie) *v.* to wake up 7
después *adv.* afterwards; then 7
después de after 7
después de que *conj.* after 13
destruir *v.* to destroy 13
detrás de *prep.* behind 2
día *m.* day 1
día de fiesta holiday 9
diario *m.* diary 1; newspaper 18
diario/a *adj.* daily 7
dibujar *v.* to draw 2
dibujo *m.* drawing
dibujos animados *m., pl.* cartoons 17
diccionario *m.* dictionary 1
dicho/a *p.p.* said 14
diciembre *m.* December 5
dictadura *f.* dictatorship 18
diecinueve nineteen 1
dieciocho eighteen 1
dieciséis sixteen 1
diecisiete seventeen 1
diente *m.* tooth 7
dieta *f.* diet 15
comer una dieta equilibrada to eat a balanced diet 15
diez ten 1
difícil *adj.* difficult; hard 3
Diga. Hello. (*on telephone*) 11
diligencia *f.* errand 14
dinero *m.* money 6
dirección *f.* address 14
dirección electrónica *f.* e-mail address 11
director(a) *m., f.* director; (*musical*) conductor 17
dirigir *v.* to direct 17
disco compacto compact disc (CD) 11
discriminación *f.* discrimination 18
discurso *m.* speech 18
diseñador(a) *m., f.* designer 16
diseño *m.* design
disfraz *m.* costume 9
disfrutar (de) *v.* to enjoy; to reap the benefits (of) 15
disminuir *v.* to reduce 16
diversión *f.* fun activity; entertainment; recreation 4
divertido/a *adj.* fun
divertirse (e:ie) *v.* to have fun 9
divorciado/a *adj.* divorced 9

divorciarse (de) *v.* to get divorced (from) 9
divorcio *m.* divorce 9
doblar *v.* to turn 14
doble *adj.* double 5
doce twelve 1
doctor(a) *m., f.* doctor 3; 10
documental *m.* documentary 17
documentos de viaje *m., pl.* travel documents
doler (o:ue) *v.* to hurt 10
dolor *m.* ache; pain 10
dolor de cabeza *m.* headache 10
doméstico/a *adj.* domestic 12
domingo *m.* Sunday 2
don *m.* Mr.; sir 1
doña *f.* Mrs.; ma'am 1
donde *adv.* where
¿Dónde está...? Where is...? 2
¿dónde? where? 1, 2
dormir (o:ue) *v.* to sleep 4
dormirse (o:ue) *v.* to go to sleep; to fall asleep 7
dormitorio *m.* bedroom 12
dos two 1
dos veces *f.* twice; two times 6
doscientos/as two hundred 2
drama *m.* drama; play 17
dramático/a *adj.* dramatic 17
dramaturgo/a *m., f.* playwright 17
droga *f.* drug 15
drogadicto/a *m., f.* drug addict 15
ducha *f.* shower 7
ducharse *v.* to shower; to take a shower 7
duda *f.* doubt 13
dudar *v.* to doubt 13
no dudar not to doubt 13
dueño/a *m., f.* owner 8
dulces *m., pl.* sweets; candy 9
durante *prep.* during 7
durar *v.* to last 18

E

e *conj.* (*used instead of* **y** *before words beginning with* **i** *and* **hi**) and
echar *v.* to throw
echar (una carta) al buzón *v.* to put (a letter) in the mailbox; to mail 14
ecología *f.* ecology 13
ecológico/a *adj.* ecological 13
ecologista *m., f.* ecologist 13
economía *f.* economics 2
ecoturismo *m.* ecotourism 13
ecuatoriano/a *adj.* Ecuadorian 3
edad *f.* age 9
edificio *m.* building 12
edificio de apartamentos apartment building 12
(en) efectivo *m.* cash 6

ejercer *v.* to practice/exercise (a degree/profession) 16
ejercicio *m.* exercise 15
  ejercicios aeróbicos aerobic exercises 15
  ejercicios de estiramiento stretching exercises 15
ejército *m.* army 18
el *m., sing., def. art.* the 1
él *sub. pron.* he 1; *obj. pron.* him
elecciones *f., pl.* election 18
electricista *m., f.* electrician 16
electrodoméstico *m.* electric appliance 12
elegante *adj. m., f.* elegant 6
elegir (e:i) *v.* to elect 18
ella *sub. pron.* she 1; *obj. pron.* her
ellos/as *sub. pron.* they 1; *obj. pron.* them
embarazada *adj.* pregnant 10
emergencia *f.* emergency 10
emitir *v.* to broadcast 18
emocionante *adj. m., f.* exciting
empezar (e:ie) *v.* to begin 4
empleado/a *m., f.* employee 5
empleo *m.* job; employment 16
empresa *f.* company; firm 16
en *prep.* in; on 2
  en casa at home
  en caso (de) que *conj.* in case (that) 13
  en cuanto *conj.* as soon as 13
  en efectivo in cash 14
  en exceso in excess; too much 15
  en línea in-line 4
  en punto on the dot; exactly; sharp (*time*) 1
  en qué in what; how
  ¿En qué puedo servirles? How can I help you? 5
  en vivo live 7
enamorado/a (de) *adj.* in love (with) 5
enamorarse (de) *v.* to fall in love (with) 9
encantado/a *adj.* delighted; pleased to meet you 1
encantar *v.* to like very much; to love (*inanimate objects*) 7
encima de *prep.* on top of 2
encontrar (o:ue) *v.* to find 4
encontrar(se) (o:ue) *v.* to meet (each other); to run into (each other) 11
  encontrarse con to meet up with 7
encuesta *f.* poll; survey 18
energía *f.* energy 13
  energía nuclear nuclear energy 13
  energía solar solar energy 13
enero *m.* January 5
enfermarse *v.* to get sick 10
enfermedad *f.* illness 10
enfermero/a *m., f.* nurse 10
enfermo/a *adj.* sick 10

enfrente de *adv.* opposite; facing 14
engordar *v.* to gain weight 15
enojado/a *adj.* angry 5
enojarse (con) *v.* to get angry (with) 7
ensalada *f.* salad 8
ensayo *m.* essay 3
enseguida *adv.* right away
enseñar *v.* to teach 2
ensuciar *v.* to get (something) dirty 12
entender (e:ie) *v.* to understand 4
enterarse *v.* to find out 16
entonces *adv.* so, then 5, 7
entrada *f.* entrance 12; ticket
entre *prep.* between; among 2
entregar *v.* to hand in 11
entremeses *m., pl.* hors d'oeuvres; appetizers 8
entrenador(a) *m., f.* trainer 15
entrenarse *v.* to practice; to train 15
entrevista *f.* interview 16
entrevistador(a) *m., f.* interviewer 16
entrevistar *v.* to interview 16
envase *m.* container 13
enviar *v.* to send; to mail 14
equilibrado/a *adj.* balanced 15
equipaje *m.* luggage 5
equipo *m.* team 4
equivocado/a *adj.* wrong 5
eres *fam.* you are 1
es he/she/it is 1
  Es bueno que... It's good that... 12
  es cierto it's certain 13
  es extraño it's strange 13
  es igual it's the same 5
  Es importante que... It's important that... 12
  es imposible it's impossible 13
  es improbable it's improbable 13
  Es malo que... It's bad that... 12
  Es mejor que... It's better that... 12
  Es necesario que... It's necessary that... 12
  es obvio it's obvious 13
  es posible it's possible 13
  es probable it's probable 13
  es ridículo it's ridiculous 13
  es seguro it's certain 13
  es terrible it's terrible 13
  es triste it's sad 13
  Es urgente que... It's urgent that... 12
  Es la una. It's one o'clock. 1
  es una lástima it's a shame 13
  es verdad it's true 13
esa(s) *f., adj.* that; those 6
ésa(s) *f., pron.* that (one); those (ones) 6
escalar *v.* to climb 4
  escalar montañas to climb mountains 4

escalera *f.* stairs; stairway 12
escalón *m.* step 15
escanear *v.* to scan 11
escoger *v.* to choose 8
escribir *v.* to write 3
  escribir un mensaje electrónico to write an e-mail 4
  escribir una carta to write a letter 4
escrito/a *p.p.* written 14
escritor(a) *m., f.* writer 17
escritorio *m.* desk 2
escuchar *v.* to listen (to) 2
  escuchar la radio to listen to the radio 2
  escuchar música to listen to music 2
escuela *f.* school 1
esculpir *v.* to sculpt 17
escultor(a) *m., f.* sculptor 17
escultura *f.* sculpture 17
ese *m., sing., adj.* that 6
ése *m., sing., pron.* that one 6
eso *neuter, pron.* that; that thing 6
esos *m., pl., adj.* those 6
ésos *m., pl., pron.* those (ones) 6
España *f.* Spain
español *m.* Spanish (*language*) 2
español(a) *adj. m., f.* Spanish 3
espárragos *m., pl.* asparagus 8
especialidad: las especialidades del día today's specials 8
especialización *f.* major 2
espectacular *adj.* spectacular
espectáculo *m.* show 17
espejo *m.* mirror 7
esperar *v.* to hope; to wish 13
  esperar (+ inf.) *v.* to wait (for); to hope 2
esposo/a *m., f.* husband/wife; spouse 3
esquí (acuático) *m.* (water) skiing 4
esquiar *v.* to ski 4
esquina *f.* corner 14
está he/she/it is, you are
  Está bien. That's fine.
  Está (muy) despejado. It's (very) clear. (*weather*)
  Está lloviendo. It's raining. 5
  Está nevando. It's snowing. 5
  Está (muy) nublado. It's (very) cloudy. (*weather*) 5
esta(s) *f., adj.* this; these 6
  esta noche tonight
ésta(s) *f., pron.* this (one); these (ones) 6
establecer *v.* to establish 16
estación *f.* station; season 5
  estación de autobuses bus station 5
  estación del metro subway station 5
  estación de tren train station 5

estacionamiento *m.* parking lot 14
estacionar *v.* to park 11
estadio *m.* stadium 2
estado civil *m.* marital status 9
Estados Unidos *m., pl.* (EE.UU.; E.U.) United States
estadounidense *adj. m., f.* from the United States 3
estampilla *f.* stamp 14
estante *m.* bookcase; bookshelves 12
estar *v.* to be 2
   estar a dieta to be on a diet 15
   estar aburrido/a to be bored 5
   estar afectado/a (por) to be affected (by) 13
   estar cansado/a to be tired 5
   estar contaminado/a to be polluted 13
   estar de acuerdo to agree 17
     Estoy de acuerdo. I agree. 17
     No estoy de acuerdo. I don't agree. 17
   estar de moda to be in fashion 6
   estar de vacaciones *f., pl.* to be on vacation 5
   estar en buena forma to be in good shape 15
   estar enfermo/a to be sick 10
   estar harto/a de... to be sick of... 18
   estar listo/a to be ready 5
   estar perdido/a to be lost 14
   estar roto/a to be broken 11
   estar seguro/a to be sure 5
   estar torcido/a to be twisted; to be sprained 10
   No está nada mal. It's not bad at all. 5
estatua *f.* statue 17
este *m.* east 14
este *m., sing., adj.* this 6
éste *m., sing., pron.* this (one) 6
estéreo *m.* stereo 11
estilo *m.* style
estiramiento *m.* stretching 15
esto *neuter pron.* this; this thing 6
estómago *m.* stomach 10
estornudar *v.* to sneeze 10
estos *m., pl., adj.* these 6
éstos *m., pl., pron.* these (ones) 6
estrella *f.* star 13
   estrella de cine *m., f.* movie star 17
estrés *m.* stress 15
estudiante *m., f.* student 1, 2
estudiantil *adj. m., f.* student 2
estudiar *v.* to study 2
estufa *f.* stove 12
estupendo/a *adj.* stupendous 5
etapa *f.* stage 9
evitar *v.* to avoid 13
examen *m.* test; exam 2

examen médico physical exam 10
excelente *adj. m., f.* excellent 5
exceso *m.* excess 15
excursión *f.* hike; tour; excursion 4
excursionista *m., f.* hiker
éxito *m.* success
experiencia *f.* experience
explicar *v.* to explain 2
explorar *v.* to explore
expresión *f.* expression
extinción *f.* extinction 13
extranjero/a *adj.* foreign 17
extrañar *v.* to miss 16
extraño/a *adj.* strange 13

F

fábrica *f.* factory 13
fabuloso/a *adj.* fabulous 5
fácil *adj.* easy 3
falda *f.* skirt 6
faltar *v.* to lack; to need 7
familia *f.* family 3
famoso/a *adj.* famous
farmacia *f.* pharmacy 10
fascinar *v.* to fascinate 7
favorito/a *adj.* favorite 4
fax *m.* fax (machine)
febrero *m.* February 5
fecha *f.* date 5
¡Felicidades! Congratulations! 9
¡Felicitaciones! Congratulations! 9
feliz *adj.* happy 5
   ¡Feliz cumpleaños! Happy birthday! 9
fenomenal *adj.* great, phenomenal 5
feo/a *adj.* ugly 3
festival *m.* festival 17
fiebre *f.* fever 10
fiesta *f.* party 9
fijo/a *adj.* fixed, set 6
fin *m.* end 4
   fin de semana weekend 4
finalmente *adv.* finally
firmar *v.* to sign (*a document*) 14
física *f.* physics 2
flan (de caramelo) *m.* baked (caramel) custard 9
flexible *adj.* flexible 15
flor *f.* flower 13
folclórico/a *adj.* folk; folkloric 17
folleto *m.* brochure
forma *f.* shape 15
formulario *m.* form 14
foto(grafía) *f.* photograph 1
francés, francesa *adj. m., f.* French 3
frecuentemente *adv.* frequently
frenos *m., pl.* brakes
frente (frío) *m.* (cold) front 5
fresco/a *adj.* cool
frijoles *m., pl.* beans 8

frío/a *adj.* cold
frito/a *adj.* fried 8
fruta *f.* fruit 8
frutería *f.* fruit store 14
fuera *adv.* outside
fuerte *adj. m., f.* strong 15
fumar *v.* to smoke 15
   (no) fumar *v.* (not) to smoke 15
funcionar *v.* to work 11; to function
fútbol *m.* soccer 4
fútbol americano *m.* football 4
futuro/a *adj.* future
   en el futuro in the future

G

gafas (de sol) *f., pl.* (sun)glasses 6
gafas (oscuras) *f., pl.* (sun)glasses
galleta *f.* cookie 9
ganar *v.* to win 4; to earn (money) 16
ganga *f.* bargain 6
garaje *m.* garage; (mechanic's) repair shop 11; garage (*in a house*) 12
garganta *f.* throat 10
gasolina *f.* gasoline 11
gasolinera *f.* gas station 11
gastar *v.* to spend (*money*) 6
gato *m.* cat 13
gemelo/a *m., f.* twin 3
genial *adj.* great 16
gente *f.* people 3
geografía *f.* geography 2
gerente *m., f.* manager 8, 16
gimnasio *m.* gymnasium 4
gobierno *m.* government 13
golf *m.* golf 4
gordo/a *adj.* fat 3
grabar *v.* to record 11
gracias *f., pl.* thank you; thanks 1
   Gracias por invitarme. Thanks for inviting me. 9
graduarse (de/en) *v.* to graduate (from/in) 9
grande *adj.* big; large 3
grasa *f.* fat 15
gratis *adj. m., f.* free of charge 14
grave *adj.* grave; serious 10
gripe *f.* flu 10
gris *adj. m., f.* gray 6
gritar *v.* to scream, to shout
grito *m.* scream 5
guantes *m., pl.* gloves 6
guapo/a *adj.* handsome; good-looking 3
guardar *v.* to save (on a computer) 11
guerra *f.* war 18
guía *m., f.* guide
gustar *v.* to be pleasing to; to like 2
   Me gustaría... I would like...
gusto *m.* pleasure 1
   El gusto es mío. The pleasure is mine. 1

Mucho gusto. Pleased to meet you. 1
¡Qué gusto verlo/la! (form.) *How nice to see you!* 18
¡Qué gusto verte! (fam.) *How nice to see you!* 18

H

haber (auxiliar) v. to have (done something) 15
habitación f. room 5
   habitación doble double room 5
   habitación individual single room 5
hablar v. to talk; to speak 2
hacer v. to do; to make 4
   Hace buen tiempo. The weather is good. 5
   Hace (mucho) calor. It's (very) hot. (weather) 5
   Hace fresco. It's cool. (weather) 5
   Hace (mucho) frío. It's (very) cold. (weather) 5
   Hace mal tiempo. The weather is bad. 5
   Hace (mucho) sol. It's (very) sunny. (weather) 5
   Hace (mucho) viento. It's (very) windy. (weather) 5
   hacer cola to stand in line 14
   hacer diligencias to run errands 14
   hacer ejercicio to exercise 15
   hacer ejercicios aeróbicos to do aerobics 15
   hacer ejercicios de estiramiento to do stretching exercises 15
   hacer el papel (de) to play the role (of) 17
   hacer gimnasia to work out 15
   hacer juego (con) to match (with) 6
   hacer la cama to make the bed 12
   hacer las maletas to pack (one's) suitcases 5
   hacer quehaceres domésticos to do household chores 12
   hacer (wind)surf to (wind)surf 5
   hacer turismo to go sightseeing
   hacer un viaje to take a trip 5
   ¿Me harías el honor de casarte conmigo? Would you do me the honor of marrying me? 17
hacia prep. toward 14
hambre f. hunger
hamburguesa f. hamburger 8
hasta prep. until 6; toward
   Hasta la vista. See you later. 1
   Hasta luego. See you later. 1
   Hasta mañana. See you tomorrow. 1

Hasta pronto. See you soon. 1
hasta que conj. until 13
hay there is; there are 1
   Hay (mucha) contaminación. It's (very) smoggy.
   Hay (mucha) niebla. It's (very) foggy.
   Hay que It is necessary that
   No hay de qué. You're welcome. 1
   No hay duda de There's no doubt 13
hecho/a p.p. done 14
heladería f. ice cream shop 14
helado/a adj. iced 8
helado m. ice cream 9
hermanastro/a m., f. stepbrother/stepsister 3
hermano/a m., f. brother/sister 3
hermano/a mayor/menor m., f. older/younger brother/sister 3
hermanos m., pl. siblings (brothers and sisters) 3
hermoso/a adj. beautiful 6
hierba f. grass 13
hijastro/a m., f. stepson/stepdaughter 3
hijo/a m., f. son/daughter 3
   hijo/a único/a m., f. only child 3
   hijos m., pl. children 3
híjole interj. wow 6
historia f. history 2; story 17
hockey m. hockey 4
hola interj. hello; hi 1
hombre m. man 1
   hombre de negocios m. businessman 16
hora f. hour 1; the time
horario m. schedule 2
horno m. oven 12
   horno de microondas m. microwave oven 12
horror m. horror 17
   de horror horror (genre) 17
hospital m. hospital 10
hotel m. hotel 5
hoy adv. today 2
   hoy día adv. nowadays
   Hoy es... Today is... 2
hueco m. hole 4
huelga f. strike (labor) 18
hueso m. bone 10
huésped m., f. guest 5
huevo m. egg 8
humanidades f., pl. humanities 2
huracán m. hurricane 18

I

ida f. one way (travel)
idea f. idea 18
iglesia f. church 4
igualdad f. equality 18
igualmente adv. likewise 1
impermeable m. raincoat 6

importante adj. m., f. important 3
importar v. to be important to; to matter 7
imposible adj. m., f. impossible 13
impresora f. printer 11
imprimir v. to print 11
improbable adj. m., f. improbable 13
impuesto m. tax 18
incendio m. fire 18
increíble adj. m., f. incredible 5
indicar cómo llegar v. to give directions 14
individual adj. single (room) 5
infección f. infection 10
informar v. to inform 18
informe m. report; paper (written work) 18
ingeniero/a m., f. engineer 3
inglés m. English (language) 2
inglés, inglesa adj. English 3
inodoro m. toilet 7
insistir (en) v. to insist (on) 12
inspector(a) de aduanas m., f. customs inspector 5
inteligente adj. m., f. intelligent 3
intento m. attempt 11
intercambiar v. to exchange
interesante adj. m., f. interesting 3
interesar v. to be interesting to; to interest 7
internacional adj. m., f. international 18
Internet Internet 11
inundación f. flood 18
invertir (e:ie) v. to invest 16
invierno m. winter 5
invitado/a m., f. guest 9
invitar v. to invite 9
inyección f. injection 10
ir v. to go 4
   ir a (+ inf.) to be going to do something 4
   ir de compras to go shopping 5
   ir de excursión (a las montañas) to go on a hike (in the mountains) 4
   ir de pesca to go fishing
   ir de vacaciones to go on vacation 5
   ir en autobús to go by bus 5
   ir en auto(móvil) to go by auto(mobile); to go by car 5
   ir en avión to go by plane 5
   ir en barco to go by boat 5
   ir en metro to go by subway 5
   ir en moto(cicleta) to go by motorcycle 5
   ir en taxi to go by taxi 5
   ir en tren to go by train
irse v. to go away; to leave 7
italiano/a adj. Italian 3
izquierda f. left 2
   a la izquierda de to the left of 2

J

jabón *m.* soap 7
jamás *adv.* never; not ever 7
jamón *m.* ham 8
japonés, japonesa *adj.* Japanese 3
jardín *m.* garden; yard 12
jefe, jefa *m., f.* boss 16
jengibre *m.* ginger 10
joven *adj. m., f., sing.* (**jóvenes** *pl.*) young 3
    joven *m., f., sing.* (**jóvenes** *pl.*) young person 1
joyería *f.* jewelry store 14
jubilarse *v.* to retire (*from work*) 9
juego *m.* game
jueves *m., sing.* Thursday 2
jugador(a) *m., f.* player 4
jugar (u:ue) *v.* to play 4
    jugar a las cartas *f., pl.* to play cards 5
jugo *m.* juice 8
    jugo de fruta *m.* fruit juice 8
julio *m.* July 5
jungla *f.* jungle 13
junio *m.* June 5
juntos/as *adj.* together 9
juventud *f.* youth 9

K

kilómetro *m.* kilometer 11

L

la *f., sing., def. art.* the 1; *f., sing., d.o. pron.* her, it, *form.* you 5
laboratorio *m.* laboratory 2
lago *m.* lake 13
lámpara *f.* lamp 12
lana *f.* wool 6
langosta *f.* lobster 8
lápiz *m.* pencil 1
largo/a *adj.* long 6
las *f., pl., def. art.* the 1; *f., pl., d.o. pron.* them; you 5
lástima *f.* shame 13
lastimarse *v.* to injure oneself 10
    lastimarse el pie to injure one's foot 10
lata *f.* (*tin*) can 13
lavabo *m.* sink 7
lavadora *f.* washing machine 12
lavandería *f.* laundromat 14
lavaplatos *m., sing.* dishwasher 12
lavar *v.* to wash 12
    lavar (el suelo, los platos) to wash (the floor, the dishes) 12
lavarse *v.* to wash oneself 7
    lavarse la cara to wash one's face 7
    lavarse las manos to wash one's hands 7
le *sing., i.o. pron.* to/for him, her, *form.* you 6

Le presento a... *form.* I would like to introduce you to (name). 1
lección *f.* lesson 1
leche *f.* milk 8
lechuga *f.* lettuce 8
leer *v.* to read 3
    leer el correo electrónico to read e-mail 4
    leer un periódico to read a newspaper 4
    leer una revista to read a magazine 4
leído/a *p.p.* read 14
lejos de *prep.* far from 2
lengua *f.* language 2
    lenguas extranjeras *f., pl.* foreign languages 2
lentes de contacto *m., pl.* contact lenses
    lentes (de sol) (sun)glasses
lento/a *adj.* slow 11
les *pl., i.o. pron.* to/for them, you 6
letrero *m.* sign 14
levantar *v.* to lift 15
    levantar pesas to lift weights 15
levantarse *v.* to get up 7
ley *f.* law 13
libertad *f.* liberty; freedom 18
libre *adj. m., f.* free 4
librería *f.* bookstore 2
libro *m.* book 2
licencia de conducir *f.* driver's license 11
limón *m.* lemon 8
limpiar *v.* to clean 12
    limpiar la casa *v.* to clean the house 12
limpio/a *adj.* clean 5
línea *f.* line 4
listo/a *adj.* ready; smart 5
literatura *f.* literature 2
llamar *v.* to call 11
    llamar por teléfono to call on the phone
llamarse *v.* to be called; to be named 7
llanta *f.* tire 11
llave *f.* key 5; wrench 11
llegada *f.* arrival 5
llegar *v.* to arrive 2
llenar *v.* to fill 11, 14
    llenar el tanque to fill the tank 11
    llenar (un formulario) to fill out (a form) 14
lleno/a *adj.* full 11
llevar *v.* to carry 2; to wear; to take 6
    llevar una vida sana to lead a healthy lifestyle 15
    llevarse bien/mal (con) to get along well/badly (with) 9
llorar *v.* to cry 15
llover (o:ue) *v.* to rain 5

Llueve. It's raining. 5
lluvia *f.* rain
lo *m., sing. d.o. pron.* him, it, *form.* you 5
¡Lo he pasado de película! I've had a fantastic time! 18
    lo mejor the best (thing)
    lo que that which; what 12
    Lo siento. I'm sorry. 1
loco/a *adj.* crazy 6
locutor(a) *m., f.* (TV or radio) announcer 18
lodo *m.* mud
los *m., pl., def. art.* the 1; *m. pl., d.o. pron.* them, you 5
luchar (contra/por) *v.* to fight; to struggle (against/for) 18
luego *adv.* then 7; later 1
lugar *m.* place 2, 4
luna *f.* moon 13
lunares *m.* polka dots
lunes *m., sing.* Monday 2
luz *f.* light; electricity 12

M

madrastra *f.* stepmother 3
madre *f.* mother 3
madurez *f.* maturity; middle age 9
maestro/a *m., f.* teacher 16
magnífico/a *adj.* magnificent 5
maíz *m.* corn 8
mal, malo/a *adj.* bad 3
maleta *f.* suitcase 1
mamá *f.* mom
mandar *v.* to order 12; to send; to mail 14
manejar *v.* to drive 11
manera *f.* way
mano *f.* hand 1
manta *f.* blanket 12
mantener *v.* to maintain 15
    mantenerse en forma to stay in shape 15
mantequilla *f.* butter 8
manzana *f.* apple 8
mañana *f.* morning, a.m. 1; tomorrow 1
mapa *m.* map 1, 2
maquillaje *m.* makeup 7
maquillarse *v.* to put on makeup 7
mar *m.* sea 5
maravilloso/a *adj.* marvelous 5
mareado/a *adj.* dizzy; nauseated 10
margarina *f.* margarine 8
mariscos *m., pl.* shellfish 8
marrón *adj. m., f.* brown 6
martes *m., sing.* Tuesday 2
marzo *m.* March 5
más *adv.* more 2
    más de (+ *number*) more than 8
    más tarde later (on) 7
    más... que more... than 8

masaje *m.* massage 15
matemáticas *f., pl.* mathematics 2
materia *f.* course 2
matrimonio *m.* marriage 9
máximo/a *adj.* maximum 11
mayo *m.* May 5
mayonesa *f.* mayonnaise 8
mayor *adj.* older 3
  el/la mayor *adj.* oldest 8
me *sing., d.o. pron.* me 5; *sing. i.o. pron.* to/for me 6
  Me gusta... I like... 2
  Me gustaría(n)... I would like... 15
  Me llamo... My name is... 1
  Me muero por... I'm dying to (for)...
mecánico/a *m., f.* mechanic 11
mediano/a *adj.* medium
medianoche *f.* midnight 1
medias *f., pl.* pantyhose, stockings 6
medicamento *m.* medication 10
medicina *f.* medicine 10
médico/a *m., f.* doctor 3; *adj.* medical 10
medio/a *adj.* half 3
  medio ambiente *m.* environment 13
  medio/a hermano/a *m., f.* half-brother/half-sister 3
  mediodía *m.* noon 1
  medios de comunicación *m., pl.* means of communication; media 18
  y media thirty minutes past the hour (time) 1
mejor *adj.* better 8
  el/la mejor *m., f.* the best 8
mejorar *v.* to improve 13
melocotón *m.* peach 8
menor *adj.* younger 3
  el/la menor *m., f.* youngest 8
menos *adv.* less 10
  menos cuarto..., menos quince... quarter to... (time) 1
  menos de (+ *number*) fewer than 8
  menos... que less... than 8
mensaje *m.* **de texto** text message 11
mensaje electrónico *m.* e-mail message 4
mentira *f.* lie 4
menú *m.* menu 8
mercado *m.* market 6
  mercado al aire libre open-air market 6
merendar (e:ie) *v.* to snack 8; to have an afternoon snack
merienda *f.* afternoon snack 15
mes *m.* month 5
mesa *f.* table 2
mesita *f.* end table 12
  mesita de noche night stand 12
meterse en problemas *v.* to get into trouble 13

metro *m.* subway 5
mexicano/a *adj.* Mexican 3
mí *pron., obj. of prep.* me 9
mi(s) *poss. adj.* my 3
microonda *f.* microwave 12
  horno de microondas *m.* microwave oven 12
miedo *m.* fear
miel *f.* honey 10
mientras *conj.* while 10
miércoles *m., sing.* Wednesday 2
mil *m.* one thousand 2
  mil millones billion
milla *f.* mile
millón *m.* million 2
millones (de) *m.* millions (of)
mineral *m.* mineral 15
minuto *m.* minute
mío(s)/a(s) *poss.* my; (of) mine 11
mirar *v.* to look (at); to watch 2
  mirar (la) televisión to watch television 2
mismo/a *adj.* same 3
mochila *f.* backpack 2
moda *f.* fashion 6
moderno/a *adj.* modern 17
molestar *v.* to bother; to annoy 7
monitor *m.* (computer) monitor 11
  monitor(a) *m., f.* trainer
mono *m.* monkey 13
montaña *f.* mountain 4
montar *v.* **a caballo** to ride a horse 5
montón: un montón de a lot of 4
monumento *m.* monument 4
morado/a *adj.* purple 6
moreno/a *adj.* brunet(te) 3
morir (o:ue) *v.* to die 8
mostrar (o:ue) *v.* to show 4
moto(cicleta) *f.* motorcycle 5
motor *m.* motor
muchacho/a *m., f.* boy/girl 3
mucho/a *adj.,* a lot of; much; many 3
  (Muchas) gracias. Thank you (very much); Thanks (a lot). 1
  muchas veces *adv.* a lot; many times 10
  Mucho gusto. Pleased to meet you. 1
mudarse *v.* to move (from one house to another) 12
muebles *m., pl.* furniture 12
muerte *f.* death 9
muerto/a *p.p.* died 14
mujer *f.* woman 1
  mujer de negocios *f.* business woman 16
  mujer policía *f.* female police officer
multa *f.* fine
mundial *adj. m., f.* worldwide
mundo *m.* world 8
muro *m.* wall 15
músculo *m.* muscle 15
museo *m.* museum 4
música *f.* music 2, 17

musical *adj. m., f.* musical 17
músico/a *m., f.* musician 17
muy *adv.* very 1
  (Muy) bien, gracias. (Very) well, thanks. 1

N

nacer *v.* to be born 9
nacimiento *m.* birth 9
nacional *adj. m., f.* national 18
nacionalidad *f.* nationality 1
nada nothing 1; not anything 7
  nada mal not bad at all 5
nadar *v.* to swim 4
nadie *pron.* no one, nobody, not anyone 7
naranja *f.* orange 8
nariz *f.* nose 10
natación *f.* swimming 4
natural *adj. m., f.* natural 13
naturaleza *f.* nature 13
navegador *m.* **GPS** GPS 11
navegar (en Internet) *v.* to surf (the Internet) 11
Navidad *f.* Christmas 9
necesario/a *adj.* necessary 12
necesitar (+ *inf.*) *v.* to need 2
negar (e:ie) *v.* to deny 13
  no negar (e:ie) *v.* not to deny 13
negocios *m., pl.* business; commerce 16
negro/a *adj.* black 6
nervioso/a *adj.* nervous 5
nevar (e:ie) *v.* to snow 5
  Nieva. It's snowing. 5
ni...ni neither... nor 7
niebla *f.* fog
nieto/a *m., f.* grandson/granddaughter 3
nieve *f.* snow
ningún, ninguno/a(s) *adj.* no; none; not any 7
niñez *f.* childhood 9
niño/a *m., f.* child 3
no no; not 1
  ¿no? right? 1
  no cabe duda de there is no doubt 13
  no es seguro it's not certain 13
  no es verdad it's not true 13
  No está nada mal. It's not bad at all. 5
  no estar de acuerdo to disagree
  No estoy seguro. I'm not sure.
  no hay there is not; there are not 1
  No hay de qué. You're welcome. 1
  no hay duda de there is no doubt 13
  ¡No me diga(s)! You don't say!
  No me gustan nada. I don't like them at all. 2

no muy bien not very well 1
No quiero. I don't want to. 4
No sé. I don't know.
No te preocupes. (*fam.*) Don't worry. 7
no tener razón to be wrong 3
noche *f.* night 1
nombre *m.* name 1
norte *m.* north 14
norteamericano/a *adj.* (North) American 3
nos *pl., d.o. pron.* us 5; *pl., i.o. pron.* to/for us 6
Nos vemos. See you. 1
nosotros/as *sub. pron.* we 1; *obj. pron.* us
noticia *f.* news 11
noticias *f., pl.* news 18
noticiero *m.* newscast 18
novecientos/as nine hundred 2
noveno/a *adj.* ninth 5
noventa ninety 2
noviembre *m.* November 5
novio/a *m., f.* boyfriend/girlfriend 3
nube *f.* cloud 13
nublado/a *adj.* cloudy 5
Está (muy) nublado. It's very cloudy. 5
nuclear *adj. m. f.* nuclear 13
nuera *f.* daughter-in-law 3
nuestro(s)/a(s) *poss. adj.* our 3; our, (of) ours 11
nueve nine 1
nuevo/a *adj.* new 6
número *m.* number 1; (shoe) size 6
nunca *adv.* never; not ever 7
nutrición *f.* nutrition 15
nutricionista *m., f.* nutritionist 15

O

o or 7
o… o; either… or 7
obedecer *v.* to obey 18
obra *f.* work (*of art, literature, music, etc.*) 17
obra maestra *f.* masterpiece 17
obtener *v.* to obtain; to get 16
obvio/a *adj.* obvious 13
océano *m.* ocean
ochenta eighty 2
ocho eight 1
ochocientos/as eight hundred 2
octavo/a *adj.* eighth 5
octubre *m.* October 5
ocupación *f.* occupation 16
ocupado/a *adj.* busy 5
ocurrir *v.* to occur; to happen 18
odiar *v.* to hate 9
oeste *m.* west 14
oferta *f.* offer
oficina *f.* office 12

oficio *m.* trade 16
ofrecer *v.* to offer 6
oído *m.* (sense of) hearing; inner ear 10
oído/a *p.p.* heard 14
oír *v.* to hear 4
ojalá (que) *interj.* I hope (that); I wish (that) 13
ojo *m.* eye 10
olvidar *v.* to forget 10
once eleven 1
ópera *f.* opera 17
operación *f.* operation 10
ordenado/a *adj.* orderly 5
ordinal *adj.* ordinal (*number*)
oreja *f.* (outer) ear 10
organizarse *v.* to organize oneself 12
orquesta *f.* orchestra 17
ortografía *f.* spelling
ortográfico/a *adj.* spelling
os *fam., pl. d.o. pron.* you 5; *fam., pl. i.o. pron.* to/for you 6
otoño *m.* autumn 5
otro/a *adj.* other; another 6
otra vez again

P

paciente *m., f.* patient 10
padrastro *m.* stepfather 3
padre *m.* father 3
padres *m., pl.* parents 3
pagar *v.* to pay 6
pagar a plazos to pay in installments 14
pagar al contado to pay in cash 14
pagar en efectivo to pay in cash 14
pagar la cuenta to pay the bill
página *f.* page 11
página principal *f.* home page 11
país *m.* country 1
paisaje *m.* landscape 5
pájaro *m.* bird 13
palabra *f.* word 1
paleta helada *f.* popsicle 4
pálido/a *adj.* pale 14
pan *m.* bread 8
pan tostado *m.* toasted bread 8
panadería *f.* bakery 14
pantalla *f.* screen 11
pantalla táctil *f.* touch screen
pantalones *m., pl.* pants 6
pantalones cortos *m., pl.* shorts 6
pantuflas *f.* slippers 7
papa *f.* potato 8
papas fritas *f., pl.* fried potatoes; French fries 8
papá *m.* dad
papás *m., pl.* parents
papel *m.* paper 2; role 17

papelera *f.* wastebasket 2
paquete *m.* package 14
par *m.* pair 6
par de zapatos pair of shoes 6
para *prep.* for; in order to; by; used for; considering 11
para que *conj.* so that 13
parabrisas *m., sing.* windshield 11
parar *v.* to stop 11
parecer *v.* to seem 6
pared *f.* wall 12
pareja *f.* (married) couple; partner 9
parientes *m., pl.* relatives 3
parque *m.* park 4
párrafo *m.* paragraph
parte: de parte de on behalf of 11
partido *m.* game; match (*sports*) 4
pasado/a *adj.* last; past 6
pasado *p.p.* passed
pasaje *m.* ticket 5
pasaje de ida y vuelta *m.* roundtrip ticket 5
pasajero/a *m., f.* passenger 1
pasaporte *m.* passport 5
pasar *v.* to go through
pasar la aspiradora to vacuum 12
pasar por la aduana to go through customs
pasar tiempo to spend time
pasarlo bien/mal to have a good/bad time 9
pasatiempo *m.* pastime; hobby 4
pasear *v.* to take a walk; to stroll 4
pasear en bicicleta to ride a bicycle 4
pasear por to walk around
pasillo *m.* hallway 12
pasta *f.* **de dientes** toothpaste 7
pastel *m.* cake; pie 9
pastel de chocolate *m.* chocolate cake 9
pastel de cumpleaños *m.* birthday cake
pastelería *f.* pastry shop 14
pastilla *f.* pill; tablet 10
patata *f.* potato 8
patatas fritas *f., pl.* fried potatoes; French fries 8
patinar (en línea) *v.* to (inline) skate 4
patineta *f.* skateboard 4
patio *m.* patio; yard 12
pavo *m.* turkey 8
paz *f.* peace 18
pedir (e:i) *v.* to ask for; to request 4; to order (*food*) 8
pedir prestado *v.* to borrow 14
pedir un préstamo *v.* to apply for a loan 14
Todos me dijeron que te pidiera una disculpa de su parte. They all told me to ask you to excuse them/forgive them. 18
peinarse *v.* to comb one's hair 7

película *f.* movie 4
peligro *m.* danger 13
peligroso/a *adj.* dangerous 18
pelirrojo/a *adj.* red-haired 3
pelo *m.* hair 7
pelota *f.* ball 4
peluquería *f.* beauty salon 14
peluquero/a *m., f.* hairdresser 16
penicilina *f.* penicillin
pensar (e:ie) *v.* to think 4
   pensar (+ inf.) *v.* to intend to;
      to plan to (*do something*) 4
   pensar en *v.* to think about 4
pensión *f.* boardinghouse
peor *adj.* worse 8
   el/la peor *adj.* the worst 8
pequeño/a *adj.* small 3
pera *f.* pear 8
perder (e:ie) *v.* to lose; to miss 4
perdido/a *adj.* lost 13, 14
Perdón. Pardon me.;
   Excuse me. 1
perezoso/a *adj.* lazy
perfecto/a *adj.* perfect 5
periódico *m.* newspaper 4
periodismo *m.* journalism 2
periodista *m., f.* journalist 3
permiso *m.* permission
pero *conj.* but 2
perro *m.* dog 13
persona *f.* person 3
personaje *m.* character 17
   personaje principal *m.*
      main character 17
pesas *f. pl.* weights 15
pesca *f.* fishing
pescadería *f.* fish market 14
pescado *m.* fish (*cooked*) 8
pescar *v.* to fish 5
peso *m.* weight 15
pez *m., sing.* (**peces** *pl.*) fish (*live*) 13
pie *m.* foot 10
piedra *f.* stone 13
pierna *f.* leg 10
pimienta *f.* black pepper 8
pintar *v.* to paint 17
pintor(a) *m., f.* painter 16
pintura *f.* painting; picture 12, 17
piña *f.* pineapple
piscina *f.* swimming pool 4
piso *m.* floor (*of a building*) 5
pizarra *f.* blackboard 2
placer *m.* pleasure
planchar la ropa *v.* to iron the
   clothes 12
planes *m., pl.* plans
planta *f.* plant 13
   planta baja *f.* ground floor 5
plástico *m.* plastic 13
plato *m.* dish (*in a meal*) 8; *m.*
   plate 12
   plato principal *m.* main dish 8
playa *f.* beach 5
plaza *f.* city or town square 4
plazos *m., pl.* periods; time 14
pluma *f.* pen 2
plumero *m.* duster 12
población *f.* population 13

pobre *adj. m., f.* poor 6
pobrecito/a *adj.* poor thing 3
pobreza *f.* poverty
poco *adv.* little 5, 10
poder (o:ue) *v.* to be able to; can 4
   ¿Podría pedirte algo? Could I
      ask you something? 17
   ¿Puedo dejar un recado?
      May I leave a message? 11
poema *m.* poem 17
poesía *f.* poetry 17
poeta *m., f.* poet 17
policía *f.* police (force) 11
política *f.* politics 18
político/a *m., f.* politician 16; *adj.*
   political 18
pollo *m.* chicken 8
   pollo asado *m.* roast chicken 8
poner *v.* to put; to place 4; to turn
   on (*electrical appliances*) 11
   poner la mesa to set the
      table 12
   poner una inyección to give
      an injection 10
   ponerle el nombre to name
      someone/something 9
ponerse (+ adj.) *v.* to become
   (+ adj.) 7; to put on 7
por *prep.* in exchange for; for;
   by; in; through; around; along;
   during; because of; on account
   of; on behalf of; in search of;
   by way of; by means of 11
   por aquí around here 11
   por ejemplo for example 11
   por eso that's why;
      therefore 11
   por favor please 1
   por fin finally 11
   por la mañana in the
      morning 7
   por la noche at night 7
   por la tarde in the afternoon 7
   por lo menos *adv.* at least 10
   ¿por qué? why? 2
   Por supuesto. Of course.
   por teléfono by phone; on the
      phone
   por último finally 7
porque *conj.* because 2
portátil *adj.* portable 11
portero/a *m., f.* doorman/
   doorwoman 1
porvenir *m.* future 16
   por el porvenir for/to the
      future 16
posesivo/a *adj.* possessive
posible *adj.* possible 13
   es posible it's possible 13
   no es posible it's not
      possible 13
postal *f.* postcard
postre *m.* dessert 9
practicar *v.* to practice 2
   practicar deportes *m., pl.* to
      play sports 4
precio (fijo) *m.* (fixed; set)
   price 6

preferir (e:ie) *v.* to prefer 4
pregunta *f.* question
preguntar *v.* to ask (*a question*) 2
premio *m.* prize; award 17
prender *v.* to turn on 11
prensa *f.* press 18
preocupado/a (por) *adj.* worried
   (about) 5
preocuparse (por) *v.* to worry
   (about) 7
preparar *v.* to prepare 2
preposición *f.* preposition
presentación *f.* introduction
presentar *v.* to introduce; to
   present 17; to put on (*a
   performance*) 17
   Le presento a... I would like
      to introduce you to (name).
      (*form.*) 1
   Te presento a... I would like
      to introduce you to (name).
      (*fam.*) 1
presiones *f., pl.* pressures 15
prestado/a *adj.* borrowed
préstamo *m.* loan 14
prestar *v.* to lend; to loan 6
primavera *f.* spring 5
primer, primero/a *adj.* first 5
primero *adv.* first 2
primo/a *m., f.* cousin 3
principal *adj. m., f.* main 8
prisa *f.* haste
   darse prisa *v.* to hurry;
      to rush 15
probable *adj. m., f.* probable 13
   es probable it's probable 13
   no es probable it's not
      probable 13
probar (o:ue) *v.* to taste; to try 8
probarse (o:ue) *v.* to try on 7
problema *m.* problem 1
profesión *f.* profession 3; 16
profesor(a) *m., f.* teacher 1, 2
programa *m.* program 1
   programa de computación
      m. software 11
   programa de entrevistas *m.*
      talk show 17
   programa de realidad *m.*
      reality show 17
programador(a) *m., f.* computer
   programmer 3
prohibir *v.* to prohibit 10;
   to forbid
pronombre *m.* pronoun
pronto *adv.* soon 10
propina *f.* tip 8
propio/a *adj.* own
proteger *v.* to protect 13
proteína *f.* protein 15
próximo/a *adj.* next 3, 16
proyecto *m.* project 11
prueba *f.* test; quiz 2
psicología *f.* psychology 2
psicólogo/a *m., f.*
   psychologist 16
publicar *v.* to publish 17

público *m.* audience 17
pueblo *m.* town
puerta *f.* door 2
puertorriqueño/a *adj.* Puerto Rican 3
pues *conj.* well
puesto *m.* position; job 16
puesto/a *p.p.* put 14
puro/a *adj.* pure 13

Q

que *pron.* that; which; who 12
  ¿En qué...? In which...?
  ¡Qué...! How...!
  ¡Qué dolor! What pain!
  ¡Qué ropa más bonita! What pretty clothes! 6
  ¡Qué sorpresa! What a surprise!
  ¿qué? what? 1, 2
  ¿Qué día es hoy? What day is it? 2
  ¿Qué hay de nuevo? What's new? 1
  ¿Qué hora es? What time is it? 1
  ¿Qué les parece? What do you (*pl.*) think?
  ¿Qué onda? What's up? 14
  ¿Qué pasa? What's happening? What's going on? 1
  ¿Qué pasó? What happened?
  ¿Qué precio tiene? What is the price?
  ¿Qué tal...? How are you?; How is it going? 1
  ¿Qué talla lleva/usa? What size do you wear? 6
  ¿Qué tiempo hace? How's the weather? 5
quedar *v.* to be left over; to fit (*clothing*) 7; to be located 14
quedarse *v.* to stay; to remain 7
quehaceres domésticos *m., pl.* household chores 12
quemar (un CD/DVD) *v.* to burn (a CD/DVD)
querer (e:ie) *v.* to want; to love 4
queso *m.* cheese 8
quien(es) *pron.* who; whom; that 12
¿quién(es)? who?; whom? 1, 2
  ¿Quién es...? Who is...? 1
  ¿Quién habla? Who is speaking/calling? (*telephone*) 11
química *f.* chemistry 2
quince fifteen 1
  menos quince quarter to (time) 1
  y quince quarter after (time) 1
quinceañera *f.* young woman celebrating her fifteenth birthday 9
quinientos/as five hundred 2
quinto/a *adj.* fifth 5
quisiera *v.* I would like

quitar el polvo *v.* to dust 12
quitar la mesa *v.* to clear the table 12
quitarse *v.* to take off 7
quizás *adv.* maybe 5

R

racismo *m.* racism 18
radio *f.* radio (*medium*) 2; *m.* radio (set) 11
radiografía *f.* X-ray 10
rápido *adv.* quickly 10
ratón *m.* mouse 11
ratos libres *m., pl.* spare (free) time 4
raya *f.* stripe
razón *f.* reason
rebaja *f.* sale 6
receta *f.* prescription 10
recetar *v.* to prescribe 10
recibir *v.* to receive 3
reciclaje *m.* recycling 13
reciclar *v.* to recycle 13
recién casado/a *m., f.* newly-wed 9
recoger *v.* to pick up 13
recomendar (e:ie) *v.* to recommend 8, 12
recordar (o:ue) *v.* to remember 4
recorrer *v.* to tour an area
recorrido *m.* tour 13
recuperar *v.* to recover 11
recurso *m.* resource 13
  recurso natural *m.* natural resource 13
red *f.* network; Web 11
reducir *v.* to reduce 13
refresco *m.* soft drink 8
refrigerador *m.* refrigerator 12
regalar *v.* to give (a gift) 9
regalo *m.* gift 6
regatear *v.* to bargain 6
región *f.* region; area
regresar *v.* to return 2
regular *adv.* so-so; OK 1
reído *p.p.* laughed 14
reírse (e:i) *v.* to laugh 9
relaciones *f., pl.* relationships
relajarse *v.* to relax 9
reloj *m.* clock; watch 2
renovable *adj.* renewable 13
renunciar (a) *v.* to resign (from) 16
repetir (e:i) *v.* to repeat 4
reportaje *m.* report 18
reportero/a *m., f.* reporter 16
representante *m., f.* representative 18
reproductor de CD *m.* CD player 11
reproductor de DVD *m.* DVD player 11
reproductor de MP3 *m.* MP3 player 11
resfriado *m.* cold (*illness*) 10
residencia estudiantil *f.* dormitory 2

resolver (o:ue) *v.* to resolve; to solve 13
respirar *v.* to breathe 13
responsable *adj.* responsible 8
respuesta *f.* answer
restaurante *m.* restaurant 4
resuelto/a *p.p.* resolved 14
reunión *f.* meeting 16
revisar *v.* to check 11
  revisar el aceite *v.* to check the oil 11
revista *f.* magazine 4
rico/a *adj.* rich 6; *adj.* tasty; delicious 8
ridículo/a *adj.* ridiculous 13
río *m.* river 13
rodilla *f.* knee 10
rogar (o:ue) *v.* to beg; to plead 12
rojo/a *adj.* red 6
romántico/a *adj.* romantic 17
romper *v.* to break 10
  romperse la pierna *v.* to break one's leg 10
romper (con) *v.* to break up (with) 9
ropa *f.* clothing; clothes 6
  ropa interior *f.* underwear 6
rosado/a *adj.* pink 6
roto/a *adj.* broken 14
rubio/a *adj.* blond(e) 3
ruso/a *adj.* Russian 3
rutina *f.* routine 7
  rutina diaria *f.* daily routine 7

S

sábado *m.* Saturday 2
saber *v.* to know; to know how 6
  saber a to taste like 8
sabrosísimo/a *adj.* extremely delicious 8
sabroso/a *adj.* tasty; delicious 8
sacar *v.* to take out
  sacar buenas notas to get good grades 2
  sacar fotos to take photos 5
  sacar la basura to take out the trash 12
  sacar(se) un diente to have a tooth removed 10
sacudir *v.* to dust 12
  sacudir los muebles to dust the furniture 12
sal *f.* salt 8
sala *f.* living room 12; room
  sala de emergencia(s) emergency room 10
salario *m.* salary 16
salchicha *f.* sausage 8
salida *f.* departure; exit 5
salir *v.* to leave 4; to go out
  salir con to go out with; to date 4, 9
  salir de to leave from 4
  salir para to leave for (a place) 4
salmón *m.* salmon 8

salón de belleza *m.* beauty salon 14
salud *f.* health 10
saludable *adj.* healthy 10
saludar(se) *v.* to greet (each other) 11
saludo *m.* greeting 1
saludos a… greetings to… 1
sandalia *f.* sandal 6
sandía *f.* watermelon
sándwich *m.* sandwich 8
sano/a *adj.* healthy 10
se *ref. pron.* himself, herself, itself, *form.* yourself, themselves, yourselves 7
se *impersonal* one 10
Se hizo… He/she/it became…
secadora *f.* clothes dryer 12
secarse *v.* to dry (oneself) 7
sección de (no) fumar *f.* (non) smoking section 8
secretario/a *m., f.* secretary 16
secuencia *f.* sequence
sed *f.* thirst
seda *f.* silk 6
sedentario/a *adj.* sedentary; related to sitting 15
seguir (e:i) *v.* to follow; to continue 4
según according to
segundo/a *adj.* second 5
seguro/a *adj.* sure; safe; confident 5
seis six 1
seiscientos/as six hundred 2
sello *m.* stamp 14
selva *f.* jungle 13
semáforo *m.* traffic light 14
semana *f.* week 2
fin *m.* **de semana** weekend 4
semana *f.* **pasada** last week 6
semestre *m.* semester 2
sendero *m.* trail; path 13
sentarse (e:ie) *v.* to sit down 7
sentir (e:ie) *v.* to be sorry; to regret 13
sentirse (e:ie) *v.* to feel 7
señor (Sr.); don *m.* Mr.; sir 1
señora (Sra.); doña *f.* Mrs.; ma'am 1
señorita (Srta.) *f.* Miss 1
separado/a *adj.* separated 9
separarse (de) *v.* to separate (from) 9
septiembre *m.* September 5
séptimo/a *adj.* seventh 5
ser *v.* to be 1
ser aficionado/a (a) to be a fan (of)
ser alérgico/a (a) to be allergic (to) 10
ser gratis to be free of charge 14
serio/a *adj.* serious
servicio *m.* service 15
servilleta *f.* napkin 12
servir (e:i) *v.* to serve 8; to help 5
sesenta sixty 2
setecientos/as seven hundred 2

setenta seventy 2
sexismo *m.* sexism 18
sexto/a *adj.* sixth 5
sí *adv.* yes 1
si *conj.* if 4
SIDA *m.* AIDS 18
siempre *adv.* always 7
siete seven 1
silla *f.* seat 2
sillón *m.* armchair 12
similar *adj. m., f.* similar
simpático/a *adj.* nice; likeable 3
sin *prep.* without 13
sin duda without a doubt
sin embargo however
sin que *conj.* without 13
sino but (rather) 13
síntoma *m.* symptom 10
sitio *m.* place 3
sitio *m.* **web** website 11
situado/a *p.p.* located
sobre *m.* envelope 14; *prep.* on; over 2
sobre todo above all 13
(sobre)población *f.* (over)population 13
sobrino/a *m., f.* nephew/niece 3
sociología *f.* sociology 2
sofá *m.* couch; sofa 12
sol *m.* sun 13
solar *adj. m., f.* solar 13
soldado *m., f.* soldier 18
soleado/a *adj.* sunny
solicitar *v.* to apply (*for a job*) 16
solicitud (de trabajo) *f.* (job) application 16
sólo *adv.* only 6
solo/a *adj.* alone
soltero/a *adj.* single 9
solución *f.* solution 13
sombrero *m.* hat 6
Son las dos. It's two o'clock. 1
sonar (o:ue) *v.* to ring 11
sonreído *p.p.* smiled 14
sonreír (e:i) *v.* to smile 9
sopa *f.* soup 8
sorprender *v.* to surprise 9
sorpresa *f.* surprise 9
sótano *m.* basement; cellar 12
soy I am 1
Soy de… I'm from… 1
su(s) *poss. adj.* his; her; its; *form.* your; their 3
subir(se) a *v.* to get on/into (*a vehicle*) 11
sucio/a *adj.* dirty 5
sudar *v.* to sweat 15
suegro/a *m., f.* father-in-law/ mother-in-law 3
sueldo *m.* salary 16
suelo *m.* floor 12
sueño *m.* sleep
suerte *f.* luck
suéter *m.* sweater 6
sufrir *v.* to suffer 10
sufrir muchas presiones to be under a lot of pressure 15
sufrir una enfermedad to suffer an illness 10

sugerir (e:ie) *v.* to suggest 12
supermercado *m.* supermarket 14
suponer *v.* to suppose 4
sur *m.* south 14
sustantivo *m.* noun
suyo(s)/a(s) *poss.* (of) his/her; (of) hers; its; *form.* your, (of) yours, (of) theirs, their 11

T

tabla de (wind)surf *f.* surf board/sailboard 5
tal vez *adv.* maybe 5
talentoso/a *adj.* talented 17
talla *f.* size 6
talla grande *f.* large
taller *m.* **mecánico** garage; mechanic's repair shop 11
también *adv.* also; too 2; 7
tampoco *adv.* neither; not either 7
tan *adv.* so 5
tan… como as… as 8
tan pronto como *conj.* as soon as 13
tanque *m.* tank 11
tanto *adv.* so much
tanto… como as much… as 8
tantos/as… como as many… as 8
tarde *adv.* late 7; *f.* afternoon; evening; P.M. 1
tarea *f.* homework 2
tarjeta *f.* (post) card
tarjeta de crédito *f.* credit card 6
tarjeta postal *f.* postcard
taxi *m.* taxi 5
taza *f.* cup 12
te *sing., fam., d.o. pron.* you 5; *sing., fam., i.o. pron.* to/for you 6
Te presento a… *fam.* I would like to introduce you to (name). 1
¿Te gustaría? Would you like to?
¿Te gusta(n)…? Do you like…? 2
té *m.* tea 8
té helado *m.* iced tea 8
teatro *m.* theater 17
teclado *m.* keyboard 11
técnico/a *m., f.* technician 16
tejido *m.* weaving 17
teleadicto/a *m., f.* couch potato 15
(teléfono) celular *m.* (cell) phone 11
telenovela *f.* soap opera 17
teletrabajo *m.* telecommuting 16
televisión *f.* television 2
televisión por cable *f.* cable television
televisor *m.* television set 11
temer *v.* to fear; to be afraid 13
temperatura *f.* temperature 10
temporada *f.* period of time 5
temprano *adv.* early 7

tenedor *m.* fork 12
tener *v.* to have 3
  tener... años to be... years old 3
  tener (mucho) calor to be (very) hot 3
  tener (mucho) cuidado to be (very) careful 3
  tener dolor to have pain 10
  tener éxito to be successful 16
  tener fiebre to have a fever 10
  tener (mucho) frío to be (very) cold 3
  tener ganas de (+ *inf.*) to feel like (*doing something*) 3
  tener (mucha) hambre *f.* to be (very) hungry 3
  tener (mucho) miedo (de) to be (very) afraid (of); to be (very) scared (of) 3
  tener miedo (de) que to be afraid that
  tener planes *m., pl.* to have plans
  tener (mucha) prisa to be in a (big) hurry 3
  tener que (+ *inf.*) *v.* to have to (*do something*) 3
  tener razón *f.* to be right 3
  tener (mucha) sed *f.* to be (very) thirsty 3
  tener (mucho) sueño to be (very) sleepy 3
  tener (mucha) suerte to be (very) lucky 3
  tener tiempo to have time 14
  tener una cita to have a date; to have an appointment 9
tenis *m.* tennis 4
tensión *f.* tension 15
tercer, tercero/a *adj.* third 5
terco/a *adj.* stubborn 10
terminar *v.* to end; to finish 2
  terminar de (+ *inf.*) *v.* to finish (*doing something*)
terremoto *m.* earthquake 18
terrible *adj. m., f.* terrible 13
ti *obj. of prep., fam.* you 9
tiempo *m.* time 14; weather 5
  tiempo libre free time
tienda *f.* store 6
tierra *f.* land; soil 13
tinto/a *adj.* red (wine) 8
tío/a *m., f.* uncle/aunt 3
tíos *m., pl.* aunts and uncles 3
título *m.* title 16
tiza *f.* chalk 2
toalla *f.* towel 7
tobillo *m.* ankle 10
tocar *v.* to play (*a musical instrument*) 17; to touch 17
todavía *adv.* yet; still 3, 5
todo *m.* everything 5
todo(s)/a(s) *adj.* all
todos *m., pl.* all of us; *m., pl.* everybody; everyone
todos los días *adv.* every day 10
tomar *v.* to take; to drink 2

tomar clases *f., pl.* to take classes 2
tomar el sol to sunbathe 4
tomar en cuenta to take into account
tomar fotos *f., pl.* to take photos 7
tomar la temperatura to take someone's temperature 10
tomar una decisión to make a decision 15
tomate *m.* tomato 8
tonto/a *adj.* foolish 3
torcerse (o:ue) (el tobillo) *v.* to sprain (one's ankle) 10
tormenta *f.* storm 18
tornado *m.* tornado 18
tortuga (marina) *f.* (sea) turtle 13
tos *f., sing.* cough 10
toser *v.* to cough 10
tostado/a *adj.* toasted 8
tostadora *f.* toaster 12
trabajador(a) *adj.* hard-working 3
trabajar *v.* to work 2
trabajo *m.* job; work 16
traducir *v.* to translate 6
traer *v.* to bring 4
tráfico *m.* traffic 11
tragedia *f.* tragedy 17
traído/a *p.p.* brought 14
traje *m.* suit 6
  traje de baño *m.* bathing suit 6
trajinera *f.* type of barge 3
tranquilo/a *adj.* calm; quiet 15
  Tranquilo/a. Relax. 7
  Tranquilo/a, cariño. Relax, sweetie. 11
transmitir *v.* to broadcast 18
tratar de (+ *inf.*) *v.* to try (*to do something*) 15
trece thirteen 1
treinta thirty 1, 2
  y treinta thirty minutes past the hour (time) 1
tren *m.* train 5
tres three 1
trescientos/as three hundred 2
trimestre *m.* trimester; quarter 2
triste *adj.* sad 5
tú *fam. sub. pron.* you 1
tu(s) *fam. poss. adj.* your 3
turismo *m.* tourism
turista *m., f.* tourist 1
turístico/a *adj.* touristic
tuyo(s)/a(s) *fam. poss. pron.* your; (of) yours 11

Ud. *form. sing.* you 1
Uds. *pl.* you 1
último/a *adj.* last 7
  la última vez the last time 7
un, uno/a *indef. art.* a; one 1
  a la una at one o'clock 1
  una vez once 6
  una vez más one more time

uno one 1
único/a *adj.* only 3; unique 9
universidad *f.* university; college 2
unos/as *m., f., pl. indef. art.* some 1
urgente *adj.* urgent 12
usar *v.* to wear; to use 6
usted (Ud.) *form. sing.* you 1
ustedes (Uds.) *pl.* you 1
útil *adj.* useful
uva *f.* grape 8

V

vaca *f.* cow 13
vacaciones *f. pl.* vacation 5
valle *m.* valley 13
vamos let's go 4
vaquero *m.* cowboy 17
  de vaqueros *m., pl.* western (genre) 17
varios/as *adj. m. f., pl.* various; several
vaso *m.* glass 12
veces *f., pl.* times 6
vecino/a *m., f.* neighbor 12
veinte twenty 1
veinticinco twenty-five 1
veinticuatro twenty-four 1
veintidós twenty-two 1
veintinueve twenty-nine 1
veintiocho twenty-eight 1
veintiséis twenty-six 1
veintisiete twenty-seven 1
veintitrés twenty-three 1
veintiún, veintiuno/a *adj.* twenty-one 1
veintiuno twenty-one 1
vejez *f.* old age 9
velocidad *f.* speed 11
  velocidad máxima *f.* speed limit 11
vencer *v.* to expire 14
vendedor(a) *m., f.* salesperson 6
vender *v.* to sell 6
venir *v.* to come 3
ventana *f.* window 2
ver *v.* to see 4
  a ver *v.* let's see
  ver películas *f., pl.* to see movies 4
verano *m.* summer 5
verbo *m.* verb
verdad *f.* truth 4
  (no) es verdad it's (not) true 13
  ¿verdad? right? 1
verde *adj., m. f.* green 6
verduras *pl., f.* vegetables 8
vestido *m.* dress 6
vestirse (e:i) *v.* to get dressed 7
vez *f.* time 6
viajar *v.* to travel 2
viaje *m.* trip 5
viajero/a *m., f.* traveler 5

vida *f.* life 9
video *m.* video 1
videoconferencia *f.* videoconference 16
videojuego *m.* video game 4
vidrio *m.* glass 13
viejo/a *adj.* old 3
viento *m.* wind
viernes *m., sing.* Friday 2
vinagre *m.* vinegar 8
vino *m.* wine 8
  vino blanco *m.* white wine 8
  vino tinto *m.* red wine 8
violencia *f.* violence 18
visitar *v.* to visit 4
  visitar monumentos *m., pl.* to visit monuments 4
visto/a *p.p.* seen 14
vitamina *f.* vitamin 15
viudo/a *adj.* widower/widow 9
vivienda *f.* housing 12
vivir *v.* to live 3
vivo/a *adj.* clever; living
volante *m.* steering wheel 11
volcán *m.* volcano 13
vóleibol *m.* volleyball 4
volver (o:ue) *v.* to return 4
volver a ver(te, lo, la) *v.* to see (you, him, her) again
vos *pron.* you

vosotros/as *fam., pl.* you 1
votar *v.* to vote 18
vuelta *f.* return trip
vuelto/a *p.p.* returned 14
vuestro(s)/a(s) *poss. adj.* your 3; your, (of) yours *fam., pl.* 11

Y

y *conj.* and 1
  y cuarto quarter after (time) 1
  y media half-past (time) 1
  y quince quarter after (time) 1
  y treinta thirty (minutes past the hour) 1
  ¿Y tú? *fam.* And you? 1
  ¿Y usted? *form.* And you? 1
ya *adv.* already 6
yerno *m.* son-in-law 3
yo *sub. pron.* I 1
yogur *m.* yogurt 8

Z

zanahoria *f.* carrot 8
zapatería *f.* shoe store 14
zapatos de tenis *m., pl.* tennis shoes, sneakers 6

English-Spanish

A

a **un/a** *m., f., sing.; indef. art.* 1
@ (*symbol*) **arroba** *f.* 11
a.m. **de la mañana** *f.* 1
able: be able to **poder (o:ue)** *v.* 4
aboard **a bordo**
above all **sobre todo** 13
accident **accidente** *m.* 10
accompany **acompañar** *v.* 14
account **cuenta** *f.* 14
  on account of **por** *prep.* 11
accountant **contador(a)** *m., f.* 16
accounting **contabilidad** *f.* 2
ache **dolor** *m.* 10
acquainted: be acquainted with
  conocer *v.* 6
action (genre) **de acción** *f.* 17
active **activo/a** *adj.* 15
actor **actor** *m.,* **actriz** *f.* 16
addict (*drug*) **drogadicto/a**
  m., f. 15
additional **adicional** *adj.*
address **dirección** *f.* 14
adjective **adjetivo** *m.*
adolescence **adolescencia** *f.* 9
adventure (genre) **de aventuras**
  f. 17
advertise **anunciar** *v.* 18
advertisement **anuncio** *m.* 16
advice **consejo** *m.*
  give advice **dar consejos** 6
advise **aconsejar** *v.* 6
advisor **consejero/a** *m., f.* 16
aerobic **aeróbico/a** *adj.* 15
  aerobics class **clase de**
    ejercicios aeróbicos 15
  to do aerobics **hacer ejercicios**
    aeróbicos 15
affected **afectado/a** *adj.* 13
  be affected (by) **estar** *v.*
    afectado/a (por) 13
affirmative **afirmativo/a** *adj.*
afraid: be (very) afraid (of) **tener**
  (mucho) miedo (de) 3
  be afraid that **tener miedo**
    (de) que
after **después de** *prep.* 7;
  después de que *conj.* 13
afternoon **tarde** *f.* 1
afterward **después** *adv.* 7
again **otra vez**
age **edad** *f.* 9
agree **concordar** *v.*
agree **estar** *v.* **de acuerdo** 17
  I agree. **Estoy de acuerdo.** 17
  I don't agree. **No estoy de**
    acuerdo. 17
agreement **acuerdo** *m.*
AIDS **SIDA** *m.* 18
air **aire** *m.* 13
  air pollution **contaminación**
    del aire 13
airplane **avión** *m.* 5
airport **aeropuerto** *m.* 5
alarm clock **despertador** *m.* 7

alcohol **alcohol** *m.* 15
  to consume alcohol **consumir**
    alcohol 15
alcoholic **alcohólico/a** *adj.* 15
all **todo(s)/a(s)** *adj.*
  all of us **todos**
allergic **alérgico/a** *adj.* 10
  be allergic (to) **ser alérgico/a**
    (a) 10
alleviate **aliviar** *v.*
almost **casi** *adv.* 10
alone **solo/a** *adj.*
along **por** *prep.* 11
already **ya** *adv.* 6
also **también** *adv.* 2; 7
altar **altar** *m.* 9
aluminum **aluminio** *m.* 13
  (made) of aluminum **de**
    aluminio 13
always **siempre** *adv.* 7
American (*North*)
  norteamericano/a *adj.* 3
among **entre** *prep.* 2
amusement **diversión** *f.*
and **y** 1, **e** (*before words beginning*
  with i or hi)
  And you? **¿Y tú?** *fam.* 1;
    ¿Y usted? *form.* 1
angel **ángel** *m.* 9
angry **enojado/a** *adj.* 5
  get angry (with) **enojarse** *v.*
    (con) 7
animal **animal** *m.* 13
ankle **tobillo** *m.* 10
anniversary **aniversario** *m.* 9
  (wedding) anniversary
    aniversario *m.* **(de bodas)** 9
announce **anunciar** *v.* 18
announcer (*TV/radio*) **locutor(a)**
  m., f. 18
annoy **molestar** *v.* 7
another **otro/a** *adj.* 6
answer **contestar** *v.* 2;
  respuesta *f.*
answering machine **contestadora** *f.*
antibiotic **antibiótico** *m.* 10
any **algún, alguno/a(s)** *adj.* 7
anyone **alguien** *pron.* 7
anything **algo** *pron.* 7
apartment **apartamento** *m.* 12
apartment building **edificio de**
  apartamentos 12
app **aplicación** *f.* 11
appear **parecer** *v.*
appetizers **entremeses** *m., pl.* 8
applaud **aplaudir** *v.* 17
apple **manzana** *f.* 8
appliance (electric)
  electrodoméstico *m.* 12
applicant **aspirante** *m., f.* 16
application **solicitud** *f.* 16
  job application **solicitud de**
    trabajo 16
apply (*for a job*) **solicitar** *v.* 16
  apply for a loan **pedir (e:i)** *v.*
    un préstamo 14
appointment **cita** *f.* 9
  have an appointment **tener** *v.*
    una cita 9
appreciate **apreciar** *v.* 17

April **abril** *m.* 5
archeologist **arqueólogo/a**
  m., f. 16
archeology **arqueología** *f.* 2
architect **arquitecto/a** *m., f.* 16
area **región** *f.*
Argentine **argentino/a** *adj.* 3
arm **brazo** *m.* 10
armchair **sillón** *m.* 12
army **ejército** *m.* 18
around **por** *prep.* 11
  around here **por aquí** 11
arrange **arreglar** *v.* 11
arrival **llegada** *f.* 5
arrive **llegar** *v.* 2
art **arte** *m.* 2
  (fine) arts **bellas artes** *f., pl.* 17
article **artículo** *m.* 18
artist **artista** *m., f.* 3
artistic **artístico/a** *adj.* 17
arts **artes** *f., pl.* 17
as **como** 8
  as a child **de niño/a** 10
  as... as **tan... como** 8
  as many... as **tantos/as...**
    como 8
  as much... as **tanto...**
    como 8
  as soon as **en cuanto** *conj.* 13;
    tan pronto como *conj.* 13
ask (*a question*) **preguntar** *v.* 2
  ask for **pedir (e:i)** *v.* 4
asparagus **espárragos** *m., pl.* 8
aspirin **aspirina** *f.* 10
at **a** *prep.* 1; **en** *prep.* 2
  at + *time* **a la(s)** + *time* 1
  at home **en casa**
  at least **por lo menos** 10
  at night **por la noche** 7
  At what time...? **¿A qué**
    hora...? 1
  At your service. **A sus**
    órdenes.
ATM **cajero automático** *m.* 14
attempt **intento** *m.* **11**
attend **asistir (a)** *v.* 3
attic **altillo** *m.* 12
audience **público** *m.* 17
August **agosto** *m.* 5
aunt **tía** *f.* 3
  aunts and uncles **tíos** *m., pl.* 3
automobile **automóvil** *m.* 5;
  carro *m.;* **coche** *m.* 11
autumn **otoño** *m.* 5
avenue **avenida** *f.*
avoid **evitar** *v.* 13
award **premio** *m.* 17

B

backpack **mochila** *f.* 2
bad **mal, malo/a** *adj.* 3
  It's bad that... **Es malo**
    que... 12
  It's not bad at all. **No está**
    nada mal. 5
bag **bolsa** *f.* 6
bakery **panadería** *f.* 14

balanced **equilibrado/a** *adj.* 15
  to eat a balanced diet **comer una dieta equilibrada** 15
balcony **balcón** *m.* 12
ball **pelota** *f.* 4
banana **banana** *f.* 8
band **banda** *f.* 17
bank **banco** *m.* 14
bargain **ganga** *f.* 6; **regatear** *v.* 6
baseball (*game*) **béisbol** *m.* 4
basement **sótano** *m.* 12
basketball (*game*) **baloncesto** *m.* 4
bathe **bañarse** *v.* 7
bathing suit **traje** *m.* **de baño** 6
bathroom **baño** *m.* 7; **cuarto de baño** *m.* 7
be **ser** *v.* 1; **estar** *v.* 2
  be… years old **tener… años** 3
  be sick of… **estar harto/a de…** 18
beach **playa** *f.* 5
beans **frijoles** *m., pl.* 8
beautiful **hermoso/a** *adj.* 6
beauty **belleza** *f.* 14
  beauty salon **peluquería** *f.* 14; **salón** *m.* **de belleza** 14
because **porque** *conj.* 2
  because of **por** *prep.* 11
become (+ *adj.*) **ponerse (+ *adj.*)** 7; **convertirse** *v.*
bed **cama** *f.* 5
  go to bed **acostarse (o:ue)** *v.* 7
bedroom **alcoba** *f.*, **recámara** *f.*; **dormitorio** *m.* 12
beef **carne de res** *f.* 8
beer **cerveza** *f.* 8
before **antes** *adv.* 7; **antes de** *prep.* 7; **antes (de) que** *conj.* 13
beg **rogar (o:ue)** *v.* 12
begin **comenzar (e:ie)** *v.* 4; **empezar (e:ie)** *v.* 4
behalf: on behalf of **de parte de** 11
behind **detrás de** *prep.* 2
believe (in) **creer** *v.* **(en)** 3; **creer** *v.* 13
  not to believe **no creer** 13
believed **creído/a** *p.p.* 14
bellhop **botones** *m., f. sing.* 5
below **debajo de** *prep.* 2
belt **cinturón** *m.* 6
benefit **beneficio** *m.* 16
beside **al lado de** *prep.* 2
besides **además (de)** *adv.* 10
best **mejor** *adj.*
  the best **el/la mejor** *m., f.* 8
  lo mejor *neuter*
better **mejor** *adj.* 8
  It's better that… **Es mejor que…** 12
between **entre** *prep.* 2
beverage **bebida** *f.* 8
  alcoholic beverage **bebida alcohólica** *f.* 15
bicycle **bicicleta** *f.* 4

big **grande** *adj.* 3
bill **cuenta** *f.* 8
billion **mil millones**
biology **biología** *f.* 2
bird **ave** *f.* 13; **pájaro** *m.* 13
birth **nacimiento** *m.* 9
birthday **cumpleaños** *m., sing.* 9
  have a birthday **cumplir** *v.* **años**
black **negro/a** *adj.* 6
blackboard **pizarra** *f.* 2
blanket **manta** *f.* 12
block (city) **cuadra** *f.* 14
blog **blog** *m.* 11
blond(e) **rubio/a** *adj.* 3
blouse **blusa** *f.* 6
blue **azul** *adj. m., f.* 6
boarding house **pensión** *f.*
boat **barco** *m.* 5
body **cuerpo** *m.* 10
bone **hueso** *m.* 10
book **libro** *m.* 2
bookcase **estante** *m.* 12
bookshelves **estante** *m.* 12
bookstore **librería** *f.* 2
boot **bota** *f.* 6
bore **aburrir** *v.* 7
bored **aburrido/a** *adj.* 5
  be bored **estar** *v.* **aburrido/a** 5
  get bored **aburrirse** *v.* 17
boring **aburrido/a** *adj.* 5
born: be born **nacer** *v.* 9
borrow **pedir (e:i)** *v.* **prestado** 14
borrowed **prestado/a** *adj.*
boss **jefe** *m.*, **jefa** *f.* 16
bother **molestar** *v.* 7
bottle **botella** *f.* 9
  bottle of wine **botella de vino** 9
bottom **fondo** *m.*
boulevard **bulevar** *m.*
boy **chico** *m.* 1; **muchacho** *m.* 3
boyfriend **novio** *m.* 3
brakes **frenos** *m., pl.*
bread **pan** *m.* 8
break **romper** *v.* 10
  break (one's leg) **romperse (la pierna)** 10
  break down **dañar** *v.* 10
  break up (with) **romper** *v.* **(con)** 9
breakfast **desayuno** *m.* 8
  have breakfast **desayunar** *v.* 2
breathe **respirar** *v.* 13
bring **traer** *v.* 4
broadcast **transmitir** *v.* 18; **emitir** *v.* 18
brochure **folleto** *m.*
broken **roto/a** *adj.* 14
  be broken **estar roto/a**
brother **hermano** *m.* 3
brother-in-law **cuñado** *m.* 3
brothers and sisters **hermanos** *m., pl.* 3
brought **traído/a** *p.p.* 14

brown **café** *adj.* 6; **marrón** *adj.* 6
browser **buscador** *m.* 11
brunet(te) **moreno/a** *adj.* 3
brush **cepillar(se)** *v.* 7
  brush one's hair **cepillarse el pelo** 7
  brush one's teeth **cepillarse los dientes** 7
bucket **balde** *m.* 5
build **construir** *v.*
building **edificio** *m.* 12
bump into (*something accidentally*) **darse con** 10; (*someone*) **encontrarse** *v.* 11
burn (a CD/DVD) **quemar** *v.* **(un CD/DVD)**
bus **autobús** *m.* 1
  bus station **estación** *f.* **de autobuses** 5
business **negocios** *m. pl.* 16
  business administration **administración** *f.* **de empresas** 2
  business-related **comercial** *adj.* 16
businessperson **hombre** *m.* **/ mujer** *f.* **de negocios** 16
busy **ocupado/a** *adj.* 5
but **pero** *conj.* 2; (rather) **sino** *conj.* (*in negative sentences*) 7
butcher shop **carnicería** *f.* 14
butter **mantequilla** *f.* 8
buy **comprar** *v.* 2
by **por** *prep.* 11; **para** *prep.* 11
  by means of **por** *prep.* 11
  by phone **por teléfono**
  by plane **en avión** 5
  by way of **por** *prep.* 11
bye **chau** *interj. fam.* 1

C

cable television **televisión** *f.* **por cable** *m.*
café **café** *m.* 4
cafeteria **cafetería** *f.* 2
caffeine **cafeína** *f.* 15
cake **pastel** *m.* 9
  chocolate cake **pastel de chocolate** *m.* 9
calculator **calculadora** *f.* 2
call **llamar** *v.* 11
  be called **llamarse** *v.* 7
  call on the phone **llamar por teléfono**
calm **tranquilo/a** *adj.* 15
calorie **caloría** *f.* 15
camera **cámara** *f.* 11
camp **acampar** *v.* 5
can (*tin*) **lata** *f.* 13
can **poder (o:ue)** *v.* 4
  Could I ask you something? **¿Podría pedirte algo?** 17
Canadian **canadiense** *adj.* 3

candidate **aspirante** *m., f.* 16;
   candidato/a *m., f.* 18
candy **dulces** *m., pl.* 9
capital city **capital** *f.*
car **coche** *m.* 11; **carro** *m.* 11;
   auto(móvil) *m.* 5
caramel **caramelo** *m.* 9
card **tarjeta** *f.*; (*playing*)
   carta *f.* 5
care **cuidado** *m.*
   take care of **cuidar** *v.* 13
career **carrera** *f.* 16
careful: be (very) careful **tener** *v.*
   (mucho) cuidado 3
caretaker **ama** *m., f.* **de casa** 12
carpenter **carpintero/a** *m., f.* 16
carpet **alfombra** *f.* 12
carrot **zanahoria** *f.* 8
carry **llevar** *v.* 2
cartoons **dibujos** *m, pl.*
   animados 17
case: in case (that) **en caso (de)**
   que 13
cash (a check) **cobrar** *v.* 14;
   cash **(en) efectivo** 6
   cash register **caja** *f.* 6
   pay in cash **pagar** *v.* **al contado**
   14; **pagar en efectivo** 14
cashier **cajero/a** *m., f.*
cat **gato** *m.* 13
CD **disco compacto** *m.* 11
CD player **reproductor de CD**
   m. 11
CD-ROM **cederrón** *m.*
celebrate **celebrar** *v.* 9
celebration **celebración** *f.*
cellar **sótano** *m.* 12
(cell) phone **(teléfono)**
   celular *m.* 11
cemetery **cementerio** *m.* 9
cereal **cereales** *m., pl.* 8
certain **cierto/a** *adj.*; **seguro/a**
   adj. 13
   it's (not) certain **(no) es**
   cierto/seguro 13
chalk **tiza** *f.* 2
champagne **champán** *m.* 9
change **cambiar** *v.* **(de)** 9
change: in change **de cambio** 2
channel (*TV*) **canal** *m.* 11; 17
character (*fictional*) **personaje**
   m. 17
   (main) character *m.* **personaje**
   (principal) 17
charger **cargador** *m.* 11
chat **conversar** *v.* 2; **chatear** *v.* 11
cheap **barato/a** *adj.* 6
check **comprobar (o:ue)** *v.*;
   revisar *v.* 11; (*bank*) **cheque**
   m. 14
   check the oil **revisar el aceite** 11
checking account **cuenta** *f.*
   corriente 14
cheese **queso** *m.* 8
chef **cocinero/a** *m., f.* 16
chemistry **química** *f.* 2
chest of drawers **cómoda** *f.* 12
chicken **pollo** *m.* 8

child **niño/a** *m., f.* 3
childhood **niñez** *f.* 9
children **hijos** *m., pl.* 3
Chinese **chino/a** *adj.* 3
chocolate **chocolate** *m.* 9
   chocolate cake **pastel** *m.* **de**
   chocolate 9
cholesterol **colesterol** *m.* 15
choose **escoger** *v.* 8
chop (*food*) **chuleta** *f.* 8
Christmas **Navidad** *f.* 9
church **iglesia** *f.* 4
cinnamon **canela** *f.* 10
citizen **ciudadano/a** *m., f.* 18
city **ciudad** *f.*
class **clase** *f.* 2
   take classes **tomar clases** 2
classical **clásico/a** *adj.* 17
classmate **compañero/a** *m., f.* **de**
   clase 2
clean **limpio/a** *adj.* 5;
   limpiar *v.* 12
   clean the house *v.* **limpiar la**
   casa 12
clear (*weather*) **despejado/a** *adj.*
   clear the table **quitar la**
   mesa 12
   It's (very) clear. (*weather*)
   Está (muy) despejado.
clerk **dependiente/a** *m., f.* 6
climate change **cambio climático**
   m. 13
climb **escalar** *v.* 4
   climb mountains **escalar**
   montañas 4
clinic **clínica** *f.* 10
clock **reloj** *m.* 2
close **cerrar (e:ie)** *v.* 4
closed **cerrado/a** *adj.* 5
closet **armario** *m.* 12
clothes **ropa** *f.* 6
   clothes dryer **secadora** *f.* 12
clothing **ropa** *f.* 6
cloud **nube** *f.* 13
cloudy **nublado/a** *adj.* 5
   It's (very) cloudy. **Está (muy)**
   nublado. 5
coat **abrigo** *m.* 6
coffee **café** *m.* 8
   coffee maker **cafetera** *f.* 12
cold **frío** *m.* 5;
   (*illness*) **resfriado** *m.* 10
   be (*feel*) (very) cold **tener**
   (mucho) frío 3
   It's (very) cold. (*weather*) **Hace**
   (mucho) frío. 5
college **universidad** *f.* 2
collision **choque** *m.* 18
color **color** *m.* 6
comb one's hair **peinarse** *v.* 7
come **venir** *v.* 3
come on **ándale** *interj.* 14
comedy **comedia** *f.* 17
comfortable **cómodo/a** *adj.* 5
commerce **negocios** *m., pl.* 16
commercial **comercial** *adj.* 16
communicate (with) **comunicarse**
   v. **(con)** 18

communication **comunicación**
   f. 18
   means of communication
   medios *m. pl.* **de**
   comunicación 18
community **comunidad** *f.* 1
company **compañía** *f.* 16;
   empresa *f.* 16
comparison **comparación** *f.*
composer **compositor(a)** *m., f.* 17
computer **computadora** *f.* 1
   computer disc **disco** *m.*
   computer monitor **monitor**
   m. 11
   computer programmer
   programador(a) *m., f.* 3
   computer science **computación**
   f. 2
concert **concierto** *m.* 17
conductor (*musical*) **director(a)**
   m., f. 17
confident **seguro/a** *adj.* 5
confirm **confirmar** *v.* 5
   confirm a reservation **confirmar**
   una reservación 5
confused **confundido/a** *adj.* 5
congested **congestionado/a**
   adj. 10
Congratulations! **¡Felicidades!;**
   ¡Felicitaciones! *f., pl.* 9
conservation **conservación** *f.* 13
conserve **conservar** *v.* 13
considering **para** *prep.* 11
consume **consumir** *v.* 15
container **envase** *m.* 13
contamination **contaminación** *f.*
content **contento/a** *adj.* 5
contest **concurso** *m.* 17
continue **seguir (e:i)** *v.* 4
control **control** *m.*; **controlar** *v.* 13
conversation **conversación** *f.* 1
converse **conversar** *v.* 2
cook **cocinar** *v.* 12; **cocinero/a**
   m., f. 16
cookie **galleta** *f.* 9
cool **fresco/a** *adj.* 5
   It's cool. (*weather*) **Hace**
   fresco. 5
corn **maíz** *m.* 8
corner **esquina** *f.* 14
cost **costar (o:ue)** *v.* 6
Costa Rican **costarricense** *adj.* 3
costume **disfraz** *m.* 9
cotton **algodón** *f.* 6
   (made of) cotton **de algodón** 6
couch **sofá** *m.* 12
   couch potato **teleadicto/a**
   m., f. 15
cough **tos** *f.* 10; **toser** *v.* 10
counselor **consejero/a** *m., f.* 16
count **contar (o:ue)** *v.* 4
country (*nation*) **país** *m.* 1
countryside **campo** *m.* 5
(married) couple **pareja** *f.* 9
course **curso** *m.* 2; **materia** *f.* 2
courtesy **cortesía** *f.*
cousin **primo/a** *m., f.* 3

cover **cubrir** *v.*
covered **cubierto/a** *p.p.*
cow **vaca** *f.* 13
crafts **artesanía** *f.* 17
craftsmanship **artesanía** *f.* 17
crater **cráter** *m.* 13
crazy **loco/a** *adj.* 6
create **crear** *v.*
credit **crédito** *m.* 6
   credit card **tarjeta** *f.* **de crédito** 6
crime **crimen** *m.* 18
cross **cruzar** *v.* 14
cry **llorar** *v.* 15
Cuban **cubano/a** *adj.* 3
culture **cultura** *f.* 2, 17
cup **taza** *f.* 12
currency exchange **cambio** *m.* **de moneda**
current events **actualidades** *f.*, *pl.* 18
curtains **cortinas** *f., pl.* 12
custard (*baked*) **flan** *m.* 9
custom **costumbre** *f.*
customer **cliente/a** *m., f.* 6
customs **aduana** *f.*
   customs inspector **inspector(a)** *m., f.* **de aduanas** 5
cybercafé **cibercafé** *m.* 11
cycling **ciclismo** *m.* 4

D

dad **papá** *m.*
daily **diario/a** *adj.* 7
   daily routine **rutina** *f.* **diaria** 7
damage **dañar** *v.* 10
dance **bailar** *v.* 2; **danza** *f.* 17; **baile** *m.* 17
dancer **bailarín/bailarina** *m., f.* 17
danger **peligro** *m.* 13
dangerous **peligroso/a** *adj.* 18
date (*appointment*) **cita** *f.* 9; (*calendar*) **fecha** *f.* 5; (*someone*) **salir** *v.* **con (alguien)** 9
   have a date **tener una cita** 9
daughter **hija** *f.* 3
daughter-in-law **nuera** *f.* 3
day **día** *m.* 1
   day before yesterday **anteayer** *adv.* 6
death **muerte** *f.* 9
decaffeinated **descafeinado/a** *adj.* 15
December **diciembre** *m.* 5
decide **decidir** *v.* (+ *inf.*) 3
declare **declarar** *v.* 18
deforestation **deforestación** *f.* 13
delicious **delicioso/a** *adj.* 8; **rico/a** *adj.* 8; **sabroso/a** *adj.* 8
delighted **encantado/a** *adj.* 1
dentist **dentista** *m., f.* 10
deny **negar (e:ie)** *v.* 13
   not to deny **no negar** 13

department store **almacén** *m.* 6
departure **salida** *f.* 5
deposit **depositar** *v.* 14
describe **describir** *v.* 3
described **descrito/a** *p.p.* 14
desert **desierto** *m.* 13
design **diseño** *m.*
designer **diseñador(a)** *m., f.* 16
desire **desear** *v.* 2
desk **escritorio** *m.* 2
dessert **postre** *m.* 9
destroy **destruir** *v.* 13
develop **desarrollar** *v.* 13
diary **diario** *m.* 1
dictatorship **dictadura** *f.* 18
dictionary **diccionario** *m.* 1
die **morir (o:ue)** *v.* 8
died **muerto/a** *p.p.* 14
diet **dieta** *f.* 15; **alimentación**
   balanced diet **dieta equilibrada** 15
   be on a diet **estar a dieta** 15
difficult **difícil** *adj. m., f.* 3
digital camera **cámara** *f.* **digital** 11
dining room **comedor** *m.* 12
dinner **cena** *f.* 8
   have dinner **cenar** *v.* 2
direct **dirigir** *v.* 17
director **director(a)** *m., f.* 17
dirty **ensuciar** *v.*; **sucio/a** *adj.* 5
   get (something) dirty **ensuciar** *v.* 12
disagree **no estar de acuerdo**
disaster **desastre** *m.* 18
discover **descubrir** *v.* 13
discovered **descubierto/a** *p.p.* 14
discrimination **discriminación** *f.* 18
dish **plato** *m.* 8, 12
   main dish *m.* **plato principal** 8
dishwasher **lavaplatos** *m., sing.* 12
disk **disco** *m.*
disorderly **desordenado/a** *adj.* 5
divorce **divorcio** *m.* 9
divorced **divorciado/a** *adj.* 9
   get divorced (from) **divorciarse** *v.* **(de)** 9
dizzy **mareado/a** *adj.* 10
do **hacer** *v.* 4
   do aerobics **hacer ejercicios aeróbicos** 15
   do household chores **hacer quehaceres domésticos** 12
   do stretching exercises **hacer ejercicios de estiramiento** 15
   (I) don't want to. **No quiero.** 4
doctor **doctor(a)** *m., f.* 3; 10; **médico/a** *m., f.* 3
documentary (*film*) **documental** *m.* 17
dog **perro** *m.* 13
domestic **doméstico/a** *adj.*
   domestic appliance **electrodoméstico** *m.*
done **hecho/a** *p.p.* 14
door **puerta** *f.* 2

doorman/doorwoman **portero/a** *m., f.* 1
dormitory **residencia** *f.* **estudiantil** 2
double **doble** *adj.* 5
   double room **habitación** *f.* **doble** 5
doubt **duda** *f.* 13; **dudar** *v.* 13
   not to doubt **no dudar** 13
   there is no doubt that **no cabe duda de** 13; **no hay duda de** 13
download **descargar** *v.* 11
downtown **centro** *m.* 4
drama **drama** *m.* 17
dramatic **dramático/a** *adj.* 17
draw **dibujar** *v.* 2
drawing **dibujo** *m.*
dress **vestido** *m.* 6
   get dressed **vestirse (e:i)** *v.* 7
drink **beber** *v.* 3; **bebida** *f.* 8; **tomar** *v.* 2
drive **conducir** *v.* 6; **manejar** *v.* 11
driver **conductor(a)** *m., f.* 1
drug **droga** *f.* 15
   drug addict **drogadicto/a** *m., f.* 15
dry (oneself) **secarse** *v.* 7
during **durante** *prep.* 7; **por** *prep.* 11
dust **sacudir** *v.* 12; **quitar** *v.* **el polvo** 12
   dust the furniture **sacudir los muebles** 12
duster **plumero** *m.* 12
DVD player **reproductor** *m.* **de DVD** 11

E

each **cada** *adj.* 6
ear (*outer*) **oreja** *f.* 10
early **temprano** *adv.* 7
earn **ganar** *v.* 16
earring **arete** *m.* 6
earthquake **terremoto** *m.* 18
ease **aliviar** *v.*
east **este** *m.* 14
   to the east **al este** 14
easy **fácil** *adj. m., f.* 3
eat **comer** *v.* 3
ecological **ecológico/a** *adj.* 13
ecologist **ecologista** *m., f.* 13
ecology **ecología** *f.* 13
economics **economía** *f.* 2
ecotourism **ecoturismo** *m.* 13
Ecuadorian **ecuatoriano/a** *adj.* 3
effective **eficaz** *adj. m., f.*
egg **huevo** *m.* 8
eight **ocho** 1
eight hundred **ochocientos/as** 2
eighteen **dieciocho** 1
eighth **octavo/a** 5
eighty **ochenta** 2
either... or **o... o** *conj.* 7
elect **elegir (e:i)** *v.* 18
election **elecciones** *f. pl.* 18

electric appliance
electrodoméstico *m.* 12
electrician **electricista** *m., f.* 16
electricity **luz** *f.* 12
elegant **elegante** *adj. m., f.* 6
elevator **ascensor** *m.* 5
eleven **once** 1
e-mail **correo** *m.* **electrónico** 4
    e-mail address **dirección** *f.*
    electrónica 11
    e-mail message **mensaje** *m.*
    electrónico 4
    read e-mail **leer** *v.* **el correo**
    electrónico 4
embarrassed **avergonzado/a**
adj. 5
embrace (each other) **abrazar(se)**
v. 11
emergency **emergencia** *f.* 10
    emergency room **sala** *f.* **de**
    emergencia(s) 10
employee **empleado/a** *m., f.* 5
employment **empleo** *m.* 16
end **fin** *m.* 4; **terminar** *v.* 2
    end table **mesita** *f.* 12
endure **aguantar** *v.* 14
energy **energía** *f.* 13
engaged: get engaged (to)
comprometerse *v.* **(con)** 9
engineer **ingeniero/a** *m., f.* 3
English (*language*) **inglés** *m.* 2;
inglés, inglesa *adj.* 3
enjoy **disfrutar** *v.* **(de)** 15
enough **bastante** *adv.* 10
entertainment **diversión** *f.* 4
entrance **entrada** *f.* 12
envelope **sobre** *m.* 14
environment **medio ambiente**
m. 13
environmental science **ciencias**
ambientales 2
equality **igualdad** *f.* 18
erase **borrar** *v.* 11
eraser **borrador** *m.* 2
errand **diligencia** *f.* 14
essay **ensayo** *m.* 3
establish **establecer** *v.* 16
evening **tarde** *f.* 1
event **acontecimiento** *m.* 18
every day **todos los días** 10
everything **todo** *m.* 5
exactly **en punto** 1
exam **examen** *m.* 2
excellent **excelente** *adj.* 5
excess **exceso** *m.* 15
    in excess **en exceso** 15
exchange **intercambiar** *v.*
    in exchange for **por** 11
exciting **emocionante** *adj. m., f.*
excursion **excursión** *f.*
excuse **disculpar** *v.*
Excuse me. (*May I?*) **Con**
permiso. 1; (*I beg your*
pardon.) **Perdón.** 1
exercise **ejercicio** *m.* 15;
hacer *v.* **ejercicio** 15;
(*a degree/profession*) **ejercer**
v. 16
exit **salida** *f.* 5

expensive **caro/a** *adj.* 6
experience **experiencia** *f.*
expire **vencer** *v.* 14
explain **explicar** *v.* 2
explore **explorar** *v.*
expression **expresión** *f.*
extinction **extinción** *f.* 13
eye **ojo** *m.* 10

F

fabulous **fabuloso/a** *adj.* 5
face **cara** *f.* 7
facing **enfrente de** *prep.* 14
fact: in fact **de hecho**
factory **fábrica** *f.* 13
fall (down) **caerse** *v.* 10
    fall asleep **dormirse (o:ue)** *v.* 7
    fall in love (with) **enamorarse**
    v. **(de)** 9
fall (season) **otoño** *m.* 5
fallen **caído/a** *p.p.* 14
family **familia** *f.* 3
famous **famoso/a** *adj.*
fan **aficionado/a** *m., f.* 4
    be a fan (of) **ser aficionado/a (a)**
far from **lejos de** *prep.* 2
farewell **despedida** *f.*
fascinate **fascinar** *v.* 7
fashion **moda** *f.* 6
    be in fashion **estar de moda** 6
fast **rápido/a** *adj.*
fat **gordo/a** *adj.* 3; **grasa** *f.* 15
father **padre** *m.* 3
father-in-law **suegro** *m.* 3
favorite **favorito/a** *adj.* 4
fax (machine) *fax* *m.*
fear **miedo** *m.*; **temer** *v.* 13
February **febrero** *m.* 5
feel **sentir(se) (e:ie)** *v.* 7
    feel like (*doing something*) **tener**
    ganas de (+ *inf.*) 3
festival **festival** *m.* 17
fever **fiebre** *f.* 10
    have a fever **tener** *v.* **fiebre** 10
few **pocos/as** *adj. pl.*
    fewer than **menos de**
    (+ *number*) 8
field: major field of study
especialización *f.*
fifteen **quince** 1
    fifteen-year-old girl celebrating her
    birthday **quinceañera** *f.*
fifth **quinto/a** 5
fifty **cincuenta** 2
fight (for/against) **luchar** *v.* **(por/**
contra) 18
figure (*number*) **cifra** *f.*
file **archivo** *m.* 11
fill **llenar** *v.* 11
    fill out (a form) **llenar (un**
    formulario) 14
    fill the tank **llenar el**
    tanque 11

finally **finalmente** *adv.*; **por**
último 7; **por fin** 11
find **encontrar (o:ue)** *v.* 4
    find (each other) **encontrar(se)**
    find out **enterarse** *v.* 16
fine **multa** *f.*
    That's fine. **Está bien.**
(fine) arts **bellas artes** *f., pl.* 17
finger **dedo** *m.* 10
finish **terminar** *v.* 2
    finish (*doing something*)
    terminar *v.* **de (+ *inf.*)**
fire **incendio** *m.* 18; **despedir**
(e:i) *v.* 16
firefighter **bombero/a** *m., f.* 16
firm **compañía** *f.* 16; **empresa**
f. 16
first **primer, primero/a** 2, 5
fish (*food*) **pescado** *m.* 8;
pescar *v.* 5; (*live*) **pez** *m., sing.*
(peces *pl.*) 13
    fish market **pescadería** *f.* 14
fishing **pesca** *f.*
fit (*clothing*) **quedar** *v.* 7
five **cinco** 1
five hundred **quinientos/as** 2
fix (*put in working order*) **arreglar**
v. 11; (*clothes, hair, etc. to*
go out) **arreglarse** *v.* 7
fixed **fijo/a** *adj.* 6
flag **bandera** *f.*
flexible **flexible** *adj.* 15
flood **inundación** *f.* 18
floor (*of a building*) **piso** *m.* 5;
suelo *m.* 12
    ground floor **planta baja** *f.* 5
    top floor **planta** *f.* **alta**
flower **flor** *f.* 13
flu **gripe** *f.* 10
fog **niebla** *f.*
folk **folclórico/a** *adj.* 17
follow **seguir (e:i)** *v.* 4
food **comida** *f.* 4, 8
foolish **tonto/a** *adj.* 3
foot **pie** *m.* 10
football **fútbol** *m.* **americano** 4
for **para** *prep.* 11; **por** *prep.* 11
    for example **por ejemplo** 11
    for me **para mí** 8
forbid **prohibir** *v.*
foreign **extranjero/a** *adj.* 17
    foreign languages **lenguas**
    f., pl. **extranjeras** 2
forest **bosque** *m.* 13
forget **olvidar** *v.* 10
fork **tenedor** *m.* 12
form **formulario** *m.* 14
forty **cuarenta** 2
four **cuatro** 1
four hundred **cuatrocientos/as** 2
fourteen **catorce** 1
fourth **cuarto/a** *m., f.* 5

free **libre** *adj. m., f.* 4
  be free (of charge) **ser gratis** 14
  free time **tiempo libre;** spare (free) time **ratos libres** 4
freedom **libertad** *f.* 18
freezer **congelador** *m.* 12
French **francés, francesa** *adj.* 3
  French fries **papas** *f., pl.* **fritas** 8; **patatas** *f., pl.* **fritas** 8
frequently **frecuentemente** *adv.;* **con frecuencia** *adv.* 10
Friday **viernes** *m., sing.* 2
fried **frito/a** *adj.* 8
  fried potatoes **papas** *f., pl.* **fritas** 8; **patatas** *f., pl.* **fritas** 8
friend **amigo/a** *m., f.* 3
friendly **amable** *adj. m., f.* 5
friendship **amistad** *f.* 9
from **de** *prep.* 1; **desde** *prep.* 6
  from the United States **estadounidense** *m., f. adj.* 3
  from time to time **de vez en cuando** 10
  I'm from... **Soy de...** 1
front: (cold) front **frente (frío)** *m.* 5
fruit **fruta** *f.* 8
  fruit juice **jugo** *m.* **de fruta** 8
  fruit store **frutería** *f.* 14
full **lleno/a** *adj.* 11
fun **divertido/a** *adj.*
  fun activity **diversión** *f.* 4
  have fun **divertirse (e:ie)** *v.* 9
function **funcionar** *v.*
furniture **muebles** *m., pl.* 12
furthermore **además (de)** *adv.* 10
future **porvenir** *m.* 16
  for/to the future **por el porvenir** 16
  in the future **en el futuro**

G

gain weight **aumentar** *v.* **de peso** 15; **engordar** *v.* 15
game **juego** *m.;* (*match*) **partido** *m.* 4
  game show **concurso** *m.* 17
garage (*in a house*) **garaje** *m.* 12; **garaje** *m.* 11; **taller (mecánico)** 11
garden **jardín** *m.* 12
garlic **ajo** *m.* 8
gas station **gasolinera** *f.* 11
gasoline **gasolina** *f.* 11
gentleman **caballero** *m.* 8
geography **geografía** *f.* 2
German **alemán, alemana** *adj.* 3

get **conseguir (e:i)** *v.* 4; **obtener** *v.* 16
  get along well/badly (with) **llevarse bien/mal (con)** 9
  get bigger **aumentar** *v.* 13
  get bored **aburrirse** *v.* 17
  get good grades **sacar buenas notas** 2
  get into trouble **meterse en problemas** *v.* 13
  get off of (a vehicle) **bajar(se)** *v.* **de** 11
  get on/into (a vehicle) **subir(se)** *v.* **a** 11
  get out of (a vehicle) **bajar(se)** *v.* **de** 11
  get ready **arreglarse** *v.* 7
  get up **levantarse** *v.* 7
gift **regalo** *m.* 6
ginger **jengibre** *m.* 10
girl **chica** *f.* 1; **muchacha** *f.* 3
girlfriend **novia** *f.* 3
give **dar** *v.* 6; (*as a gift*) **regalar** 9
  give directions **indicar cómo llegar** 14
glass (*drinking*) **vaso** *m.* 12; **vidrio** *m.* 13
  (made) of glass **de vidrio** 13
glasses **gafas** *f., pl.* 6
  sunglasses **gafas** *f., pl.* **de sol** 6
global warming **calentamiento global** *m.* 13
gloves **guantes** *m., pl.* 6
go **ir** *v.* 4
  go away **irse** 7
  go by boat **ir en barco** 5
  go by bus **ir en autobús** 5
  go by car **ir en auto(móvil)** 5
  go by motorcycle **ir en moto(cicleta)** 5
  go by plane **ir en avión** 5
  go by taxi **ir en taxi** 5
  go down **bajar(se)** *v.*
  go on a hike **ir de excursión** 4
  go out (with) **salir** *v.* **(con)** 9
  go up **subir** *v.*
  Let's go. **Vamos.** 4
goblet **copa** *f.* 12
going to: be going to (*do something*) **ir a (+ inf.)** 4
golf **golf** *m.* 4
good **buen, bueno/a** *adj.* 3, 6
  Good afternoon. **Buenas tardes.** 1
  Good evening. **Buenas noches.** 1
  Good morning. **Buenos días.** 1
  Good night. **Buenas noches.** 1
  It's good that... **Es bueno que...** 12

goodbye **adiós** *m.* 1
  say goodbye (to) **despedirse** *v.* **(de) (e:i)** 18
good-looking **guapo/a** *adj.* 3
government **gobierno** *m.* 13
GPS **navegador GPS** *m.* 11
graduate (from/in) **graduarse** *v.* **(de/en)** 9
grains **cereales** *m., pl.* 8
granddaughter **nieta** *f.* 3
grandfather **abuelo** *m.* 3
grandmother **abuela** *f.* 3
grandparents **abuelos** *m., pl.* 3
grandson **nieto** *m.* 3
grape **uva** *f.* 8
grass **hierba** *f.* 13
grave **grave** *adj.* 10
gray **gris** *adj. m., f.* 6
great **fenomenal** *adj. m., f.* 5; **genial** *adj.* 16
great-grandfather **bisabuelo** *m.* 3
great-grandmother **bisabuela** *f.* 3
green **verde** *adj. m., f.* 6
greet (each other) **saludar(se)** *v.* 11
greeting **saludo** *m.* 1
  Greetings to... **Saludos a...** 1
grilled **a la plancha** 8
ground floor **planta baja** *f.* 5
grow **aumentar** *v.* 13
guest (*at a house/hotel*) **huésped** *m., f.* 5 (*invited to a function*) **invitado/a** *m., f.* 9
guide **guía** *m., f.*
gymnasium **gimnasio** *m.* 4

H

hair **pelo** *m.* 7
hairdresser **peluquero/a** *m., f.* 16
half **medio/a** *adj.* 3
  half-brother **medio hermano** *m.* 3
  half-past... (*time*) **...y media** 1
  half-sister **media hermana** *f.* 3
hallway **pasillo** *m.* 12
ham **jamón** *m.* 8
hamburger **hamburguesa** *f.* 8
hand **mano** *f.* 1
hand in **entregar** *v.* 11
handsome **guapo/a** *adj.* 3
happen **ocurrir** *v.* 18
happiness **alegría** *v.* 9
Happy birthday! **¡Feliz cumpleaños!** 9
happy **alegre** *adj.* 5; **contento/a** *adj.* 5; **feliz** *adj. m., f.* 5
  be happy **alegrarse** *v.* **(de)** 13
hard **difícil** *adj. m., f.* 3
hard-working **trabajador(a)** *adj.* 3
hardly **apenas** *adv.* 10
hat **sombrero** *m.* 6

hate **odiar** *v.* 9
have **tener** *v.* 3
  have time **tener tiempo** 14
  have to (*do something*) **tener que** (+ *inf.*) 3
  have a tooth removed **sacar(se) un diente** 10
he **él** 1
head **cabeza** *f.* 10
headache **dolor** *m.* **de cabeza** 10
health **salud** *f.* 10
healthy **saludable** *adj. m., f.* 10; **sano/a** *adj.* 10
  lead a healthy lifestyle **llevar** *v.* **una vida sana** 15
hear **oír** *v.* 4
heard **oído/a** *p.p.* 14
hearing: sense of hearing **oído** *m.* 10
heart **corazón** *m.* 10
heat **calor** *m.*
Hello. **Hola.** 1; (*on the telephone*) **Aló.** 11; **Bueno.** 11; **Diga.** 11
help **ayudar** *v.*; **servir (e:i)** *v.* 5
  help each other **ayudarse** *v.* 11
her **su(s)** *poss. adj.* 3; (*of*) hers **suyo(s)/a(s)** *poss.* 11
  her **la** *f., sing., d.o. pron.* 5
  to/for her **le** *f., sing., i.o. pron.* 6
here **aquí** *adv.* 1
  Here is/are... **Aquí está(n)...** 5
Hi. **Hola.** 1
highway **autopista** *f.* 11; **carretera** *f.* 11
hike **excursión** *f.* 4
  go on a hike **ir de excursión** 4
hiker **excursionista** *m., f.*
hiking **de excursión** 4
him *m., sing., d.o. pron.* **lo** 5; to/for him **le** *m., sing., i.o. pron.* 6
hire **contratar** *v.* 16
his **su(s)** *poss. adj.* 3; (*of*) his **suyo(s)/a(s)** *poss. pron.* 11
history **historia** *f.* 2; 17
hobby **pasatiempo** *m.* 4
hockey **hockey** *m.* 4
hold up **aguantar** *v.* 14
hole **hueco** *m.* 4
holiday **día** *m.* **de fiesta** 9
home **casa** *f.* 2
  home page **página** *f.* **principal** 11
homework **tarea** *f.* 2
honey **miel** *f.* 10
hood **capó** *m.* 11; **cofre** *m.* 11
hope **esperar** *v.* (+ *inf.*) 2; **esperar** *v.* 13
  I hope (that) **ojalá (que)** 13
horror (genre) **de horror** *m.* 17
hors d'oeuvres **entremeses** *m., pl.* 8
horse **caballo** *m.* 5
hospital **hospital** *m.* 10

hot: be (*feel*) (very) hot **tener (mucho) calor** 3
  It's (very) hot. **Hace (mucho) calor.** 5
hotel **hotel** *m.* 5
hour **hora** *f.* 1
house **casa** *f.* 2
household chores **quehaceres** *m. pl.* **domésticos** 12
housekeeper **ama** *m., f.* **de casa** 12
housing **vivienda** *f.* 12
How...! **¡Qué...!**
  how **¿cómo?** *adv.* 1, 2
  How are you? **¿Qué tal?** 1
  How are you? **¿Cómo estás?** *fam.* 1
  How are you? **¿Cómo está usted?** *form.* 1
  How can I help you? **¿En qué puedo servirles?** 5
  How is it going? **¿Qué tal?** 1
  How is the weather? **¿Qué tiempo hace?** 5
  How much/many? **¿Cuánto(s)/a(s)?** 1
  How much does... cost? **¿Cuánto cuesta...?** 6
  How old are you? **¿Cuántos años tienes?** *fam.*
however **sin embargo**
hug (each other) **abrazar(se)** *v.* 11
humanities **humanidades** *f., pl.* 2
hundred **cien, ciento** 2
hunger **hambre** *f.*
hungry: be (very) hungry **tener** *v.* **(mucha) hambre** 3
hunt **cazar** *v.* 13
hurricane **huracán** *m.* 18
hurry **apurarse** *v.* 15; **darse prisa** *v.* 15
  be in a (big) hurry **tener** *v.* **(mucha) prisa** 3
hurt **doler (o:ue)** *v.* 10
husband **esposo** *m.* 3

I

I **yo** 1
  I hope (that) **Ojalá (que)** *interj.* 13
  I wish (that) **Ojalá (que)** *interj.* 13
ice cream **helado** *m.* 9
  ice cream shop **heladería** *f.* 14
iced **helado/a** *adj.* 8
  iced tea **té** *m.* **helado** 8
idea **idea** *f.* 18
if **si** *conj.* 4
illness **enfermedad** *f.* 10

important **importante** *adj.* 3
  be important to **importar** *v.* 7
  It's important that... **Es importante que...** 12
impossible **imposible** *adj.* 13
  it's impossible **es imposible** 13
improbable **improbable** *adj.* 13
  it's improbable **es improbable** 13
improve **mejorar** *v.* 13
in **en** *prep.* 2; **por** *prep.* 11
  in the afternoon **de la tarde** 1; **por la tarde** 7
  in a bad mood **de mal humor** 5
  in the direction of **para** *prep.* 11
  in the early evening **de la tarde** 1
  in the evening **de la noche** 1; **por la tarde** 7
  in a good mood **de buen humor** 5
  in the morning **de la mañana** 1; **por la mañana** 7
  in love (with) **enamorado/a (de)** 5
  in search of **por** *prep.* 11
in front of **delante de** *prep.* 2
increase **aumento** *m.*
incredible **increíble** *adj.* 5
inequality **desigualdad** *f.* 18
infection **infección** *f.* 10
inform **informar** *v.* 18
injection **inyección** *f.* 10
  give an injection *v.* **poner una inyección** 10
injure (oneself) **lastimarse** 10
  injure (one's foot) **lastimarse** *v.* **(el pie)** 10
inner ear **oído** *m.* 10
inside **dentro** *adv.*
insist (on) **insistir** *v.* **(en)** 12
installments: pay in installments **pagar** *v.* **a plazos** 14
intelligent **inteligente** *adj.* 3
intend to **pensar** *v.* (+ *inf.*) 4
interest **interesar** *v.* 7
interesting **interesante** *adj.* 3
  be interesting to **interesar** *v.* 7
international **internacional** *adj. m., f.* 18
Internet **Internet** 11
interview **entrevista** *f.* 16; interview **entrevistar** *v.* 16
interviewer **entrevistador(a)** *m., f.* 16
introduction **presentación** *f.*
  I would like to introduce you to (name). **Le presento a...** *form.* 1; **Te presento a...** *fam.* 1
invest **invertir (e:ie)** *v.* 16
invite **invitar** *v.* 9
iron (clothes) **planchar** *v.* **la ropa** 12

it **lo/la** *sing., d.o., pron.* 5
Italian **italiano/a** *adj.* 3
its **su(s)** *poss. adj.* 3;
   suyo(s)/a(s) *poss. pron.* 11
it's the same **es igual** 5

J

jacket **chaqueta** *f.* 6
January **enero** *m.* 5
Japanese **japonés, japonesa**
   adj. 3
jeans **(blue)jeans** *m., pl.* 6
jewelry store **joyería** *f.* 14
job **empleo** *m.* 16; **puesto**
   m. 16; **trabajo** *m.* 16
   job application **solicitud** *f.* **de**
      trabajo 16
jog **correr** *v.*
journalism **periodismo** *m.* 2
journalist **periodista** *m., f.* 3
joy **alegría** *f.* 9
juice **jugo** *m.* 8
July **julio** *m.* 5
June **junio** *m.* 5
jungle **selva, jungla** *f.* 13
just **apenas** *adv.*
   have just done something
      acabar de (+ *inf.***)** 6

K

key **llave** *f.* 5
keyboard **teclado** *m.* 11
kilometer **kilómetro** *m.* 11
kiss **beso** *m.* 9
   kiss each other **besarse** *v.* 11
kitchen **cocina** *f.* 9, 12
knee **rodilla** *f.* 10
knife **cuchillo** *m.* 12
know **saber** *v.* 6; **conocer** *v.* 6
know how **saber** *v.* 6

L

laboratory **laboratorio** *m.* 2
lack **faltar** *v.* 7
lake **lago** *m.* 13
lamp **lámpara** *f.* 12
land **tierra** *f.* 13
landscape **paisaje** *m.* 5
language **lengua** *f.* 2
laptop (computer) **computadora**
   f. **portátil** 11
large **grande** *adj.* 3
large (clothing size) **talla**
   grande
last **durar** *v.* 18; **pasado/a**
   adj. 6; **último/a** *adj.* 7
   last name **apellido** *m.* 3
   last night **anoche** *adv.* 6
   last week **semana** *f.* **pasada** 6
   last year **año** *m.* **pasado** 6
   the last time **la última vez** 7

late **tarde** *adv.* 7
later (on) **más tarde** 7
   See you later. **Hasta la vista.** 1;
      Hasta luego. 1
laugh **reírse (e:i)** *v.* 9
laughed **reído** *p.p.* 14
laundromat **lavandería** *f.* 14
law **ley** *f.* 13
lawyer **abogado/a** *m., f.* 16
lazy **perezoso/a** *adj.*
learn **aprender** *v.* **(a +** *inf.***)** 3
least, at **por lo menos** *adv.* 10
leave **salir** *v.* 4; **irse** *v.* 7
   leave a tip **dejar una**
      propina
   leave behind **dejar** *v.* 16
   leave for (a place) **salir para**
   leave from **salir de**
left **izquierda** *f.* 2
   be left over **quedar** *v.* 7
   to the left of **a la izquierda de** 2
leg **pierna** *f.* 10
lemon **limón** *m.* 8
lend **prestar** *v.* 6
less **menos** *adv.* 10
   less… than **menos… que** 8
   less than **menos de (+** *number***)**
lesson **lección** *f.* 1
let **dejar** *v.*
let's see **a ver**
letter **carta** *f.* 4, 14
lettuce **lechuga** *f.* 8
liberty **libertad** *f.* 18
library **biblioteca** *f.* 2
license (driver's) **licencia** *f.* **de**
   conducir 11
lie **mentira** *f.* 4
life **vida** *f.* 9
lifestyle: lead a healthy lifestyle
   llevar una vida sana 15
lift **levantar** *v.* 15
   lift weights **levantar pesas** 15
light **luz** *f.* 12
like **como** *prep.* 8; **gustar** *v.* 2
   I like… **Me gusta(n)…** 2
   like this **así** *adv.* 10
   like very much **encantar** *v.*;
      fascinar *v.* 7
   Do you like…? **¿Te**
      gusta(n)…? 2
likeable **simpático/a** *adj.* 3
likewise **igualmente** *adv.* 1
line **línea** *f.* 4; **cola** (queue) *f.* 14
listen (to) **escuchar** *v.* 2
   listen to music **escuchar**
      música 2
   listen to the radio **escuchar la**
      radio 2
literature **literatura** *f.* 2
little (quantity) **poco** *adv.* 10
live **vivir** *v.* 3; **en vivo** *adj.* 7
living room **sala** *f.* 12
loan **préstamo** *m.* 14; **prestar**
   v. 6, 14
lobster **langosta** *f.* 8
located **situado/a** *adj.*
   be located **quedar** *v.* 14

long **largo/a** *adj.* 6
look (at) **mirar** *v.* 2
look for **buscar** *v.* 2
lose **perder (e:ie)** *v.* 4
   lose weight **adelgazar** *v.* 15
lost **perdido/a** *adj.* 13, 14
   be lost **estar perdido/a** 14
lot, a **muchas veces** *adv.* 10
lot of, a **mucho/a** *adj.* 3; **un**
   montón de 4
love (another person) **querer**
   (e:ie) *v.* 4; (inanimate objects)
   encantar *v.* 7; **amor** *m.* 9
   in love **enamorado/a** *adj.* 5
   love at first sight **amor a**
      primera vista 9
luck **suerte** *f.*
lucky: be (very) lucky **tener**
   (mucha) suerte 3
luggage **equipaje** *m.* 5
lunch **almuerzo** *m.* 4, 8
   have lunch **almorzar (o:ue)**
      v. 4

M

ma'am **señora (Sra.); doña** *f.* 1
mad **enojado/a** *adj.* 5
magazine **revista** *f.* 4
magnificent **magnífico/a** *adj.* 5
mail **correo** *m.* 14; **enviar** *v.*,
   mandar *v.* 14; **echar (una**
   carta) al buzón 14
   mail carrier **cartero** *m.* 14
mailbox **buzón** *m.* 14
main **principal** *adj. m., f.* 8
maintain **mantener** *v.* 15
major **especialización** *f.* 2
make **hacer** *v.* 4
   make a decision **tomar una**
      decisión 15
   make the bed **hacer la**
      cama 12
makeup **maquillaje** *m.* 7
   put on makeup **maquillarse** *v.* 7
man **hombre** *m.* 1
manager **gerente** *m., f.* 8, 16
many **mucho/a** *adj.* 3
   many times **muchas veces** 10
map **mapa** *m.* 1, 2
March **marzo** *m.* 5
margarine **margarina** *f.* 8
marinated fish **ceviche** *m.* 8
   lemon-marinated shrimp
      ceviche *m.* **de camarón** 8
marital status **estado** *m.* **civil** 9
market **mercado** *m.* 6
   open-air market **mercado al**
      aire libre 6
marriage **matrimonio** *m.* 9
married **casado/a** *adj.* 9
   get married (to) **casarse** *v.*
      (con) 9
   I'll marry you! **¡Acepto**
      casarme contigo! 17

marvelous **maravilloso/a** *adj.* 5
massage **masaje** *m.* 15
masterpiece **obra maestra** *f.* 17
match (*sports*) **partido** *m.* 4
match (with) **hacer** *v.*
 juego (con) 6
mathematics **matemáticas**
 f., pl. 2
matter **importar** *v.* 7
maturity **madurez** *f.* 9
maximum **máximo/a** *adj.* 11
May **mayo** *m.* 5
May I leave a message? **¿Puedo
 dejar un recado?** 11
maybe **tal vez** 5; **quizás** 5
mayonnaise **mayonesa** *f.* 8
me **me** *sing., d.o. pron.* 5
 to/for me **me** *sing., i.o. pron.* 6
meal **comida** *f.* 8
means of communication **medios**
 m., pl. **de comunicación** 18
meat **carne** *f.* 8
mechanic **mecánico/a** *m., f.* 11
 mechanic's repair shop **taller
 mecánico** 11
media **medios** *m., pl.* **de
 comunicación** 18
medical **médico/a** *adj.* 10
medication **medicamento** *m.* 10
medicine **medicina** *f.* 10
medium **mediano/a** *adj.*
meet (each other) **encontrar(se)**
 v. 11; **conocer(se)** *v.* 8
 meet up with **encontrarse con** 7
meeting **reunión** *f.* 16
menu **menú** *m.* 8
message **mensaje** *m.*
Mexican **mexicano/a** *adj.* 3
microwave **microonda** *f.* 12
 microwave oven **horno** *m.* **de
 microondas** 12
middle age **madurez** *f.* 9
midnight **medianoche** *f.* 1
mile **milla** *f.*
milk **leche** *f.* 8
million **millón** *m.* 2
 million of **millón de** 2
mine **mío(s)/a(s)** *poss.* 11
mineral **mineral** *m.* 15
 mineral water **agua** *f.*
 mineral 8
minute **minuto** *m.*
mirror **espejo** *m.* 7
Miss **señorita (Srta.)** *f.* 1
miss **perder (e:ie)** *v.* 4; **extrañar**
 v. 16
mistaken **equivocado/a** *adj.*
modern **moderno/a** *adj.* 17
mom **mamá** *f.*
Monday **lunes** *m., sing.* 2
money **dinero** *m.* 6
monitor **monitor** *m.* 11
monkey **mono** *m.* 13
month **mes** *m.* 5
monument **monumento** *m.* 4

moon **luna** *f.* 13
more **más** 2
 more… than **más… que** 8
 more than **más de (+**
 number) 8
morning **mañana** *f.* 1
mother **madre** *f.* 3
mother-in-law **suegra** *f.* 3
motor **motor** *m.*
motorcycle **moto(cicleta)** *f.* 5
mountain **montaña** *f.* 4
mouse **ratón** *m.* 11
mouth **boca** *f.* 10
move (*from one house to another*)
 mudarse *v.* 12
movie **película** *f.* 4
 movie star **estrella** *f.*
 de cine 17
 movie theater **cine** *m.* 4
MP3 player **reproductor** *m.* **de
 MP3** 11
Mr. **señor (Sr.); don** *m.* 1
Mrs. **señora (Sra.); doña** *f.* 1
much **mucho/a** *adj.* 3
mud **lodo** *m.*
murder **crimen** *m.* 18
muscle **músculo** *m.* 15
museum **museo** *m.* 4
mushroom **champiñón** *m.* 8
music **música** *f.* 2, 17
musical **musical** *adj., m., f.* 17
musician **músico/a** *m., f.* 17
must **deber** *v.* (+ *inf.*) 3
my **mi(s)** *poss. adj.* 3; **mío(s)/a(s)**
 poss. pron. 11

N

name **nombre** *m.* 1
 be named **llamarse** *v.* 7
 in the name of **a nombre de** 5
 last name **apellido** *m.* 3
 My name is… **Me llamo…** 1
 name someone/something
 ponerle el nombre 9
napkin **servilleta** *f.* 12
national **nacional** *adj. m., f.* 18
nationality **nacionalidad** *f.* 1
natural **natural** *adj. m., f.* 13
 natural disaster **desastre** *m.*
 natural 18
 natural resource **recurso** *m.*
 natural 13
nature **naturaleza** *f.* 13
nauseated **mareado/a** *adj.* 10
near **cerca de** *prep.* 2
neaten **arreglar** *v.* 12
necessary **necesario/a** *adj.* 12
 It is necessary that… **Es
 necesario que…** 12
neck **cuello** *m.* 10
need **faltar** *v.* 7; **necesitar** *v.* (+
 inf.) 2
neighbor **vecino/a** *m., f.* 12
neighborhood **barrio** *m.* 12

neither **tampoco** *adv.* 7
neither… nor **ni… ni** *conj.* 7
nephew **sobrino** *m.* 3
nervous **nervioso/a** *adj.* 5
network **red** *f.* 11
never **nunca** *adj.* 7; **jamás** 7
new **nuevo/a** *adj.* 6
newlywed **recién casado/a**
 m., f. 9
news **noticias** *f., pl.* 18;
 actualidades *f., pl.* 18; **noticia**
 f. 11
newscast **noticiero** *m.* 18
newspaper **periódico** 4; **diario**
 m. 18
next **próximo/a** *adj.* 3, 16
 next to **al lado de** *prep.* 2
nice **simpático/a** *adj.* 3; **amable**
 adj. 5
niece **sobrina** *f.* 3
night **noche** *f.* 1
 night stand **mesita** *f.* **de
 noche** 12
nine **nueve** 1
nine hundred **novecientos/as** 2
nineteen **diecinueve** 1
ninety **noventa** 2
ninth **noveno/a** 5
no **no** 1; **ningún, ninguno/a(s)**
 adj. 7
 no one **nadie** *pron.* 7
nobody **nadie** 7
none **ningún, ninguno/a(s)**
 adj. 7
noon **mediodía** *m.* 1
nor **ni** *conj.* 7
north **norte** *m.* 14
 to the north **al norte** 14
nose **nariz** *f.* 10
not **no** 1
 not any **ningún, ninguno/a(s)**
 adj. 7
 not anyone **nadie** *pron.* 7
 not anything **nada** *pron.* 7
 not bad at all **nada mal** 5
 not either **tampoco** *adv.* 7
 not ever **nunca** *adv.* 7; **jamás**
 adv. 7
 not very well **no muy bien** 1
 not working **descompuesto/a**
 adj. 11
notebook **cuaderno** *m.* 1
nothing **nada** 1; 7
noun **sustantivo** *m.*
November **noviembre** *m.* 5
now **ahora** *adv.* 2
nowadays **hoy día** *adv.*
nuclear **nuclear** *adj. m., f.* 13
 nuclear energy **energía
 nuclear** 13
number **número** *m.* 1
nurse **enfermero/a** *m., f.* 10
nutrition **nutrición** *f.* 15
nutritionist **nutricionista** *m.,
 f.* 15

O

o'clock: It's... o'clock **Son las...** 1
  It's one o'clock. **Es la una.** 1
obey **obedecer** *v.* 18
obligation **deber** *m.* 18
obtain **conseguir (e:i)** *v.* 4; **obtener** *v.* 16
obvious **obvio/a** *adj.* 13
  it's obvious **es obvio** 13
occupation **ocupación** *f.* 16
occur **ocurrir** *v.* 18
October **octubre** *m.* 5
of **de** *prep.* 1
  Of course. **Claro que sí.; Por supuesto.**
offer **oferta** *f.*; **ofrecer (c:zc)** *v.* 6
office **oficina** *f.* 12
  doctor's office **consultorio** *m.* 10
often **a menudo** *adv.* 10
Oh! **¡Ay!**
oil **aceite** *m.* 8
OK **regular** *adj.* 1
  It's okay. **Está bien.**
old **viejo/a** *adj.* 3
old age **vejez** *f.* 9
older **mayor** *adj. m., f.* 3
  older brother, sister **hermano/a mayor** *m., f.* 3
oldest **el/la mayor** 8
on **en** *prep.* 2; **sobre** *prep.* 2
  on behalf of **por** *prep.* 11
  on the dot **en punto** 1
  on time **a tiempo** 10
  on top of **encima de** 2
once **una vez** 6
one **uno** 1
  one hundred **cien(to)** 2
  one million **un millón** *m.* 2
  one more time **una vez más**
  one thousand **mil** 2
  one time **una vez** 6
onion **cebolla** *f.* 8
only **sólo** *adv.* 6; **único/a** *adj.* 3
  only child **hijo/a único/a** *m., f.* 3
open **abierto/a** *adj.* 5, 14; **abrir** *v.* 3
open-air **al aire libre** 6
opera **ópera** *f.* 17
operation **operación** *f.* 10
opposite **enfrente de** *prep.* 14
or **o** *conj.* 7
orange **anaranjado/a** *adj.* 6; **naranja** *f.* 8
orchestra **orquesta** *f.* 17
order **mandar** 12; (*food*) **pedir (e:i)** *v.* 8
  in order to **para** *prep.* 11
orderly **ordenado/a** *adj.* 5
ordinal (*numbers*) **ordinal** *adj.*
organize oneself **organizarse** *v.* 12
other **otro/a** *adj.* 6

ought to **deber** *v.* **(+ *inf.*)** *adj.* 3
our **nuestro(s)/a(s)** *poss. adj.* 3; *poss. pron.* 11
out of order **descompuesto/a** *adj.* 11
outside **afuera** *adv.* 5
outskirts **afueras** *f., pl.* 12
oven **horno** *m.* 12
over **sobre** *prep.* 2
(over)population **(sobre)población** *f.* 13
over there **allá** *adv.* 2
own **propio/a** *adj.*
owner **dueño/a** *m., f.* 8

P

p.m. **de la tarde, de la noche** *f.* 1
pack (one's suitcases) **hacer** *v.* **las maletas** 5
package **paquete** *m.* 14
page **página** *f.* 11
pain **dolor** *m.* 10
  have pain **tener** *v.* **dolor** 10
paint **pintar** *v.* 17
painter **pintor(a)** *m., f.* 16
painting **pintura** *f.* 12, 17
pair **par** *m.* 6
  pair of shoes **par** *m.* **de zapatos** 6
pale **pálido/a** *adj.* 14
pants **pantalones** *m., pl.* 6
pantyhose **medias** *f., pl.* 6
paper **papel** *m.* 2; (*report*) **informe** *m.* 18
Pardon me. (*May I?*) **Con permiso.** 1; (*Excuse me.*) Pardon me. **Perdón.** 1
parents **padres** *m., pl.* 3; **papás** *m., pl.*
park **estacionar** *v.* 11; **parque** *m.* 4
parking lot **estacionamiento** *m.* 14
partner (*one of a married couple*) **pareja** *f.* 9
party **fiesta** *f.* 9
passed **pasado/a** *p.p.*
passenger **pasajero/a** *m., f.* 1
passport **pasaporte** *m.* 5
past **pasado/a** *adj.* 6
pastime **pasatiempo** *m.* 4
pastry shop **pastelería** *f.* 14
path **sendero** *m.* 13
patient **paciente** *m., f.* 10
patio **patio** *m.* 12
pay **pagar** *v.* 6
  pay in cash **pagar** *v.* **al contado; pagar en efectivo** 14
  pay in installments **pagar** *v.* **a plazos** 14
  pay the bill **pagar la cuenta**
pea **arveja** *m.* 8
peace **paz** *f.* 18
peach **melocotón** *m.* 8

peak **cima** *f.* 15
pear **pera** *f.* 8
pen **pluma** *f.* 2
pencil **lápiz** *m.* 1
penicillin **penicilina** *f.*
people **gente** *f.* 3
pepper (*black*) **pimienta** *f.* 8
per **por** *prep.* 11
perfect **perfecto/a** *adj.* 5
period of time **temporada** *f.* 5
person **persona** *f.* 3
pharmacy **farmacia** *f.* 10
phenomenal **fenomenal** *adj.* 5
photograph **foto(grafía)** *f.* 1
physical (exam) **examen** *m.* **médico** 10
physician **doctor(a), médico/a** *m., f.* 3
physics **física** *f. sing.* 2
pick up **recoger** *v.* 13
picture **cuadro** *m.* 12; **pintura** *f.* 12
pie **pastel** *m.* 9
pill (tablet) **pastilla** *f.* 10
pillow **almohada** *f.* 12
pineapple **piña** *f.*
pink **rosado/a** *adj.* 6
place **lugar** *m.* 2, 4; **sitio** *m.* 3; **poner** *v.* 4
plaid **de cuadros** 6
plans **planes** *m., pl.*
  have plans **tener planes**
plant **planta** *f.* 13
plastic **plástico** *m.* 13
  (made) of plastic **de plástico** 13
plate **plato** *m.* 12
play **drama** *m.* 17; **comedia** *f.* 17 **jugar (u:ue)** *v.* 4; (*a musical instrument*) **tocar** *v.* 17; (*a role*) **hacer el papel de** 17; (*cards*) **jugar a (las cartas)** 5; (*sports*) **practicar deportes** 4
player **jugador(a)** *m., f.* 4
playwright **dramaturgo/a** *m., f.* 17
plead **rogar (o:ue)** *v.* 12
pleasant **agradable** *adj.*
please **por favor** 1
Pleased to meet you. **Mucho gusto.** 1; **Encantado/a.** *adj.* 1
pleasing: be pleasing to **gustar** *v.* 7
pleasure **gusto** *m.* 1; **placer** *m.*
  The pleasure is mine. **El gusto es mío.** 1
poem **poema** *m.* 17
poet **poeta** *m., f.* 17
poetry **poesía** *f.* 17
police (force) **policía** *f.* 11
political **político/a** *adj.* 18
politician **político/a** *m., f.* 16
politics **política** *f.* 18
polka-dotted **de lunares** 6
poll **encuesta** *f.* 18
pollute **contaminar** *v.* 13

polluted **contaminado/a** *m., f.* 13
  be polluted **estar contaminado/a** 13
pollution **contaminación** *f.* 13
pool **piscina** *f.* 4
poor **pobre** *adj., m., f.* 6
  poor thing **pobrecito/a** *adj.* 3
popsicle **paleta helada** *f.* 4
population **población** *f.* 13
pork **cerdo** *m.* 8
  pork chop **chuleta** *f.* **de cerdo** 8
portable **portátil** *adj.* 11
  portable computer **computadora** *f.* **portátil** 11
position **puesto** *m.* 16
possessive **posesivo/a** *adj.*
possible **posible** *adj.* 13
  it's (not) possible **(no) es posible** 13
post office **correo** *m.* 14
postcard **postal** *f.*
poster **cartel** *m.* 12
potato **papa** *f.* 8; **patata** *f.* 8
pottery **cerámica** *f.* 17
practice **entrenarse** *v.* 15; **practicar** *v.* 2; (a degree/profession) **ejercer** *v.* 16
prefer **preferir (e:ie)** *v.* 4
pregnant **embarazada** *adj. f.* 10
prepare **preparar** *v.* 2
preposition **preposición** *f.*
prescribe (*medicine*) **recetar** *v.* 10
prescription **receta** *f.* 10
present **regalo** *m.*; **presentar** *v.* 17
press **prensa** *f.* 18
pressure **presión** *f.*
  be under a lot of pressure **sufrir muchas presiones** 15
pretty **bonito/a** *adj.* 3
price **precio** *m.* 6
  (fixed, set) price **precio** *m.* **fijo** 6
print **imprimir** *v.* 11
printer **impresora** *f.* 11
prize **premio** *m.* 17
probable **probable** *adj.* 13
  it's (not) probable **(no) es probable** 13
problem **problema** *m.* 1
profession **profesión** *f.* 3; 16
professor **profesor(a)** *m., f.*
program **programa** *m.* 1
programmer **programador(a)** *m., f.* 3
prohibit **prohibir** *v.* 10
project **proyecto** *m.* 11
promotion (*career*) **ascenso** *m.* 16
pronoun **pronombre** *m.*
protect **proteger** *v.* 13
protein **proteína** *f.* 15
provided (that) **con tal (de) que** *conj.* 13
psychologist **psicólogo/a** *m., f.* 16

psychology **psicología** *f.* 2
publish **publicar** *v.* 17
Puerto Rican **puertorriqueño/a** *adj.* 3
purchases **compras** *f., pl.*
pure **puro/a** *adj.* 13
purple **morado/a** *adj.* 6
purse **bolsa** *f.* 6
put **poner** *v.* 4; **puesto/a** *p.p.* 14
  put (a letter) in the mailbox **echar (una carta) al buzón** 14
  put on (*a performance*) **presentar** *v.* 17
  put on (*clothing*) **ponerse** *v.* 7
  put on makeup **maquillarse** *v.* 7

Q

quality **calidad** *f.* 6
quarter (*academic*) **trimestre** *m.* 2
  quarter after (*time*) **y cuarto** 1; **y quince** 1
  quarter to (*time*) **menos cuarto** 1; **menos quince** 1
question **pregunta** *f.*
quickly **rápido** *adv.* 10
quiet **tranquilo/a** *adj.* 15
quit **dejar** *v.* 16
quiz **prueba** *f.* 2

R

racism **racismo** *m.* 18
radio (*medium*) **radio** *f.* 2
  radio (set) **radio** *m.* 11
rain **llover (o:ue)** *v.* 5; **lluvia** *f.*
  It's raining. **Llueve.** 5; **Está lloviendo.** 5
raincoat **impermeable** *m.* 6
rain forest **bosque** *m.* **tropical** 13
raise (*salary*) **aumento de sueldo** 16
rather **bastante** *adv.* 10
read **leer** *v.* 3; **leído/a** *p.p.* 14
  read e-mail **leer el correo electrónico** 4
  read a magazine **leer una revista** 4
  read a newspaper **leer un periódico** 4
ready **listo/a** *adj.* 5
reality show **programa de realidad** *m.* 17
reap the benefits (of) *v.* **disfrutar** *v.* **(de)** 15
receive **recibir** *v.* 3
recommend **recomendar (e:ie)** *v.* 8; 12
record **grabar** *v.* 11
recover **recuperar** *v.* 11
recreation **diversión** *f.* 4

recycle **reciclar** *v.* 13
recycling **reciclaje** *m.* 13
red **rojo/a** *adj.* 6
red-haired **pelirrojo/a** *adj.* 3
reduce **reducir** *v.* 13; **disminuir** *v.* 16
  reduce stress/tension **aliviar el estrés/la tensión** 15
refrigerator **refrigerador** *m.* 12
region **región** *f.*
regret **sentir (e:ie)** *v.* 13
relatives **parientes** *m., pl.* 3
relax **relajarse** *v.* 9
  Relax. **Tranquilo/a.** 7
  Relax, sweetie. **Tranquilo/a, cariño.** 11
remain **quedarse** *v.* 7
remember **acordarse (o:ue)** *v.* **(de)** 7; **recordar (o:ue)** *v.* 4
remote control **control remoto** *m.* 11
renewable **renovable** *adj.* 13
rent **alquilar** *v.* 12; (payment) **alquiler** *m.* 12
repeat **repetir (e:i)** *v.* 4
report **informe** *m.* 18; **reportaje** *m.* 18
reporter **reportero/a** *m., f.* 16
representative **representante** *m., f.* 18
request **pedir (e:i)** *v.* 4
reservation **reservación** *f.* 5
resign (from) **renunciar (a)** *v.* 16
resolve **resolver (o:ue)** *v.* 13
resolved **resuelto/a** *p.p.* 14
resource **recurso** *m.* 13
responsibility **deber** *m.* 18; **responsabilidad** *f.*
responsible **responsable** *adj.* 8
rest **descansar** *v.* 2
restaurant **restaurante** *m.* 4
résumé **currículum** *m.* 16
retire (from work) **jubilarse** *v.* 9
return **regresar** *v.* 2; **volver (o:ue)** *v.* 4
returned **vuelto/a** *p.p.* 14
rice **arroz** *m.* 8
rich **rico/a** *adj.* 6
ride a bicycle **pasear** *v.* **en bicicleta** 4
ride a horse **montar** *v.* **a caballo** 5
ridiculous **ridículo/a** *adj.* 13
  it's ridiculous **es ridículo** 13
right **derecha** *f.* 2
  be right **tener razón** 3
  right? (*question tag*) **¿no?** 1; **¿verdad?** 1
  right away **enseguida** *adv.*
  right now **ahora mismo** 5
  to the right of **a la derecha de** 2
rights **derechos** *m.* 18
ring **anillo** *m.* 17

ring (*a doorbell*) **sonar (o:ue)** *v.* 11

river **río** *m.* 13

road **carretera** *f.* 11; **camino** *m.*

roast **asado/a** *adj.* 8

roast chicken **pollo** *m.* **asado** 8

rollerblade **patinar en línea** *v.*

romantic **romántico/a** *adj.* 17

room **habitación** *f.* 5; **cuarto** *m.* 2; 7

  living room **sala** *f.* 12

roommate **compañero/a** *m., f.* **de cuarto** 2

roundtrip **de ida y vuelta** 5

  roundtrip ticket **pasaje** *m.* **de ida y vuelta** 5

routine **rutina** *f.* 7

rug **alfombra** *f.* 12

run **correr** *v.* 3

  run errands **hacer diligencias** 14

  run into (*have an accident*) **chocar (con)** *v.;* (*meet accidentally*) **encontrar(se) (o:ue)** *v.* 11; (*run into something*) **darse (con)** 10

  run into (*each other*) **encontrar(se) (o:ue)** *v.* 11

rush **apurarse, darse prisa** *v.* 15

Russian **ruso/a** *adj.* 3

S

sad **triste** *adj.* 5; 13

  it's sad **es triste** 13

safe **seguro/a** *adj.* 5

said **dicho/a** *p.p.* 14

sailboard **tabla de windsurf** *f.* 5

salad **ensalada** *f.* 8

salary **salario** *m.* 16; **sueldo** *m.* 16

sale **rebaja** *f.* 6

salesperson **vendedor(a)** *m., f.* 6

salmon **salmón** *m.* 8

salt **sal** *f.* 8

same **mismo/a** *adj.* 3

sandal **sandalia** *f.* 6

sandwich **sándwich** *m.* 8

Saturday **sábado** *m.* 2

sausage **salchicha** *f.* 8

save (*on a computer*) **guardar** *v.* 11; save (*money*) **ahorrar** *v.* 14

savings **ahorros** *m.* 14

  savings account **cuenta** *f.* **de ahorros** 14

say **decir** *v.* 4; **declarar** *v.* 18

say (*that*) **decir (que)** *v.* 4

  say the answer **decir la respuesta** 4

scan **escanear** *v.* 11

scarcely **apenas** *adv.* 10

scared: be (very) scared (of) **tener (mucho) miedo (de)** 3

schedule **horario** *m.* 2

school **escuela** *f.* 1

sciences *f., pl.* **ciencias** 2

science fiction (*genre*) **de ciencia ficción** *f.* 17

scientist **científico/a** *m., f.* 16

scream **grito** *m.* 5; **gritar** *v.*

screen **pantalla** *f.* 11

scuba dive **bucear** *v.* 4

sculpt **esculpir** *v.* 17

sculptor **escultor(a)** *m., f.* 17

sculpture **escultura** *f.* 17

sea **mar** *m.* 5

  (sea) turtle **tortuga (marina)** *f.* 13

season **estación** *f.* 5

seat **silla** *f.* 2

second **segundo/a** 5

secretary **secretario/a** *m., f.* 16

sedentary **sedentario/a** *adj.* 15

see **ver** *v.* 4

  see (you, him, her) again **volver a ver(te, lo, la)**

  see movies **ver películas** 4

  See you. **Nos vemos.** 1

  See you later. **Hasta la vista.** 1; **Hasta luego.** 1

  See you soon. **Hasta pronto.** 1

  See you tomorrow. **Hasta mañana.** 1

seem **parecer** *v.* 6

seen **visto/a** *p.p.* 14

sell **vender** *v.* 6

semester **semestre** *m.* 2

send **enviar; mandar** *v.* 14

separate (*from*) **separarse** *v.* **(de)** 9

separated **separado/a** *adj.* 9

September **septiembre** *m.* 5

sequence **secuencia** *f.*

serious **grave** *adj.* 10

serve **servir (e:i)** *v.* 8

service **servicio** *m.* 15

set (*fixed*) **fijo/a** *adj.* 6

  set the table **poner la mesa** 12

seven **siete** 1

seven hundred **setecientos/as** 2

seventeen **diecisiete** 1

seventh **séptimo/a** 5

seventy **setenta** 2

several **varios/as** *adj. pl.*

sexism **sexismo** *m.* 18

shame **lástima** *f.* 13

  it's a shame **es una lástima** 13

shampoo **champú** *m.* 7

shape **forma** *f.* 15

  be in good shape **estar en buena forma** 15

  stay in shape **mantenerse en forma** 15

share **compartir** *v.* 3

sharp (*time*) **en punto** 1

shave **afeitarse** *v.* 7

shaving cream **crema** *f.* **de afeitar** 5, 7

she **ella** 1

shellfish **mariscos** *m., pl.* 8

ship **barco** *m.*

shirt **camisa** *f.* 6

shoe **zapato** *m.* 6

  shoe size **número** *m.* 6

  shoe store **zapatería** *f.* 14

tennis shoes **zapatos** *m., pl.* **de tenis** 6

shop **tienda** *f.* 6

shopping, to go **ir de compras** 5

  shopping mall **centro comercial** *m.* 6

short (*in height*) **bajo/a** *adj.* 3; (*in length*) **corto/a** *adj.* 6

short story **cuento** *m.* 17

shorts **pantalones cortos** *m., pl.* 6

should (*do something*) **deber** *v.* (*+ inf.*) 3

shout **gritar** *v.*

show **espectáculo** *m.* 17; **mostrar (o:ue)** *v.* 4

  game show **concurso** *m.* 17

shower **ducha** *f.* 7; **ducharse** *v.* 7

shrimp **camarón** *m.* 8

siblings **hermanos/as** *pl.* 3

sick **enfermo/a** *adj.* 10

  be sick **estar enfermo/a** 10

  get sick **enfermarse** *v.* 10

sign **firmar** *v.* 14; **letrero** *m.* 14

silk **seda** *f.* 6

  (made of) silk **de seda** 6

since **desde** *prep.*

sing **cantar** *v.* 2

singer **cantante** *m., f.* 17

single **soltero/a** *adj.* 9

  single room **habitación** *f.* **individual** 5

sink **lavabo** *m.* 7

sir **señor (Sr.), don** *m.* 1; **caballero** *m.* 8

sister **hermana** *f.* 3

sister-in-law **cuñada** *f.* 3

sit down **sentarse (e:ie)** *v.* 7

six **seis** 1

six hundred **seiscientos/as** 2

sixteen **dieciséis** 1

sixth **sexto/a** 5

sixty **sesenta** 2

size **talla** *f.* 6

  shoe size *m.* **número** 6

(in-line) skate **patinar (en línea)** 4

skateboard **andar en patineta** *v.* 4

ski **esquiar** *v.* 4

skiing **esquí** *m.* 4

  water-skiing **esquí** *m.* **acuático** 4

skirt **falda** *f.* 6

skull made out of sugar **calavera de azúcar** *f.* 9

sky **cielo** *m.* 13

sleep **dormir (o:ue)** *v.* 4; **sueño** *m.*

  go to sleep **dormirse (o:ue)** *v.* 7

sleepy: be (very) sleepy **tener (mucho) sueño** 3

slender **delgado/a** *adj.* 3

slim down **adelgazar** *v.* 15

slippers **pantuflas** *f.* 7

slow **lento/a** *adj.* 11

slowly **despacio** *adv.* 10

small **pequeño/a** *adj.* 3

smart **listo/a** *adj.* 5

smile **sonreír (e:i)** *v.* 9

smiled **sonreído** *p.p.* 14

smoggy: It's (very) smoggy. **Hay (mucha) contaminación.**

smoke **fumar** *v.* 15

  (not) to smoke **(no) fumar** 15

smoking section **sección** *f.* **de fumar** 8

  (non) smoking section *f.* **sección de (no) fumar** 8

snack **merendar (e:ie)** *v.* 8

  afternoon snack **merienda** *f.* 15

  have a snack **merendar** *v.* 8

sneakers **los zapatos de tenis** 6

sneeze **estornudar** *v.* 10

snow **nevar (e:ie)** *v.* 5; **nieve** *f.*

snowing: It's snowing. **Nieva.** 5; **Está nevando.** 5

so (*in such a way*) **así** *adv.* 10; **tan** *adv.* 5

  so much **tanto** *adv.*

  so-so **regular** 1

  so that **para que** *conj.* 13

soap **jabón** *m.* 7

soap opera **telenovela** *f.* 17

soccer **fútbol** *m.* 4

sociology **sociología** *f.* 2

sock(s) **calcetín (calcetines)** *m.* 6

sofa **sofá** *m.* 12

soft drink **refresco** *m.* 8

software **programa** *m.* **de computación** 11

soil **tierra** *f.* 13

solar **solar** *adj., m., f.* 13

  solar energy **energía solar** 13

soldier **soldado** *m., f.* 18

solution **solución** *f.* 13

solve **resolver (o:ue)** *v.* 13

some **algún, alguno/a(s)** *adj.* 7; **unos/as** *indef. art.* 1

somebody **alguien** *pron.* 7

someone **alguien** *pron.* 7

something **algo** *pron.* 7

sometimes **a veces** *adv.* 10

son **hijo** *m.* 3

song **canción** *f.* 17

son-in-law **yerno** *m.* 3

soon **pronto** *adv.* 10

  See you soon. **Hasta pronto.** 1

sorry: be sorry **sentir (e:ie)** *v.* 13

  I'm sorry. **Lo siento.** 1

soul **alma** *f.* 9

soup **sopa** *f.* 8

south **sur** *m.* 14

  to the south **al sur** 14

Spain **España** *f.*

Spanish (*language*) **español** *m.* 2; **español(a)** *adj.* 3

spare (free) time **ratos libres** 4

speak **hablar** *v.* 2

  Speaking. (*on the telephone*) **Con él/ella habla.** 11

special: today's specials **las especialidades del día** 8

spectacular **espectacular** *adj. m., f.*

speech **discurso** *m.* 18

speed **velocidad** *f.* 11

  speed limit **velocidad** *f.* **máxima** 11

spelling **ortografía** *f.*, **ortográfico/a** *adj.*

spend (*money*) **gastar** *v.* 6

spoon (*table or large*) **cuchara** *f.* 12

sport **deporte** *m.* 4

  sports-related **deportivo/a** *adj.* 4

spouse **esposo/a** *m., f.* 3

sprain (one's ankle) **torcerse (o:ue)** *v.* **(el tobillo)** 10

spring **primavera** *f.* 5

(city or town) square **plaza** *f.* 4

stadium **estadio** *m.* 2

stage **etapa** *f.* 9

stairs **escalera** *f.* 12

stairway **escalera** *f.* 12

stamp **estampilla** *f.* 14; **sello** *m.* 14

stand in line **hacer** *v.* **cola** 14

star **estrella** *f.* 13

start (*a vehicle*) **arrancar** *v.* 11

station **estación** *f.* 5

statue **estatua** *f.* 17

status: marital status **estado** *m.* **civil** 9

stay **quedarse** *v.* 7

  stay in shape **mantenerse en forma** 15

steak **bistec** *m.* 8

steering wheel **volante** *m.* 11

step **escalón** *m.* 15

stepbrother **hermanastro** *m.* 3

stepdaughter **hijastra** *f.* 3

stepfather **padrastro** *m.* 3

stepmother **madrastra** *f.* 3

stepsister **hermanastra** *f.* 3

stepson **hijastro** *m.* 3

stereo **estéreo** *m.* 11

still **todavía** *adv.* 5

stockbroker **corredor(a)** *m., f.* **de bolsa** 16

stockings **medias** *f., pl.* 6

stomach **estómago** *m.* 10

stone **piedra** *f.* 13

stop **parar** *v.* 11

  stop (*doing something*) **dejar de (+** *inf.***)** 13

store **tienda** *f.* 6

storm **tormenta** *f.* 18

story **cuento** *m.* 17; **historia** *f.* 17

stove **cocina, estufa** *f.* 12

straight **derecho** *adv.* 14

  straight (ahead) **derecho** 14

straighten up **arreglar** *v.* 12

strange **extraño/a** *adj.* 13

  it's strange **es extraño** 13

street **calle** *f.* 11

stress **estrés** *m.* 15

stretching **estiramiento** *m.* 15

  do stretching exercises **hacer ejercicios** *m. pl.* **de estiramiento** 15

strike (*labor*) **huelga** *f.* 18

striped **de rayas** 6

stroll **pasear** *v.* 4

strong **fuerte** *adj. m., f.* 15

struggle (for/against) **luchar** *v.* **(por/contra)** 18

student **estudiante** *m., f.* 1; 2; **estudiantil** *adj.* 2

study **estudiar** *v.* 2

stupendous **estupendo/a** *adj.* 5

style **estilo** *m.*

suburbs **afueras** *f., pl.* 12

subway **metro** *m.* 5

  subway station **estación** *f.* **del metro** 5

success **éxito** *m.*

successful: be successful **tener éxito** 16

such as **tales como**

suddenly **de repente** *adv.* 6

suffer **sufrir** *v.* 10

  suffer an illness **sufrir una enfermedad** 10

sugar **azúcar** *m.* 8

suggest **sugerir (e:ie)** *v.* 12

suit **traje** *m.* 6

suitcase **maleta** *f.* 1

summer **verano** *m.* 5

sun **sol** *m.* 13

sunbathe **tomar** *v.* **el sol** 4

Sunday **domingo** *m.* 2

(sun)glasses **gafas** *f., pl.* **(de sol)** 6

sunny: It's (very) sunny. **Hace (mucho) sol.** 5

supermarket **supermercado** *m.* 14

suppose **suponer** *v.* 4

sure **seguro/a** *adj.* 5

  be sure **estar seguro/a** 5

surf **hacer** *v.* **surf** 5; (*the Internet*) **navegar** *v.* **(en Internet)** 11

surfboard **tabla de surf** *f.* 5

surprise **sorprender** *v.* 9; **sorpresa** *f.* 9

survey **encuesta** *f.* 18

sweat **sudar** *v.* 15

sweater **suéter** *m.* 6

sweep the floor **barrer el suelo** 12

sweets **dulces** *m., pl.* 9

swim **nadar** *v.* 4

swimming **natación** *f.* 4

  swimming pool **piscina** *f.* 4

symptom **síntoma** *m.* 10

T

table **mesa** *f.* 2

tablespoon **cuchara** *f.* 12

tablet (*pill*) **pastilla** *f.* 10

take **tomar** *v.* 2; **llevar** *v.* 6

  take care of **cuidar** *v.* 13

  take someone's temperature **tomar** *v.* **la temperatura** 10

  take (*wear*) a shoe size **calzar** *v.* 6

  take a bath **bañarse** *v.* 7

  take a shower **ducharse** *v.* 7

  take off **quitarse** *v.* 7

take out the trash *v.* **sacar la basura** 12

  take photos **tomar** *v.* **fotos** 5; **sacar** *v.* **fotos** 5

talented **talentoso/a** *adj.* 17

talk **hablar** *v.* 2

  talk show **programa** *m.* **de entrevistas** 17

tall **alto/a** *adj.* 3

tank **tanque** *m.* 11

taste **probar (o:ue)** *v.* 8

  taste like **saber a** 8

tasty **rico/a** *adj.* 8; **sabroso/a** *adj.* 8

tax **impuesto** *m.* 18

taxi **taxi** *m.* 5

tea **té** *m.* 8

teach **enseñar** *v.* 2

teacher **profesor(a)** *m., f.* 1, 2; **maestro/a** *m., f.* 16

team **equipo** *m.* 4

technician **técnico/a** *m., f.* 16

telecommuting **teletrabajo** *m.* 16

telephone **teléfono** 11

television **televisión** *f.* 2

  television set **televisor** *m.* 11

tell **contar** *v.* 4; **decir** *v.* 4

tell (that) **decir** *v.* **(que)** 4

  tell lies **decir mentiras** 4

  tell the truth **decir la verdad** 4

temperature **temperatura** *f.* 10

ten **diez** 1

tennis **tenis** *m.* 4

  tennis shoes **zapatos** *m., pl.* **de tenis** 6

tension **tensión** *f.* 15

tent **tienda** *f.* **de campaña**

tenth **décimo/a** 5

terrible **terrible** *adj. m., f.* 13

  it's terrible **es terrible** 13

terrific **chévere** *adj.*

test **prueba** *f.* 2; **examen** *m.* 2

text message **mensaje** *m.* **de texto** 11

Thank you. **Gracias.** *f., pl.* 1

  Thank you (very much). **(Muchas) gracias.** 1

  Thanks (a lot). **(Muchas) gracias.** 1

  Thanks for inviting me. **Gracias por invitarme.** 9

that **que, quien(es)** *pron.* 12

  that (one) **ése, ésa, eso** *pron.* 6; **ese, esa,** *adj.* 6

  that (over there) **aquél, aquélla, aquello** *pron.* 6; **aquel, aquella** *adj.* 6

  that which **lo que** 12

  that's why **por eso** 11

the **el** *m.,* **la** *f. sing.,* **los** *m.,* **las** *f., pl.*

theater **teatro** *m.* 17

their **su(s)** *poss. adj.* 3; **suyo(s)/a(s)** *poss. pron.* 11

them **los/las** *pl., d.o. pron.* 5

  to/for them **les** *pl., i.o. pron.* 6

then (*afterward*) **después** *adv.* 7; (*as a result*) **entonces** *adv.* 5, 7; (*next*) **luego** *adv.* 7

there **allí** *adv.* 2

  There is/are… **Hay…** 1

  There is/are not… **No hay…** 1

therefore **por eso** 11

these **éstos, éstas** *pron.* 6; **estos, estas** *adj.* 6

they **ellos** *m.,* **ellas** *f. pron.* 1

  They all told me to ask you to excuse them/forgive them. **Todos me dijeron que te pidiera una disculpa de su parte.** 18

thin **delgado/a** *adj.* 3

thing **cosa** *f.* 1

think **pensar (e:ie)** *v.* 4; (*believe*) **creer** *v.*

  think about **pensar en** *v.* 4

third **tercero/a** 5

thirst **sed** *f.*

thirsty: be (very) thirsty **tener (mucha) sed** 3

thirteen **trece** 1

thirty **treinta** 1; thirty (*minutes past the hour*) **y treinta; y media** 1

this **este, esta** *adj.;* **éste, ésta, esto** *pron.* 6

those **ésos, ésas** *pron.* 6; **esos, esas** *adj.* 6

those (over there) **aquéllos, aquéllas** *pron.* 6; **aquellos, aquellas** *adj.* 6

thousand **mil** *m.* 2

three **tres** 1

three hundred **trescientos/as** 2

throat **garganta** *f.* 10

through **por** *prep.* 11

Thursday **jueves** *m., sing.* 2

thus (*in such a way*) **así** *adv.*

ticket **boleto** *m.* 2, 17; **pasaje** *m.* 5

tie **corbata** *f.* 6

time **vez** *f.* 6; **tiempo** *m.* 14

  have a good/bad time **pasarlo bien/mal** 9

  I've had a fantastic time. **Lo he pasado de película.** 18

  What time is it? **¿Qué hora es?** 1

  (At) What time…? **¿A qué hora…?** 1

times **veces** *f., pl.* 6

  many times **muchas veces** 10

  two times **dos veces** 6

tip **propina** *f.* 8

tire **llanta** *f.* 11

tired **cansado/a** *adj.* 5

  be tired **estar cansado/a** 5

title **título** *m.* 16

to **a** *prep.* 1

toast (*drink*) **brindar** *v.* 9

  toast **pan** *m.* **tostado** 8

toasted **tostado/a** *adj.* 8

  toasted bread **pan tostado** *m.* 8

toaster **tostadora** *f.* 12

today **hoy** *adv.* 2

  Today is… **Hoy es…** 2

toe **dedo** *m.* **del pie** 10

together **juntos/as** *adj.* 9

toilet **inodoro** *m.* 7

tomato **tomate** *m.* 8

tomorrow **mañana** *f.* 1

  See you tomorrow. **Hasta mañana.** 1

tonight **esta noche** *adv.*

too **también** *adv.* 2; 7

  too much **demasiado** *adv.* 6; **en exceso** 15

tooth **diente** *m.* 7

toothpaste **pasta** *f.* **de dientes** 7

top **cima** *f.* 15

tornado **tornado** *m.* 18

touch **tocar** *v.* 17

touch screen **pantalla táctil** *f.*

tour **excursión** *f.* 4; **recorrido** *m.* 13

tour an area **recorrer** *v.*

tourism **turismo** *m.*

tourist **turista** *m., f.* 1; **turístico/a** *adj.*

toward **hacia** *prep.* 14; **para** *prep.* 11

towel **toalla** *f.* 7

town **pueblo** *m.*

trade **oficio** *m.* 16

traffic **circulación** *f.* 11; **tráfico** *m.* 11

  traffic light **semáforo** *m.* 14

tragedy **tragedia** *f.* 17

trail **sendero** *m.* 13

train **entrenarse** *v.* 15; **tren** *m.* 5

  train station **estación** *f.* **de tren** *m.* 5

trainer **entrenador(a)** *m., f.* 15

translate **traducir** *v.* 6

trash **basura** *f.* 12

travel **viajar** *v.* 2

  travel agency **agencia** *f.* **de viajes** 5

  travel agent **agente** *m., f.* **de viajes** 5

traveler **viajero/a** *m., f.* 5

  (traveler's) check **cheque (de viajero)** 14

treadmill **cinta caminadora** *f.* 15

tree **árbol** *m.* 13

trillion **billón** *m.*

trimester **trimestre** *m.* 2

trip **viaje** *m.* 5

  take a trip **hacer un viaje** 5

tropical forest **bosque** *m.* **tropical** 13

true: it's (not) true **(no) es verdad** 13

trunk **baúl** *m.* 11

truth **verdad** *f.* 4

try **intentar** *v.;* **probar (o:ue)** *v.* 8

  try (*to do something*) **tratar de (+ inf.)** 15

  try on **probarse (o:ue)** *v.* 7

t-shirt **camiseta** *f.* 6

Tuesday **martes** *m., sing.* 2

tuna **atún** *m.* 8

turkey **pavo** *m.* 8

turn **doblar** *v.* 14

  turn off (*electricity/appliance*) **apagar** *v.* 11

  turn on (*electricity/appliance*) **poner** *v.* 11; **prender** *v.* 11

twelve **doce** 1
twenty **veinte** 1
twenty-eight **veintiocho** 1
twenty-five **veinticinco** 1
twenty-four **veinticuatro** 1
twenty-nine **veintinueve** 1
twenty-one **veintiuno** 1;
  veintiún, veintiuno/a *adj.* 1
twenty-seven **veintisiete** 1
twenty-six **veintiséis** 1
twenty-three **veintitrés** 1
twenty-two **veintidós** 1
twice **dos veces** 6
twin **gemelo/a** *m., f.* 3
two **dos** 1
  two hundred **doscientos/as** 2
  two times **dos veces** 6

U

ugly **feo/a** *adj.* 3
uncle **tío** *m.* 3
under **debajo de** *prep.* 2
understand **comprender** *v.* 3;
  entender (e:ie) *v.* 4
underwear **ropa interior** 6
unemployment **desempleo** *m.* 18
unique **único/a** *adj.* 9
United States **Estados Unidos
  (EE.UU.)** *m. pl.*
university **universidad** *f.* 2
unless **a menos que** *conj.* 13
unmarried **soltero/a** *adj.* 9
unpleasant **antipático/a** *adj.* 3
until **hasta** *prep.* 6; **hasta que**
  conj. 13
urgent **urgente** *adj.* 12
  It's urgent that… **Es urgente
    que…** 12
us **nos** *pl., d.o. pron.* 5
  to/for us **nos** *pl., i.o. pron.* 6
use **usar** *v.* 6
used for **para** *prep.* 11
useful **útil** *adj. m., f.*

V

vacation **vacaciones** *f., pl.* 5
  be on vacation **estar de
    vacaciones** 5
  go on vacation **ir de
    vacaciones** 5
vacuum **pasar** *v.* **la aspiradora** 12
  vacuum cleaner **aspiradora** *f.* 12
valley **valle** *m.* 13
various **varios/as** *adj. m., f. pl.*
vegetables **verduras** *pl., f.* 8
verb **verbo** *m.*
very **muy** *adv.* 1
  (Very) well, thank you. **(Muy)
    bien, gracias.** 1
video **video** *m.* 1
  video camera **cámara** *f.* **de
    video** 11
  video game **videojuego** *m.* 4

videoconference
  videoconferencia *f.* 16
vinegar **vinagre** *m.* 8
violence **violencia** *f.* 18
visit **visitar** *v.* 4
  visit monuments **visitar
    monumentos** 4
vitamin **vitamina** *f.* 15
voice mail **correo de voz** *m.* 11
volcano **volcán** *m.* 13
volleyball **vóleibol** *m.* 4
vote **votar** *v.* 18

W

wait (for) **esperar** *v.* (**+** *inf.*) 2
waiter/waitress **camarero/a**
  m., f. 8
wake up **despertarse (e:ie)** *v.* 7
walk **caminar** *v.* 2
  take a walk **pasear** *v.* 4
  walk around **pasear por** 4
wall **pared** *f.* 12; **muro** *m.* 15
wallet **cartera** *f.* 4, 6
want **querer (e:ie)** *v.* 4
war **guerra** *f.* 18
warm up **calentarse (e:ie)** *v.* 15
wash **lavar** *v.* 12
  wash one's face/hands **lavarse
    la cara/las manos** 7
  wash (the floor, the dishes)
    **lavar (el suelo, los
    platos)** 12
  wash oneself **lavarse** *v.* 7
washing machine **lavadora** *f.* 12
wastebasket **papelera** *f.* 2
watch **mirar** *v.* 2; **reloj** *m.* 2
  watch television **mirar (la)
    televisión** 2
water **agua** *f.* 8
  water pollution **contaminación
    del agua** 13
  water-skiing **esquí** *m.*
    acuático 4
way **manera** *f.*
we **nosotros(as)** *m., f.* 1
weak **débil** *adj. m., f.* 15
wear **llevar** *v.* 6; **usar** *v.* 6
weather **tiempo** *m.*
  The weather is bad. **Hace mal
    tiempo.** 5
  The weather is good. **Hace
    buen tiempo.** 5
weaving **tejido** *m.* 17
Web **red** *f.* 11
website **sitio** *m.* **web** 11
wedding **boda** *f.* 9
Wednesday **miércoles** *m., sing.* 2
week **semana** *f.* 2
weekend **fin** *m.* **de semana** 4
weight **peso** *m.* 15
  lift weights **levantar** *v.* **pesas**
    f., pl. 15
welcome **bienvenido(s)/a(s)**
  adj. 1

well: (Very) well, thanks. **(Muy)
  bien, gracias.** 1
well-being **bienestar** *m.* 15
well organized **ordenado/a** *adj.* 5
west **oeste** *m.* 14
  to the west **al oeste** 14
western (*genre*) **de vaqueros** 17
whale **ballena** *f.* 13
what **lo que** *pron.* 12
what? **¿qué?** 1
  At what time…? **¿A qué
    hora…?** 1
  What a pleasure to…! **¡Qué
    gusto (+** *inf.***)…!** 18
  What day is it? **¿Qué día es
    hoy?** 2
  What do you guys think? **¿Qué
    les parece?**
  What happened? **¿Qué
    pasó?**
  What is today's date? **¿Cuál
    es la fecha de hoy?** 5
  What nice clothes! **¡Qué ropa
    más bonita!** 6
  What size do you wear? **¿Qué
    talla lleva (usa)?** 6
  What time is it? **¿Qué hora
    es?** 1
  What's going on? **¿Qué pasa?** 1
  What's happening? **¿Qué
    pasa?** 1
  What's… like? **¿Cómo es…?**
  What's new? **¿Qué hay de
    nuevo?** 1
  What's the weather like? **¿Qué
    tiempo hace?** 5
  What's up? **¿Qué onda?** 14
  What's wrong? **¿Qué pasó?**
  What's your name? **¿Cómo se
    llama usted?** *form.* 1;
    ¿Cómo te llamas (tú)? *fam.* 1
when **cuando** *conj.* 7; 13
When? **¿Cuándo?** 2
where **donde**
where (to)? (*destination*)
  ¿adónde? 2; (*location*)
  ¿dónde? 1, 2
  Where are you from? **¿De
    dónde eres (tú)?** (*fam.*) 1;
    ¿De dónde es (usted)?
    (*form.*) 1
  Where is…? **¿Dónde está…?** 2
which **que** *pron.*, **lo que** *pron.* 12
which? **¿cuál?** 2; **¿qué?** 2
  In which…? **¿En qué…?**
  which one(s)? **¿cuál(es)?** 2
while **mientras** *conj.* 10
white **blanco/a** *adj.* 6
  white wine **vino blanco** 8
who **que** *pron.* 12; **quien(es)**
  pron. 12
who? **¿quién(es)?** 1, 2
Who is…? **¿Quién es…?** 1
  Who is speaking/calling? (*on
    telephone*)
    ¿De parte de quién? 11
  Who is speaking? (*on telephone*)
    ¿Quién habla? 11
whole **todo/a** *adj.*

whom **quien(es)** *pron.* 12
whose? **¿de quién(es)?** 1
why? **¿por qué?** 2
widower/widow **viudo/a** *adj.* 9
wife **esposa** *f.* 3
win **ganar** *v.* 4
wind **viento** *m.*
window **ventana** *f.* 2
windshield **parabrisas** *m.,*
  sing. 11
windsurf **hacer** *v.* **windsurf** 5
windy: It's (very) windy. **Hace**
  (mucho) viento. 5
wine **vino** *m.* 8
  red wine **vino tinto** 8
  white wine **vino blanco** 8
wineglass **copa** *f.* 12
winter **invierno** *m.* 5
wireless connection **conexión**
  inalámbrica *f.* 11
wish **desear** *v.* 2; **esperar** *v.* 13
  I wish (that) **ojalá (que)** 13
with **con** *prep.* 2
  with me **conmigo** 4; 9
  with you **contigo** *fam.* 5, 9
within (ten years) **dentro de (diez**
  años) *prep.* 16
without **sin** *prep.* 2; **sin que**
  conj. 13
woman **mujer** *f.* 1
wool **lana** *f.* 6
  (made of) wool **de lana** 6
word **palabra** *f.* 1
work **trabajar** *v.* 2; **funcionar**
  v. 11; **trabajo** *m.* 16
  work (*of art, literature, music,*
    etc.) **obra** *f.* 17
  work out **hacer gimnasia** 15
world **mundo** *m.* 8
worldwide **mundial** *adj. m., f.*
worried (about) **preocupado/a**
  (por) *adj.* 5
worry (about) **preocuparse** *v.*
  (por) 7
  Don't worry. **No te preocupes.**
    fam. 7
worse **peor** *adj. m., f.* 8
worst **el/la peor** 8
Would you like to…? **¿Te**
  gustaría…? *fam.*
Would you do me the honor of
  marrying me? **¿Me harías**
  el honor de casarte
  conmigo? 17
wow **híjole** *interj.* 6
wrench **llave** *f.* 11
write **escribir** *v.* 3
  write a letter/an e-mail
    escribir una carta/un
    mensaje electrónico 4

writer **escritor(a)** *m., f* 17
written **escrito/a** *p.p.* 14
wrong **equivocado/a** *adj.* 5
  be wrong **no tener razón** 3

X

X-ray **radiografía** *f.* 10

Y

yard **jardín** *m.* 12; **patio** *m.* 12
year **año** *m.* 5
  be… years old **tener…**
    años 3
yellow **amarillo/a** *adj.* 6
yes **sí** *interj.* 1
yesterday **ayer** *adv.* 6
yet **todavía** *adv.* 5
yogurt **yogur** *m.* 8
you **tú** *fam.* **usted (Ud.)** *form.*
  sing. **vosotros/as** *m., f. fam. pl.*
  ustedes (Uds.) *pl.* 1; (to, for)
  you *fam. sing.* **te** *pl.* **os** 6; *form.*
  sing. **le** *pl.* **les** 6
  you **te** *fam., sing.,* **lo/la** *form.,*
    sing., **os** *fam., pl.,* **los/las**
    pl, d.o. pron. 5
You don't say! **¡No me digas!**
  fam.; **¡No me diga!** *form.*
You're welcome. **De nada.** 1; **No**
  hay de qué. 1
young **joven** *adj., sing.* (**jóvenes**
  pl.) 3
  young person **joven** *m., f., sing.*
    (**jóvenes** *pl.*) 1
  young woman **señorita**
    (Srta.) *f.*
younger **menor** *adj. m., f.* 3
younger: younger brother, sister *m.,*
  f. **hermano/a menor** 3
youngest **el/la menor** *m., f.* 8
your **su(s)** *poss. adj. form.* 3;
  tu(s) *poss. adj. fam. sing.* 3;
  vuestro/a(s) *poss. adj. fam.*
  pl. 3
your(s) *form.* **suyo(s)/a(s)** *poss.*
  pron. form. 11; **tuyo(s)/a(s)**
  poss. fam. sing. 11; **vuestro(s)**
  /a(s) *poss. fam.* 11
youth *f.* **juventud** 9

Z

zero **cero** *m.* 1

Text Credits

498 ©Denevi, Marco, *Cartas peligrosas y otros cuentos. Obras Completas, Tomo 5*, Buenos Aires, Corregidor, 1999, pags. 192-193.

530 Gabriel García Márquez, "Un día de estos", LOS FUNERALES DE LA MAMA GRANDE ©Gabriel García Márquez, 1962 y Herederos de Gabriel García Márquez, 2014.

565 de Burgos, Julia. "Julia de Burgos: yo misma fui mi ruta" from *Song of the Simple Truth: The Complete Poems of Julia de Burgos*. Willimantic: Curbstone Press, 1995.

600 © Herederos de Federico García Lorca.

Film Credits

110 By permission of Xochitl Dorsey.

534 By permission of Instituto Mexicano de Cinematografía (IMCINE).

568 By permission of Elemental Films.

604 By Jorge Naranjo and Nana Films (http://vimeo.com/35170814).

Comic Credits

31 © Joaquin Salvador Lavado (QUINO) Toda Mafalda - Ediciones de La Flor, 1993.

394 TUTE.

Photography Credits

All images © Vista Higher Learning unless otherwise noted.

Cover: © AWL Images/Getty Images.

Frontmatter: 18: © Robert S/Shutterstock; **19:** © Shotshop GmbH/Alamy; **36:** © Rido/123RF.

Lesson 01: 1: Paula Diez; **2:** © John Henley/Corbis; **3:** Martín Bernetti; **4:** Martín Bernetti; **10** (l): Rachel Distler; **10** (r): Ali Burafi; **11** (l): © Matt Sayles/AP/Corbis; **11** (tr) © Hans Georg Roth/Corbis; **11** (br) Paola Ríos-Schaaf; **12** (l) Janet Dracksdorf; **12** (r): © Tom Grill/Corbis; **16** (l): © José Girarte/iStockphoto; **16** (r): © Blend Images/Alamy; **19** (l): Dario Eusse Tobón; **19** (m): Anne Loubet; **19** (r): © Digital Vision/Getty Images; **28** (all): Martín Bernetti; **31** (tl): Ana Cabezas Martín; **31** (tml): Martín Bernetti; **31** (tmr): © Serban Enache/Dreamstime; **31** (tr): Vanessa Bertozzi; **31** (bl): © Corey Hochachka/Design Pics/Corbis; **31** (bm): VHL; **31** (br): © Ramino Isaza/Fotocolombia; **32:** Carolina Zapata; **33:** Paula Diez; **36** (t) © Robert Holmes/Corbis; **36** (m): © Jon Arnold Images Ltd./Alamy; **36** (b): © Andresr/Shutterstock; **37** (tl): © PhotoLink/Getty Images; **37** (tr): © Tony Arruza/Corbis; **37** (bl): © Shaul Schwarz/Sygma/Corbis; **37** (br): Marta Mesa.

Lesson 02: 39: © Radius Images/MaXx Images; **42:** Martín Bernetti; **48** (l): Mauricio Arango; **48** (r): © Pablo Corral V/Corbis; **49** (t): © Murle/Dreamstime; **49** (b): © Paul Almasy/Corbis; **57:** © Stephen Coburn/Shutterstock; **59** (l): Paola Rios-Schaaf; **59** (r): © Image Source/Corbis; **67** (l): © Rick Gomez/Corbis; **67** (r): © Hola Images/Workbook; **68:** José Blanco; **69** (l): Mauricio Osorio; **69** (r): Pascal Pernix; **70** (t): Martín Bernetti; **70** (b): Martín Bernetti; **71:** Nora y Susana/Fotocolombia; **74** (tl): José Blanco; **74** (tr): José Blanco; **74** (m): © Elke Stolzenberg/Corbis; **74** (b): © Reuters/Corbis; **75** (t): Courtesy of Charles Ommanney; **75** (ml): Diego Velázquez. Las meninas. 1656. Derechos Reservados © Museo Nacional del Prado, Madrid. Photo credit: José Blanco; **75** (mr): José Blanco; **75** (bl): Iconotec/Fotosearch; **75** (br): VHL.

Lesson 03: 77: © Paul Bradbury/Age Fotostock; **79:** Martín Bernetti; **80** (tl): Anne Loubet; **80** (tr): © Blend Images/Alamy; **80** (mtl): Ana Cabezas Martín; **80** (mtr): Ventus Pictures; **80** (mbl): Martín Bernetti; **80** (mbr): Martín Bernetti; **80** (bl): Martín Bernetti; **80** (br): Martín Bernetti; **86** (tl): © David Cantor/AP Wide World Photos; **86** (tr): © Rafael Perez/Reuters/Corbis; **86** (b): © Martial Trezzini/EPA/Corbis; **87** (t): © Dani Cardona/Reuters/Corbis; **87** (b): © Lote/Splash News/Corbis; **90** (l): Martín Bernetti; **90** (r): José Blanco; **92:** © Andres Rodriguez/Alamy; **97** (l): © Tyler Olson/Fotolia; **97** (r): Martín Bernetti; **98:** Martín Bernetti; **106** (all): Martín Bernetti; **107** (t): Nora y Susana/Fotocolombia; **107** (m): © Chuck Savage/Corbis; **107** (b): Martín Bernetti; **108:** © Tom & Dee Ann McCarthy/Corbis; **109:** Martín Bernetti; **110:** By permission of Xochitl Dorsey; **112** (t): Martín Bernetti; **112** (ml): Martín Bernetti; **112** (mm): Iván Mejía; **112** (mr): Lauren Krolick; **112** (b): Martín Bernetti; **113** (tl): Martín Bernetti; **113** (tr): © Pablo Corral V/Corbis; **113** (ml): Martín Bernetti; **113** (mr): © Gerardo Mora; **113** (b): Martín Bernetti.

Lesson 04: 115: © Digital Vision/Getty Images; **117:** © George Shelley/Corbis; **119:** © Nora y Susana/Fotocolombia; **124** (l): © Javier Soriano/AFP/Getty Images; **124** (r): © Fernando Bustamante/AP Images; **125** (t): ©Photoworks/Shutterstock; **125** (b): © Zuma Press/Alamy; **135:** Warner Bros/The Kobal Collection at Art Resource; **139:** Anne Loubet; **141:** © Images.com/Corbis; **142:** Martín Bernetti; **143:** © Fernando Llano/AP Images; **144:** Martín Bernetti; **145:** © Rick Gomez/Corbis; **148** (tl): © Randy Miramontez/Shutterstock; **148** (tr): Frida Kahlo. Autorretrato con mono. 1938. Albright-Knox Art Gallery, Buffalo, New York. Bequest of A Conger Goodyear, 1966. © Albright-Knox Art Gallery/Corbis. © 2014 Banco de México Diego Rivera Frida Kahlo Museums Trust, Mexico, D.F./Artists Rights Society (ARS), New York; **148** (ml): Ruben Varela; **148** (mr): Carolina Zapata; **148** (b): © Henry Romero/Reuters/Corbis; **149** (tl): © Radius Images/Alamy; **149** (tr): © Bettmann/Corbis; **149** (m): © Corel/Corbis; **149** (b): © David R. Frazier Photolibrary/Alamy.

Lesson 05: 151: © Gavin Hellier/Getty Images; **162:** © Gary Cook/Alamy; **163** (t): © AFP/Getty Images; **163** (b): © Mark A. Johnson/Corbis; **167:** © Ronnie Kaufman/Corbis; **180:** Carlos Gaudier; **181** (tl): © Corel/Corbis; **181** (tr): Carlos Gaudier; **181** (m): Carlos Gaudier; **181** (b): Carlos Gaudier; **182:** Carolina Zapata; **186** (tl): © Nanniqui/Dreamstime; **186** (tr): José Blanco; **186** (ml): Carlos Gaudier; **186** (mr): © Capricornis Photographic/Shutterstock; **186** (b): © Dave G. Houser/Corbis; **187** (tl): Carlos Gaudier; **187** (tr): © Lawrence Manning/Corbis; **187** (m): © Stocktrek/Getty Images; **187** (b): Carlos Gaudier.

Lesson 06: 189: © Asiapix Royalty-Free/Inmagine; **198** (l): © Jose Caballero Digital Press Photos/Newscom; **198** (r): Janet Dracksdorf; **199** (t): © Carlos Alvarez/Getty Images; **199** (bl): © Guiseppe Carace/Getty Images; **199** (br): © Mark Mainz/Getty Images; **201:** © Jack Hollingsworth/Corbis; **204** (all): Pascal Pernix; **209** (all): Martín Bernetti; **211:** Paula Díez; **216-217** (all): Courtesy of Paula Díez and Shutterstock; **218:** © Noam/Fotolia; **219:** Martín Bernetti; **222** (tl, tr, mt, mb): Pascal Pernix; **222** (b): © PhotoLink/Getty Images; **223** (tl): © Don Emmert/AFP/Getty Images; **223** (tr): Pascal Pernix; **223** (bl): Pascal Pernix; **223** (br): Title: BUENA VISTA SOCIAL CLUB. Year: 1998. Dir: WENDERS, WIM. Road Movie Productions. Photo credit: The Kobal Collection at Art Resource, NY.

Lesson 07: 225: © Media Bakery; **234:** © Stewart Cohen/Blend Images/Corbis; **235** (t): Ali Burafi; **235** (b): Janet Dracksdorf; **237** (all): Martín Bernetti; **239** (l): Martín Bernetti; **239** (r): © Ariel Skelley/Corbis; **242:** José Blanco; **243:** Martín Bernetti; **252-253:** © Didem Hizar/Fotolia;

Television Credits

34 By permission of Edgardo Tettamanti.

72 By permission of Cencosud.

146 By permission of Diego Reves.

184 By permission of Univision.com.

220 ©Comercial Mexicana.

256 By permission of Asepxia, Genommalab and Kepel & Mata.

294 By permission of Andres Felipe Roa.

326 By permission of Javier Ugarte (director).

362 By permission of Getting Better Creative Studio.

398 By permission of Davivienda.

436 By permission of Carrefour.

470 By permission of Ecovidrio.

502 By permission of Banco Ficensa.

636 By permission of Subdirector de la Secretaria de Comunicaciones, Gobierno de Chile.

About the Authors

José A. Blanco founded Vista Higher Learning in 1998. A native of Barranquilla, Colombia, Mr. Blanco holds a B.A. in Literature from the University of California, Santa Cruz, and a M.A. in Hispanic Studies from Brown University. He has worked as a writer, editor, and translator for Houghton Mifflin and D.C. Heath and Company and has taught Spanish at the secondary and university levels. Mr. Blanco is also the co-author of several other Vista Higher Learning programs: **Panorama, Aventuras,** and **¡Viva!** at the introductory level, **Ventanas, Facetas, Enfoques, Imagina,** and **Sueña** at the intermediate level, and **Revista** at the advanced conversation level.

Philip Redwine Donley received his M.A. in Hispanic Literature from the University of Texas at Austin in 1986 and his Ph.D. in Foreign Language Education from the University of Texas at Austin in 1997. Dr. Donley taught Spanish at Austin Community College, Southwestern University, and the University of Texas at Austin. He published articles and conducted workshops about language anxiety management, and the development of critical thinking skills, and was involved in research about teaching languages to the visually impaired. Dr. Donley was also the co-author of **Aventuras** and **Panorama,** two other introductory college Spanish textbook programs published by Vista Higher Learning.

About the Illustrators

Yayo, an internationally acclaimed illustrator, was born in Colombia. He has illustrated children's books, newspapers, and magazines, and has been exhibited around the world. He currently lives in Montreal, Canada.

Pere Virgili lives and works in Barcelona, Spain. His illustrations have appeared in textbooks, newspapers, and magazines throughout Spain and Europe.

Born in Caracas, Venezuela, **Hermann Mejía** studied illustration at the *Instituto de Diseño de Caracas.* Hermann currently lives and works in the United States.

Estados Unidos

Golfo de México

Bahía de Campeche

YUCATÁN

Belice

Honduras

Guatemala

El Salvador

Cancún

Mérida

Campeche

Villahermosa

ISTMO DE TEHUANTEPEC

Oaxaca

Veracruz

Jalapa

México, D.F.

Puebla

Cuernavaca

R. Balsas

Acapulco

Matamoros

Reynosa

Tampico

Monterrey

Nuevo Laredo

Sierra Madre Oriental

Ciudad Victoria

Saltillo

San Luis Potosí

Zacatecas

León

Guanajuato

Aguascalientes

Morelia

Uruapan

Guadalajara

Puerto Vallarta

Mazatlán

Río Grande

Río Bravo del Norte

R. Conchos

México

Ciudad Juárez

Chihuahua

Sierra Madre Occidental

Sierra Madre Occidental

Hermosillo

Nogales

La Paz

Golfo de California

BAJA CALIFORNIA

R. Colorado

Mexicali

Tijuana

Océano Pacífico

México

N E S O

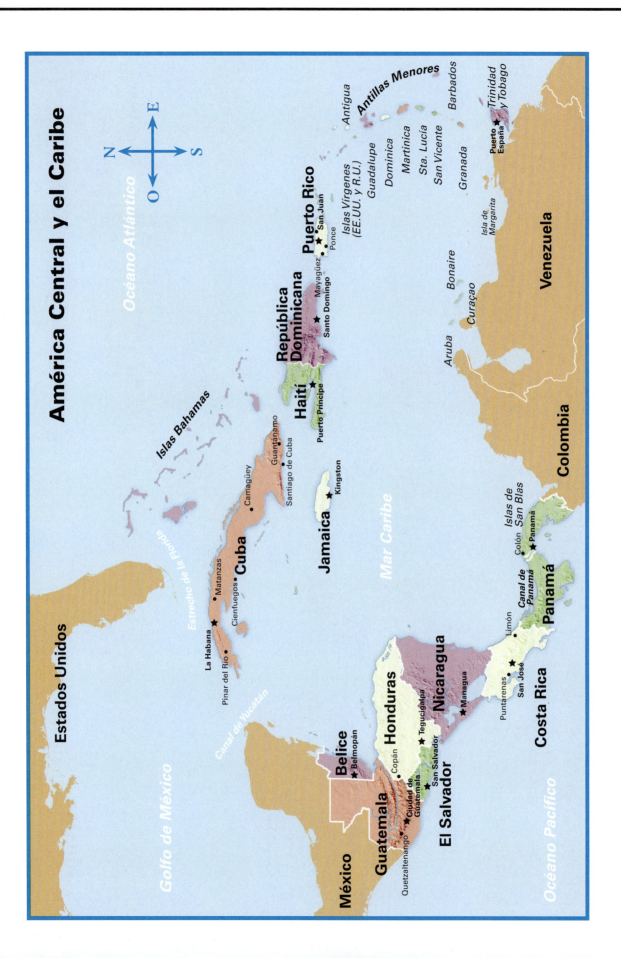

América Central y el Caribe

N
O — E
S

Océano Atlántico

Estados Unidos

Golfo de México

México

Canal de Yucatán

Estrecho de la Florida

Islas Bahamas

Pinar del Río
La Habana
Matanzas
Cienfuegos • Cuba
Camagüey
Guantánamo
Santiago de Cuba

Jamaica
Kingston

Mar Caribe

Belice
Belmopán
Guatemala
Copán
Ciudad de Guatemala
Quetzaltenango
El Salvador
San Salvador
Honduras
Tegucigalpa

Nicaragua
Managua

Costa Rica
San José
Puntarenas
Limón

Panamá
Canal de Panamá
Colón
Panamá
Islas de San Blas

Océano Pacífico

Haití
Puerto Príncipe

República Dominicana
Santo Domingo

Puerto Rico
Mayagüez
San Juan
Ponce

Islas Vírgenes
(EE.UU. y R.U.)

Antillas Menores

Antigua
Guadalupe
Dominica
Martinica
Sta. Lucía
San Vicente
Granada
Barbados

Trinidad y Tobago
Puerto España

Isla de Margarita

Aruba
Curaçao
Bonaire

Venezuela

Colombia

Mar Caribe

Barranquilla • Maracaibo • Caracas ★ Puerto España ★ **Trinidad y Tobago**

Venezuela

Medellín • R. Orinoco

Colombia ★ Bogotá   Georgetown • **Guyana** • Paramaribo • Cayena

Cali • **Surinam** ★ **Guayana Francesa**

Pasto • R. Negro R. Amazonas • Belém

★ Quito Manaus •

Ecuador

Guayaquil • • Iquitos R. Madeira

Perú

Cordillera de los Andes Recife •

Lima ★ • Cuzco

Lago Titicaca **Brasil**

Arequipa • ★ La Paz ★ Brasilia

Bolivia Salvador •

Arica • Sucre ★ R. Paraguay

Iquique • Belo Horizonte •

Océano Pacífico

Antofagasta • R. Paraná São Paulo • • Río de Janeiro

• Salta **Paraguay** Santos •

Asunción ★

Chile R. Uruguay

Córdoba • Porto Alegre •

R. Paraná

Valparaíso • • Mendoza • Rosario

★ Santiago Buenos Aires ★ **Uruguay**

Concepción • Montevideo

Argentina **Océano Atlántico**

Cordillera de los Andes • Bahía Blanca

Puerto Montt •

N

O — E

S

Estrecho de Magallanes Islas Malvinas

• Punta Arenas

Tierra del Fuego

América del Sur

Islas Galápagos

Océano Pacífico

Isla Pinta

Isla Marchena Isla Genovesa

Isla Isabela Línea Ecuatorial ECUADOR

Volcán Darwin Isla Santiago (San Salvador)

Isla Fernandina Puerto Ayora Isla San Cristóbal

Isla Santa Cruz

Santo Tomás Puerto Barqüerizo Moreno

Isla Santa María Isla Española

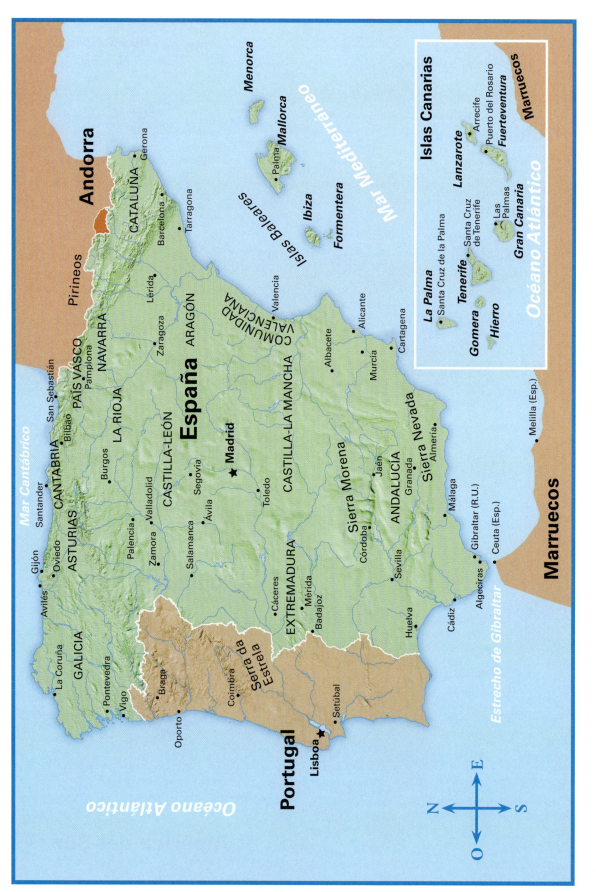